질적연구의 즐거움

김영순 김진희 강진숙 정경희 정소민 조진경 조현영
최승은 정지현 오세경 김창아 김민규 김기화 임한나

창지사

머리말

즐거운 질적연구를 위해.

이 책을 뒤적이는 사람은 필경 학문 영역에 있는 사람일 것이다. 그가 대학원생이든 그 이상의 학문수행 영역에 있는 연구자든... 책의 제목이 『질적연구의 즐거움』이니 어떻게 질적연구를 하면 즐거울 것인가 하는 호기심 반 의아함 반으로 이 책을 집어 들었을 것이다.

모든 연구는 고행이며, 그 고행의 주체는 연구자이다. 연구자는 지식체계로서의 학문과 활동으로서의 학문 사이를 줄타기한다. 이 줄타기는 연구자에게 신선한 피로감을 줄 것이다. 이 책은 이와 같은 피로감을 즐거움으로 바꾸기 위한 작업을 시도한다.

학문이 체계성을 갖추기 시작한 이래로 자신의 논의에 타당성과 정당성을 부여하기 위한 방법적 측면에 대한 고민과 관심은 끊임없이 이어져 왔다. 그 결과 오늘날 우리가 알고 있는, 훌륭하고 효과적이며 명확하다고 생각하는 다양한 연구방법이 탄생하였다. 그러나 이러한 사실은 아이러니하게도 연구자들에게 유명 호텔의 뷔페에서 느낄 수 있는 고민을 안겨 준다. 너무나 다양하고 맛깔스럽게 준비된 성찬 속에서 우리는 오히려 선택의 어려움을 느낀다. 우리의 고민은 때로 잘못된 선택으로 이어지기도 하고, 잘못된 조합을 통해 전혀 어울리지 않는 음식들을 한데 모아 놓고는 난감해하기도 하다가 다시 익숙한 음식을 찾기도 한다.

이 책의 집필은 최근 출판되고 있는 연구방법 관련 서적과 논문에 대한 저자들의 고민으로부터 시작되었다. 양적연구방법의 한계를 극복하기 위해 탄생한 질적연구방법은 더 이상 학문을 수행하는 연구자에게 낯선 이름이 아니다. 많은 책이 국내외 유명학자들의 논의를 통해 다양한 방식으로 질적연구를 안내하고 있기 때문이다. 이와 함께 많은 논문이 질적연구방법을 통해 연구되고, 그 결과는 학회 혹은 학위논문을 통해 발표되고 있다. 이러한 학술적 성과에 힘입어 실험실 혹은 연구실에서만 이루어지는 연구에 회의를 느낀 연구자들은 유레카를 외치며 즐거운 마음으로 질적연구를 위해 현장에 뛰어들기도 한다.

그러나 질적연구를 처음 접하는 연구자가 현장에 뛰어든 바로 그 순간 이론서와 논문 사이에 가려져 왔던 연구의 과정은 질적연구를 수행하려는 자를 절망의 늪으로 빠뜨리곤 한다. 이러한 경험은 사실 이 책의 저자들이 느꼈던 공통된 것이기도 하다. 책에서 안내한 그 연구방법이 실제 상황에 어떻게 적용되어 한 편의 논문이라는 연구결과물로 탄생한 것인지, 역으로 지금 수행하는 과정은 질적연구의 계획-수행-분석 및 해석-성찰의 순환적 단계 중 어느 지점에 있는 것인지 등을 확신하기 어렵다는 것이었다. 질적연구에 대한 많은 책은 연구방법의 장점과 특징 그리고 어떻게 연구를 발전시켜 나갈 수 있는지를 순차적으로 제시하고 있다. 그러나 이러한 설명은 친절하지만, 반복적이고 순환적으로 진행되는 질적연구를 실천함에 있어서 충분하다고 볼 수 없다. 단적인 예로, 연구자의 성찰은 질적연구를 소개하는 여러 모형에서 마지막 단계에 제시되고 있고 논문을 작성할 때에도 연구방법을 구성하는 장의 가장 마지막에 기술하는 것이 일반적이다. 그러나 실제 연구를 진행함에 있어서 연구자의 성찰은 매 순간 그리고 매 과정마다 이루어지며, 성찰을 통해 연구의 방향과 틀은 미세하게 조정된다. 저자들은 이처럼 질적연구에 대한 이론서나 질적연구를 통해 발표된 논문과 실제 연구장면과의 괴리에 대한 고민이 단지 몇몇 특정인의 것이 아니라 질적연구를 처음 수행하는 연구자의 일반적인 고민이라는 것에 동의하고 질적연구를 처음 접하는 연구자가 즐겁게 연구를 수행할 수 있도록 책의 집필 방향을 논의하였다.

저술 작업에 대한 본격적인 논의는 2016년 가을부터 시작하였는데 다음의 사항을 포함하였다. 첫째, 질적연구를 수행하고자 하는 독자에게 질적연구방법을 적용하는 과정에 대해 명확한 안내가 될 것. 둘째, 다양한 학문적 배경을 바탕으로 질적연구방법을 활용하고자 하는 독자가 질적연구방법에 내재한 패러다임을 이해할 수 있도록 할 것. 셋째, 기존의 질적연구방법뿐만 아니라 새로운 방법적 시도를 함께 다룰 것.

따라서 이 책은 총 3부 15장으로 구성하였고 제5장부터 제15장까지는 개별 질적

연구방법에 대해 다루었다. 각 부의 구성은 다음과 같은 특징이 있다. 첫째, 1부 '질적연구의 시작'에서는 질적연구의 전반적인 특징을 제시하였다. 질적연구의 특성과 철학적 가정 및 연구자로서의 자세를 제1장(질적연구, 세상에 물음 던지기)에 제시하고 그 실천(제2장 질적연구는 공감정치다)을 확인하며, 질적연구의 주요 방법론을 비교하여 검토(제3장 질적연구방법의 유형과 경향)함으로써 연구자에게 연구방법으로서 질적연구의 패러다임을 이해하고 그 본질에 대한 의미를 모색하는 데 도움을 줄 수 있도록 하였다. 또한, 질적연구는 인간을 주요 연구대상으로 하기 때문에 반드시 고려해야 할 사항을 제4장(연구윤리와 IRB)에 제시하여 인간 경험 연구에 대한 질적연구의 역할을 강조하고자 하였다. 둘째, 2부와 3부에서는 질적연구방법의 실제를 다룬다. 저자들의 학위논문을 예시로 활용하여 연구방법에 대한 이론적 안내뿐만 아니라, 연구주제에 따른 연구방법의 선택과 그 적용 과정을 함께 제시하였다. 이를 통하여 독자가 기존의 질적연구를 소개하는 안내서에서 느꼈던 블랙박스와 같은 연구의 과정뿐만 아니라 질적연구의 수행 전반에서 나타나는 인간 경험에 대한 연구과정을 보다 명확하고 생생하게 이해하는 데 도움이 될 것으로 기대한다. 셋째, 2부 '질적연구 현장 이야기'에서는 질적연구가 추구하는 함의를 가장 포괄적으로 이해할 수 있는 현상학적 연구를 먼저 소개한다. 이어 3부 '응용 질적연구 행하기'에서는 여타의 연구방법과 융합하여 수행한 질적연구방법을 다루었다. 3부의 구성은 특히 급변하는 연구 환경에서 독자가 질적연구방법의 특징을 유지하며 어떻게 다른 방식으로 활용될 수 있는지를 생각하는 데 도움이 될 것으로 본다.

이와 같은 장의 흐름은 질적연구방법을 관통하는, 인간 이해에 대한 기본 가정을 바탕으로 한 학문적 특징을 나타내고자 한 것이다. 또한, 이 책을 통하여 통섭과 융합을 위한 방법론으로서의 질적연구를 이해하는 데 도움이 될 것으로 기대한다. 2부의 5장부터 이어지는 질적연구방법의 실제는 다음과 같다.

제5장에서는 모든 질적연구방법을 관통하는 철학적 패러다임을 가장 극명하게 드러내는 '현상학적 연구'를 소개한다. 현상학은 인간의 경험을 탐구하기 위한 대

표적인 질적연구방법이다. 현상학적인 질적연구는 후설(Husserl), 하이데거(Heidegger), 리쾨르(Ricoeur) 등 철학으로서의 현상학에 기원을 둔다. 제5장에서는 현상학적 연구방법을 이해하는 데 있어서 핵심적인 현상학의 기본 개념과 핵심 논쟁에 대해 간략히 설명하고 소개한다. 특히, 연구방법으로서의 현상학에 대해서 크게 기술적 현상학적 접근과 해석적 현상학적 접근으로 나누어 각 접근법이 내재한 철학적 가정에 대해 살펴볼 것이다.

제6장에서는 질적연구방법에서 가장 큰 범위를 차지하는 문화기술지연구 방법에 관하여 다룬다. 문화기술지는 한 사회의 특정한 행동 양식이나 신념, 즉 문화의 다양한 현상을 현장 조사를 통해 자료를 수집하여 기술하고 연구하는 학문 분야이다. 제6장에서는 최초의 문화기술지인 말리노프스키(Malinowski)의 트로브리안드 섬에서의 현지 연구(Malinowski, 1922) 이래, 사회의 하위 집단의 독특한 문화와 사회적 문제로 그 관심 영역을 넓히고 있는 문화기술지연구 방법에서의 주요 쟁점과 특성을 소개할 것이다. 또한, 연구자가 연구를 진행하는 과정에서 자신의 다양한 능력과 특성을 어떻게 연구에 반영할 수 있는지를 살펴볼 것이다.

제7장에서는 우리가 삶을 영위해 나가는 과정, 즉 일상이라고 하는 속성이 우리의 사회적 현실에 어떠한 방식으로 영향을 미치고 있는지를 탐구해 가는 민속방법론에 대해 소개한다. 민속방법론은 생활세계의 현상학(Husserl, 1970)과 일상생활의 현상학(Schutz, 1962) 그리고 화용론적 관점으로도 불리는 프래그머티즘을 통하여 학문적 논리가 형성되었다. 제7장에서는 민속방법론과 유사한 문화기술지에 대한 비교와 민속방법론의 특징인 상호작용 장면에서 확인할 수 있는 실천적 행위 분석의 세 가지 분석 유형을 제시한다. 특히, 민속방법론의 전반적인 이해를 위한 연구 사례뿐만 아니라 멤버십 범주의 분석, 대화 분석, 일에 대한 분석이라는 세 가지 유형에 대한 별도의 개별 사례 제시를 통하여 독자의 이해를 돕고자 한다.

제8장에서는 서술, 편지, 인터뷰 등과 같은 개인적 도큐먼트를 통해 개인의 체험세계를 연구하는 생애사연구 방법을 소개한다. 생애사연구 방법은 흔히 자서전이나 전기문으로 오해받는 연구방법이다. 제8장은 생애사연구 방법에서의 주요 쟁점과

특징 및 방법적 절차와 연구방법을 적용할 때 주의사항 등을 기술함으로써, 유사 용어인 자서전이나 전기문과 달리 연구방법으로서 생애사연구가 갖는 학술적 가치를 설명한다. 특히, 생애사연구에서 연구참여자의 삶에 대한 탐구는 다른 질적연구방법에 비해 보다 깊이 있는 자료 수집이 요구된다. 따라서 이 장에서는 연구참여자와 연구자의 관계설정에 대한 문제를 함께 다루었다.

제9장은 경험에 대한 경험으로써 삶과 이야기를 탐구하고, 순환적이며 지속적인 관계의 속성을 갖는 내러티브 탐구에 대해 살펴본다. 내러티브(narrative)는 '이야기하다', '자세히 말하다'라는 뜻의 라틴어 '나라레(narrare)'에서 유래한 것으로, 학문으로 정립되기 이전에 이미 인류의 역사와 함께 시작되었다. 제9장에서는 연구방법의 차원에서 내러티브 탐구의 개념과 특징을 살펴보고, 연구절차를 확인함으로써 내러티브 탐구란 무엇인가에 대한 의미를 파악한다. 또한, 내러티브 탐구를 실행하고자 하는 질적연구자에게 이론적 지식과 함께 실제로 적용한 예시를 제공함으로써 내러티브 탐구 방법의 활용에서 요구되는 비판적 사고의 기반을 제공할 것이다.

제10장은 가장 일반화되고 보편적인 질적연구방법으로 분류되는 사례연구 방법에 대해 다룬다. 사례연구는 일반적으로 연구문제의 유형이 '어떻게'와 '왜'에 대한 질문이 제기되었을 때, 연구자가 행동적 사건을 통제할 수 없을 때, 실생활에서 동시대에 일어나는 현상, 즉 현재의 사건을 강조할 때 선호하는 연구방법이다. 제10장에서는 사례연구 방법에 대한 다양한 쟁점과 유형을 살펴보고, 특히 사회현상 가운데서 비교적 적은 경험으로 인하여 학문적으로 정립이 되어 있지 않은 분야에서 조사연구의 가설을 찾기 위해 소수의 한정된 사례나 혹은 극단적이거나 전형적인 사례들을 연구하는 방법을 소개한다.

제11장에서는 근거이론 연구방법에 대해 소개한다. 근거이론은 세계적으로 널리 알려진 연구방법 중의 하나로 많은 연구자에게 활용되고 있으며, '이론'을 생성하고 발견한다는 점에서 매력적이고 도전하고 싶은 질적연구방법 중의 하나로 꼽힌다. 제11장에서는 근거이론을 수행하려는 연구자가 보다 간단하고 쉬운 방법(론)으로 인식할 수 있도록 근거이론에 대한 개념을 바탕으로, 핵심 논쟁과 쟁점을 설명하였

다. 특히, 세계적으로 인정받는 글레이저(Glaser)와 스트라우스(Strauss) 학파의 상이한 철학적 배경과 방법적 절차에 대해 살펴봄으로써, 근거이론의 기저에 깔린 본질적인 이해와 연구자의 관점에 대한 활용 능력을 높이고자 하였다.

제12장에서는 연구와 결과의 적용이 동시에 이루어지는 실행연구 방법에 대해 소개한다. 실행연구는 어떠한 문제 상황이나 사태에 당면한 연구참여자의 경험을 이해한다는 측면에서 질적연구방법의 둘레에 위치한다. 그러나 실행연구에서는 여타의 질적연구와 달리, 현장 변화를 목적으로 하는 연구자의 적극적이고 반복적인 개입, 즉 연구자의 실행이 요구된다. 이러한 점은 실행연구의 가장 큰 특징이며, 복잡하고 다층적인 사회적 문제가 발생하는 오늘날 인간의 삶을 개선하기 위한 연구로 주목받는 이유이기도 하다. 이 장에서는 실행연구의 특징과 절차 그리고 주요 쟁점과 모형에 대해 살펴보고 사례를 통하여 구체적인 과정을 설명한다.

제13장에서는 델파이 조사 방법론과 FGI에 대해서 소개한다. 델파이 조사 방법과 FGI는 전문가를 활용한 연구방법이라는 공통점이 있다. 그러나 델파이는 적절한 예측 방법을 찾을 수 없을 때 전문가의 직관과 경험 등을 바탕으로 미래를 예측하는 유용한 방법으로 쓰인다. 이와 달리 FGI는 현재 진행되고 있는 복잡한 사회문제를 해결하고자 할 때 활용되는 연구방법으로 조사진행자의 통제 및 진행에 따라 전문가 집단토의를 통하여 의견을 수집 · 수렴한다는 특징이 있다. 제13장에서는 델파이 조사 방법과 FGI의 특징 및 연구영역에 대한 탐색을 통해 전문가 활용 연구에 대한 명확한 이해를 목표로 한다.

제14장은 합의적 질적연구(CQR: Consensual Qualitative Research)에 대해 소개하고자 한다. 다른 질적연구와 구별되는 합의적 질적연구의 특성이자 장점은 연구수행에서 객관성 및 신뢰성 확보를 위한 전략이 구조화되어 있다는 것이다. 합의적 질적연구에서는 다양한 관점을 통합해 가면서 충실하게 자료를 수집하고 제시하는 것을 추구한다. 또한, 연구과정에서 발생할 수 있는 연구자의 편향성을 최소화하기 위해 주관적 가치를 통제할 수 있도록 팀원 간의 합의를 통한 구조적 접근을 강조한다. 제14장에서 합의적 질적연구의 철학적 패러다임을 살펴보고 실제 연구 사례를

통해 질적연구의 타당성 전략을 제시하였다.

제15장에서는 혼합연구에 대해 소개한다. 혼합연구는 양적연구방법과 질적연구방법의 장점을 각각 수용함으로써 신뢰도를 높이는 연구방법이다. 따라서 본 장에서는 양적연구와 질적연구를 접목한 혼합연구 방법에 대해 살펴보고, 좀 더 객관적이고 타당한 연구를 위해 필요한 연구수행 과정을 소개하고자 한다. 특히, 혼합연구의 여러 가지 유형을 살펴보고, 이를 바탕으로 실제 사례를 통하여 혼합연구가 구성되는 과정과 설계 방법, 자료 수집 및 자료 분석의 일련의 과정에 대한 이해를 돕고자 하였다. 또한, 혼합연구를 진행하고 있거나 혹은 진행하고자 하는 연구자가 맞닥뜨릴 수 있는 어려움과 극복 방안에 대해 기술하였다.

각 장의 구성은 해당 질적연구방법에 대한 이론적 논의와 쟁점을 포함하며, 해당 장을 집필한 저자의 학위논문을 통한 구체적인 사례를 제시하였다. 또한, 각 장의 마지막에는 해당 연구방법의 전망과 독자가 이해한 바를 적용해 볼 수 있도록 생각할 문제를 제시하였다. 이 책이 독자의 질적연구 수행에 즐거운 동반자가 되기를 기대한다.

2018년 새봄을 기다리며.

집필자 대표 김영순, 김창아

차례

PART 2. 질적연구 현장 이야기

PART 3. 응용 질적연구 행하기

PART 1.

질적연구의 시작

CHAPTER 01

질적연구, 세상에 물음 던지기

김영순

[그림 1-1] 삶과 이정표

아파트 현관 앞의 절구 모습… 대체 절구를 누가 아파트 현관 앞에 가져다 놓았을까? 이 절구는 누구의 것이며, 그 용도는 무엇일까? 아마 궁금증이 꼬리를 물 것이다. 혹은 아예 이 절구에 대해 호기심이 없을 수도 있다. 질적연구는 현실의 호기심으로부터 출발한다.

이 절구의 주인은 박선녀 할머니이다. 박선녀 할머니는 연구자가 2008년 여름부터 2년간 검단 지역 마을 연구 때 만난 분이다. 이 절구는 검단 신도시가 개발되면서 해당 지역의 오래된 집들이 헐리고 옛 마을 자리에 아파트가 들어서면서부터 아파트 앞에 자리 잡았다. 박선녀 할머니께서는 이른 나이에 그곳 유지인 임씨 집안에 시집오셔서 큰 집안의 살림을 도맡아 며느리로서 아내로서 성실한 삶을 살았다. 그녀의 성실함에 감동 받은 남편은 아내의 생일 선물로 그 당시 꽤 비싼 돌절구를 선물했다. 생일 선물로 돌절구... 지금의 우리에게는 웃음을 자아낼 수 있지만, 그 당시에는 생필품 중 고급스러운 물건이었던 것이다. 돌절구 선물을 받은 이후 박선녀 할머니는 그것으로 곡식을 찧고 양념을 빻고 음식을 준비할 때는 물론 자녀들의 간식으로 인절미를 만들 때도 이 돌절구를 사용했다.

그러나 할머니께서 시집온 후 평생 거주하던 집이 신도시 개발로 헐리게 되자 지금의 아파트로 이주하게 되었다. 그래서인지 할머니는 치매기가 발동하고 급기야는 집을 나갔다가 못 찾아오는 경우가 허다했다. 급기야 자녀들은 이사 올 때 골동품상에 처분했던 이 돌절구를 팔 때보다 세 배 이상의 돈을 주고 찾아와 아파트 앞에 설치했다. 그 이후로 할머니는 집을 나갔다가도 돌절구가 있는 아파트 입구에 반드시 와 계시곤 했다.

이런 이야기를 모르면 아파트 앞 돌절구는 아무 의미가 없는 그냥 돌절구인 셈이다. 그러나 숨은 사연을 알게 되었을 때 그것은 박선녀 할머니 인생의 의미이며 이정표로 해석될 수 있다.[1)]

이렇듯 질적연구란 연구자가 연구참여자의 경험과 삶에 대한 이해방식을 수집하여 이를 연구자가 가정한 세계관에 입각하여 연구자의 시각으로 재해석하는 학문 활동이다. 우리는 이제 질적연구방법을 탐색하기 위한 여행을 떠나는 첫걸음으로 앞에 제시한 그림을 바라보는 여러분의 경험과 가치 판단이 '질적연구'와 어떠한 관계가 있는지 살펴볼 것이다. 이 과정을 통해서 여러분 스스로가 '질적연구자'로서 삶의 방식과 세상을 바라보는 관점에 대해 정의내릴 수 있기를 기대한다.

---

1) 필자는 2009년부터 2011년까지 인천시 서구 검단 일대의 자연부락을 중심으로 검단 사람들의 생애 이야기 현지조사를 수행하고 그 결과를 저서 『지역문화 콘텐츠와 스토리텔링: 검단의 기억과 이야기』(2011, 북코리아)로 출간하였다. 이 이야기는 검단 현지조사에서 채록한 것이다.

1. 질적연구와 학문

흔히 질적연구자는 질적연구의 방식으로 학문을 수행하는 사람을 칭한다. 그렇다면 연구자가 수행하는 학문이란 무엇이고 연구란 무엇이며, 학자 혹은 연구자란 어떤 사람을 일컫는지 살펴볼 필요가 있다. 질적연구자의 삶은 어떠한 것인지를 알기 위해, 먼저 학문의 개념과 연구의 대상을 살펴보자.

1) 학문과 연구

학문이란 학자들이 연구 활동을 한 결과를 축적해 놓은 지식체계를 말한다. 이 학문의 지식체계는 말 그대로 '지식체계로서의 학문'과 '활동으로서의 학문'이라는 두 가지 차원으로 규정할 수 있다. 지식체계로서의 학문은 이제까지 어떠한 분야의 학자들이 발견하고 축적해 놓은 개념을 중심으로 한다. 활동으로서의 학문은 탐구 방법을 중심으로 수행된다. 현재 시점에서 학문을 하는 사람들은 기존의 학자들이 축적해 놓은 개념과 탐구 방법을 활용하여 자신의 관심 분야와 관련된 현상을 이해하는 활동을 한다. 하지만, 결과로서의 학문은 그 결과가 제시되기 전까지는 과정, 즉 활동으로서의 학문 상태로 존재한다. 이러한 '지식체계로서의 학문'과 '활동으로서의 학문'을 연계하여 학문의 개념을 파악하는 것이 학문을 이해하는 바람직한 방법일 것이다.

학문을 이르는 말은 다양하다. 한자로는 '學問', 영어로는 'Science', 독일어로는 'Wissenschaft'라고도 한다. 단어 뜻을 그대로 풀이하면 學問은 표현 그대로 '배우고 물음'으로써 진정한 앎에 접근해 간다는 의미이고, Science는 과학이라는 뜻으로도, 학문이라는 뜻으로도 사용된다. 이를테면, 인문과학(Human Science), 사회과학(Social Science), 자연과학(Natural Science)이라는 용어를 사용하는데 여기서 각 학문 뒤의 'Science'는 바로 해당 학문이 넓은 의미의 '과학'임을 뜻한다. 또한, 독일어의 Wissenschaft라는 말은 원래 학문을 칭하는 말이지만, 알림, 통지, 보고라는 옛 뜻을 함께 갖는다. 마치 '활동으로서의 학문'을 연상케 한다.

학문에서 '학'과 '문'을 구별해 보면, 단순히 지식을 배우는 것이 '학'이고 그 지식을 주체적으로 소화하여 진정한 나의 것으로 만들기 위해 비판적인 관점에서 의문을 가지고 반문(反問)하는 것이 '문'이라고 할 수 있다. 유대인의 자녀 교육방식 중 하나가 바로 묻는 것이라고 한다. 유대인 부모는 자녀가 학교에서 귀가하면 바로 "오늘 학교에서 무얼 물었니?"하고 묻는다. 어떻게 보면 학문은 물음에서 시작된다고 볼 수 있다. 그렇다면 학문은 지식에 대해 배우고 묻는 것으로 해석할 수 있다.

지식은 제한된 시간과 제한된 장소에서 특정 경험과 견해를 가진 어떤 사람에 의해 도달한 결론과 같은 것이다. 바로 그런 지식을 배우는 것이 '학'이다. 또한, 지식을 배우는 사람은 다른 시간, 다른 장소, 다른 경험적 배경을 가진 사람이다. 따라서 그 지식을 배울 때는 항상 자신의 입장에서 되짚어 보는 자세, 즉 물음 '問'이 절대적으로 필요하다. 어떤 지식이든 그 자체로 완벽한 것은 없고 항상 일정한 둘레를 지니고 있는 만큼 그 한계를 알아야 더 나은 단계로 발전시킬 수 있기 때문이다. 이렇게 보면 학문을 수행하는 자, 즉 학자가 어떤 지식을 마주함에 있어서 항상 의문과 의심을 가지고 비판적으로 대할 때 비로소 참된 나의 지식이 될 수 있다는 것이 '학문'의 의미라고 할 수 있을 것이다.

『논어』에서 '학(學)'이라는 글자를 중심으로 논해지는 사상은 바로 이와 같은 '학문'의 의미를 충실하게 담고 있다. 이를 토대로 관련 개념을 살펴보면 연구란 어떤 일이나 사물에 대하여 깊이 있게 조사하고 생각하여 진리를 따져 보는 일을 말하며, 공부란 학문이나 기술을 배우고 익히는 것을 뜻한다. 또한, 학자나 연구자는 학문체계를 계승하는 사람으로서 학문의 체계인 지식과 경험을 개념화하고, 연구방법을 터득하여 새로운 지식을 창출하는 사람을 말한다.

2) 학문, 연구의 대상: 사회문화현상

질적연구자는 질적연구라는 학문체계와 질적연구방법이라는 연구방법을 충실하게 계승하는 사람이다. 더불어 질적연구의 지식체계와 연구방법을 터득함으로써 경험을 개념화하고 새로운 지식을 창출하는 사람이라고 볼 수 있다. 그중에서도 질적

연구자는 자연의 법칙이나 원리가 아니라 인간이 의도하고 만들어 간 세계, 즉 사회문화현상을 주요 탐구 대상으로 한다. 질적연구자의 관심 대상의 특징은 다음의 〈표 1-1〉과 같다.

〈표 1-1〉 자연현상과 사회문화현상의 비교

자연현상	사회문화현상
• 몰가치성 • 인간의 의지와 무관하게 발생 • 가치 판단 불가능	• 가치함축성 • 인간의 의도와 가치가 담겨 있음 • 가치 판단 가능
• 존재법칙이 지배 • 있는 그대로의 사실을 의미 • '~이다'라는 진술이 가능(sein)	• 당위법칙이 지배 • 규범으로서의 당위성을 의미 • '마땅히 ~해야 한다'라는 진술이 가능(sollen)
• 인과법칙: 필연성과 확실성의 원리 • 인과관계가 분명한 확실성이 있음 • 규칙 발견과 예측이 쉬움	• 인과법칙: 개연성과 확률의 원리 • 인과관계가 확률적으로만 존재 • 규칙 발견과 예측이 어려움
• 보편성 • 시공간을 초월한 자연법칙의 지배 • 같은 조건에서는 반복적으로 나타남	• 보편성과 특수성 • 사회현상은 시공을 초월하는 보편성 존재 • 구체적인 모습은 사회마다 다름

위의 〈표 1-1〉을 통해서 알 수 있듯이, 자연현상은 몰가치성과 존재의 법칙이 지배한다. 이와 달리 사회문화현상은 가치함축적이며, 당위의 법칙이 지배한다. 자연현상과 사회문화현상이 갖는 특성을 구체적으로 살펴보면 다음과 같다.

(1) 몰가치성과 존재법칙

자연현상의 특성인 존재법칙은 독일어로 'sein(자인) 법칙'이라고 한다. 예를 들어, 기온이 영하로 떨어지면 물은 얼음으로 상태변화를 일으킨다. 자연의 법칙이다. 물이 얼음이 되는 것은 인간의 의도나 가치와는 아무런 상관이 없다. 그냥 스스로 그렇게 된 것이다. 그냥 그런 것. 이것이 존재법칙이다. 결국, 존재법칙이란 몰가치성의 다른 표현인 것이다.

(2) 가치함축성과 당위법칙의 지배

반면에 사회문화현상은 가치함축적이라는 점에서 당위법칙을 따른다. 당위법칙은 독일어로 'sollen(졸렌) 법칙'이라고 한다. 예를 들면, 결혼식장에서 예복을 갖추어 입거나 수영장에서 수영복을 입는 것 모두 사회의 법칙에 의한 것이다. 예복을 입거나 수영복을 입는다는 것은 저절로 된 것이 아니라 인간의 의지와 가치가 개입되어서 일어난 일이다. 사회의 관습이나 규범상 당연히 그래야 한다는 뜻이다.

(3) 인과법칙(필연성과 확실성 vs. 개연성과 확률의 원리)

인과관계란 원인과 결과의 관계를 말한다. 인과관계는 자연현상과 사회현상에 모두 존재한다. 그러나 자연현상과 사회문화현상에서 나타나는 인과법칙은 사뭇 다른 원리로 작동된다. 자연현상에서 나타나는 인과관계는 필연성과 확실성을 특징으로 한다. 앞서 제시하였던 '기온이 영하로 떨어질 때 물은 얼음이 된다'라는 예를 다시 생각해 보자. 이때 기온은 원인으로서, 얼음이 되는 것은 결과로서 나타난다. 이때 기온이 영하로 떨어지면 물은 반드시(necessary) 얼음으로 변하는 것이다. 즉, 자연현상의 인과관계는 필연성(necessity)을 띤다. 이러한 필연성에 의해서 자연현상은 예측이 가능하다. 만약, 기온이 영하로 떨어진다면 물은 얼음이 되어 있을 것이라고 확실하게 예측할 수가 있는 것이다. 이와 달리 사회문화현상에서 나타나는 인과관계는 개연성과 확률의 원리를 특징으로 한다. 고등학교 3학년 수험생을 생각해 보자. 고3이 된 수험생은 대부분 열심히 공부한다. 이때 고3이 되었다는 사실은 원인이고, 열심히 공부하는 것은 결과이다. 이 둘의 관계는 당연히 인과관계에 놓인다. 그런데 고3 학생들을 개별적으로 살펴보면, 공부를 열심히 하는 경우도 있고 그렇지 않은 경우도 있다는 것을 발견할 수 있다. 즉, 고3 수험생 모두가 다 열심히 공부한다고 할 수는 없지만 대체로 그렇다는 것이다. 모두 다는 아니지만 대체로 그런 것, 이것을 개연성이라고 한다. 이러한 개연성으로 인하여 사회문화현상에 대해서는 예측을 할 수는 있지만 그 결과가 확실하다고 말할 수는 없다. 결국, 확률적으로만 얘기할 수 있다. '고3 학생 가운데 80% 정도가 열심히 공부한다'와 같은 진술은 사회문화현상이 갖는 인과법칙의 특징인 개연성과 확률의 원리를 나타내는 것이다.

(4) 보편성과 특수성

자연현상은 시공간을 초월해서 보편적으로 나타난다. 기온이 영하로 떨어지면 물이 얼음이 되는 것은 옛날이나 지금이나 동양이나 서양이나 보편적으로 확인할 수 있는 현상이다. 사회문화현상 역시 보편적인 특성이 있다. 예를 들어, 사람이 죽으면 정중하게 예를 갖추어서 장례를 치르는 것은 동서고금(東西古今)을 막론하고 나타나는 모습이다. 즉, 보편적인 현상인 것이다. 그러나 장례를 치르는 구체적인 절차와 방식은 역사적으로 그리고 사회적으로 모두 다르게 발현되어 왔다. 즉, 특수성을 띠는 것이다. 이처럼 사회문화현상에는 보편성과 특수성이 공존한다.

앞에 제시한 사회문화현상의 특징은 학문수행자에게 다음과 같은 도전을 요구한다. 첫째, 가치함축에 대한 도전이다. 연구자는 자신의 관점을 통해 자신의 연구에 가치를 설정해야 한다. 그러나 연구자 개인의 생활 경험이 연구의 가치 자체가 될 수는 없다. 둘째, 개연성과 확률에 대한 도전이다. 기존의 지식체계나 학문에서 '그럴 것'으로 여겨 왔던 것과 가능성에 대한 도전이 필요하다. 즉, 기존의 많은 연구 혹은 동시대의 구성원들이 믿고 있는 가정에 대한 근본적인 질문이 요구된다. 셋째, 보편성과 특수성에 대한 도전이다. 연구자는 역사적 그리고 사회적으로 공통으로 드러나는 것은 무엇이고 그것은 연구 현장에서 어떠한 특수성을 나타내는지를 찾아야 한다.

3) 탐구과정에서 귀납과 연역

연구자는 학문을 어떻게 수행하는가? 질적연구의 전체적인 흐름은 어떻게 이루어지는가? 일반적으로 탐구는 무(無)에서 시작되지 않는다. 문헌연구 등을 통해 기존에 나온 선행연구 결과에 비추어 연구를 시작하는 것이 일반적이다. 이 과정은 연역의 형태를 띤다. 연역이란 대전제에서 출발하여 그 전제를 개별적인 대상이나 현상에 적용하는 과정을 말한다. 또한, 연구자는 연구를 진행하면서 나름대로 수집한 자료를 바탕으로 자신만의 일정한 결론을 도출하게 된다. 이 과정은 귀납의 형태를 띤다. 귀납이란 구체적인 사례에서 관찰한 현상의 공통적 측면을 모아서 결론으로 제시하는 것이다. 이를 도식화하면 [그림 1-2]와 같다.

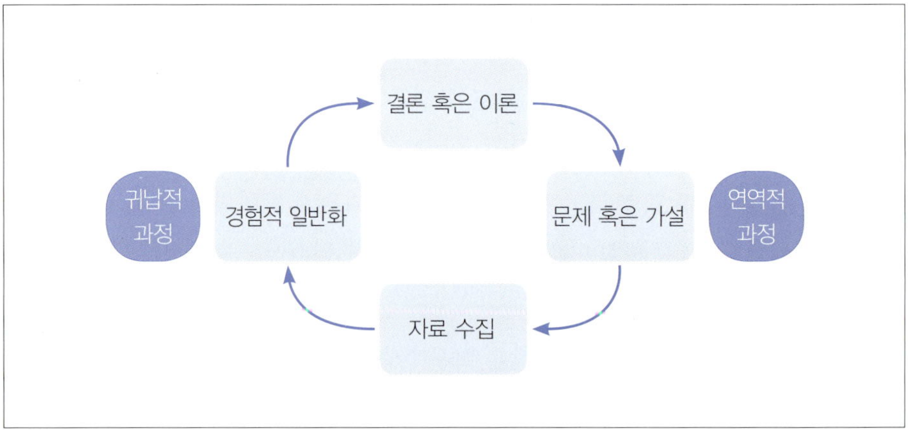

[그림 1-2] 탐구의 과정

위의 그림을 통해서도 알 수 있듯이 귀납적 과정과 연역적 과정은 탐구과정이라는 큰 틀에서 볼 때 상호보완의 관계를 갖는다. 각각의 과정을 좀 더 살펴보면 다음과 같다.

(1) 귀납적 연구과정

일반적으로 귀납적 연구는 경험적인 자료나 사례를 바탕으로 이론을 이끌어 내는 과정이다. 연구방법 측면에서 보면 귀납적 연구는 일반적으로 질적연구방법에서 많이 사용하는 것으로 본다. 그러나 사회과학 연구의 전체 과정에서 보면 자료를 수집하고, 그 개별적인 자료를 통해 결론을 도출하는 과정이 모두 귀납적 연구의 과정이라고 말할 수 있다.

(2) 연역적 연구과정

일반적으로 연역적 연구는 가설을 설정하고, 경험적 사실을 통해 얻은 자료를 분석하여 입증하는 과정을 말한다. 따라서 연역적 연구과정은 양적연구방법에서 많이 사용하는 것으로 본다. 그러나 사회과학 연구의 전체 과정에서 기존의 결론이나 이론을 통하여 자신의 연구문제를 찾아내고 그것을 통해 가설을 설정하는 과정도 연역의 과정이라고 할 수 있다.

귀납과 연역이 가지는 상호보완적 관계는 변증법적으로 이루어진다. 따라서 연역적 연구과정에 귀납적 과정이 포함되기도 하고, 귀납을 통해 도출한 결론이 후속 연구에서 연역적 가정으로 활용되기도 하면서 학문의 발전을 이끌어 간다. 또한, 최근 들어 사회현상이 복잡화됨에 따라, 연구대상에 대한 보편적인 이해와 더불어 심층적인 분석을 통해 연구결과를 좀 더 객관화하고 세밀화하는 것에 대한 관심이 증가하면서 양적연구와 질적연구를 같이하는 경향이 등장하고 있다. 예를 들어, 연구대상을 선정해서 질문지나 실험법을 통해 어떠한 법칙이나 경향성을 파악한 후, 그에 대한 풍부한 경험을 갖는 연구대상을 선정하고 직접 만나서 연구문제와 관련한 심층적인 질문을 통해 깊이 있는 내용을 파악하는 것이다.

2. 질적연구의 패러다임과 이론

흔히 초보 연구자는 연구를 시작할 때 연구문제 자체에만 포커스를 맞추어 그 질문에 답을 잘 줄 수 있는 연구접근법에 집중하는 경향이 있다. 그러나 보다 중요하게 고려할 것은 연구를 준비하는 연구자는 먼저 세계를 바라보는 자신의 태도와 관점을 명확히 할 필요가 있다. 그 이유는 현상과 사건에 대한 해석의 기준이 흔들려서는 안 되기 때문이다. 질적연구에서는 이를 연구자의 퍼스펙티브(perspective) 혹은 포지션(position)이라고 한다. 그래서 질적연구의 연구물에서 이론적 논의에는 해당 논문에서 연구자가 차용하고자 하는 철학적 패러다임, 이론적 렌즈를 개념을 들어 설명한다.

1) 질적연구에서의 패러다임[2)]

패러다임은 '우리의 사고를 뒷받침하는 신념의 체계'를 말하는 것으로, 흔히 어떠한 학문 분야에서 지배적으로 나타나는 관점과 접근 방법을 말한다. 패러다임이라는 용어는 쿤(Thomas S. Kuhn)이 처음 사용한 것으로 흔히 '세계관', '인식의 틀' 혹은 '가치관'으로 일컬어지기도 한다. 쿤이 제시한 다음의 네 가지 준거는 패러다임이라는 개념을 보다 명확히 이해하는 데 도움이 된다.

첫째, 기본적인 실재(reality)는 무엇인가?, 둘째, 실재는 어떻게 그리고 어떤 의미로 상호작용하는가?, 셋째, 실재에 대하여 어떤 질문이 합리적으로 제기될 수 있으며, 어떤 기법으로 그 질문에 답을 찾을 수 있는가?, 넷째, 그러한 질문의 답은 어떠한 형태를 갖추고 있는가? 이처럼 패러다임은 세계에 대한 기본 인식과 세계 연관, 세계에 대한 유효 질문과 답변의 형태 및 유효 질문을 탐색하기 위한 타당한 방법을 모두 포함하는 것이다. 즉, 연구자에게 패러다임은 연구를 대하는 일종의 소신이며, 철학인 것이다.

패러다임 없는 질적연구는 어디서든 존재할 수 없다. 사람마다 자신의 가치관에 따라서 관점을 선택할 뿐만 아니라 연구를 진행하는 방법, 조사 결과를 해석하는 방향도 다르기 때문이다. 간단히 말하자면, 단지 연구방법론만으로는 연구를 실행할 수 없다는 것이다(Eder, D. & Fingerson, L., 2001). 질적연구에서 '패러다임'은 실증주의, 후기 실증주의, 구성주의, 비판적/페미니즘, 후기 구조주의 등으로 구별할 수 있다. 각각의 패러다임이 내포한 철학적 가정은 다음과 같다.

---

2) 지면의 제한으로 패러다임에 관해 자세히 설명하지 못하고 개요만을 서술하였다. 패러다임에 관한 상세한 설명은 클레스웰(Creswell, 2010: 37-52)를 참조하라.

(1) 실증주의

실증주의는 객관적인 우주가 존재한다고 믿는다. 따라서 실재는 연구되고 파악될 수 있을 뿐만 아니라 이해될 수도 있다고 본다. 즉, 실증주의에서는 실제세계가 어떻게 질서를 이루고 있는가를 규명할 수 있다고 본다. 따라서 실증주의에서 연구자는 보다 명확한 규명을 위해서 연구대상과 분리되고 구별된다. 실재를 파악하기 위한 주요 과정은 실험, 유사실험, 조사, 상호관계연구 등을 통해서이며, 실증주의에 의거한 질문의 답은 문제 사실을 규명하고 이론과 법칙을 도출하고, 미래를 예측할 수 있게 한다.

(2) 후기 실증주의

후기 실증주의는 실재는 존재하나, 결코 완전하게 이해할 수 없다고 믿는다. 연구자는 데이터를 수집하는 도구이며, 실재에 접근하기 위해 노력한다. 이를 위해서 후기 실증주의에 입각한 연구과정에서는 엄격하게 규정된 질적방식, 빈도수, 하위 수준의 통계를 사용하게 된다. 또한, 연구의 결과는 일반화, 서술(description), 반복되는 양식(pattern) 및 근거 이론으로 제시된다.

(3) 구성주의

구성주의는 '실재는 연구자의 경험에 기반을 둔 다양한 방식으로 구성된다'고 믿는다. 지식이란 객관적이지 않으며, 관습에 기초하여 상징적으로 구성되는 것이기 때문이다. 따라서 우리가 진리라고 말하는 것은 우리가 그러하다고 동의한 진리인 것이다. 이러한 진리는 자연스러운 환경 속에서 참여자의 면담과 관찰을 통해 연구될 수 있으며, 사례연구, 풍부한 내러티브, 해석, 재구성 형태의 결과물을 산출한다.

(4) 비판적/페미니즘

비판적/페미니즘은 실질적인 세계는 인종, 성별, 계층 등의 측면에서 물리적인 차이가 있다고 본다. 또한, 지식은 극히 주관적이고 정치적이며, 이는 연구자의 정치적인 입장을 통해서 항상 중재된다고 가정한다. 연구형태는 구성주의자의 것과 동일하지만 비판적/페미니즘은 긍정적인 방식으로 참여자의 삶을 변형시키고 사회적 변화를 유도하는 것을 목적으로 하기 때문에 현존하는 권력 구조에 도전하며, 저항을 촉진하는 가치 중재적 비평들을 산출한다.

(5) 후기 구조주의

후기 구조주의는 우주는 무의미하나, 의미를 부여하고자 하는 개인의 마음속에서 질서가 생겨난다고 믿는다. 다시 말하면, 우주는 매우 혼돈 상태인데 여기에 질서를 부여하고자 시간과 공간, 상태나 동작 등의 개념으로 구체화한다. 후기 구조주의 관점에서 보면 보편적 절대진리란 없으며, 이 세계에는 다양한 진리가 존재하지만 항상 국지적이고 주관적이며 유동적이다. 연구자는 진리에 대한 직접적 접근법을 갖지 못하기 때문에 생생한 경험을 결코 알 수 없거나 표현할 수 없다고 생각한다. 후기 구조주의는 해체와 계보, 데이터 중심의 연구를 수행한다. 해체를 통해 담론의 내적 모순을 드러내고 추정된 절대진리성에 근거하여 취해진 결과를 폭로하는 분석을 산출하며, 계보학적 연구를 통해 근대 구조, 제도, 역사적 불화 등을 드러내는 비평을 산출한다.

(6) 다원주의

다원주의는 다원론에서 기인한 개념이다. 다원론은 세계를 구성하는 요소가 하나가 아니라 여러 가지인데, 이 요소들은 서로 독립적이어서 다른 것으로 환원될 수 없다는 이론을 말한다. 이를테면, 오행설은 다원론이며, 음양설은 이원론과 같은 것이다. 이 다원론은 민주주의의 성립과 유지의 가장 기초 이념인 '다양성의 존중'에 핵심적인 개념을 제공한다.

좀 더 구체적으로 보자면, 다원주의는 사회를 구성하는 개인이나 집단의 독자적인 가치관, 이념, 목표 등을 인정하고 각각의 독립성과 자율성을 보장하는 것, 또는 그것을 전제로 하여 사회문화현상을 파악하고 설명하는 입장을 뜻한다. 다원주의는 권력 엘리트에 의하여 지배되는 획일주의에 저항하고 각 분야의 자율성을 인정한다.

다원주의는 인류학 혹은 다민족학 연구에서 문화다원주의와 결합하여 '문화상대주의'라는 가치를 제공하고 있다. 문화상대주의의 기본적 입장은 인류 문화는 일원적으로 진화하는 것이 아니라 제각기 독자적인 방향으로 발전하기 때문에 그 우열을 가릴 수 없다고 보는 견해나 관점을 반영한다.

이와 같이 동일하거나 유사한 주제를 연구하는 학자라도 자신이 추구하는 패러다임에 따라서 문제를 인식하고 그 문제를 해결하고자 접근하는 방식과 과정은 다르다. 따라서 질적연구를 수행하기 위해서는 우리의 사고를 뒷받침하는 신념체계를 깊이 있게 고찰하는 근본적인 과정, 즉 자신의 연구 수행에 있어서 다양한 패러다임 간에 드러나는 논점의 차이를 알고 고심하여야 한다. 연구자의 고민은 선행연구자가 기존에 제시한 가정을 탐구하는 것에만 머물러서는 안 되며, 세계관이 자신의 연구 수행에 어떠한 의미를 갖는지를 찾아야 한다.

2) 질적연구에서의 이론

이론은 사회가 작동하는 방식, 조직이 운영되는 방식, 사람들이 특정 방식으로 상호작용하는 이유와 같이 고정될 수 없는 것에 대한 복잡하고 포괄적인 개념을 이해하게 해 준다. 또한, 이론은 연구를 수행하는 연구자에게 복잡한 사회문제와 이슈를 바라보는 '렌즈'를 제공한다. 이와 함께 이론은 연구자가 자료의 다양한 측면에 관심을 갖게 할 뿐만 아니라 자료를 분석할 수 있는 틀을 제공하는 역할도 한다. 리브스 외(Reeves et al., 2008)는 연구자가 주로 활용하는 이론으로 크게 현상학, 상호작용주의, 비판이론을 제시하고 이에 대해 다음과 같이 설명한다.

(1) 현상학

현상학(Phenomenology)은 '일인칭 관점에서 경험한 의식의 본질'을 탐구하고자 한다. 브렌타노(Brentano)의 철학으로부터 시작한 현상학의 창시자는 후설(Husserl)이다. 후설은 일상생활에서 개인이 자신이 경험하는 사회현상에 어떠한 의미를 부여하는 방식을 설명하고자 하였다. 현상학적 연구는 한 개인이 자신이 부여한 의미와 분류체계를 통하여 어떻게 세상을 이해하는지를 탐구하는 데 집중한다. 이를 통하여 개인의 주관적인 '살아 있는' 경험에 대한 통찰력 있는 설명을 제공하는 것이 현상학의 주요 목표이다. 현상학적 연구는 광범위하고, 연구결과의 일반화를 위한 설명보다는 특정 환경에 존재하는 개인을 설명하기 위한 연구를 하는 데 더욱 관심을 둔다. 현상학적 접근법을 사용하는 연구는 일반적으로 심층적인 반구조적 질문지나 비구조적 질문지를 활용하여 인터뷰를 진행하고 이와 함께 개인 저널, 편지, 일기 등과 같은 개인 문서를 통하여 자료를 수집한다.

(2) 상호작용주의

상호작용주의(Interactionism)는 집단(集團)행동과 지각을 탐구하는 데 집중한다는 점에서 개인의 지각을 이해하는 현상학적 연구와 쉽게 구별된다. 조지 미드(George Mead)가 처음 개발한 이 접근법은 일상적인 만남에서 사용하는 기호, 특히 언어를 통한 개인 간의 상호작용을 이해하기 위한 것이다. 상호작용주의는 특히 사회적 행동이나 상호작용 및 반응을 통해서 개인이 의미를 어떻게 만들고 개조하는지를 이해하고자 하는 접근법이다. 상호작용주의에 있어서 허버트 블루머(Herbert Blumer)는 다음과 같은 전제를 제시하였다. 첫째, 인간은 이것들이 가지고 있는 의미에 기초하여 사물을 향해 행동한다. 둘째, 그러한 것들의 의미는 자기 동료들과의 사회적 상호작용에서 파생되고 발생한다. 셋째, 이 의미는 그 사람이 만나는 것을 다루는 사람이 사용하는 해석 과정에서 다루어지고 수정된다는 기본 가정을 제시하였다. 상호작용론적 연구는 사회적 상호작용의 과정을 이해하기 위하여 사회행동의 이러한 요소를 포착하기 위한 참여자 관찰이나 인터뷰와 같은 데이터 수집 방법을 사용한다.

(3) 비판이론

비판이론(Critical theory)은 사회를 비판하고, 전체의 변화를 지향한다. 비판이론은 칼 마르크스의 생산과 자본주의에 관한 연구에 뿌리를 두고 있는데, 1930년대 프랑크푸르트 대학의 사회 연구 연구소에서 더 발전하여 사회 전체를 비판하고 변화시키는 방향으로 논의되고 있다. 이 전통은 피에르 부르디외(Pierre Bourdieu), 미셸 푸코(Michel Foucault)와 같은 사회과학자들에 의해 최근까지도 이어져 오고 있다. 비판이론가들은 일반적으로 체계를 갖는 집단, 즉 사회나 학교, 정부 기관, 병원 등과 같은 기관에서 구축된 지식과 권력이 어떠한 방식과 기제(機制)로서 개인이나 집단 또는 특정 관점을 종속하거나 억압하는지를 연구한다. 따라서 비판적 이론가들의 주요 탐구주제는 인종, 종교, 사회경제적 지위, 성 등과 같이 집단 내 소수자에 대한 것이며, 권력관계와 불공정을 논의하고, 평등과 정의를 주장한다. 무진(Muzzin, 2005)은 건강전문가의 학습과 관련하여 비판적 이론을 활용하였다. 그는 건강전문가들이 학습에 기업의 이익을 반영함으로써 성별과 계층의 불평등을 재현했다는 것을 밝혔다. 이러한 관점에서 오늘날의 대학을 살펴보면, 진리를 추구하고 지혜를 사랑하는 대학의 '상아탑'은 '학문적 자본주의'를 통하여 계급 불평등을 재생산하는 기관으로 전락하고 있다고 볼 수 있다.

이 외에도 질적연구자가 사용하는 이론에는 전문화이론(Professionalization theory), 낙인이론(Labelling theory) 등이 있다. 이러한 이론은 사회학, 심리학, 인류학, 교육학, 역사학 등과 같은 학문 전통에 의해 구축된 것으로, 연구문제의 구상과 적절한 자료 수집의 지침 제공 및 자료의 이해와 해석에도 도움을 준다. 또한, 이론은 현상에 대한 근원적인 이유나 영향을 설명하는 데도 도움이 된다.

3. 질적연구의 특성과 기준

질적연구의 특성은 연구자가 연구를 수행하는 과정에서의 자세를 규정한다. 혹은 연구자가 연구수행에서 보이는 태도가 연구의 특징을 규정한다고도 할 수 있다. 닭이 먼저든, 달걀이 먼저든 간에 질적연구의 특성은 연구자가 연구에 임하는 태도와 관련되며, 그것은 질적연구를 더욱 질적연구답게 만드는 기준이 될 것이다.

1) 질적연구의 특성과 연구자의 자세

질적연구가 연구방법으로서 갖는 특성은 질적연구자가 연구에 임할 때의 자세를 제시한다. 질적연구는 연구자의 시각과 통찰을 바탕으로 연구를 한다. 연구자는 사회적 관계 속으로 들어가기를 통한 새로운 관계 맺음에 익숙해야 하고, 그 과정에서 자기 절제가 요구된다. 지속적으로 반복되는 연구 활동은 심신의 소진을 야기하나, 연구자는 연구 활동에 지속적으로 몰입해야 할 필요가 있다. 하지만, 지나친 연구자의 주관성과 헌신은 연구의 객관성을 떨어뜨리게 되므로 질적연구자는 연구결과의 객관성을 위해 연구가 지속되는 동안 일정한 관점을 유지하는 것이 필요하다. 또한, 연구 집단 안에서와 집단 바깥에서 연구와 관련된 정책결정자, 자금지원단체 등과도 조화롭게 의사소통하는 기술, 즉 경계 내돌기 능력이 요구된다.

질적연구방법의 특성을 연구자의 태도와 관련하여 다음과 같이 말할 수 있다. 질적연구자는 개방적이고 상대주의적이며 객관적이고도 성찰적인 자세가 필요하며, 이런 자세들은 총체적이고도 조화롭게 발현되어야 한다. 질적연구의 각 특성을 구체적으로 살펴보면 다음과 같다.

(1) 자연스러운 상황

질적연구자는 참여자들을 실험실로 데려오거나 혹은 인위적 상황에 머물게 하지 않는다. 대부분은 측정도구를 사람들에게 보내지도 않는다. 그들은 이슈나 문제를 경험하고 있는 현장에서 직접 자료를 수집하는 경향이 있다. 연구자가 실제로 사람들과 직접 이야기하고 참여자들이 처한 맥락에서 행동하고 행위하는 것을 보면서 자료를 수집한다. 이런 현장에 밀착된 자료들은 질적연구의 중요한 특성이다. 연구자는 참여자들과 자연적인 상황에서 얼굴을 대하며 상호작용을 한다. 예를 들어, 특정한 사회나 집단의 모습을 탐색하고 해석하는 문화기술지의 경우에도 연구자는 그 사회의 주민을 초대하여 인터뷰하는 것이 아니라 연구자 자신이 직접 해당 문화 집단에 머물며 집단 구성원을 관찰하거나 대화 혹은 인터뷰를 통해 자료를 수집한다. 따라서 참여자가 속한 사회문화를 이해하고자 하는 상대주의적 태도가 요구된다.

(2) 주요 연구도구로서 연구자

설문지나 분석도구의 개발에 연구의 상당 부분을 할애하는 양적연구와 달리, 질적연구에서는 연구자 자신이 주요 연구도구로서의 역할을 한다. 연구자는 연구 현장과 관련하여 생성된 문서, 참여자 개인이나 집단 상호 간의 행동 관찰, 참여자와의 인터뷰 등을 통하여 스스로 분석과 해석을 위한 자료를 수집한다. 뿐만 아니라, 이렇게 연구자 자신이 수집한 실제 자료를 자신의 관점과 유의미한 이론을 통하여 분석하고 해석한다. 질적연구에서도 설문지는 사용할 수 있다. 하지만, 질적연구에서의 설문지는 단지 연구자가 참여자의 기본적인 특성을 파악하거나, 보다 심층적인 인터뷰 진행을 위한 보조적인 자료 수집 도구의 역할을 한다. 이처럼 연구자 자신의 역할이 무엇보다 중요하기 때문에 질적연구자는 자신의 연구행위 전반에 대해 끊임없이 질문을 던지고 답하는 성찰적 자세가 필요하다.

(3) 다양한 자료 원천

질적연구에서는 하나의 현상 혹은 참여자의 경험을 이해하기 위하여 다양한 형태의 자료를 수집한다. 연구자는 수집한 자료를 통하여 연구자 스스로가 참가자의 행동과 시각을 맥락적 범위에서 이해하여야 한다. 이것이 전제될 때, 질적연구자는 연구를 관통하는 범주와 주제를 도출하고, 풍부한 설명을 제공할 수 있다. 따라서 연구자가 수집하는 자료는 내용상 그리고 형태상 다양성이 요구된다. 질적연구자가 수집하는 자료에는 인터뷰를 통한 전사 자료, 현장 노트, 참여관찰일지, 메모, 잡지, 일기, 일지, 질문지, 설문지, 정부 정책 자료, 사진 비디오, 면담, 관찰, 문서 등과 같이 매우 다양하다. 이러한 자료의 다양성은 보다 객관적으로 주제를 확인할 수 있게 한다. 즉, 질적연구자는 연구를 수행함에 있어서 그 과정과 결과에 대해 객관적 태도를 가져야 한다.

(4) 귀납적 자료 분석

질적연구자는 자료를 점차 추상적인 정보 단위로 조직화함으로써 '아래에서 위로(bottom up)' 올라가는 방식으로 패턴, 범주, 주제를 형성한다. 귀납적인 과정에는 연구자가 포괄적인 주제 관련 체계를 구축할 때까지 주제와 기초 자료 사이를 오가며 수행하는 작업이 포함된다(Spencer et al., 2003). 주제체계는 범주화(또는 코딩) 과정을 통해 구축되는데, 범주화(1차 코딩)와 재범주화(2차 코딩)를 통하여 수집한 기초 자료에서 나타나는 특징적인 의미들을 보다 상위 단위의 범주로 분류하는 것이다. 재범주화를 거친 의미 단위들은 전체를 관통하는 하나의 핵심적인 의미로 도출된다. 이 과정에는 연구자의 가치개입이 배제된 객관적 태도가 필요하다.

(5) 참여자의 의미

질적연구과정 전체에서 연구자는 자신이 연구에 가져오거나 선행 문헌의 저자들이 사용한 의미가 아니라 참여자가 문제나 이슈에 대해 부여하는 의미를 이해하는 데 초점을 둔다. 질적연구의 바탕이 되는 주요한 생각은 '참여자들로부터 문제나 이슈에 대해 배워야 한다는 것'이다. 따라서 연구참여자는 '대상'으로서가 아니라 연구자의 연구를 함께 이끌어 가는 동반자이자 연구주제에 대한 실증적 경험을 이미 갖고 있는 안내자라고 할 수 있다. 즉, 연구자는 참여자와 협력적 관계라고 할 수 있으며, 열린 마음으로 이들과 조화로운 관계를 맺을 수 있도록 해야 한다. 이러한 의미에서 질적연구의 연구참여자는 연구자와 동등한 지위에서 연구를 철회하거나 자신이 진술한 인터뷰 내용을 공개하지 않을 권리가 있으며, 연구자는 일련의 참여자가 누려야 할 권리를 문서화하여 제공할 뿐만 아니라 연구결과를 공유한다.

(6) 유연한 설계

질적연구의 과정은 유연해야 한다. 일반적인 연구와 달리 질적연구의 초기 계획은 엄격하게 규정될 수 없다. 이는 연구자가 현장에 들어가 자료를 수집하기 시작하면서 그 과정의 모든 국면이 변하거나 움직일 수 있기 때문이다. 이러한 질적연구과정의 유연성은 연구가 진행되는 과정 중에도 이전 단계로 다시 돌아가서 검토함으로써 연구의 주제에 대해 깊이 있는 의미를 부여하게 한다. 연구자는 자신이 개발한 질문지를 통한 인터뷰에서도 참여자의 진술 내용과 맥락을 심도 있게 이해하기 위해서 상황 맥락을 고려하여 수정한 질문을 제시할 수도 있다. 이와 함께 자료 수집 형태나 연구참여자 혹은 방문할 현장 역시 변경될 수 있다. 이러한 특징은 연구자에게 개방적 태도를 요구한다. 이때 요구되는 개방적 태도는 연구의 설계에서만이 아니라 기존의 이론이나 우리가 너무나 당연하다고 생각하는 상식에 대한 것도 포함된다.

(7) 이론적 렌즈

질적연구에서 이론적 렌즈의 중요성은 연구의 객관성을 보장하는 데 있다. 이론은 연구의 주제에서 나타나는 개념, 성, 인종, 계급 차이를 확인하고 바라보기 위해 사용한다. 하지만, 이론의 활용은 전적인 의지가 아니라 이론에 나의 해석을 더함으로써 변증법적 발전을 도출하기 위한 것이다. 경험적 자료에 근거한 연구는 기존의 이론이 완벽히 대응(對應)하기 어려우며, 더욱이 연구를 이끌어 가는 것도 특정 이론이 아니라 연구자 자신이기 때문이다. 따라서 이론의 조직화는 연구자가 갖는 패러다임을 통해 연구문제의 사회적 · 정치적 · 역사적 맥락을 확인하는 선에서 형성한다. 질적연구에서 이론은 연구자가 연구의 도구로 활동하고 연구의 주요 활동이 참여자의 경험에 대한 이해이며 연구자의 시각에 의해 그 의미를 해석하는 일련의 과정에서 학문의 객관성을 유지할 수 있도록 도와준다. 즉, 연구자는 질적연구 수행에 있어서 객관적 태도가 필요한 것이다.

(8) 해석적 연구

질적연구는 연구자가 보고 듣고 이해하는 것을 해석하는 탐구 형태이다. 연구자의 해석은 그들 자신의 배경과 역사, 맥락, 선험적 이해와 분리될 수 없다. 같은 주제에 대해 같은 패러다임을 갖더라도 문화권이 각각 다른 연구자들의 해석은 그들이 속한 사회문화적 맥락에 의해서 달라질 수 있는 것이다. 따라서 연구자는 자신의 주제에 대한 이해가 자신이 속한 집단이나 사회적 지위에 의해 편향된 것은 아닌지, 사회문화적으로 당연하게 생각되어 오던 것은 아닌지를 끊임없이 성찰해야 한다. 이와 함께 해석은 연구자만의 행위에 머물지 않는다. 연구참여자는 자신의 경험을 진술하는 과정에서, 독자는 연구 보고서가 발간되면 연구자와 다른 관점에서 해석을 제공하기도 한다. 질적연구를 접하는 사람은 해석을 하는 독자와 참여자, 연구자 모두와 함께 문제에 대한 다양한 시각이 어떻게 나타날 수 있는지 확인할 수 있다.

(9) 총체적 이해

질적연구자는 연구 중인 문제나 이슈에 대한 복합적인 그림을 발전시키려 애쓴다. 여기에는 다양한 관점을 보고하는 것, 상황에 관계된 많은 요인을 확인하는 것, 더 큰 그림을 포괄적으로 그려 주는 것을 포함한다. 따라서 연구자는 요인들 간의 엄격한 인과관계가 아니라 어떤 상황에 있는 복합적인 요인들에서 나타나는 유기적인 상호작용 관계를 규명하려는 태도가 필요하다. 연구주제에 대한 연구자의 총체적인 이해와 태도는 연구결과물을 통해서도 확인할 수 있다. 질적연구방법을 통해 수행한 논문에서 연구자가 연구의 수행 동기(prologue)를 서론 부문에 제시하고 이론적인 논의의 구성에서 자신의 세계관을 기술하며, 연구의 결과 부분에서는 연구자의 변화된 관점(epilogue)을 드러내는 것도 연구의 총체적 이해와 관련된다. 스토리텔링은 이러한 주제의 의미와 상징에 대한 총체적 이해를 가장 효과적으로 구현하는 방법이다.

위에서 설명한 질적연구의 특성에 대해 개별적으로 제시한 연구자의 자세는 이해를 돕기 위해 특히 관련성이 높다고 판단되는 것만을 제시하였다. 이런 특성들은 실제 연구에서는 모든 사항이 유기적으로 관련된다.

2) 질적연구의 기준

어떤 연구물을 보았을 때 연구방법은 어떠한지를 한 번쯤 눈여겨본 기억이 있을 것이다. 우리가 그 연구물이 질적연구, 양적연구 혹은 문헌연구 방법을 활용하였다고 판단하는 기준은 무엇일까? 무엇을 질적연구로 볼 것인가? 이에 대해서는 '질적연구의 특성을 갖는 연구'라는 답이 가장 간단할 것이다. 하지만, 이러한 답변에는 '그렇다면 질적연구의 특성은 무얼까?'라는 질문이 수반(隨伴)된다. 이에 대한 답변은 연구자의 자세와 유기적으로 관련된다. 하지만, 질적연구의 특성과 연구자의 자세를 연구물을 통해 확인하기란 쉬운 일이 아니다. 따라서 결과로서의 연구물을 통하여 우리가 질적연구인지를 판가름하는 것은 간단하게는 목차에 제시된 연구방법을 확인하거나 질적연구의 특성에서 파생되는 아래와 같은 기준을 통하여 가능하다.

〈표 1-2〉 질적연구의 특성과 기준

질적연구의 특성	질적연구의 기준
자연스러운 상황	표집 방법과 자료원(사람이든 문서든)에 대해 잘 기술되었는가?
주요 연구도구로서 연구자	자료 수집에서 연구자의 역할이 구체적으로 제시되어 있으며, 연구방법과 결과가 편향되지는 않았는가?
다양한 자료 원천	자료의 원천이 다양하고, 각 자료의 수집과 기록 및 보관 방법이 잘 상술되었는가?
귀납적 자료 분석	수집한 자료의 분석방법이 상세하고 적합하며 귀납적인가?
참여자의 의미	연구참여자는 연구의 파트너로서 충분히 역할이 인정되고, IRB의 규정을 준수하였는가?
유연한 설계	연구에 사용된 절차가 상세하게 설명되었는가?
이론적 렌즈	개념과 구인이 산출되고, 유목의 개발과 더불어 구인들 간의 개념적 관계가 설명되었는가?
해석적 연구	연구의 개념적 틀이 명료한가?
총체적 이해	개념적·이론적 결과가 유의미한가?

〈표 1-2〉에서 제시한 질적연구의 기준은 양적연구에서 동일하게 적용될 수도 있다. 예를 들어, 표집 방법과 자료원에 대한 기술은 양적연구나 문헌연구에서도 동일하게 요구될 수 있다. 그러나 질적연구의 특성과 연구자에게 요구되는 자세를 함께 생각할 때, 그 준거는 보다 명확해진다. 질적연구의 기준을 간략히 설명하면 다음과 같다.

① 질적연구에서 표집은 참여자들이 살아온 경험 주제를 중요 기준으로 한다. 분석을 위한 자료는 참여자들이 생활하는 자연스러운 상황에서 참여관찰을 하거나 참여자들이 원하는 장소에서 심층면담을 통해 수집하며, 주제와 관련하여 연구 현장 내외에서 작성된 문서 자료를 수집한다.

② 연구자가 인터뷰를 통해 주요 자료를 수집하는 과정에서 참여자의 진술에 따라 변화된 질문(따라가기)을 하고 있는지, 참여자와 주제의 특성에 따라 연구 방법을 적절히 개발하였는지 등은 주요 연구도구로서 연구자의 특성을 반영한 것이다.

③ 참여자의 경험에 대한 풍부한 설명을 위해서는 다양한 자료를 통하여 다각적인 이해가 가능하여야 한다. 이를 위해서는 수집한 자료가 잘 기록되고 그것은 제삼자를 통해서도 확인 가능한 것인지를 보장할 수 있어야 한다.

④ 연구자가 객관적 태도로 자료를 분석하였는지의 여부는 결과물에서 제시한 자료의 분석방법을 통해 알 수 있다. 어떠한 이유로, 어떤 과정을 통하여 분석이 이루어졌는지에 대한 일련의 귀납적 과정이 상세하게 기술되어야 한다.

⑤ 연구의 시작에 앞서 참여자는 연구에 대한 자신의 권리를 안내받고, 연구의 분석과 해석을 검증함으로써 연구에 주체적으로 참여하게 된다. 이는 질적연구에서의 참여자가 연구자와 동등한 지위를 갖는 것을 나타내는 것으로 질적연구에서는 간략하게라도 반드시 명시되어야 한다.

⑥ 질적연구가 갖는 유연성은 '반복적' 또는 '순환적'이라는 단어를 통해 확인할 수 있다. 연구자는 인터뷰나 계획과 관찰, 분석과 해석과 같은 일련의 과정을 '반복적'으로 수행하며, 연구가 진행되는 동안 주제의 핵심에 대해 보다 명확하고

깊이 있게 도달하게 된다. 이처럼 심도 있는 이해를 위해서는 계획과 실행 그리고 성찰이 '순환적'으로 이루어져야 하며, 그 과정이 드러나야 한다.

⑦ 질적연구에서 이론은 연구의 객관성을 보장하고 연구의 방향을 제시한다. 그러나 질적연구에서의 이론은 개념과 구인의 산출 및 구인 간의 개념 관계를 설명할 수 있도록 조직화되는 것이지 결코 절대원리로 생각할 수 없다. 따라서 질적연구에서는 이론에 대한 연구자의 관계 규정이 드러나야 한다.

⑧ 해석은 연구자뿐만 아니라 참여자와 독자에 의해서도 이루어진다. 서로 다른 주체들이 같은 결과물을 통해 상이한 결과에 도달하지 않도록 기본 개념에 대한 정의가 분명히 나타나야 한다.

⑨ 연구주제가 포괄적인 이해가 가능하도록 유기적으로 나타나야 한다. 흔히 연구의 총체적 이해를 구현할 수 있는 방법으로 스토리텔링을 말하는데, 연구의 개념적 · 이론적 결과 역시 이 흐름 속에 유기적으로 나타나야 한다.

4. 질적연구를 행한다는 것

질적연구는 자료 수집을 현장에 나가 행한다는 연구 그 자체로 아주 매력적인 연구이다. 또한, 질적연구는 이타적이면서도 이기적인 연구이다. 질적연구는 연구의 결과를 통하여 특정 주제나 이슈에 대한 세상의 인식을 환기하거나 변화시키는 데 기여한다. 또한, 질적연구를 수행하는 연구자 역시 연구의 과정에서 요구되는 개방적 태도와 성찰을 통해 주제나 이슈에 대한 총체적 이해에 도달함으로써 변화한다. 즉, 연구자는 연구 활동을 통해서 하나의 체계를 세우고, 하나의 세상을 더 얻는 것이다. 연구자는 결혼이주여성, 이주노동자, 해외유학생, 장애인을 가르치는 교사 등과 같은 다양한 참여자와 연구를 하며, 그들이 경험한 세상을 이해함으로써 자신의 이해 지평을 확대해 나간다.

바람직한 질적연구를 수행하기 위해서는 편견 없는 시각이 필요하다. 고정관념을

[그림 1-3]「고디바 부인」- 존 콜리어(1898)
출처: http://coventrycollections.org/

넘어 현상과 사물을 관찰할 때 비로소 본질을 파악할 수 있다. 나체의 아름다운 여인이 말을 탄 모습의 다음 그림을 살펴보자.

여러분은 무엇을 생각하고 느꼈는가? 부끄러움이나 민망함을 느꼈는가? 혹은 부분적으로 강렬하게 제시되고 있는 색채나 인물의 시선에 주목하였는가? 여러분이 위의 그림을 보고 느낀 그 생각과 느낌은 다른 누구도 아닌 여러분 자신의 것이며, 그것은 여러분의 삶의 경험을 통해 축적된 일련의 지식과 가치 판단이 작용한 결과일 것이다. 다른 한편 이 그림을 보고 일어난 일련의 인지작용 중에서 상상력에 관한 부분에 대해 말하고 싶다. 이 그림을 보고 여러분의 머릿속에 어떤 것이 연상되거나 혹은 상상을 하였는가 하는 것이다. 그 연상은 어떤 경험에서 유래했는가?

그림에 등장하는 나체의 아름다운 여인은 11세기 영국 코번트리 지방을 다스리던 영주의 부인이다. 영주를 작은 나라의 왕이라고 본다면 그녀는 왕비인 셈이다. 높은 세금 때문에 기아에 허덕이는 백성들을 보고 괴로워하던 왕비는 왕에게 세금이 과중하니 줄여 달라고 부탁하자 왕은 자신의 부인에게 벌거벗은 채로 말을 타고 마을을 돌면 그 부탁을 들어주겠다고 한다. 그래서 그림처럼 왕비는 벌거벗은 채로 말을 타고 마을을 돌게 된 것이다. 왕비의 행동에 감복(感服)한 마을 사람들은 모두 창문을 걸어 잠그고 왕비의 알몸을 보지 않기 위해 눈을 감았다고 한다. 이러한 그녀의 고귀한 희생과 품성은 순결하면서도 귀족적인 이미지로 남았고, 세계적인 초콜릿 브랜드인 '고디바'의 전설이 되었다. 이 그림은 바로 노블레스 오블리주(noblesse oblige)의 상징인 셈이다. 이렇듯 맥락을 알면 현상을 이해하고 파악하기 쉽다.

이제 여러분은 다소 민망해 보이는 모습으로 말을 타고 있는 여인에게 어떠한 질문을 하고 싶은가? 그림 속 주인공의 경험과 삶에 대해 여러분은 어떤 관점에서 이야기하고 싶은가? 맥락을 알기 위해 우리는 호기심으로 문제를 만들어야 한다. 따라서 질적연구자는 아기의 눈으로 세상을 바라보아야 한다. 아이가 세상에 태어나 끊임없이 어머니에게 질문하듯이 내가 사는 세상에 대해 끊임없이 호기심을 갖고 질문을 이어가야 한다. 이때 나의 질문에 가장 잘 답을 줄 수 있는 사람이 참여자이며, 연구자는 자신의 선입견 없이 그의 이야기에 경청해야 한다. 그리고 그의 이야기가 우리가 사는 이 시대에 어떠한 의미가 있는지를 탐구하여야 한다. 또한, 참여자의 이야기에 경청하고 그의 경험을 이해하기 위해서는 그를 살펴보아야 한다.

"자세히 보아야 예쁘다"라고 표현한 어떤 시인의 시구가 생각난다. 질적연구자는 이러한 시인의 눈을 가져야 한다. 질적연구자는 길을 걷다가도 바위틈 사이에 낀 이름 모를 풀꽃을 자세히 들여다보아야 한다. 자세히 들여다보면 그때까지 화려하지도 주목받지 못하던 그 작은 들꽃이 정말 예쁘게 느껴질 수 있다. 더욱이 오래 본다면 필경 사랑스럽기도 할 것이다. 질적연구자는 이런 세심한 눈을 가져야 한다.

따라서 질적연구를 수행한다는 것은 자신이 갖고 있던 선입견이나 믿음을 내려놓고, 참여자의 경험과 그가 바라보고 이야기하는 세상에 대해 경청하며, 기존에 우리가 갖고 있던 가정에 대해 끊임없는 고민과 해석을 통해 새로운 길을 만들어 가는 순례의 과정이자, 구도(求道)의 과정이다. 이 과정은 당연하게도 연구자마다 차이가 있을 수 있으며, 연구자는 자신의 연구주제와 연구 환경을 고려하여 새로운 방법을 모색해야 한다. 세계는 가변적이고, 기술변화는 매우 빠르게 진행되고 있으며, 이론의 발전도 점점 빠르고 방대하게 이루어지고 있기 때문이다.

또한, 질적연구는 협력의 과정이다. 질적연구자는 참여자와의 상호작용을 통하여 그들의 경험을 알고 이해한다. 하지만, 연구자는 언제나 유한한 연구 시간을 제공받으며, 참여자는 더욱 한정된 기간 동안의 만남만이 가능할 뿐만 아니라, 안타깝게도 주제에 대해 풍부한 경험을 제공해 줄 또 다른 참여자를 만나기도 그리 쉬운 일은 아니다. 따라서 질적연구에서는 연구의 각 과정에서 맞닥뜨리게 되는 어려움을 슬기롭게 극복해 나가야 한다. 또한, 연구자 개인이 자신의 선입견을 스스로 깨우치는 것도 결코 쉬운 일은 아니다. 이러한 이유로, 많은 질적연구는 공동의 관심사에 대해 함께 논의하고 고민하는 협력의 과정을 통해 진행된다. 수많은 질적연구방법을 통해 작성된 논문에서 확인할 수 있는 여러 명의 공동연구자는 주제에 대한 성찰을 돕고 연구의 과정을 검토하며, 연구과정에서 부딪히는 어려움을 극복할 수 있는 아이디어를 제공한다.

질적연구는 사람을 위한, 사람에 의한 그리고 사람이 함께하는 과정이며, 이 과정에서 연구자는 기존의 틀을 깨고 더 큰 세상으로 나가는 것이다. 그동안 필자 역시 실증주의 패러다임과 같이 이 세상에는 절대적인 진리가 있다고 생각해 왔고, 그러한 믿음에 한 치의 의심도 없었다. 그렇지만 이 세상은 연구자가 경험에 의해 갖고 있는 세상을 바라보는 프레임에 따라 구성된 진실이라는 구성주의 패러다임에도 공감이 간다. 이 세상은 아는 만큼 보이고, 물음을 던지는 만큼 답을 얻는다.

생각할 문제

1. 당신이 연구를 처음 시작하는 연구 초보자라면 이 글을 읽기 전에 들었던 학문에 관한 생각을 말해 보라. 또한, 이 글을 읽은 후 학문수행이 당신에게 어떤 의미를 갖게 하는지 동료들과 이야기 나누어 보자.

2. 연구를 시작할 때 당신이 가지고 있는 세계에 대한 근본 가정과 관심 있게 생각하는 이론은 현재 당신이 사회를 이해하는 틀이자 렌즈로 활용된다. 이제 그 틀과 렌즈를 활용하여 자신이 관심 있는 사회문화현상에 대한 연구주제와 연구문제를 만들어 보라.

CHAPTER 02

질적연구는 공감정치다

김진희

질적연구란 세상에 물음을 던져야만 탄생할 수 있음을 주장한 제1장 김영순 교수는 더불어 "질적연구는 이타적이면서도 이기적인 연구(39쪽)"라고 명한다. 나는 여기에 반대한다. 도서관에 있는 책들에는 이기주의와 이타주의 사이에 날카로운 선을 그으려는 수많은 노력이 담겨 있지만, 만약 우리가 보는 것이 엄청나게 넓은 회색 영역이라면 어떨까? 질적연구를 정확히 이기적이라고 말할 수는 없다. 완벽히 이기적인 자세라면 다른 이들의 감정을 단순히 무시하면 되기 때문이다. 그리고 행동을 촉발하는 것이 연구자 혹은 참여자 자신의 단순한 감정 상태라면 질적연구를 이타적이라고 하는 것도 적절치 않아 보인다. 이기적/이타적으로 나누는 행위가 중요한 것을 가릴 수도 있으므로 이기적/이타적은 구분되지 않는다. 왜 굳이 다른 이들에게서 나 자신을 분리해 내려고 하고 나 자신에게서 다른 이들을 분리시키려고 하는가? (일상에서 흔히 이러고 산다.) 이 두 가지를 병합하는 노력이 질적연구의 본질에 숨어 있는 비밀일 수도 있지 않겠는가?

질적연구를 세상에 알린 고전서 『질적연구핸드북(*Handbook of the Qualitative Research*)』의 첫판이 1993년에 나왔고, 2017년 2월, 제5판이 출판되었다. 이 책으로 질적연구에 눈을 뜬 나로서는 감회가 새롭다. 핸드북은 각국의 연구자에게 질적연구의 안목 형성과 관점에 많은 논쟁거리를 풀어 나가도록 이끌어 주었다. 특히, 24년 동안 함께 일해 온 저자 덴진과 링컨(Denzin & Lincoln)의 협력 작업은 질적

연구자가 지식인으로서 해야 할 일이 무엇인지를 말없이 가르쳐 주고 있다.

이 장은 우리가 갖고 있는 연구, 특히 사람을 위한다는 질적연구에 대한 여전한 불신과 의심을 해체한다. 이를 위해 질적/양적연구 사이에서 아직 어떠한 방법도 선택하지 못하고 고민하는 이에게 질적연구를 보는 글과 그림의 세상으로 안내한다. 안내의 재료는 내가 하고 있는 질적연구의 교육현장인 수업에서 갖고 왔다. 그리고 질적연구를 수행하는 그대들에게 필요한 질적연구자의 의무를 들려주고자 한다.

1. 질적연구자의 얼굴

질적연구자는 누구이며 무엇을 하는 사람인가? 질적연구자가 성장하기 위한 실제적인 방법은 무엇인가? 질적연구에서는 '성찰'을 강조하는데, 성찰은 무엇이며, 어떻게 하는가? 질적연구를 하는 데 마땅한 전문서로는 답답함이 풀리지 않는데 어떻게 해야 하나? 질적연구방법으로 논문을 쓰면 무엇이 달라지는가?

질적연구를 주제로 학생들에게 특강이나 워크숍을 할 때 나온 질문들이다. 정리되지 않은 혹은 정리될 수 없는 적어도 질적연구라는 이름에 마주한 사람이라면 스스로의 질문도 여기에 있을지 모르겠다. 나는 이것을 이렇게 바꾸어 말하거나 썼다.

질적연구자는 누구인가? 공부하는 작가이다. 공부는 읽기만 하는 것이 아니라 쓰면서 하는 것이고, 쓰는 공부는 장르를 넘어 삶, 저항, 창작이 깃든 예술 활동이므로 질적연구자는 모두 작가이자 예술가이다. 질적연구자는 다른 사람을 통해 자신이 누구인가를 배우는 가장 좋은 교재이자 교육 소재라는 점에서 나의 경험에 대해 성찰하지 않는다면 그 경험으로부터 아무것도 배울 수 없다는 듀이의 말처럼 질적연구를 수행한다는 것은 성찰의 과정이자 연속이다. 나는 누구이며, 왜 이 일을 하는지, 다른 이들과 어떤 관계를 맺고 있는지에 대해 상황마다 이해하고 참여하기 때문이다. 당신이 질적연구자라면 무엇을 알고 무엇을 하는가보다 더 중요한 것은 '나라는 사람이 누구인가'임을 기억하라.

성찰과 반성적 성찰의 여정은 멀고도 힘든 길이다. 이는 시간, 집중, 노력, 겸허함, 그리고 나를 알아가는 과정에서 만나는 여러 감정을 담아내는 자기반성, 그리고 위험부담을 요하는 여정이다. 또한, 이 여정은 가치 있는 여정이기도 하다. 질적연구자의 성찰적 실행은 나를 더 나은, 몰입된 그리고 궁극적으로는 더 만족스러운 질적연구자가 되어 있는 나를 발견하게 되는 잠재적 희망이 있다. 그러므로 질적연구자의 성찰은 실행에서 때로 좌절하고픈 날들을 버텨낼 힘을 주고, 자신과의 진솔한 대화를 이어갈 수 있는 만남에 작은 빛을 밝혀 준다.

1) 질적연구에는 공감의 자세가 필요하다

> ○○ 연구자의 고백: 나는 내 실험에서 고통을 주거나 제거하는 방법을 되도록 사용하지 않는다. 비록 이로 인해 한 가지 명백한 결점이 남을지라도 말이다. (최재천, 2017)

이 고백을 한 드 발(De Waal)은 인간의 입장에서 동물 실험을 하는 동물학자로 잘 알려져 있다. 그에게는 두 가지 (실험) 연구 원칙이 있다. 첫째, 한 마리씩 가둬 두는 것이 아닌, 무리생활을 하는 영장류만 연구하며, 둘째, 사람 자원봉사자에게 똑같이 적용할 수 있을 정도로 스트레스가 없는 방법을 사용한다는 것이다(최재천, 2017). 우리는 흔히 내가 하고 있는 방법에 우월감을 느낀다. 이것은 다른 말로 자신감으로도 불릴 것이다.

제시한 그림은 얼굴이 지워진 두 남자의 자세이다. 대부분의 학생은 이 그림을 보고 익숙하지 않아 해서, 나는 그림에서 무엇이 보이는지 단순하게 얼굴을 그리거나 설명하도록 했다. 또한, 짧은 글을 써도 좋다

[그림 2-1] 얼굴을 지워도 우리는 자세만 보고도 감정적인 반응을 보인다.

고 하였다. 학생들의 글은 질적 또는 양적 관찰이라는 두 그룹 중 하나에 속했으며, 나는 학생들의 글에 대한 설명을 들으면서 질적연구자와 양적연구자가 같은 상황을 어떻게 관찰하는지 구분하는 것으로 '연구'라는 이름 앞에 붙는 방법적인 과학이 나에게 체화되어 있음을 경험하도록 한다.

〈표 2-1〉 질적연구자와 양적연구자의 묘사

질적연구자의 반응	양적연구자의 반응
• 왼쪽 남자는 "덤벼 봐." 하는 손동작으로 싸울 기세이고, 오른쪽 남자는 손을 가슴 앞으로 들은 것으로 보아 겁에 질려 있다. • 남자들의 주먹다짐 시작을 알리는 '준비 자세'의 종류 아닐까? • 무서운 남자 마네킹을 전시하기 위해 갖다 놓았다.	• 두 남자가 한 가지 장면이나 상황을 보고 반응하고 있는 자세이다. • 왼쪽 남자의 키가 크다. • 왼쪽 남자는 걸음걸이가 O자 형이다. • 오른쪽 남자는 주춤거리고 있다. • 오른쪽 남자는 자세가 한쪽으로 기울어 있다.

이 그림을 제시한 이유는 우리가 흔히 사람에 대해 기술할 때 얼굴에만 집중하는데, 분명히 감정 표현은 온몸에서 일어나기 때문이다. 또한, 작게/크게, 하나에서 열을 보는 것이 질적연구라는 생각으로 공감하게끔 하기 위해서이다. 여기에 실제 연구 사례인 증거까지 덧붙인다. 가령, 과학자가 실험대상자에게 겁먹은 몸에 화난 얼굴을 붙이고 화난 몸에 겁먹은 얼굴을 붙이는 속임수를 쓰자 부조화 때문에 반응 속도가 느려졌다. 하지만, 그 사람의 감정 상태를 판단하라고 하자 자세가 표정을 이겼다는 연구결과(Meeren et al., 2005)를 알면 우리가 표정보다 자세를 더 신뢰하는 게 분명해진다.[1] 신경과학자 겔더(Gelder, 2006)는 표정에 반응하는 것과 똑같이 몸의 자세에도 빠르게 반응하는 실험을 하였는데 그 결과, 겁먹은 자세(달려갈 준비가 되어 있으며, 손으로는 위험을 막아 내려는)나 화난 자세(가슴이 나오고 한 발짝 앞으로 내민)를 별 노력 없이 읽어낸다. 학생들은 자기가 묘사한 것을 다시 보며 어떤

1) 감정이 일치하는 사진(얼굴과 몸이 같은 감정을 표현하는)일 때 반응 시간은 평균 07.74초였고, 감정이 불일치하는 사진(얼굴과 몸이 반대의 감정을 표현하는)일 때는 08.40초였다. 그래도 둘 다 1초 안에 일어난다.

것에 집중하였는지 회고할 수 있다.

질적연구의 기초 단계에서 질적연구의 독특한 특성을 이해하려면 질적연구와 양적연구를 구분하는 기술이 필요함을 이해하기 위해 두 방법을 비교하는 자료를 많이 활용한다. 이를 위해 주로 사용해 온 것이 질적연구와 양적연구의 특성 비교였다. 사실 이 내용을 스스로 연구해 보지 않은 대학원생이나 질적연구 경험이 없는 사람이 이해하기란 쉽지 않다. 그래서 질적연구는 초기 이론이나 개념 정립 시기에 혼란스러워 하여 연구방법의 장을 떠나는 연구자가 많이 나오기도 한다. 스스로 질적연구와 양적연구의 차이점을 쉽게 찾는 방법은 저널에 실린 두 개의 논문을 비교해 보는 것이다. 어떤 논문은 쉽게 찾을 수 있고 또 어려울 수도 있다. 내가 질적연구를 소개할 때 쓰는 방법은 다음과 같다. 최근에 나온 질적연구 논문의 요약을 나눠 주고 목차를 써 보게 하는 것이다. 제목을 가리고 요약 내용 중 자신이 이해한 것을 종합하여 논문 제목을 써 보게 하면 질적연구를 논문의 한 독자로서 접했을 때, 표현에 공감하게 된다. 질적연구 논문의 얼굴(표정)에 공감했다는 의미이다. 그리고 궁극적으로 자신의 현재 질적연구에 대한 이해 수준을 가늠할 수 있는 자기수행평가 도구로 활용해 보면 좋다.

[그림 2-2] 의사소통을 가능하게 해 주는 얼굴, 웃음, 표정이 있는 게 인간이죠.

〈표 2-2〉 질적연구방법에서의 공감연습

제목: ____________

1. 이 연구는 수업참여기피 학생들을 대하는 교사들의 딜레마와 그 대처 유형에 대해 살펴보고 그 시사점을 발견하기 위한 것이다. ( )
2. 이를 위해 이 연구는 주요사건분석법을 연구방법으로 채택하여 54명의 고등학교 교사들을 대상으로 서면질문과 직접인터뷰를 병행하였다. ( )
3. 이를 통해 교사들이 매일의 일상 수업에서 어떤 딜레마를 느끼고 있는가, 그리고 학생들이 수업 시간에 자거나 저항하는 등 다양한 사건을 통해 나타나는 딜레마를 어떤 방식으로 대처하는지 그 유형에 대해 기술해 보고자 하였다. ( )
4. 연구결과 교사들은 잘 배우고 성장해서, 유능한 시민으로 사회에 나갈 필요가 있는 학생들이 수업이 주는 가능성을 거부하고 수업을 하나의 통과의례로 보고 있는 현실에서 딜레마를 느끼고 있다. 또 학생들을 깨워야 하는 학교의 규범과 학생들에게 진정으로 필요한 교육은 무엇인가 고민하는 사이에서 딜레마를 겪고 있다. 비난과 책임의 소재, 즉 학생들에게 화를 낼 것인가 아니면 교사로서 책임을 질 것인가의 딜레마, 오래된 관행과 변화 노력 사이에서도 딜레마를 겪는 것으로 응답하였다. 이러한 딜레마를 직면하는 과정에서 학생의 질서 순응 규범을 중시하는 유형, 학생들과 일정한 선에서 타협하는 유형의 교사들이 있었고, 일부 교사들은 깊은 성찰과 실천적 협력을 모색하는 등 다양한 대처 유형이 나타났다. ( )
5. 이러한 분석결과를 토대로, 연구자는 오늘날 수업참여기피 문제에 직면하고 있는 학교와 교사들이 실로 소외된 학생들이 참여할 수 있도록 수업을 재설계해야 하며, 이를 통해 이 학생들이 적극적 학습자로 자신의 정체성을 재구성해 나갈 수 있도록 도와주는 학습공동체를 제공해야 한다고 제안하였다. ( )

출처: 성열관(2016).

〈표 2-3〉은 방법론 책에 나온 단어들을 기준 없이 써 본 내용이다. 이는 아직 연구라는 것이 무엇이고 어떻게 해야 하는지 낯선 사람에게 익숙한 것과 익숙지 않은 것을 개인의 학습경험과 관심사를 기준으로 정리해 볼 수 있는 연습방법으로 적절하다. 활용한 자료는 『사회과학방법론』(김승현 외, 2001), 『사회연구조사방법론-질적연구와 양적연구방법(제7판)』(박기우 외, 2013), 『미디어 문화연구의 질적방법론』

(조항제 외, 2015)의 머리글이나 1장의 내용으로 연구를 왜 하는지, 양적방법과 질적방법(질적방법이 항상 뒤에 나옴)의 강조점을 비교하고 있다. 분야와 시기가 다르지만 저자들의 질적 및 양적접근의 소개는 비슷하여 흥미롭다. 그러나 두 접근의 차이에 내재된 논리를 찾기란 힘들다. 그럼에도 불구하고 초점은 대부분 양적연구에서 사용하는 단어를 많이 제시하였고, 익숙함으로 모아진다. 짧은 시간의 연습일지라도 자신을 연구라는 대상에 좀 더 가까이 놓을 수 있는 일상의 텍스트에서 우리가 갖는 함의는 단순하게 표현되고, 복잡하지 않았음을 일깨우게 된다.

〈표 2-3〉 익숙함과 낯섦에 대한 연습

1945년, 양적방법, 표준(표준화), 기준, 숫자, 언어, 변수, 규칙, 해석, 실험, 처치, 자연적, 관찰, 과학성, 반복성, 가능성, 객관적, 주관적
방법, 세련
미국, 수학, 통계학-물리학, 관찰, 측정, 통계, 일반화, 법칙의 발견, 예측
실증주의, 단일방법, 전통, 경험적 상관관계 발견, 숫자, 정확성, 객관성, 기호, 인정
과학, 지식, 이론, 일원주의
독립변수, 종속변수, 범주형 이항 대립, 인과관계, 반복가능성, 일반화
논문의 표준적 구성
이론-가설-관찰-경험적 일반화-가설
문제의 제기-이론검토 및 가설의 도출-자료 및 연구방법, 주요 변수들과 분석모형-(통계적) 분석 (결과)-결론

연역적 방식, 논리적 타당성, 이론 검증
조작, 검증에 부칠 수 없는 이론은 과학이 아니다
새로운 것을 다루지 않는다
새로움은 새로운 '기존 이론'이거나 새로운 '방법(통계기법)'이거나 새로운 '자료'에 그친다

방법론적 일원주의, 유일의 방법론 the methodology
실증주의, 양적방법, 집단적 인지 습성, 고착
사회과학

방법론
사회, 과학, '사회'과학, 인간, 과학, '인간'과학, 불확실성, 예측 불가능성,
수단이 아니라 목적, 문제 중심의 연구, 기존 사고방식을 바꾸어야 한다
수단(방법론)은 여럿이 있을 수 있다
방법론적 다원주의
인식론, 존재론적, 차이, 인정, 학제적 연구
너무 느슨하고 너무 다양하며 너무 주관적이다
표준화가 불가능해서 개인 차이가 너무 크므로 신뢰할 수 없다

연구, 연구문제, 연구방법론, 연구내용

민속지학, 담론, 영상, 서사, 역사, 구술사, 생산자, 수용자, 인터넷 공간문제, 집합적 기억

미디어 문화연구의 질적방법론, 24쪽, Lincoln/2014의 정의
같은 쪽 각주 5 / 이기홍 / 2013 주장

내러티브 연구, 현상학, 근거이론, 문화기술지, 사례연구, 역사 연구, 참여관찰, 텍스트 분석, 해석학, 페미니즘, 정신분석학, 기호학, 서사 분석, 담론 분석, 대화 분석, 퀴어 연구
반실증주의, 탈실증주의, 비판이론(페미니즘+인종), 구성주의(해석주의), 참여주의(탈근대)

2. 질적연구의 합리성

질적연구의 합리성에 대한 이야기를 나눌 기회가 있어 모임에 온 지인들과 나누었다. 내가 알고 있는 과학은 올바른 정답이나 뛰어난 발견을 뜻하는 것이 아니라 합리적 사유 양식이고, 여러 문제를 풀어 나가는 데 필요한 적절한 방법이 아닐까 라는 이야기였다. "질적연구를 왜 하세요?"에서 "질적연구를 하면 무엇이 보이나요?" 질문에서 질적연구를 처음 접하는 사람을 위해 질적연구의 과학적 합리성은 무엇인

지 나의 경험적 응답을 기술한다.

1) 지식의 생산과정에 대한 의심

연구는 연구자가 홀로 고민하여 만들어 내는 성과물이 아니다. 모든 연구는 특수한 시공간적 배경 위에서 사회적 관계를 통해 만들어진다. 그렇다고 지식이 생산되는 것과 편향된 비윤리적인 지식이 만들어지는 것은 전혀 다른 일이다. 그러므로 질적연구를 하려면 먼저 익숙한 것도 다시 들여다보고 의심하는 태도가 필요하다. 예를 들면, 금연법의 확산으로 우리나라에 흡연자를 위한 공간과 그 위치가 점점 줄어들고 있다. 건물 한쪽 모퉁이에서 삼삼오오 모여 빠르게 뿜어내는 연기가 마치 자신의 현재 감정임을 쉽게 목격하는 일상이다. 지나친 흡연은 폐암의 원인이라는 사실은 이미 1950년대부터 여러 임상연구를 통해 세상에 알려지게 되었다. 그런데 흡연이 건강에 나쁘지 않다는 주장을 하기 위해 담배 회사들은 연구자들에게 돈을 대며 다른 전략을 쓰기 시작한다. 흡연이 아닌 스트레스를 암과 심장병의 원인으로 부각시킨 것이다. 한스 셀리에(Hans Selye)의 연구가 대표적인데, 그는 연구비 지원 사실을 밝히지 않고 논문을 출판하여 담배 회사의 주장을 옹호해 주었고, 그 연구결과의 여파는 결국 법정 소송으로까지 가서야 진실이 밝혀졌다. 담배 회사의 내부 문건이 대중에게 공개되면서, 문서를 분석한 학자들이 셀리에가 사망(1982년)한 지 30여 년이 지난 2011년에「스트레스의 아버지, 담배 회사를 만나다(*Father of stress -meets big tobacco*)」라는 질적논문을 출판하면서 널리 알려지게 되었다. 이 연구는 우리나라에도 영향을 주었는데 한국에서 실내 공기를 연구하던 대학의 몇몇 교수가 담배 회사로부터 비밀리에 돈을 받고 연구를 수행했다는 사실이 추가로 밝혀지기도 했다(박상표 · 최규진 · 조홍준, 2014). 또한, 가습기에서 나오는 발암물질로 인해 아기들의 목숨을 앗아간 가습기 기준치 실험에 가담한 학자들의 사건까지 떠올리게 한다.

이러한 연구를 둘러싼 비윤리적 행위는 사람들의 신뢰를 떨어트린다. “왜 저런 논문을 썼지?”, “어디에서 돈 받은 거 아니야?”라는 말을 하는 이들이 생겨나고 음모를 성장케 하는 토양이 된다. 물론, 연구비를 지원받았다고 해서 모두 그런 것은 아니다. 어디까지나 연구자의 양심이자 지식생산과정에 임하는 태도의 문제이다.

질적연구 현장에서는 문제를 해결하는 과정에서 합리적 근거에 기초해 토론할 수 있는 '발견'에 초점을 두어야지, 좋은 결과에 급급하여 한쪽으로 치우친 연구를 지식생산이라는 이름으로 나오게 해서는 안 된다. 좋은 연구는 연구자에게 새로운 토론거리로서 다음 연구할 내용을 제공해 주는 원천이 되어야 한다.

2) 근거의 불충분함이 합리적 이유가 되는 것에 대한 경계

질적연구는 현재를 살아가는 사람의 행위에 대한 연구이므로 판단을 미루어서는 안 된다. 이러한 가정에는 현재의 질적연구가 연구 패러다임이 바뀌면 다시 비판거리가 될 수 있음을 인정한다. 그렇더라도 연구과정에서 나온 자료를 통해 근거를 만들어야지, 연구자의 생각만 담아 다른 사람들의 삶에 대한 이야기를 근거로만 사용해서는 안 된다.

급변하는 사회에서, 그래서 과거를 근거로 미래를 예측하는 것이 참 어려운 우리에게 질적연구는 어떤 근거가 필요할까? 흙으로 된 학교 운동장은 먼지가 많이 나기 때문에 아이들이 뛰어놀면 호흡기 질환이 생기고, 비가 오면 사용할 수 없다는 이유로 학교 운동장에 인조 잔디를 까는 것이 전국에 유행했다. 그러나 인조 잔디의 유해 물질이 폐암을 유발한다는 사실이 밝혀지자 인조 잔디를 걷어내고 다시 옛 운동장 모습으로 되돌렸다. 암을 유발하고 수많은 이가 목숨을 잃은 다음에야 얻을 수 있는 '통계적으로 유의한' 수치들이 있다. 그러한 근거에 기초한 의사결정은 합리적인 것이라 부를 수 있을까? 더 나아가 과거에 발생했던 데이터에 전적으로 의지한 의사결정으로는 우리가 맞닥뜨린 지구온난화와 같은 새로운 위험에 대처할 수 없다. 따라서 질적연구는 국가가 아니라 사람들에게 그 물질이 유해하지 않다는 점을 증명해야 하는 근거를 밝혀 주어야 한다.

질적연구를 왜 하는지에 대한 연구자의 목소리를 드러내기 위해서, 공부하는 사람은 자신이 걸어가는 길에서 무엇이 더 합리적이고 올바른 길인가를 곰곰이 따져 보고 말하고 쓰는 데 게을러서는 안 된다. 나의 연구가 이 세상을 마주하는 나만의 방식이라면, 그 무대를 내가 선택할 수 있는 여건은 언제까지나 국가의 정책적 지원과 서비스에만 기대할 수는 없다. 나와 우리가 연구를 하고 교육을 하는 것은 합리성의 힘을 믿기 때문이다. 지금은 누가 알아주지 않더라도 결국에는 가장 합리적인 방법(내용/결과 발견 등)이 채택될 것이라는 믿음, 아무리 혼란스럽고 좌절되는 현재의 상황이라 할지라도 장기적으로는 나은 길로 가리라는 믿음 때문이다. 그러한 점에서 교육 현장, 노동 현장의 개선을 위한 의사결정이 시기를 놓치거나 과거로 되돌아가고 있지는 않은지 질적연구자는 항상 감시하고 의문을 가져야 한다. 나에게 주어진 선택지 중에서 어떤 것이 보다 합리적인 것인가에 대한, 그리고 결론에 도달하는 과정이 정당했는가에 대한 논의가 실종된 사회에서 우리가 할 일은 시비 걸고 저항하는 일, 현장에 대해 말하고 쓰는 것임을 잊어서는 안 된다.

인문사회과학의 목적이 인간과 그들이 사는 사회의 작동 방식에 대한 이해와 통찰력을 제공해 주고 삶의 조건을 개선하는 데 있다는 건 지극히 당연하다. 이 당연한 명제를 우리는 쉽게 잊거나 간과하면서 학문의 길을 가고 있지 않은지 자문해 보아야 한다. 그 길목에서 자기에게 말을 걸어 주는 여러 가지 방법 중 질적연구는 가장 당연한 명제에 '왜'를 던지며 한 걸음 걷기를 무수히 해내고 있다. 질적연구를 업으로 삼은 학자들의 체험과 가치관, 그리고 실천에 관한 기록을 보면 한 사람이 살았던 시대의 모습을 이해와 통찰이라는 공감으로 오롯이 만날 수 있다.

질적연구를 한다는 것은 이미 연구의 변화를 행동으로 실천한다는 것이므로 연구자의 블랙박스를 새롭게 만드는 과정에 동참하는 것이다. 내 길을 사랑하는 마음, 그것은 자신에게 희생을 요구하는 노력이므로, "다만 나에게는 행동의 연속만이 있을 따름"이라고 한 이육사의 다짐은 질적연구자의 마음가짐과 같다. 그가 시를 생각한다는 것도 행동이요, 독립운동을 위해 할 수 있는 개인의 외침이라면, 질적연구를 수행하는 행동은 말이 아니고 일깨움이자 거듭남이다. 연구자 자신의 감정이 얼마나 빠르고 복잡하다는 걸 보지 못하고 타자를 평하는 일상의 만연된 익숙함을 자기검열로 공론화하는 것이다.

진정한 연구, 질적연구는 단순히 연구를 체계적으로 수행하여 끝내는 것이 아닌,

사회를 비판하고 나와 우리 스스로를 성찰하게 만들고 생각하게 하는 결과를 제공해야만 진정한 가치가 있다고 말할 수 있다. 질적연구자는 개인과 사회를 둘러싼 세상의 이야기에서 연구 텍스트를 창조하며, 독자에게 영감을 주고 사회에 역동성을 불어넣는 힘을 글로 드러내야 하는 혁신가이면서 자기 정치가여야만 한다.

3. 자문화기술로 연구하기

질적논문은 읽으라고 쓰는 논문이다. 읽혀야 빛을 발하는 글이자 텍스트이다. 아이러니하게도 질적연구를 많이 읽었다는 사람은 들어 봤지만 질적논문을 많이 그리고 제대로 읽은 사람은 적다. 왜일까? 질적연구를 많이 읽은 것이 타자적 입장에서 어떤 것을 다루었는지 파악하고자 한 시도라면, 질적논문을 제대로 읽었다는 것은 논문을 쓴 연구자의 자기 이야기가 과정별로 들어 있는지를 이해한 것이다. 그러나 수많은 질적연구에서 '나'는 실종되었다. 질적논문이 읽으라고 쓰는 논문인데 그 속에 자기(연구자)가 없다. 나는 이러한 의문에 대해 10여 년 전부터 논문을 써 왔으며, 아직도 나는 논문에서 '나'라는 인칭대명사를 쓸 경우 그것을 지적하는 심사평을 자주 만난다. 이런 상황에서 자문화기술 연구에서 하듯이 '나'라는 주어를 사용하면서 텍스트 안의 생각과 판단이 연구자의 것임을 명시적으로 밝힐 뿐만 아니라 연구자의 개인적 경험을 서술하면서 개인적인 감정까지도 드러내는 것은 엄청난 저항과 거부에 부딪히게 한다. 그것들은 물론 외부 심사자나 연구자의 것이지만 사실은 나 자신에게서 나오는 저항과 거부이기도 하다. 전통적인 논문의 형식을 벗어난 글쓰기를 한다는 것은 나 스스로도 받아들이기 어려운 일이기 때문이다.

단적으로 자기가 없는 질적연구는 제대로 된 질적 논문이 아니다. 질적연구는 자기(연구자)문화의 의식이 바뀐 과정이 철저하게 드러나야 한다. 이런 과정에서는 진정성과 엄격함이 드러날 수밖에 없다. 따라서 주관적인지에 대한 여부는 독자의 판단에 맡기는 것이며, 질적논문에서 연구자는 주관성을 과감하게 드러내어 '나'를 다양한 레퍼토리와 위치로 드러내어야만 연구결과가 진실하다고 불릴 수 있다. 나의 이야기, 연구자의 주관성을 가장 잘 드러내는 연구가 현상을 이해하는 데 최적이며, 이는 질적연구의 본질이다. 그러므로 나를 드러낸 과정을 자세하게 제시하고 연구자인 나의 의식(관점)이 어떻게 출발하여 바뀌었는지 드러낸 다음 논문이 마무리된다면 그 질적논문은 좋은 '공감'으로서 전파될 수 있는 것이다.

나를 철저하게 드러내는 자기문화기술지의 앎은 누가 검증하는가? 분석이 아니다. 공감이다. 즉, 편견을 알고 끝나는 게 아니라 드러내는 것이다. 엘리스(Ellis, 1997)는 연구자 자신의 이야기를 전통적인 논문 방식이 아닌 소설 등의 자유로운 글쓰기 방식을 통해 구성해 냄으로써 연구자의 삶을 정서적으로 재현하고 치료적 효과가 있는 연상적 자문화기술지(evocative autoethnography)를 제안한다. 자문화기술은 "자서전적이고 개인적인 것을 문화적, 사회적 그리고 정치적인 것에 연결시키는 연구, 글쓰기, 이야기 그리고 방법"이라고 규정하고 "자문화기술적 형태는 구체적 행동, 정서, 구상화, 자기의식과 내면 성찰을 대화, 장면, 성격 묘사, 플롯 안에 표현한다는 특징을 갖는다. 따라서 자문화기술은 문학적 글쓰기의 관습을 요구한다."라고 주장한다(Ellis, 2004). 엘리스의 이런 주장은 많은 자문화기술자의 지지를 받았고 자문화기술은 단순히 연구자 개인의 이야기를 하는 것을 넘어 새로운 글쓰기 방식을 실천하는 혁신적 방법으로 자리 잡게 된다.

자문화기술은 개인의 이야기가 사회의 이야기를 담고 있다는 생각에서 출발한다. 연구자가 자신의 개인적 경험을 드러내면서 그 안에서 사회적 측면을 발견하고 문화적 해석을 제시하는 것이 자문화기술이다. 즉, 개인적 경험에 대한 자기성찰을 통해 자신이 속한 사회와 문화를 이해하고자 하는 것이 자문화기술 방법이 추구하는 것이다. 자문화기술이 가진 성찰적 속성은 글쓰기를 통해 명확하게 드러난다. 자문화기술 텍스트는 연구자, 혹은 저자의 모습을 그대로 드러낼 뿐만 아니라 어떻게 연구자의 모습을 드러내느냐 하는 것 자체가 성찰의 과정이자 결과로 이해된다. 성찰은 단지 연구자의 모습을 드러내고 반영하는 인식론적 행위에 그치는 것이 아니라 연구자가 독자와 만나는 실제적 행위(performance)가 된다. 연구자는 자신의 이야기를 함으로써 일종의 배우(actor)이자 행위자(performer)로서 독자와 만나면서 공감하고 이해하고 변화한다(Jones, 2002). 단지 자신의 경험이나 구술자의 이야기를 파편적으로 나열하는 것으로는 이러한 공감과 변화를 이끌어 내기 힘들다.

질적연구자는 질적연구가 실증적 연구와는 달리 객관적 의미나 보편적 법칙으로서의 이론을 추구하지 않고 현상에 대한 연구자의 주관적 이해를 전달하고자 하는 것이라고 주장한다. 하지만, 실제로는 실증적 논문의 형식을 따르는 많은 질적연구 논문이 연구자의 주관적 이해를 객관적인 것으로 포장하고 있다. 질적연구의 인식론적 전제를 충실히 따른다면 논문에 연구자의 주관적 이해가 드러나는 것은 당연한 일이다.[2] 그리고 논문에서 주관적 이해는 주관적인 것으로 표현돼야 한다. 그러려면 연구자가 논문에 명시적으로 자신의 모습을 드러낼 수밖에 없다. 연구자가 모습을 드러내는 가장 기본적인 형식은 일인칭 주어를 사용하는 것이다. '나'라는 주어를 사용하면 논문에 연구자의 생각, 감정, 판단 등을 드러내기 쉬워진다. 이를 통해 연구자는 논문에 자신의 위치와 편견 등을 드러내고 논문을 통해 제시하는 주관적 이해가 객관적 진리가 아님을 분명히 할 수 있다.

질적연구에서 연구자의 자기성찰성은 연구의 핵심을 차지한다. 이것은 실증적 연구가 연구자를 객관적 관찰자나 조작자로 인식하고 대상과의 거리 두기를 통해 격리시킴으로써 논문에서 연구자의 흔적을 완전히 지우려 하는 것과 대조된다. 논문에 '나'를 드러냄으로써 연구자는 주관적이고 특수한 이해를 객관적이고 보편적인 해석으로 포장하려는, 실증적 연구의 가르침이 연구자에게 남긴 거의 무의식에 가까운 욕망에서 벗어날 수 있는 길을 발견할 수 있다.

질적연구 논문은 연구자가 구체적 대상과 만남으로써 얻게 되는 이해를 기술한다. 질적연구자가 자신의 주관적 이해를 기술한다는 것은 자신이 만난 연구대상을

---

2) 질적연구가 추구하는 주관적 이해의 일차적인 주체는 연구자이며, 이차적으로는 독자에 의해 그 이해가 공유된다. 질적연구자는 질적방법을 사용할 경우 연구자의 주관을 최대한 배제하고 연구대상과 만나야 한다고 배운다. 이것은 그 자체로 존중받아야 할 연구태도이다. 중요한 것은 연구자의 주관을 최대한 배제하는 것과 연구자의 주관에서 완전히 벗어나는 것은 다른 일이라는 사실이다. 연구자는 주관을 최대한 배제하려 노력하며, 연구대상에 다가가지만 주관을 완전히 버릴 수는 없다. 결코, 버릴 수 없는 주관을 배제한 것처럼 위장하기보다는 남아 있는 주관적 요소를 드러내는 것이 역설적으로 연구를 '객관적'인 것으로 만들 수 있다.

재현하는 일이다. 따라서 질적연구에서 논문 쓰기의 문제는 연구대상을 어떻게 잘 재현할 것인가의 문제로 이해될 수 있다. 사람들은 일상생활 속에서 자신의 삶과 세상을 재현하기 위해 다양한 방법을 사용한다. 일기를 쓰기도 하고 트위터를 사용하기도 하고 페이스북이나 블로그를 만들기도 하고 동호회나 인터넷 카페에 가입하기도 하고 시나 소설을 쓰기도 하고 그림을 그리거나 사진을 찍거나 동영상을 제작하기도 한다. 이 모든 행위는 결국 사람들이 자신을 주인공으로 한 이야기를 만들어 가는 것으로 이해할 수 있다. 자신의 이야기를 어떻게 만들어 갈 것인지에 대한 형식은 정해져 있지 않다. 다만 많은 사람이 좋은 이야기란 재미있는 이야기라는 생각을 하고 있다는 말 정도를 할 수 있다. 질적연구의 논문도 어떻게 보면 연구자가 나름대로 재현하는 하나의 이야기이기 때문에 다양한 형식을 가질 수 있으며, 가능하다면 재미있는 이야기가 되면 좋지만 재미가 내재한 심오함을 연구자는 결코 가볍게 드러낼 수 없을 것이다.

나는 질적연구 논문이 하나의 작품으로 처음부터 끝까지 재미있게 읽히는 글쓰기여야 한다는 리차드슨과 피에르(Richardson & Pierre, 2005)의 주장을 지지한다. 질적논문에서는 연구자가 연구대상을 만나 이해해 가는 과정이 흥미로운 방식으로 기술되는 것이 좋다. 질적 논문은 본문의 문장과 영상을 하나하나 읽어가면서 구체적 대상에 대한 이해에 도달할 수 있도록 기술되는 것이 좋다.[3] 연구자는 논문을 써 나가면서 연구대상에 대한 주관적 이해를 완성시켜 간다. 그런 의미에서 나는 글쓰기가 단지 연구결과의 마무리 작업에 머무는 것이 아니라 연구주제와 대상을 새롭게

---

3) 질적연구 논문은 이렇게 써야 한다는 정해진 지침서를 제시하기는 어렵다. 다만, 서론, 이론적 배경, 연구문제, 분석결과, 결론으로 구성되는 기존의 정해진 형식에서 벗어나 연구자가 다양한 형식을 실험할 수 있도록 허용하는 개방적 자세가 필요하다고 생각한다. 나는 얼마 전 두 대학원생의 자문화기술을 이용해 한국사회의 페미니즘 문제를 다룬 논문을 읽으면서 놀라움을 느꼈다. 그 논문은 연극 대본 기법을 이용해 자신의 과거 기억을 기술하고 자신의 생각을 표현하기 위해 직접 시를 지어 삽입하기도 했다. 논문에 대한 교조적 훈육을 받은 사람의 입장에서 볼 때 이것은 충격적인 일이다. 하지만, 이런 작업이 일정한 학술적 방법론을 내포하면서 한국사회의 양성평등 문제에 대한 깊이 있는 이해를 가능하게 해 준다면 논문으로서의 가치를 인정해야 한다고 생각한다.

발견하도록 하는 '앎의 방법(a way of knowing)'이라는 리차드슨의 말에 동의한다. 특정한 이론을 장황히 요약 설명하지 않고 나를 드러내며 다양한 형식을 실험하는 글을 쓴다는 것은 상당한 사회과학적 상상력과 창의력을 필요로 하는 작업이다. 연구자는 자유롭게 글을 쓰지만 사회과학 논문으로서의 역할도 잊지 않아야 한다. 연구자가 자신이 사용하는 질적방법론의 인식론적 전제를 비판적으로 이해하고 실천하려 한다면 기존의 실증적 연구논문의 형식과 다른 방식으로 글을 쓰는 것은 그리 어렵지 않을 것이다. 새로운 형식의 논문이 어떤 모습을 가질 것인지 결정하는 것은 연구자의 몫이다.

나에 대한 이야기를 쓰다 보면 글은 자연스럽게 수필이나 일기 같은 형식이 된다. 이것을 논문으로 외부에 발표하는 것은 나 자신에게도 부담되는 일이다. '이것도 논문일까?'라는 생각이 내 머릿속 어딘가에 자리 잡고 있어서 나를 머뭇거리게 만들기 때문이다. 전통적인 사회과학에서는 객관적이고 중립적인 표현의 글을 써야 한다고 가르칠 뿐만 아니라 정해진 순서와 형식에 따라 글을 진행시키도록 강제한다. 서론, 연구목적, 연구문제, 기존연구 검토 등의 순서대로 글을 써야 제대로 된 논문이라고 평가하는 것이다. 전통적 사회과학에서 규범화된 이런 건조한 글쓰기에서 벗어나는 것은 나로서도 무척 힘든 일이다. 이런 나에게 자문화기술 연구들에서 기존의 논문 형식을 파괴하고 통합하는 다양한 실험적 글쓰기를 발견하는 것은 놀라운 경험이다. '나'라는 주어를 쓰는 것을 넘어서 '너'라는 주어를 사용하기도 하고(Adams & Jones, 2011), 편지의 형식(Ellis, 2002), 시의 형식(Spry, 2001), 소설(Ellis, 2004)이나 희곡(Pelias, 2002)의 형식 등 은유적이고 시적인 표현을 자유롭게 사용하는 문학적 글쓰기 방식을 보여 주는 논문들은 사회과학의 글쓰기에 대한 완전히 새로운 생각을 하게 한다. 이를 위해 내가 쓰는 방법은 나만의 키워드 지도를 만들며 글쓰기를 하는 것이다.

1) 나만의 큐레이션 구축: 키워드 만들기

전자신문의 시대이지만 나는 종이신문 읽기를 좋아한다. 그것도 매일 읽지 않고 모아 두었다가 한꺼번에 읽는다. 인터넷에서 체크해 둔 기사를 종이신문으로 읽을 때 항상 펜을 들고 표시한다. 이런 자료들을 모아 나만의 파일/폴더/데이터베이스를 구축한다. 내가 접하는 정보와 콘텐츠는 다른 사람이 다른 목적을 갖고 만들었다. 그것을 보고 분류하는 방식은 오롯이 나의 관심사와 스타일에 따라 조합하는 재미가 있다.

키워드를 가나다순으로 만들어 폴더를 구축한다. 키워드를 만드는 자체가 공부가 된다. 찾기 쉽고 그 분야에 내가 찾은 정보와 지식의 현재, 그리고 나의 위치를 파악할 수 있기 때문이다. 내가 아무리 부지런해도 본 것을 다 기억하기도 어렵고, 그 전에 두통이 난다. 그렇기에 나는 나의 연구 및 학문 관심사를 키워드화한다. 키워드는 핵심을 꿰뚫게 해 주고 키워드를 만드는 자체가 큰 공부가 된다. 스티븐 스필버그 감독은 "영화의 아이디어를 25단어 이내로 설명할 수 있다면 좋은 영화일 겁니다. 저는 손에 쥘 수 있는 아이디어를 좋아합니다."(노승영, 2012)라는 말을 통해 키워드의 힘을 말해 준다.

키워드가 많아지면 스스로 분류할 수 있는 방법을 터득하게 된다. 중복되지 않게끔 애쓰다 보면 나름의 체계가 형성된다. 이는 체계적 사고를 기르는 데에도 큰 도움이 된다. 질적연구에서 가장 어려운 것이 수많은 자료의 덜어내기, 즉 큐레이션이다. 따라서 분류는 질적연구의 출발점이다. 나는 키워드를 가나다순으로 배열해 자료파일에 입력해 놓는다. 키워드가 많아지면 별도의 파일을 만들면 된다. 예컨대, 질적연구, 문화교육, 인문학 등 다양한 폴더를 갖고 있는데, 내 '질적연구' 폴더엔 다음과 같은 키워드들이 들어 있다.

가평클 / 경험 / 개입연구 / 구글스칼라 / 그람시 / 근거이론 / 글쓰기 / 관계 / 관찰 / 귀납적 / 나선형자료분석 / 내러티브 / 내부자 관점 / 내용분석 / 다섯 가지 접근 / 두꺼운 기술 / 디지털 문화기술지 / 디지털스토리텔링 / 리얼리즘(티) / 딜레마 / 면담(인터뷰) / 맥락 / 문서분석 / 문질빈빈 / 문화기술지 / 브리콜러(콜라주) / 셀프스터디 / 사례연구 / 선택관찰 / 수용자연구 / 실행 / 실행연구(실천연구) / 연구윤리 / 연역적 / 이용숙 / 이원론 / 외부자관점 / 진실성 / 집중관찰 / 차이 / 현상학 / 해석학

(김진희의 연구폴더)

각 키워드 항목에 담긴 자료들은 인터넷에서 긁어온 것일지라도, 이미 내 데이터베이스에 들어와 있는 것이므로 평소의 내 관심에 각인이 된다. 무심코 어떤 자료를 보더라도 체계적으로 생각하는 습관이 자연스럽게 된다. 그런 효과가 없어도 상관없다. 평소에 조금씩 이런 식으로 해 놓으면 공부가 되는 건 물론이고 나중에 엄청난 시간 절약을 할 수 있다. 책을 읽을 때 메모해 두었다가 자료 파일에 입력해 놓는다. 입력할 때 다시 한번 생각하면서, 다음에 무엇을 보거나 해야 할지 결정할 수 있다. 또한, 입력하는 것 자체가 공부가 된다. 시간이 없어서 입력하기 어려우면 키워드를 골라 무슨 책 몇 쪽에 있다고 포스트잇 등에 표시만 해 두면 된다. 스마트폰으로 열심히 자료를 찍지만 그것을 보며 정리하지 않으면 사진은 정보가 될 수 없고, 언젠가 똑같은 사진을 또 찍고 있는 나를 보게 될 것이다. 키워드는 흥미로운 질적연구 제목에도 큰 도움을 준다. 자신의 연구를 학계에 위치시킬 수 있는 문헌연구 지도를 만드는 데에도 밑거름이 된다.

2) 질적 나무 기르기

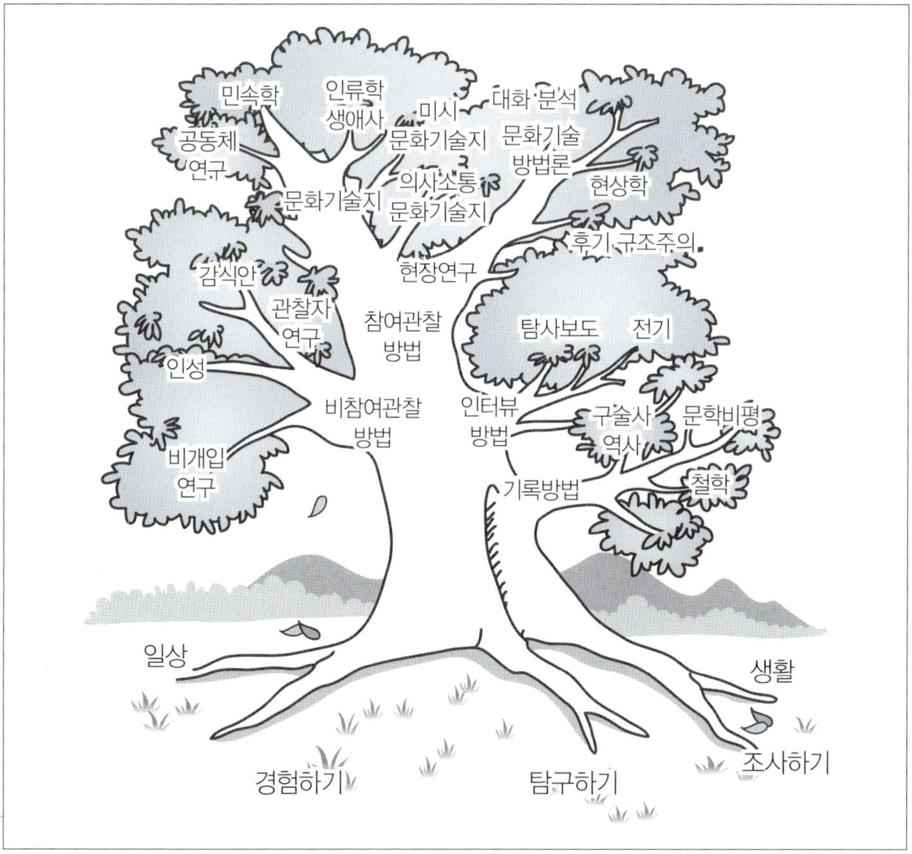

[그림 2-3] 질적연구 나무의 언어

지금은 질적연구를 수행하는 다양한 방식이 생겨나고 있고, 그 방식의 활용과 재생산의 속도 또한 빨라지고 있다. 덴진과 링컨(Denzin & Lincoln)이 쓴 질적연구에 대한 고전적 방법이나 내용이 질적연구의 전형(typical model)임을 우리가 더 이상 믿지 않는 것처럼, 질적연구자는 자신만의 질적연구 설계를 위해서 한 그루의 (연구) 나무를 기를 수 있어야 한다. 교육철학자이자 문화기술자인 해리 월콧(Harry Wolcott)은 이미 질적연구의 철학, 전략, 방법을 담은 나무를 25년 전 세상에 내놓으며, 우리를 깜짝 놀라게 했다. 질적연구의 흐름을 나무의 뿌리에서부터 잎까지 연결시킨 그의 안목은 탁월하다. 보이는 것과 보이지 않는 것을 언어로 재현하였기 때문이다.

현재를 살아가는 질적연구자에게 질적 나무를 잘 기를 것을 제안한다. 한 그루의 나무를 살펴보자. 보이지 않는 나무의 뿌리는 일상에서 겪는 우리의 수많은 동사형(~ing)으로 만나는 질적연구의 행위를 넓고 여러 방향으로 뻗어 나가게 하여 질적연구자의 감각이 튼튼한 나무의 토대(뿌리)가 될 수 있음을 배울 수 있다. 줄기는 질적연구 전략을 세워 결정하게 하며, 20여 종류의 나뭇가지에는 질적접근을 선택하도록 한다. 그리고 나뭇가지는 수많은 잎에 영양분을 골고루 보내(자료수집 및 분석) 잎, 꽃, 열매(결과, 해석 및 결론)가 될 수 있도록 돕는다. 이러한 질적 나무의 성장은 오롯이 나무의 주인인 연구자에게 있으며, 질적 나무의 줄기와 가지는 연구자의 일상생활 영역에 근거한다.

나무들은 뿌리를 통해 서로 연결되어 있다. 비가 오면 경사진 땅에 흙이 씻겨 나가면서 드러난 나무뿌리가 서로 얽히고설킨 지하의 네트워크가 그대로 드러나는 것을 본 사람이라면 질적연구자의 일상에서 경험하고 탐구하며 조사하기를 게을리하지 않을 것이 분명하다. 나무의 이런 시스템을 통해 서로 연결되어 있다는 사실이 연구를 통해 밝혀지면서 나무의 세계도 인간사회와 같은 사회적 존재임을 주장하기도 한다(Wohlleben, 2015). 그 이유는 인간사회와 똑같다. 함께하면 더 유리하기 때문이다. 질적연구를 하는 나에게 질적 나무의 생명력은 나무가 내뿜는 말과 언어로 확인된다. 숲을 거닐다가 나지막하게 타닥거리는 소리가 들리거든 잘 들어 보라. 어쩌면 바람 소리가 아니라 나무가 서로 사랑을 속삭이는 소리일지도 모른다. 질적연구자는 들을 수 있다.

4. 자문화기술지와 질적연구자

1) 자문화기술 저자로서 질적연구자의 의무

연구자가 자신의 자아를 사회적 맥락 속에 위치시키면서 개인적 경험과 문화적 지식을 연결시키는 연구방법을 자문화기술이라고 하였다. 자문화기술은 일인칭으로서 자신의 경험, 감정, 에피소드 등을 기술하며, 그러한 것들이 어떻게 역사, 사회구조, 문화와 관계를 맺는지를 알아보는 데 초점을 둔다. 연구자 자신이 서술의 주체이자 대상이기 때문에 연구자는 일반적인 연구에서와는 달리 자신의 존재를 밝히고 자신의 목소리를 드러낸다. 연구자는 자문화기술에서 더 이상 논문 전체를 뒤에서 통제하는 보이지 않는 작가가 아니다. 그의 정체는 백일하에 드러나고 연구자는 '나'로서 독자 앞에 선다.

이런 고민에서 자문화기술의 정치적 의미가 발생한다. 프랫(Pratt, 1992)은 전통적 문화기술에서 유럽의 식민지배인이 아프리카와 남미 식민지인을 어떻게 자신들의 눈으로 대상화시켰는지를 비판하며 정치적 의미를 부여하였다. 자문화기술이란 식민지인이 식민지배자가 사용하는 용어에 맞서서 자신을 재현하는 수단이라고 하였다. 식민지배를 경험한 여성 작가들의 자서전적 글쓰기를 분석하며, 그러한 글쓰기가 식민주의에 결부된 인종차별과 성차별에서 벗어나는 해방적 실천 행위가 될 수 있다고 주장한 것도 비슷한 맥락으로 볼 수 있다. 식민지배를 경험한 사람들의 자서전적 글쓰기에서 나타나는 '섞임'이라 하였다. 즉, 섞임은 인종, 성, 지역, 문화에 관련된 단일한 기원들을 찬양하는 모든 본질주의적 담론에 대항하고 해체하는 기능을 할 수 있다는 것이다(Lionnet, 1989).

우리가 살고 있는 현대사회는 이미 고정된 단일한 정체성을 개인에게 요구하지 않는 사회이다. 현대사회의 문화기술이나 자서전은 결국 유동적이고 파편적인 기억들이 다원화된 사회의 다양한 모습을 끊임없이 발견해 가는 과정이 된다. 산업화된 문화가 갖는 획일화 경향에 맞서 다양성을 지켜내는 기억의 기술로서 기능한다. 결국, 포스트모던 문화기술이나 자서전은 작가-텍스트-독자 사이의 능동적 의미 창출

관계를 중요시하며, 다양한 문화의 섞임 속에서 개인의 경험과 기억이 가지는 '섞임'의 긍정적 힘을 발견해 내는 기능을 한다고 볼 수 있다. 하나의 연구방법으로 구체화된 자문화기술은 기존의 사회과학이 갖고 있는 경직성에서 벗어나 연구자 개인의 경험과 기억에 호소하면서 독자와의 교감을 추구한다. '나'의 개인적 경험과 기억은 고립된 것이 아니라 내가 속한 사회, 문화적 기억의 하나로 존재하며, 독자의 기억과 만나면서 새로운 의미를 만들어 낸다. 내가 보기에 자문화기술이 갖는 가장 매력적인 속성은 바로 이것이다.

자문화기술은 끊임없이 자기 자신과의, 그리고 다른 사람과의 커뮤니케이션을 이끌어 낸다. 자문화기술의 텍스트는 그 자체로 저자가 자신을 발견하고 만들어 가는 장소이면서 동시에 독자가 자신을 발견하고 만들어 가는 곳이다(심준석 · 김진희, 2014; 주형일, 2015). 자문화기술을 통해 저자와 독자가 서로 영향을 주고받으며 자신들의 삶과 환경을 이해한다는 점에서 자문화기술은 커뮤니케이션 과정이라고 할 수 있다. 최근 질적연구에서 많이 사용되는 문화기술지도 연구대상 집단을 가능한 한 그 집단의 입장에서 이해하려고 노력하는 경향을 보이며, 독자와의 암묵적인 대화를 지향하고 있다. 하지만, 그와는 별도로 타자화된 객체나 타자를 바라보는 주체로서가 아니라 자신을 성찰하는 주체로서 자신의 경험을 기술하고 분석하는 자문화기술 텍스트가 갖는 의미는 주목받을 만하다고 생각한다.

1990년대 이후 한국 학계 전반에서 학문의 식민성에서 탈피해 한국사회를 설명하고 이해할 수 있는 자생적 이론과 학문을 만들기 위한 노력이 조금씩 시작됐다. 나는 이런 노력이 가시화되고 결실을 맺기 위해서는 연구자의 자기성찰이 중요하다고 생각한다. 연구자의 자기성찰은 단순히 내면적이고 폐쇄된 개인적 활동에 머무는 것이 아니라 연구방법을 통해 드러나고 글쓰기를 통해 구체화돼야 비로소 학문 발전에 기여할 수 있을 것이다.

사회과학저널의 논문에 있는 분석과 이론 작업은 의식적이거나 무의식적으로 인간을 세상의 빛을 보는 사람과 어둠에 갇혀 있는 사람으로 나누는 전문가 엘리트계급의 영역이다. 자문화기술은 위계와 분할을 조장하는 글쓰기 관습들을 잘라 내는 일을 돕는다. 자문화기술은 연구자에게 '자기에의 배려'이자 사회적 개입 행위라는 윤리적 측면을 갖는다. 그런 점에서 자문화기술 연구는 사실 나를 불편하게 한다. 나에게 성찰을 강요하면서 현재가 불확실하다는 것을 계속 환기시켜 줌으로써 내가 불안에서 벗어나지 못하게 만들기 때문이다. 불안에서 벗어날 길은 없다. 어쩔 수 없이 받아야 하는 스트레스를 피하지 않고 되돌려 보내야 하듯이 불안을 삶의 동력으로 삼을 수밖에는 없을 듯하다.

질적연구의 감동은 진정성에서 나오며, 진정성의 원천은 물론 가슴이 아닌 발이다. 현장을 누빈 발은 가장 솔직하다. 주지적인 연구결과가 질적연구의 지적 재미는 줄지 모르지만 감동을 주지 못하는 이유도 거기에서 가슴과 발로 느낄 수 없기 때문이다. 앎이나 느낌이나 감정이 진정성을 가지려면 그것은 체화된 것이어야 한다. 다시 말해서 발로 찾아가 가슴으로 알고 느낀 것을 담은 글은 내가 곧 그것인 상태이어야 한다는 얘기다. 그게 진정성이 뜻하는 것인바, 그 진정성의 유무를 스스로 말해주는 작품이 질적연구의 언어 표현인 것이다. 여기 파블로 네루다가 쓴 「시인의 의무」는 질적연구자의 의무를 꺼내기에 좋은 시인 것 같다.

> 이 금요일 아침, 바다를 듣지 못하는 사람이면
> 누구든지 간에, 집이나 사무실에 갇혀 있거나
> 공장이나 여자, 거리나 광산 또는 메마른 감옥에
> 갇혀 있는 사람이면 누구든지 간에 나는
> 그에게 왔다. 그리고 말하거나 보지 않고
> 도착해서 그의 감옥문을 연다,
>
> … (중략) …
>
> 나는 유랑하는 파도와 함께 있고,
> 창문으로 드나들며,
> 내가 '어떻게 그 바다에 닿을 수 있지?' 하고
> 두 눈은 치켜뜬 채, 묻는 소리를 스스로 들을 것이다.

집, 사무실, 공장, 여자, 거리, 광산, 감옥 등에 갇혀 있는 사람들의 감옥 문을 열기 위해 시인(자기)이 왔다고 한다. 언어라기보다 하나의 생동이다. 시인이 도착해서 그 모든 감옥 문을 열자 시는 잠기거나 막힌 게 열릴 때 감지되는 동요의 원천이며, 천둥이 하는 일과 다르지 않은 일을 한다. 그렇다면 물결을 일으키는 게 어찌 바다뿐이며, 별뿐이랴. 추운 겨울날 광장에 모여 외친 나와 우리의 목소리가 새로운 나를 만들고, 우리를 세운 것처럼 질적연구자의 현재 의무도 다시 새로운 문을 열어야 한다. 나의 속도로 가는 모든 것은 옳다. 그러니 멀리서 질적연구를 찾으려 두리번거리지 말고 뒤에 무엇이 있는지 찾아보는 것부터 시작하자.

질적연구에서 논문을 쓰는 것은 생각의 결과가 아니라 생각하는 방식이며, 세상을 알아가는 방법이다. 연구자는 언어를 통제하고 글쓰기를 지배하려고 노력한다. 하지만, 그의 노력 자체가 이미 다른 텍스트들의 도움 없이는 불가능하다는 것을 깨닫는 순간, 온전하고 완성된 변하지 않는 생각의 소유자로서의 자신이 죽었음을 인정할 수밖에 없다. 논문 쓰기를 통해 고정된 생각의 소유자로서의 연구자는 죽지만 또 다른 연구자가 생각의 실천자로 태어난다. 질적연구자의 글쓰기는 아마도 이 죽음과 탄생을 인정해야만 비로소 시작될 수 있을 것이다.

2) 사람정치 그리고 공감의 질적연구

자크 랑시에르(Jacques Rancière)의 박사논문 「프롤레타리아들의 밤」(1981)에서 탄생한 「무지한 스승」의 주인공인 조제프 자코토는 정규교육을 받지 못하는 노동자들이 자기 자식들을 직접 가르치면서 일어나는 것을 모티브로 하여 '교사는 교사다'라는 동어반복의 고리에 지식인의 엘리트주의와 정당성을 폭로하였다. 자코토는 설명을 해 주지 않는 무지한 스승의 모습을 통해 교육학이 본래 내포한 불평등주의적 논리를 공격한다. 아무리 좋은 의도를 가진 교육자가 학생의 지능에 맞는 효과적인 설명 방법을 개발한다고 하더라도, 그는 자기가 가진 '앎'과 학생의 '무지'를 구분하면서 시작한다. 교육자는 학생의 무지를 앎으로 전환하면서도 무지와 앎의 축소될 수 없는 거리를 계속 유지하는 것이다.

「무지한 스승」은 교수법에 대한 토론에 머무는 것이 아니라, 철학적 · 정치적 문제를 던지는 데 있다. 가장 중요한 것이 '평등에 대한 사유'다. 제도교육이 불평등을 좁혀 줄 것이라는 가정을 우리는 더 이상 믿지 않고 있는 (교육현장) 사회에 살고 있다. 또한, 지능의 평등에서 출발하는 논리와 지능의 불평등을 가정하고 그 불평등을 무한정 축소하는 데 노력하겠다는 진보 교육학자들의 논리에 계속 맞서야 한다. (교육) 행위가 평등을 만든다고 볼 것인지, 불평등을 만든다고 볼 것인지는 여전히 우리에게 호명되는 사유다.

랑시에르는 정치와 치안(police)을 구별하면서 우리가 일반적으로 이해하는 정치라는 것은 사실 사회적 분할을 만들고 각자가 할당받은 자신의 자리를 지키는 합의(consensus)의 상태를 유지하기 위해 권력을 행사하는 것이기에 엄밀한 의미에서 정치가 아니라 치안이라고 주장한다. 오히려 정치는 모든 사람이 자신에게 할당된 자리에서 벗어나 자신의 목소리를 자유롭게 내면서 정해진 사회질서를 거스르는 행위이다. 따라서 정치는 합의에 도달하는 과정이 아니라 불화와 이견이 드러나는 과정이다. 이런 정치가 가능하려면 두 가지 전제가 있어야 한다. 하나는 '어떤 사람도 다른 어떤 사람만큼이나 똑똑하다'라는 것, 다시 말해 모든 사람은 지적으로 평등하다는 것이고 다른 하나는 '적어도 이미 행해진 일 외에 해야 할 다른 일이 하나는 항상 있다'라는 것, 다시 말해 기존 질서를 따르지 않고 그것을 뛰어넘는 행동이 항상 있다는 것이다(양창렬, 2009). 이처럼 평등과 행동을 기반으로 한 정치는 사람들을 해방시킨다. 해방이란 "아무 평민이나 스스로를 인간이라 느끼고, 자기가 할 수 있다고 믿으며, 자기 자신과 모든 다른 사람이 지능의 특권을 행사할 수 있다고 믿는 것"이기 때문이다(Rancière, 2008).

대중을 무지한 자로 봐서는 안 된다는 랑시에르의 주장은 잘못하면 정반대편에 위치한 또 다른 신화, 즉 모든 것을 아는 대중의 말에 따라야 한다는 것으로 이해하기 쉽다. 하지만, 대중을 가르치는 지식인과 지식인을 이끄는 대중이라는 두 개의 신화는 모두 불평등을 기반으로 한 동일한 분할의 담론이다. 랑시에르가 보기에 이 분할을 부정하고 지적 평등을 인정하는 것이 해방의 출발점이다. 우리는 랑시에르의 주장에 실천을 위한 구체적인 방법이 결여되어 있다는 비판을 할 수도 있을 것이다. 하지만, 모든 사람의 평등을 인정하면서 해방이 시작된다는 랑시에르의 주장에 동의한다면 적어도 우리의 연구영역 안에서 구체적 실천 방법을 찾아내는 것은 우리의 몫이라고 할 수 있을 것이다.

사회과학계에서도 1980년대 중반 이후 '재현의 위기(crisis of representation)'가 오면서 연구대상 위에 군림하는 연구자의 권위에 문제를 제기하는 움직임이 생기기 시작했다. 이런 움직임은 1990년대 말 이후 연구자와 연구대상 사이의 분할을 거부하고 자기성찰과 공감을 강조하는 일련의 질적연구들을 낳았다. 앞에서 전개한 자문화기술로 명명된 이 연구들은 랑시에르의 주장에 대한 사회과학자의 실천적 응답으로 이해될 수도 있을 것이다.

그러므로 나는 질적연구를 처음 시작하는 사람에게 '개인'으로 돌아가라고 말한다. 이는 스스로 배우고 연결시켜야 한다는 것이며, 해방된 개인만이 다른 개인을 해방할 수 있다는 자기정치의 실현을 질적연구자가 해내야 한다는 것이다. 질적연구자의 정당성은 바로 이러한 수많은 개인이나 변방의 목소리를 전달하는 일을 하는 사람이다. 연구자 자신부터 해방이 되어야 하고 변방에 가기를 두려워하지 않아야 한다.

질적연구자의 해방은 숨어 있는 것을 발견하는 '글쓰기'에 달려 있다. "나는 글을 쓴다. 그러므로 살아있다."라는 명구에는 숱한 변형이 있다. 무엇보다 글을 쓰고 있는 순간에는 살아있음을 느끼는 밀도가 강하다. 질적 글쓰기란 무엇인가를 숨기고 있는 거대한 벽에 부딪히는 일이라는 말에 동의할 것이다. 이는 벽에 부딪히는 것이 질적연구자의 숙명이라고 할 때 연구자는 벽의 존재를 자각하는 자이며, 벽 너머의 세계를 꿈꾸는 '나'이다. 우리는 언제나 거대한 벽 앞에서 서성거리는 존재이다. 내 앞에 놓인 그 벽은 단단하고 높다. 벽을 넘어서는 일은 불가능해 보이기만 한다. 때론 벽의 존재 자체에 무감각하기까지 하다. 벽은 자명한 진실의 얼굴을 한 채 우리 앞에 놓여 있다. 우리는 그 단단한 절망과 무기력을 내면화한 채 살아간다. 하지만, 질적연구자는 벽에 부딪힘으로써 오늘을 살아가고 쓰면서 벽의 존재를 드러낸다. 벽을 넘어설 수 없는 무기력함을 알면서도 벽에 끊임없이 도전하는 것, 존재하지만 존재하지 않는 비존재의 존재들을 드러내는 산파 역할을 해내야 한다. 사람의 도구에 관한 학문이 사람에 관한 학문을 추월하여 학계를 주도하고 '자본주의의 돈'과 결합해 시너지 효과를 내는 이 현실이 영원할 리 없다. 그러므로 우리는 질적연구를 하며 현실을 버텨야 한다. 지그문트 바우만(Zygmunt Bauman)의 표현대로 질적 글쓰기는 '창안'하는 것이 아니라, '발견'하는 것임을 명심해야 한다.

생각할 문제

1. 저널에 실린 질적연구 논문에서 흥미롭게 느껴지는 요인들을 찾아 다음의 질문을 활용하여 평가해 보자.
   - 연구참여자나 장소가 매력적인가?
   - 주제가 흥미로운가?
   - 일반적이지 않은 방식으로 결과를 보고하는가?

2. 지도교수나 심사위원에게 본보기가 될 만한 질적 논문이 있다면 소개해 달라고 요청한다. 이들이 어떤 반응을 보이며 활동했는지 동료에게 이야기해 보자.

3. 주변에서 질적연구를 해 본 경험이 있거나 논문을 써서 마무리 단계에 있는 사람들에게 다음을 질문해 보자.
   - 어떤 부분이 가장 힘들었나?
   - 전사하는 데 시간이 많이 들었나? (다른 사람을 고용했나)
   - 스스로의 해석을 바탕으로 결과를 도출했나?
   - 논문 심사위원이나 지도교수는 질적연구에 지지적이었나?

CHAPTER 03

질적연구의 유형과 경향

강진숙

이 장에서는 질적연구방법의 다양한 유형과 각 유형의 경향을 짚어 보고자 한다. 초보 질적연구자에게 다양한 질적연구방법을 소개하는 것은 자칫 질적연구에 대한 두려움과 부담감을 가중시킬 수도 있다. 그러나 연구자가 연구목적을 달성하고 연구 질문에 답을 구하기 위해 특정한 질적연구방법이 적절한가를 판단하는 것은 매우 중요하다. 이러한 맥락에서 이 장은 큰 틀에서 질적연구를 하는 목적과 질적연구의 절차를 이야기하고, 그다음에 일곱 가지 질적연구의 방법론 유형을 기술하고자 한다. 이를테면, 생애사연구, 미디어비오그라피 연구, 담론 분석, 근거이론, 현상학 연구, 문화기술지 연구, 사례연구 분석방법 등이 여기에 포함된다. 물론, 이 글은 지면 사정상 일곱 가지 질적연구방법을 구체적으로 논의하지 않고 단지 연구자가 질적연구의 전통을 살피고, 왜 질적연구가 이 방식으로 수행되었는지, 그리고 질적연구가 어떻게 분화되어 가며, 다양한 질적연구방법은 어떻게 구별할 수 있는지에 관한 지혜를 줄 것이다.

1. 질적연구를 하는 이유

질적연구 수업이나 특강에서 만나는 대부분의 수강생은 종종 내게 왜 질적연구를 하는지 묻곤 한다. 이렇게 고민되는 대화 상황에서 나는 다음과 같이 응답한다. 질적연구는 현실의 삶과 사회구조적인 문제에 관심을 갖고 현 사회를 변화시키는 방안을 모색하는 데 기여하는 역할을 한다고 말이다. 덧붙여 질적연구는 가난하고 힘이 없는 소외 계층에 관심을 갖고 그들의 목소리를 사회에 전하는 역할을 한다. 그래서 질적연구는 사회 참여적이며, 대안적 지향점을 추구한다.

이러한 질적연구의 이유나 동기를 이해하기 위해 먼저 주목할 것은 질적연구의 목적을 어떻게 설정할 것인가 하는 점이다. 이렇게 연구 목적을 설정하는 것은 질적연구의 신뢰성을 확보하기 위해 중요한 연구의 첫걸음으로서, 이는 논문의 서론을 집필하고 어떻게 글을 구성해야 할지 고민하는 상황에서 반복적으로 제기된다. 서론에서 기본적으로 다루어야 할 것은 우선 어떠한 문제의식에 근거해 이 논문의 주제와 연구목적을 규명할 것인가 하는 점이다. 왜냐하면, 논문의 명쾌한 논리는 서론에서부터 체화된 문제의식을 제기하는 과정에서 설득력을 발휘하기 때문이다. 특히, 연구주제와 연관성을 지닌 문제의식을 제기해야 할 때 가장 용이한 접근은 사회적 이슈나 토픽, 혹은 학문적 쟁점을 찾아서 사례를 인용하여 연구주제의 학술적 의미와 시사점을 연결시키는 데 있다.

이러한 서론의 문제 제기를 다양한 근거 자료를 바탕으로 집필한 후 연구목적을 도출하는 작업이 이루어진다. 연구목적을 기술하는 방법은 우선 연구주제를 서술하여 환기시킨 후 이 연구를 통해 얻을 수 있는 학술적 의의를 제시하는 순서로 기술할 수 있다. 이에 덧붙여 이 논문이 기존의 연구와 어떠한 이론적 · 방법론적 차별성을 지니는지를 기술하고, 나아가 연구 성과가 학술적 · 실용적 차원에서 어떠한 기여를 할 수 있는지 연구의 효과와 영향력을 명시하도록 한다.

강진숙(2008, 2016)은 질적연구의 목적을 다음과 같이 정리한다. 질적연구의 문제의식은 왜 그러한 사건이나 현상이 나타났는지, 그리고 어떻게 전개되었는지 등의 물음을 통해 특정한 사건 및 현상이 나타나게 된 경험적 · 사회구조적인 원인과 특질들을 파악하는 데 있다. 이를 위해 질적연구자는 자신이 선택한 연구주제와 관련된 이론과 선행연구의 사례를 종합적으로 검토하여 통찰력 있는 연구절차와 결과를 도출할 수 있도록 한다.

또한, 질적연구의 목적은 연구주제와 연관된 사회구조적 문제를 표면화하고 비판적 · 성찰적으로 분석하여 문제 해결의 방안들을 모색하는 데 있다. 예컨대, 사회적으로 문제시되고 있는 폭력과 불평등의 상황들을 드러내거나 사회 및 국가의 대처방식에 대한 정책적 · 이론적 대응방안 등을 개발할 수 있다. 여기서 중요한 것은 문제와 대처 전략이 이루어지는 현장에 대한 연구자의 민첩한 참여관찰과 심층적 이론 탐색 및 개발을 수행하는 데 있다.

뿐만 아니라, 질적연구의 목적은 해당 연구의 개별적 성과들을 학문적 · 실용적으로 활용하여 현실 사회구조의 변화를 꾀할 수 있는 역사적인 보편적 특질을 발견하고 근거들을 축적하는 데 있다. 질적연구는 기본적으로 연구자와 연구참여자 사이의 상호작용적인 경험과 이야기를 바탕으로 생생한 자료 수집을 행하게 된다(강진숙, 2008). 그렇지만 질적연구는 특수성에 제한되지 않고 나아가 사회가 지닌 보편적 구조의 작동과 원인을 심층적으로 분석할 때 보다 통찰력 있게 접근할 수 있다.

논문을 집필하는 데 있어서 질적연구의 목적이 설정된 후 고려해야 할 작업은 연구 설계이다. 연구 설계는 서론의 집필 이후 본문을 어떻게 구성할 것인지 전체 설계도를 작성하는 단계이다. 이 작업이 중요한 이유는 서론 집필 이후 전체적인 연구의 흐름도를 사전에 기획하고 설계하여 연구의 목적으로부터 궤도 이탈하지 않도록 하기 위함이다. 이를 위해 연구주제에 부합하는 이론적 논의와 현황 진단, 그리고 연구문제 설정과 연구방법의 설계를 바탕으로 분석 작업을 수행하는 연구 설계의 기획이 필요하다. 이상의 내용을 도식화할 경우 다음 [그림 3-1]과 같이 질적연구의 설계 절차가 제시된다.

단계	내용
연구주제 선정	연구자가 다양한 자료를 검토해 주제를 설정하는 단계: 주제설정의 범주, 문제의식, 연구목적 제시
이론적 논의	연구자가 선정한 연구주제의 문제의식과 연구목적을 뒷받침할 수 있는 이론과 사유, 개념을 논의하는 단계: 연구결과를 해석하는 데 적용
연구문제 설정	연구자가 앞의 이론적 논의와 연계성 있는 연구문제를 선정해 연구 및 분석결과를 도출하기 위한 단계: 2~3개의 연구문제를 추출하여 분석결과를 도출하기 위한 연구범위 구획
연구방법 설계	다양한 질적연구의 방법론 중에서 선별해 연구방법의 의의성, 자료 수집 및 분석 방법과 절차를 기술함: 연구의 신뢰성 및 타당성 확보 방법 및 수행결과도 포함하여 명시함
연구결과 도출	연구문제와 연구방법의 룰에 맞춰 연구결과 기술 및 해석: 이론적 논의의 내용과 연구문제, 연구방법을 통합적으로 고려하여 기술

[그림 3-1] 질적연구의 설계 절차

[그림 3-1]에서와 같이 질적연구는 연구주제를 설정한 후 연구자가 설정한 연구주제의 문제의식과 연구목적을 뒷받침할 수 있는 이론과 사유, 개념을 논의하는 단계로서 이론적 논의를 하게 된다. 나아가 연구자가 앞의 이론적 논의와 연계성 있는 연구문제를 설정해 연구 및 분석결과를 도출하기 위한 단계로서 연구문제 설정 단계를 갖게 된다. 그 후 다양한 질적연구의 방법론 중에서 선별해 연구방법의 의의 규명, 자료 수집 및 분석 방법과 절차를 기술하는 연구방법 설계 단계를 거쳐 본 연구과업을 수행한다. 그리고 질적연구과정의 마무리 단계는 연구문제와 연구방법의 틀에 맞춰 연구결과 기술 및 해석을 행하는 연구결과 도출 단계이다.

2. 질적연구방법의 확장

질적연구방법론은 다양한 학문 분야의 이론적 전통과 방법론에 근거하여 다양한 시도를 통해 발전되어 왔다. 이 중에서도 두드러진 학문 영역은 교육학, 간호학 및 사회학, 심리학, 사회과학의 제 분야이다.

먼저, 교육학 분야의 질적연구방법들을 살펴보면, 야콥(Jacob, 1987)을 비롯하여 랜시(Lancy, 1993)와 크레스웰(Creswell, 2007) 등의 방법론에 대한 연구가 괄목할 만하다. 예컨대, 야콥은 질적연구방법론을 생태학적 심리학, 총체적 문화기술지, 인지인류학, 의사소통의 문화기술지, 그리고 상징적 상호작용주의 등으로 구분한다. 랜시의 경우는 인류학적 접근, 사회학적 접근, 전기적 관점, 사례연구, 개인 이야기, 역사연구, 그리고 인지적 연구 등으로 대별하고 있다. 이 중에서도 교육학자인 크레스웰은 스트라우스와 코빈(Strauss & Corbin, 1990)과 같은 사회학자들이 발전시킨 질적연구방법론의 유형(사례연구, 문화기술지, 내러티브 연구, 근거이론, 그리고 현상학)에 대해 다섯 가지 유형으로 구분하여 체계적인 분석방법을 모색하고 있다(강진숙, 2008).

이와 함께 사회학과 간호학 분야에서는 주로 스트라우스와 코빈(Strauss & Corbin, 1990)을 중심으로 분석모형을 비롯한 질적연구의 체계적인 방법론이 개발되었다. 이를테면, 문홀과 오일러(Munhall & Oiler, 1986)는 네 가지 방법론, 즉 현상학, 역사적 연구, 문화기술지, 근거이론 등으로 분류한다면, 스트라우스와 코빈의 경우에는 생애사연구, 근거이론, 대화 분석, 현상학, 문화기술지 등으로 구별한다. 특히, 스트라우스와 코빈의 유형 중에서도 근거이론의 방법론은 질적연구자가 용이하게 접근할 수 있는 축코딩 모형을 구상하여 널리 사용할 수 있도록 하였다. 모스(Morse, 1994) 역시 다양한 질적연구의 방법론을 종합적으로 검토하여 근거이론, 민족과학, 문화기술지, 현상학 등 방법론의 주요한 유형의 특성을 제시하고 있다.

그다음으로, 사회과학 분야에서 두드러진 질적연구의 방법은 덴진과 링컨(Denzin & Lincoln, 1994, 2005)을 통해 축적되었다(강진숙, 2016). 초창기 시점에 진행된 덴진과 링컨(Denzin & Lincoln, 1994)의 방법론은 주로 근거이론, 사례연구, 현상학·민속방법론·해석학적 실천을 비롯하여 전기연구, 문화기술지, 임상연구, 역사연구 등 다양한 분야로 구분해 적용되어 왔다. 그 이후 덴진과 링컨(Denzin & Lincoln, 2005)은 실행·비판·공공문화기술지, 생애사, 해석적 실천, 내러티브, 사례연구, 참여적 실행연구, 근거이론 그리고 임상연구 등으로 분류하였다. 이와 유사한 분야에서 마일즈와 후버맨(Miles & Huberman, 1994)은 사회연구와 사회인류학, 그리고 해석주의(interpretivism) 방법 등을 개발하여 해석적 방법과 인류학적 방법을 발전시켰다.

특히, 국내 다양한 선행연구에 적용되고 있는 무스타카스(Moustakas, 1994)의 현상학적 분석 모델은 심리학적 현상학에 이론적·분석적 토대를 두고 있다(강진숙, 2016). 무스타카스는 초월론적 현상학, 경험적 현상학, 문화기술지, 발견적 연구(heuristic research), 해석학, 근거이론 등으로 분석방법을 다층화하는 시도를 행하고 있다. 또한, 슬라이프와 윌리엄스(Slife & Williams, 1995) 역시 현상학을 필두로 하여 문화기술지와 사회적 가공물 연구(studies of artifacts) 등으로 구분하여 심리학적 접근을 시도하였다.

위에서 기술한 바와 같이 질적연구방법론은 전통적으로 다양한 학문 분야에 따라 여러 가지 유형으로 분류되어 학문 사이의 경계를 넘어서서 상호 침투하여 발전되어 왔다. 이를 통해 질적연구의 주제와 연구대상에 따라 서로 다른 질적연구의 개념과 목적, 이론과 사상의 배경, 그리고 구체적인 연구방법 및 분석방법이 채택되어 왔고, 현재까지도 방법론의 담론과 쟁점 형성에 영향을 미치고 있다.

3. 질적연구방법론 유형별 특징 및 분석방법

1) 질적연구방법론 유형 개요

강진숙(2016)은 기존의 질적연구 분야에서 수행된 연구 성과를 정리하여 7가지의 방법론 유형을 제시하고 있다. 이 방법론 유형은 생애사연구, 미디어비오그라피 연구, 담론 분석, 근거이론, 현상학 연구, 문화기술지 연구, 그리고 사례연구 등으로 구분된다. 특히, 여기서는 다른 질적연구방법론에서 제기된 일반적 유형과 달리 미디어비오그라피를 거의 처음으로 포함시키고 있다는 점에서 중요한 특징이 발견된다. 다음 〈표 3-1〉은 각 방법론의 유형 및 특징을 정리하여 제시하고 있다.

〈표 3-1〉 질적연구방법론의 유형 및 특징 개요

방법론 유형	특징
생애사연구	개인이나 집단의 생애사에 대한 다양한 자료 수집과 분석: 구술 및 영상자료, 문헌, 역사적 기록물 등
미디어비오그라피 연구	개인의 생애사 과정에서 반복적으로 축적되는 미디어 이용 경험 및 습관 등을 분석
담론 분석	담론을 형성하는 언술과 명제, 호명 등을 분석하여 의미 작용과 주체 구성의 방식, 실천 메커니즘 도출
근거이론	지속적인 인터뷰 자료의 비교 분석이나 축코딩 분석 등을 통해 이론을 개발
현상학 연구	개인이나 집단의 생생한 체험 및 '사태 그 자체'로 돌아가 의미의 본질과 의식의 지향성을 발견, 분석
문화기술지 연구	사회생활에 대한 일상의 기록과 문화적 의미를 발견
사례연구	개인이나 공동체, 관계 및 프로젝트 등의 사례를 선정하여 독특성이나 쟁점을 분석

다음 절에서는 〈표 3-1〉에 제시된 질적연구방법론의 유형별 특징을 살펴보고, 각각의 방법론이 국내 연구에서 어떻게 적용되었는지 선행연구들을 중심으로 검토하고자 한다. 이러한 논의는 강진숙(2016)의 저서에 근거하여 기술할 것이니 이와 관련하여 향후 질적연구나 논문의 집필을 고려한다면 이 저서에서 보다 구체적인 방법들의 사례 및 특징을 참조하길 바란다. 여기에는 7가지 방법론의 이론적 배경과 적용 사례, 분석 및 해석 방법, 그리고 신뢰성 검증 방법 등이 구체적으로 예시되어 있기 때문이다.

2) 생애사연구 방법

생애사연구는 연구자와 연구참여자가 공감대를 형성하고 지식을 공유함으로써 개인의 역사적 경험과 삶에 다가가는 방법론이다(강진숙, 2016). 즉, 생애사연구 방법은 과거 삶의 선택과 행동이 현재의 삶에 어떻게 투영되어 있고, 어떠한 의미를 내포하고 있는지 분석하는 데 초점이 있다. 이 연구에서 다른 어느 질적연구방법보다 더 연구참여자와의 친밀감과 거리 두기를 조율하는 라포(Rapport) 형성이 중요한 이유도 여기에 있다. 왜냐하면, 생애사연구는 객관적인 연대기의 기록이나 위인전이 아니라 사회적으로 주목받지 못하지만 독특한 생애 이력을 지닌 일반인의 경험에 다가가기 때문이다. 즉, 주변화되어 있는 이들의 생애 이력과 경험에 다가가 그들의 목소리와 정서를 체험하고 이야기로 재구성하는 것이다. 따라서 생애사연구의 참여자를 선정하기 위해 우선으로 고려할 점은 저명하거나 영웅이 아니어도 독특한 생애 경험이 현재의 삶에도 영향력을 행사하는 이야기꾼을 발견하는 것이다.

생애사연구 분야에는 이론가별로 다양한 분석방법이 탐색되고 있으므로 보다 광범위한 방법론의 검토가 필요하다. 여기서는 두드러지게 사용되고 있는 생애사연구 방법을 중심으로 네 가지 유형으로 분류하였다. 즉, 삶의 다층적 분석방법, 생애사의 전환점 분석방법, 생애과정 관점의 분석방법, 그리고 총체적 · 범주적 · 담론 분석방법 등이 여기에 포함된다(강진숙, 2016). 이 네 가지 생애사연구의 분석방법은 ① 삶의 다층적 분석, ② 생애사의 전환점 분석, ③ 생애과정 관점의 분석으로 구분하여 설명할 수 있다.

생애사연구 방법 중에서 삶의 다층적 분석은 삶의 유형을 다층적으로 분류하고 조직화하여 상호관계성을 이야기로 구성하는 방법이다. 이와 관련된 연구로는 브루너(Bruner, 1995)의 세 가지 삶의 다층적 분석방법을 들 수 있는데, 여기서는 '살아온 삶(life as lived)', '체험된 삶(life as experienced)', 그리고 '이야기된 삶(life as told)'이라는 삶의 영역으로 분석되었다.

또한, 생애사의 전환점 분석은 삶의 영역을 구분하고 생애 전환점과 적응의 과정을 발견하고 분석하는 방법을 의미한다. 이러한 방법은 만델바움(Mandelbaum,

1973)의 분석에서 발견되는데, 여기서 사용된 분석범주는 '삶의 영역들(dimensions)'을 구획한 후 생애 '전환점(turnings)'을 발견하는 작업을 기술하며, 그다음으로 연구참여자가 어떻게 삶의 환경에 '적응(adaptation)'해 나가고 있고 그 의미는 어떻게 이해되는지 등을 분석하는 방법을 취하고 있다. 마지막으로, 생애과정 관점의 분석방법은 개인의 생애를 시간성과 경험의 상호 연관성에 근거해 일련의 역할 전이(transition)를 구획하고 기술하는 작업을 가리킨다. 대표적인 선행연구 사례로서 한경혜(1990, 2004)의 생애과정 관점 분석을 들 수 있다. 여기서는 개인 시간(individual time), 가족 시간(family time), 그리고 역사 시간(historical time) 등 생애과정을 시간성의 축으로 구분하여 분석하고 있다.

이와 같은 세 가지 생애사연구 방법 중에서 하나를 선정할 경우, 연구자는 연구주제와 목적을 어디에 둘 것인지를 고려한 후 연구참여자의 생애사적 독특성 등을 사전에 조사하여 연구설계의 의도에 부합하는 방법론을 취하도록 한다.

3) 미디어비오그라피 연구방법

미디어비오그라피 연구는 1980년대 초 이후 독일 미디어교육학자들의 실험적 연구와 성찰적 삶의 해석 방법을 모색하는 과정에서 시작되었다. 이 연구의 초점은 개인이 과거의 특정한 생애 시기 이후 현재까지 주로 어떠한 미디어를 이용하였고, 생애사 과정에서 미디어와의 상호작용을 통해 어떠한 맥락에서 특정한 경험과 기억을 형성하였는지 등을 분석하는 데 있다. 즉, 생애사 과정에서 경험한 미디어 이용 행위와 대화 상황을 기억하고 이야기로 재구성하여 현재의 변화된 미디어와의 관계와 삶의 의미를 해석하는 것이다. 이 연구의 범주에는 개인의 미디어 이용 행위, 생활세계, 시간 구조와 현재성, 정서의 변이 등 다양한 미디어와 이용자 사이의 심리적 · 구조적 상황이 포함된다(강진숙, 2016).

이 방법은 주로 커뮤니케이션과 미디어교육학 연구 분야에서 사용되었다. 여기에는 어린이와 가족의 TV 시청 행태와 놀이에 대한 참여관찰을 수행한 해석적 구조분석의 방법이나 여성과 남성의 성별 미디어 선호도를 분석하며 젠더 문제를 다루기도 하는 질적 내용 분석방법 등이 포함된다. 특히, 미디어교육학자들이 자신의 유년시절에 경험한 가족과의 TV와 라디오 이용과 정서 변이 등에 대한 이야기를 재구성하는 방식의 자서전적 미디어비오그라피 분석방법 등이 의미 있는 연구의 전통을 형성하고 있다.

4) 담론 분석 연구방법

담론 분석은 언어체계와 실재대상 사이의 상호 조응관계 속에서 접근할 때 보다 물질적이고 실천적인 효과까지 해석할 수 있다. 담론의 영역은 단지 언술이나 명제의 조합이 아니라 어떠한 입장에서 어떻게 말하는지를 연구하는 현실세계의 변혁과 실천을 위한 이데올로기 투쟁의 장이기도 하기 때문이다. 실제로 담론이론의 발전과정에서 담론과 실재대상의 관계에 대한 관점은 정치적 입장의 차이를 대변하기도 하였다(강진숙, 2016). 이와 관련하여 입장의 두 축이 형성되었다. 하나의 시각이 담론의 내부에 초점을 둔 언어 중심적 접근을 강조하는 입장이라면, 다른 하나의 시각은 담론의 언어적 체계뿐만 아니라 담론을 형성하는 사회적 · 역사적 · 정치적 조건과 맥락을 중시하는 유물론적 담론 분석과 비판적 담론 분석을 통해 나타났다. 따라서 어떠한 관점에서 담론과 현실의 장을 바라볼 것인지는 담론 분석 방법에도 영향을 미치는 중요한 관건이 된다.

이러한 시각에서 볼 때, 다양한 담론 분석 방법 중에서도 유물론적 담론 분석을 수행하고 있는 방법을 중심으로 살펴보면 다음과 같다. 우선, 유물론적 담론 분석으로서 담론의 의미 작용과 주체 구성의 방식을 이데올로기론에 근거해 분석하는 의미론적 담론 분석이다. 대표적인 이론과 방법은 프랑스의 언어학자인 미셸 페쇠(M. Pêcheux, 1975)의 의미론적 담론 분석 방법을 들 수 있다. 페쇠는 프랑스의 후기 구조주의 철학자인 루이 알튀세의 이데올로기론을 발전시켜 담론의 의미구성 방식과 주체화 방식을 분석하였다.

두 번째로, 1970년대 이후 확산된 비판 철학과 사회정치론, 이데올로기와 유물론적 담론 분석 등 광범위한 이론에 기초한 비판적 담론 분석(critical discourse analysis, CDA) 방법을 들 수 있다. 여기에는 주로 페어클러프(Fairclough) 등을 중심으로 한 랭카스터 그룹, 보다크(Wodak) 등을 주축으로 한 비엔나 그룹, 판 데이크(van Dijk)의 네덜란드 그룹, 그리고 반 뤼벤(van Leeuven)의 담론 분석 등이 포함된다(Wodak & Meyer, 2001). 이 학파 각각은 변증법적-관계론, 담론사, 사회인지론, 사회행위자론 등을 정립하여 비판적 담론 분석의 방법을 체계화시켰다. 마지막으로, 뉴스담론 분석은 문자, 이미지, 시청각 영상, 디지털 코드 등 다양한 미디어와 의사소통 방식을 분석하는 방법이다.

뉴스담론 분석 방법은 다양한 이론가에 의해 서로 다른 각도에서 적용되었다. '현실의 재구성'으로서 뉴스 프레임 분석을 행한 터크만(Tuchman, 1978), 뉴스 언어의 선택과 조합 메커니즘을 분석한 화워(Fower), 크레스(Kress), 하틀리(Hartley), 호지(Hodge) 등의 뉴스담론 분석 방법, 뉴스담론의 텍스트 구조 및 사회적 인지작용을 분석한 판 데이크(van Dijk, 1983)의 뉴스 구조 분석 방법 등이 대표적 사례이다.

5) 근거이론 연구방법

근거이론 분석은 다른 질적연구와 마찬가지로 인터뷰 자료 수집과 문헌조사 방법 등을 사용하지만, 여기서 나아가 범주 구성, 코딩 분석, 이론 개발 등의 특수한 코딩 방법과 분석 절차를 사용한다는 점에서 차별화된다(강진숙, 2016). 근거이론이 질적연구방법으로서 모색되기 시작한 것은 1967년도로 거슬러 가서 두 명의 사회학자인 글레이저와 스트라우스가 저술을 출판한 데서 비롯되었다(Glaser, 1978, 1992; Glaser & Strauss, 1967; Strauss, 1987; Strauss & Corbin, 1994, 1998a). 글레이저와 스트라우스는 『근거이론의 발견(*The discovery of grounded theory*)』을 저술하였는데, 각기 서로 다른 학문적 배경 속에서도 일정한 방향성을 갖고 근거이론의 이론체계와 분석방법을 정립하였다. 이 공저는 기존의 구조주의 이론이나 기능주의 이론과 다른 입장 속에서 "이론과 경험적 연구 사이의 당혹스러운 간극을 좁히려는"(Glaser & Strauss, 1967, p.vii) 의도에서 비롯되었다.

그 후 1990년대 이후 근거이론은 스트라우스와 코빈(Strauss & Corbin, 1990,

1994, 1998a)의 공동 작업을 통해 대중화되기 시작하였다(강진숙, 2016). 이 두 이론가는 공저인 『질적연구의 기초(*Basics of qualitative research*)』(1990)와 공동의 논문인 「근거이론 방법론 개관(*Grounded theory methodology: An overview*)」(1994) 등의 저술을 통해 근거이론의 역사와 이론의 발전 양상, 방법론의 기법, 방법론의 확산과 위험성, 그리고 근거이론의 사회적 · 지적 경향 등을 다양한 문헌과 선행연구를 종합적으로 분석하여 제시하고 있다. 스트라우스와 코빈(Strauss & Corbin, 1998a)에 의하면, 근거이론이란 자료를 체계적으로 수집하고 연구절차를 통해 분석하는 것으로 정의되며, 이를 위해 자료 수집, 분석, 그리고 다른 이론들과의 밀접한 관계 속에서 최종적으로 이론을 정립하는 방법을 수행하게 된다(강진숙, 2016). 대표적인 분석 방법은 보다 체계화된 코딩 분석 절차를 통해서 나타난다. 예컨대, 개방코딩, 축코딩, 선택코딩의 순서로 분석 절차를 모형화한 방법이 여기에 포함된다.

그 밖에도 차마즈의 구성주의적 관점의 근거이론 방법을 들 수 있다. 차마즈(Charmaz, 2006, 2008)는 글레이저나 스트라우스 및 코빈의 입장을 통합적으로 재해석하면서 연구자의 입장과 정서적 측면을 중요시한다는 점에서 차이가 나타난다. 즉, 연구자가 연구과정에서 경험하는 문제의식, 개인적 가치나 정서, 감정, 혹은 이데올로기의 측면까지 고려하는 것이다.

요컨대, 근거이론의 시사점은 이론적 · 실천적 측면에서 도출할 수 있다(강진숙, 2016). 이론적 시사점은 근거이론이 다른 질적연구방법과 유사한 방법을 취하지만, 여기서 나아가 이론의 개발을 궁극적인 목적으로 설정한다는 점에서 차별화된다는 점에 있다. 한편, 실천적 시사점은 다양한 사회적 현상이나 상황 맥락에 따라 나타나는 사회 구성원들의 특정한 대응 행동을 분석하여 사회적 문제를 해결할 수 있는 대응방안을 모색할 수 있다는 점에서 나타난다.

6) 현상학 연구방법

현상학 연구는 후설의 초월론적 현상학을 토대로 다양한 철학적 · 사회학적 · 교육학적 접근을 통해 이론과 방법론의 체계화가 이루어졌다(강진숙, 2016). 우선, 질적연구의 현상학적 이론과 방법론을 형성하는 학제 간의 중요한 교두보 역할을 한 것이 후설의 현상학이라면, 해석의 관점을 중시하는 입장으로 선회한 것은 하이데거의 해석학적 현상학에서 발견된다. 하지만, 현상학이 질적연구방법으로서 적용되는 과정에서 후설과 하이데거의 철학적 사유는 실용적으로 적용된 경우가 나타났다. 즉, 현상학적 질적연구는 현대 이론가의 사상과 학문 분야에 따라 서로 다른 방법론의 체계와 모형을 통해 세분화된 것이다. 현상학 연구는 일반적으로 세 가지 방법 유형, 즉 ① 심리적 · 과학적 현상학, ② 기술 · 해석학적 현상학, ③ 초월론적 현상학으로 구분한다.

우선, 심리적 · 과학적 현상학으로서 주로 심리학 분야에서 시작된 방법론이다. 특히, 직관적 구조, 형상적 구조를 분석하고 기술하는 데 목적을 둔다. 대표적인 이론가로서 반 캄(van Kaam, 1966), 지오르기(Giorgi, 1970, 1985, 1994, 2009), 콜라지(Colaizzi, 1978) 등을 들 수 있다. 특히, 실험심리학자인 지오르기는 자연과학에서 점차 인문과학으로 연구의 관심을 전환하면서 과학적 현상학의 분석 절차를 제시한다. 그의 관심은 '의식을 지닌 존재'가 어떻게 현상을 경험하고 의식의 '지향성'을 토대로 사유하는지, 그 의미의 본질은 무엇인지 등을 분석하는 데 있다.

두 번째, 기술 · 해석학적 현상학으로서 기술(description)과 해석의 통합적 접근을 꾀하는 방법론이다. 주로 교육학 분야의 반 매넌(van Manen, 1990, 1997)에 의해 분석방법이 모색되었는데, 그는 "살아 있는 체험(lived experience)에 대한 연구"(van Manen, 1990: 9)에 초점을 두고 우리가 겪고 인식하는 대로의 경험을 분석하였다. 이러한 시도는 하이데거의 해석학 자체의 수용이 아니라 현상학적 전통과 해석학적 전통을 포괄하고자 하는 지향점에서 이루어졌다(강진숙, 2016).

세 번째, 후설의 현상학에 토대를 둔 초월론적 현상학을 들 수 있다. 대표적인 이론가로 무스타카스(Muostakas, 1994)를 들 수 있다. 그는 현상학적 연구절차로서 토픽/질문 발견하기 → 전문적 연구 자료 검토 · 평가하기 → 공동연구자 선정과 지침 공유하기 → 인터뷰 과정의 질문과 주제 개발하기 → 인터뷰 진행 → 분석 작업 수행 등의 단계들을 설정하여 다양한 현상학적 분석을 수행하였다. 이 연구들의 핵심 사유는 후설의 현상학에서 주요하게 다루어지는 지향성, 노에마, 노에시스, 에포케, 현상학적 환원, 이미지 변형 등의 개념들이 주로 사용된다.

7) 문화기술지 연구방법

문화기술지 연구는 1920년대 초 인류학자들에 의해 분석적 시도가 이루어진 이래 현재까지 질적연구의 한 방법론으로서 정립되어 왔다. 문화기술지(ethnography)는 'ethno(민족, 종족, 인종)'와 'graphy(기록, 기술)'가 결합된 합성어로서 현재 질적연구의 여러 저술에서는 '민속지학'이나 '문화기술지'로 지칭되는데(강진숙, 2106) 여기서는 문화적 장(field)에서의 기록과 해석에 초점을 두고 문화기술지로 부르고자 한다. 초창기 인류학자인 말리노프스키(Malinowski, 1922)에 의하면, 문화기술지란 특정 지역의 사회갈등이나 문화생산 방식, 그리고 실천 현장 등을 기록하고 분석하는 '사회생활에 대한 일상의 기록'이다. 보애스와 말리노프스키의 초창기 연구 사례는 문화기술지 연구의 체계적 정립을 꾀하는 데 단초를 제공하였다(강진숙, 2016).

이러한 고전적 문화기술지를 제외할 경우, 현대의 문화기술지 연구는 크게 세 가지 입장으로 구분할 수 있다.

우선, 횡단적 · 체계적 문화기술지 방법론으로서 1960년대 인지 인류학자인 민족의미론 연구자들에 의해 개발된 연구방법이다. 그 목적은 현지인의 관점을 이해하여 엄격하고 체계적인 문화 구조를 규명하는 데 있다. 대표적인 연구자는 스프레들리(Spradley, 1979, 1980), 베르너와 쇠플 (Werner & Schoepfle, 1987a, 1987b), 페터맨 (Fetterman, 1989) 등이 있다. 스프레들리(Spradley, 1979, 1980)에 따르면 문화기술지란 '문화를 기술하는 작업'이며, 현지인의 관점에서 다른 삶의 방식을 이해하는 데에 목표를 두는 것이다. 즉, 문화기술지는 다른 사람들을 연구하는 것이 아니라 오히려 연구자 스스로 '배우는 것'에 있음을 강조하는 입장이다. 이와 유사한 관점에서 국내의 대표적인 문화기술지 연구자인 이기형(2011)은 문화기술지 연구가 문화생산과 갈등의 현장, 사회적 소수자와 변방에 대한 관심에 초점을 두어야 함을 강조하고 있다.

두 번째로, 해석적 문화기술지는 베버주의자들을 중심으로 시도된 분석적 · 해석적 방법이다. 그 초점은 사회적 상호작용의 상황을 관찰, 그 의미를 규명하는 데 있다. 대표적인 이론가에는 더글러스(Douglas, 1966, 1970), 기어츠(Geertz, 1973a, 1973b), 터너(Turner, 1975) 등이 포함된다.

세 번째로, 비판적 문화기술지는 포스트모더니즘과 페미니즘의 사유를 반영한 연구방법이다. 이 방법론은 강단 문화인류학, 간호, 공공의료, 사회사업 등 공동체 지향 의료학 분야 등에서 주로 적용되었다. 대표적인 이론가로 쇼스탁(Shostak, 1981), 로데스(Rhodes, 1991), 카스펙켄(Carspecken, 1996), 뮤케(Muecke, 1994), 하드캐슬 외(Hardcastle et al., 2006), 스미스와 홈스(Smyth & Holmes, 2005) 등이 있다.

8) 사례연구 방법

사례연구는 문화인류학과 사회학, 그리고 심리학과 교육학 등 다양한 학문 분야에서 이론적 전통과 방법론을 발전시켜 온 질적연구의 한 방법이다(강진숙, 2016). 특히, 1920, 1930년대 시카고학파의 사회학자들에 의해 일탈현상과 생애담(life story)에 관한 사례연구가 수행된 이후 현재까지 다양한 분석방법이 모색되고 있다(Bromley, 1986). 이러한 이유로 사례연구는 어느 하나의 통일된 정의나 분석방법을 통하기보다는 이론가의 사상과 관점에 따라 상이한 방법이 적용되어 왔다. 즉, 사례연구의 초점을 사례 자체의 독특성에 두는 입장이 있다면, 다른 한편 사건이나 사례가 발생되는 사회구조적인 발생 원인을 중요하게 여기는 관점도 존재하는 것이다. 이러한 관점의 차이를 통합적으로 고려할 때, 사례연구는 구체적인 주체인 개인, 조직, 학교, 협력관계를 분석하거나 공동체, 관계, 의사결정, 프로젝트, 그리고 서비스 등 추상적인 주체를 분석하여 사례의 독특성과 발생 원인 및 쟁점을 파악하여 문제 해결을 위한 대안적 관점을 모색하는 데 있다(강진숙, 2016).

사례연구를 논문의 한 방법으로 채택할 경우, 우선적으로 어떠한 관점으로 사례 대상을 이해하고 분석할 것인지 풍부한 자료들을 해석하고 숙고한 후, 특정 이론가의 방법론을 선별적으로 적용하는 것이 중요하다. 주지했듯이, 사례연구 방법론은 연구자의 특정한 관심사와 사유의 방식에 따라 각기 상이한 자료 수집과 분석 절차들을 보여 주기 때문이다.

연구자별로 사례연구의 방법론 유형과 특징을 살펴보면 다음과 같다. 우선, 스테이크(Stake, 1994, 2000)가 제안한 본질적 사례연구는 특정 사례에 대한 학습의 필요성과 본질적 관심을 발견하는 것이라면, 도구적 사례연구는 다른 이슈나 문제를 규명하기 위해 사례연구 방법을 사용하는 것이다. 또한, 집합적 사례연구는 여러 사례 간의 중요한 일치점이 있을 경우에 적용하게 된다.

메리엄(Merriam, 2005, 2009) 역시 사례연구 방법을 크게 세 가지로 구분하지만 그 내용과 방법은 차별적 특성을 지닌다. 즉, 서술적 사례연구가 연구의 주제와 현상을 설명하는 방법이라면, 해석적 사례연구는 이론적 가정에 대한 설명, 지지, 도전 작업이다. 또한, 평가적 사례연구는 서술, 해석, 판단의 개입을 통해 특정 사례를 분석하는 방법으로써 활용된다.

인(Yin, 2005, 2009)은 사례 규모와 연구 의도를 기준으로 분석방법을 구분한다. 예컨대, 단일 사례연구가 하나의 사례를 대상으로 한다면, 다중 사례연구는 두 개 이상의 사례를 분석하는 방법이다. 연구 의도를 중심으로 구분하면, 탐색적 사례연구는 연구주제가 새롭고 특이하고 인지도가 낮은 사례를 대상으로 하며, 기술적 사례연구는 현실에서 발생한 변수나 현상을 기술하는 데 사용된다. 덧붙여 설명적 사례연구는 현상에 대한 인과관계를 검증하는 연구 의도에 중점을 둔 접근 방법이다.

이상의 사례연구 방법에 기초해 크레스웰(Creswell, 2010)은 세 가지 연구방법을 제시한다. 즉, 본질적 사례연구는 비일상적이거나 독특한 상황을 보여 주는 사례 자체에 초점을 둔 방법이라면, 도구적 단일 사례연구는 특정 이슈나 관심을 위한 예증하기 위한 경계체계에 주목하는 접근이다. 또한, 집합적 · 다중 사례연구는 이슈에 대해 상이한 관점을 제시하기 위해 여러 사례를 집합적 · 다중적으로 분석하는 방법이다. 이러한 다양한 사례연구 방법은 사례의 독특성에 초점을 둘 것인지 아니면 다중적 인과성과 보편성을 고려할 것인지 등 연구 설계와 목적에 근거해 선별적으로 적용될 수 있다.

4. 질적연구의 시사점과 경향

1) 학문적 시사점

앞에서 살펴본 질적연구의 방법론 유형 및 특징은 학문적 시사점을 제공한다. 우선, 질적연구의 방법론은 단순히 논문의 작성과 분석을 위한 활용 도구가 아니라 생생한 삶의 사유와 현실에 대한 문제의식의 산물이라는 점이다. 즉, 생애사연구를 비롯하여 사례연구까지 총 7가지 방법론 유형은 각기 상이한 이론적 전통과 문제의식에 따라 엄격한 신뢰성 검증과정을 통해 다양한 방법론으로 체계화된 것이다. 따라서 연구자가 질적연구방법론을 적용하기 전에 중요하게 판단해야 할 것은 어떠한 문제의식과 사유방식으로 개인이나 사회현상, 그리고 상호작용의 행위를 해석하고 나아가 실천적 대안을 모색할 것인지 하는 점이다.

이를 위해서는 논문의 이론에 배치할 사상가의 이론이나 개념, 그리고 사회적 현안이나 쟁점에 대해 철저한 학습과 체화의 작업이 논문의 설계와 함께 병행되어야 한다. 왜냐하면, 연구참여자의 인터뷰 내용이 아무리 훌륭해도 연구자가 선입견이나 편견 없이 풍부하게 해석할 역량이 부족하다면 그 논문은 어떠한 공감대나 설득력을 전달하지 못하기 때문이다. 따라서 질적연구의 즐거움을 누리기 위해서는 끊임없이 인문 · 사회과학 분야의 독서 습관과 메모 작업을 일상화하여 연구자의 학문 역량을 축적하고 발전시키는 게 좋다. 물론, 알지만 쉽지 않다는 연구자가 있다면, 먼저 흥미롭고 관심 있는 단편 저서를 통독하고 깨알 메모를 작성해 보길 권한다. 여기서 중요한 것은 독서 자체가 아니라 읽은 것을 '기록'하는 습관을 기르는 데 있다. 읽기는 휘발성을 지니기 때문에 연구자의 습관에 부합하는 쓰기나 기록하기의 실천이 필요하다. 즉, 쓰기는 읽기의 물질성을 담보해 주는 연구자 고유의 실천 행위인 것이다.

2) 실천적 시사점

앞의 7가지 질적연구의 방법론은 학문적 시사점뿐만 아니라 실천적 시사점을 제공한다. 왜냐하면, 연구자는 엄격하고 체계적인 방법론을 통해 자료 수집과 분석 절차를 수행하는 과정에서 학문의 도야 과정뿐만 아니라 사회적 문제를 발견하고 해결 전략을 모색하기 때문이다. 즉, 질적연구의 목적은 단순히 개인과 사회현상을 해석하고 분석하는 데 있는 것이 아니라 문제 해결을 위한 실천적 방안을 도출하고 정책이나 이론을 개발하는 데까지 나아간다. 예컨대, 근거이론의 경우 이론은 곧 생생한 사건의 현장과 연계되어야 하며, 연구의 목적은 궁극적으로 문제 해결을 위한 대처 전략과 대안적 방안들을 실현할 수 있는 정책 및 이론의 개발에 있다. 물론, 모든 질적연구의 방법론이 이와 동일한 연구목적을 견지해야 하는 것은 아니다. 생애사 연구 방법은 한 개인의 생애사를 인터뷰하는 과정에서 연구자와 연구참여자 사이의 공감대 형성과 상호작용 과정을 통해 서로의 편견과 선입견을 극복하는 생애이야기를 만들어 낼 수도 있기 때문이다. 하지만, 이러한 연구방법의 적용 역시 삶의 변화와 정서 변이를 꾀한다는 점에서 실천적 시사점을 지닌다는 점은 중요하다. 질적연구의 목적은 거시적인 사회 변혁이나 모순의 해결에 있는 게 아니라 연구자 자신이 편견과 통념에서 벗어나 복수의 자아를 발견하고 주관성 있는 행동과 사회성을 실천하는 데 있기 때문이다. 이러한 시각에서 볼 때, 7가지 질적연구의 방법론은 기본적으로 연구자의 정체성 찾기에서 시작된 사회적 실천의 산물인 것이다.

3) 방법론적 시사점

그러면, 7가지 질적연구의 방법론은 어떠한 방법론적 시사점을 주는가? 이 방법론들은 엄밀한 적용과 체계화를 통해 연구의 신뢰성과 타당성을 확보할 수 있도록 한다. 구체적으로 살펴보면, 우선, 자료 수집의 신뢰성과 타당성이다. 인터뷰 자료 수집의 경우, 연구자가 어떻게 연구참여자와의 인터뷰를 수행해야 할지에 대한 체계적인 길잡이 역할을 수행한다. 예컨대, 연구참여자 선정을 위한 표집 방법, 인터뷰 설문 구성, 인터뷰 진행 절차 및 방법, 연구참여동의서 확인, 그리고 녹취록의 인용 자료 검토 및 확인 등은 신뢰성 검증을 위해 엄밀한 방법의 숙지와 실행이 필요한 부분이다.

다른 한편, 각각의 방법론은 연구의 목적과 연구문제에 근거해 풍부한 분석방법들을 도출하는 데 기여한다(강진숙, 2016). 예컨대, 현상학의 초점이 현상에 대한 다양한 경험의 본질적 의미를 분석하는 데 있다면, 이에 부합하는 현상, 진술, 경험, 의미의 분석방법이 선별적으로 적용된다. 문화기술지의 경우, 특정한 문화 집단의 행위와 활동을 참여관찰하고 해석하기 위해서는 현장의 기술, 분석, 묘사, 해석을 위한 고유의 분석방법이 요구된다. 마지막으로, 사례연구 역시 사회적 사건과 사례의 발생 원인과 과정, 주변 반응에 대한 심층 분석을 위해 사건일지, 관련 뉴스, 주제, 반응 행위, 주장 등의 해석과 기술이 사례연구의 고유한 방법론에 근거해 적용 가능하다.

요컨대, 앞에서 살펴본 질적연구의 7가지 방법론은 학문적 · 실천적 · 방법론의 시사점을 종합적으로 지니고 있다. 즉, 학문적 즐거움을 위한 지속적인 학습과 쓰기의 실천, 해석을 넘어선 문제 해결의 대안 모색, 그리고 연구방법의 엄밀한 적용을 통한 연구의 신뢰성과 타당성 확보 등 엄밀한 방법론의 체득과 반복적인 적용의 시도는 연구자의 질적 역량을 향상시키는 데 기여한다. 이러한 방법론의 체득과 시도를 위해 무엇보다 필요한 것은 지속적인 독서와 글쓰기를 통하여 연구자 스스로 질적연구의 즐거움에 중독되는 것이다.

생각할 문제

1. 여러분이 질적연구를 시작한다고 가정한다면 연구의 주제를 정하고, 연구문제를 설정한 후 어떤 연구방법 유형을 선택할 것인가? 그리고 그 방법을 선택한 이유가 무엇인지 이야기해 보자.

2. 여러분이 선택한 연구방법으로 연구를 수행한 논문 5개 이상을 찾아보고 그 방법과 절차를 요약하여 이야기해 보자.

CHAPTER 04

질적연구와 IRB : 윤리적 이슈

김영순 · 정경희

1. 기관생명윤리위원회 승인이 필요한 이유

학자마다 다양한 정의를 내리고 있지만 질적연구방법은 대체로 현장에서 참여관찰, 면담 등을 통해서 언어 혹은 사진 등의 형태로 수집한 자료를 통하여 참여자의 삶을 이해하고 그 의미를 해석하는 방법을 말한다(Bogdan & Biklen, 2011). 또한, 연구윤리란 연구자가 연구 수행 과정에서 지켜야 할 원칙 혹은 행동을 말한다. 질적연구에서 연구자는 연구하려는 대상이나 집단과 어떠한 방식으로든 관계를 맺게 된다. 질적연구자가 연구를 위해 관계 맺기를 하는 대상은 생명을 가진 인간으로서 또한 개별 인격을 갖는 존재로서 그리고 연구의 동반자로서 존중받아야 한다. 따라서 질적연구에서 연구윤리는 연구대상인 인간과 인간 집단에 대한 존엄성을 전제한다. 이때 연구자와 연구참여자의 관계 맺기는 어디까지나 연구의 타당성과 신뢰성을 보장할 수 있어야 한다.

이제 좀 더 구체적으로 질적연구가 '기관생명윤리'를 준수해야 하는 이유를 알아보자.

첫째, 연구자가 연구의 도구로서 연구참여자가 있는 현장에 노출되는 것 자체로 참여자의 일상생활을 방해하거나 그들의 생활에 개입할 여지가 있다. 연구자는 학교, 가정, 이웃, 다른 여러 현장에서 주요 관심사를 직접 접하며 많은 시간을 보내게 된다. 이때 현장에서 다양한 방법으로 수집한 자료는 자료 분석의 핵심 도구인 연구자 자신의 통찰을 통하여 꼼꼼하게 훑어보고 조사한다. 이처럼 연구자가 자료 수집의 핵심적인 도구이기 때문에 더욱 윤리에 민감해야 한다.

둘째, 질적연구에서 자료는 양적연구처럼 숫자와 같은 데이터가 아니라 문장이나 사진, 비디오 등과 같이 다양한 형태로 수집되기 때문이다. 질적연구의 결과물은 수집된 자료들로부터 발췌한 수많은 인용문으로 가득하다. 그리고 내러티브를 통해 특정한 상황이나 세계관을 묘사하려고 한다. 이때 연구자의 주장을 뒷받침하는 원천 자료는 내러티브를 형성할 수 있도록 다양하고 풍부해야 하며, 연구참여자가 요구할 경우 언제라도 제시 가능하여야 한다. 이는 연구의 객관성과 신뢰성을 보장할 뿐만 아니라 연구참여자 또한 연구를 함께 이끌어 가는 동반자로 인식하는 질적연구의 특성에 의한다.

셋째, 질적연구는 과정에 중심을 두는 연구로서 연구자는 연구참여자가 속한 공간과 참여자의 경험을 존중해야 한다. 이를테면, 학교장들과의 인터뷰를 통해 교장으로서 경력을 쌓아 가는 과정에서 어떠한 실천적 지식을 형성하였는지, 혹은 외국인 유학생들과의 인터뷰나 참여관찰을 통해 그들이 어떻게 문화적응을 해 나가는지 등 그 과정을 연구한다. 이러한 과정은 참여자가 속한 문화 집단이나 그들의 일상생활 속에서 자연스럽게 발현되는 것이다. 따라서 연구자는 연구참여자를 연구대상이 아닌 감정과 인격을 갖고 일상을 영위하는 인간 존재로 인식하고 존중해야 한다.

넷째, 질적연구방법을 사용하는 연구자는 참여자를 포함한 사람들이 어떻게 자신들의 삶을 이해하고 그 의미를 깨닫는지에 관심이 있다. 다시 말하면, 질적연구자는 연구참여자의 관점에 관심을 가지고(Erickson, 1986), 연구참여자가 가지고 있는 관점을 잘 파악하여 정확하게 표현하고 있는지를 중요시한다. 이를 위해서 연구자는 연구참여자와 일정 수준의 감정 공유가 요구된다. 따라서 연구주제를 탐구하고자 연구참여자와 면담 혹은 참여관찰을 하기 위해서는 연구참여자들과 함께 얼마간의 시간을 보낸 후에야 결정이 가능하다. 즉, 라포 형성과정에서 연구참여자의 자연스러운 일상의 모습을 확인하고 연구참여자의 관점을 포착한 후 참여자가 자신의 삶에 대한 이해 과정을 탐구하는 것이다. 이때 사회적 지위나 연령, 성별에 의한 권력관계에 대한 해소가 함께 요구된다. 이처럼 연구자와 연구참여자와의 대화와 시간 공유를 통하여 연구자는 연구참여자의 일상에 자연스럽게 편입될 수 있으며, 연구참여자는 자연스러운 상황에서 자신의 경험과 감정을 진술하게 말할 수 있다.

다섯째, 질적연구자는 연구를 하기 전에 설정했던 가설을 입증하거나 반박하기 위하여 자료나 증거를 찾지 않는다. 수집된 자료로부터 특별하고 의미 있는 것을 찾아내고 해석하여 추상적 개념을 만들어 가는 것이 질적연구자가 자료 분석에서 수행하는 일이다. 이론은 상호 무관한 많은 조각의 자료에서 연관성을 찾아냄으로써 나타나게 된다. 즉, 이론은 현장에서 연구참여자의 진술을 바탕에 두고 그것을 설명하기 위해 필요한 후속 질문들과 진술을 통해 수집한 자료에 근거를 둔다. 이런 연구과정 속에서 연구자는 자신의 연구목적을 위해 의도적으로 참여자의 진술을 유도하는 것을 방지하고, 연구의 흐름을 유지하기 위해 면담을 위한 질문에 대한 사전고려가 필요하다. 이런 측면에서 볼 때, 질적연구를 수행하는 과정은 연구자와 연구참여자의 대화나 긴밀한 상호작용이라고 볼 수 있다.

이상의 질적연구가 지니는 특성 때문에 질적연구는 연구하고자 하는 인간 대상, 즉 연구참여자에게 집중하거나 연구참여자의 일상에 어떠한 방식으로든 개입할 수 박에 없다. 그래서 질적연구에서는 연구참여자의 권리로서 그들이 외부 공개를 꺼리는 비밀을 보장하고, 그들의 일상생활이 침해받지 않도록 구체적인 계획을 수립하고 기관생명윤리위원회의 심의를 통하여 검증하기를 요구한다.

2. 연구윤리와 IRB

IRB는 연구가 시작되기 전 연구계획서상에서, 연구수행 중에 어떻게 연구참여자들을 보호해 줄 수 있는가를 명시한 연구윤리의 일종이다. 넓게 보면 연구윤리란 연구자가 연구를 수행하면서 지켜야 할 원칙이나 행동 양식을 말하며, 소속기관에서 책임을 지므로 연구자를 보호하는 장치이기도 하다. 좁은 의미에서 연구윤리는 연구자가 연구를 계획 · 준비하여 신청하고, 실제 수행하며, 그 결과를 도출해 내고 발표하는 과정에서 지켜야 할 행동 양식이다. 연구윤리는 연구를 진행함에 있어서 정직성, 정확성, 효율성, 객관성을 그 기본으로 한다. 정직성은 정보를 정직하게 전달하고 약속을 지키는 것이고, 정확성은 연구결과를 정확하게 보고하고 오차를 피하는 데 최선을 다하는 것이다. 효율성은 자원을 현명하게 사용하고 낭비하지 않는 것이고, 객관성은 사실을 명확하게 밝히고 부당한 편견을 피하는 것이다(박완규 외, 2014).

또한, 연구윤리는 연구대상이 되는 사람들의 건강과 생명뿐만 아니라 이들의 개인정보와 사생활을 보호하기 위한 것이며, 연구자가 자신이 지켜야 하는 연구원칙 또는 행동 양식에 대해 올바르게 이해하고 성실하고 책임 있는 자세로 연구를 실천하기 위해 만든 사회적 합의라고 볼 수 있다.

1) IRB의 목적과 기본 원칙

IRB는 인간을 연구대상자로 하는 연구에 대한 심의위원회인 기관생명윤리위원회(IRB: Institutional Review Boards)로 모든 대학과 연구자가 소속된 기관에 설치되어 있다.[1] 이 위원회는 제출된 연구계획서를 검토하여 수행하려는 연구가 적합한 연구참여동의를 구했는지, 연구참여자에 대한 안전을 확실히 보장하고 있는지 등을 확인한다. 또 정보제공자가 혹시 직면하게 될 위험이 어느 정도인지, 사회에 미칠 수 있는 위험은 어느 정도인지를 파악하기 위하여 연구자에게 추가 정보를 요구하기도 한다(Bogdan & Biklen, 2011).

IRB는 임상연구에 참여하는 연구대상자의 권리 · 안전 · 복지를 위하여 인간을 대상으로 하는 모든 생명에 대한 과학연구의 윤리적 · 과학적 측면을 심의하여 연구계획을 승인할 수 있는 독립된 합의제 의결기구이다. IRB 설치의 주요 목적은 모

1) 이 장에서 다루고 있는 연구윤리와 IRB에 관한 내용 및 심의 절차는 저자가 소속기관으로 있는 인하대학교 기관생명윤리위원회의 원칙을 위주로 소개하고 있음을 밝힌다.

든 생명에 대한 과학연구의 윤리적 · 과학적 타당성을 심의하여 연구대상자를 보호하기 위함이다. 이를 위해 연구자로부터 연구계획서, 연구참여자 설명문 및 동의서 등 관련 자료를 받아 심의 및 승인하여 적절한 연구 진행이 이루어질 수 있도록 관리 및 감독하는 역할을 수행한다. 또한, IRB는 연구참여자의 보호 문제와 함께 관련 법률을 준수하여 연구를 진행할 수 있게 연구자를 보호하는 역할도 수행한다. 연구자에게 연구윤리지침을 준수하면서 연구가 진행될 수 있도록 필요한 정보를 제공하여 IRB의 사전 승인을 받게 한다(서울대학교병원 의생명연구원, 2017. 10. 5. 검색). 또한, IRB는 연구자의 연구계획서를 심사하고 승인하는 데 있어서 다음과 같은 사항을 기본 원칙으로 하여 운영하고 있다.

첫째, 인간대상연구 혹은 인체유래물(人體由來物)연구는 인간의 존엄성, 권리, 안전 및 복지를 보호하는 방식으로 수행되어야 하며, 연구참여자의 위험은 최소화되고 안녕은 다른 모든 이익보다 우선 고려되어야 한다. 둘째, 연구참여자의 자율성은 존중되어야 하고 연구참여 동의는 충분한 사전 설명에 의한 자발적 동의가 있어야 한다. 셋째, 연구대상자 등 연구참여자의 사생활은 보호받아야 하며, 개인정보 혹은 개인 식별정보는 당사자의 동의 혹은 다른 법령 또는 고시 등 특별한 규정 적용 시를 제외하고는 비밀로 보호되어야 한다. 넷째, 위원회는 정의의 원칙을 고려해야 한다. 이는 연구참여자를 연령, 성별, 경제 상태, 교육 수준, 문화 및 인종 등으로 차별하지 않음을 의미한다. 다섯째, 취약한 환경에 있는 연구참여자(개인, 집단)는 특별히 보호되어야 한다. 여섯째, 위원회의 활동은 국내「생명윤리 및 안전에 관한 법률」과「개인정보보호법」은 물론 헬싱키 선언 등 국내외 지침 및 규정에 명시된 인간연구대상자와 관련된 보편적 윤리원칙에 따라 수행되어야 한다. 일곱째, 위원회는 총장 직속의 기관으로 위원회 구성, 심의, 운영 및 의사결정에 있어서 교내 혹은 교외의 제도, 단체, 기관 등의 영향으로부터 독립성을 유지해야 한다. 여덟째, 위원회의 구성원은 업무 수행을 위해 필요한 교육 · 훈련을 지속적으로 받아야 한다.

2) 연구윤리 위원회의 역할과 심의 종류

IRB는 연구윤리 관련 위원회 중의 하나이다. 이 연구윤리 관련 위원회에는 생명윤리위원회와 연구진실성위원회가 있다. 이들 기관이 담당하는 역할은 다음과 같은 점에서 차이가 있다.

먼저, 생명윤리위원회는 연구계획서, 동의서 및 설명문 등 연구 관련 준비사항 및 법적으로 유효한 동의 획득 여부, 연구참여자 관련 문제 발생과 그에 대한 적절한 대처 등 확인 중심의 사전 대처 역할을 담당한다. 한편, 연구진실성위원회는 연구결과물의 위조, 변조, 표절, 부당한 저자 표시, 연구진실성위원회 조사 방해 여부 등 연구 관련 부정행위 파악을 중심으로 사후 대처하는 역할을 담당한다. 또한, IRB를 통과하여 승인을 받기까지 여러 종류의 심의가 있다. 심의 종류와 그 내용을 구체적으로 살펴보면 아래의 〈표 4-1〉과 같다.

〈표 4-1〉 심의 종류와 내용

심의 종류	심의 내용
정규 심의	• 일정에 따라 정기적으로 정족수 등의 형식을 갖춘 심의 • 일반적으로 정기회의 시 정규 심의를 진행하고 모든 위원이 심의를 담당 • 의결정족수는 패널 재적위원이 과반수 이상 출석하여야 하며, 이때 교외위원 및 사회적 윤리적 타당성 평가 위원 각 1인 이상 포함 • 다수결 방식으로 도출하고 승인, 조건부 승인(시정승인), 수정후재심의, 반려, 보류 등 결정
신속 심의	• 정규 심의 전 심의를 진행하고, 정규 심의 때 그 결과를 보고 • 연구의 위험 정도가 '최소한의 위험' 이하인 연구의 경우에만 심사가 가능하며, 승인 또는 조건부 승인의 결정만 가능 • 수정후재심의, 반려 등의 결정이 필요한 경우에는 정식 심의 절차로 진행되는 것이 일반적
지속 심의	• 초기 심의에서 결정된 심의 주기에 따라 연구기간 중 진행되는 심의 • IRB의 승인 유효기간은 1년을 초과하지 않는 원칙하에 지속, 심의 주기는 최대 1년을 초과할 수 없음
최종결과보고 심의	• IRB 승인된 연구의 최종보고서에 대한 심의로 연구 종료 후 6개월 내에 IRB에 최종보고서를 제출할 것을 요구하여 심의함
계획서, 변동 위반 심의	• 초기 심의에서 승인된 연구 내용에 변동, 위반 사항 등이 있을 경우 심의함

심의 종류	심의 내용
조기종료보고 심의	• 심의된 연구가 조기종료 또는 일시 중지된 경우에 대한 심의
심의면제 여부 심의	• 대중 공개 정보를 이용하는 연구 또는 개인 식별정보를 수집하거나 기록하지 않는 연구는 심의 면제 가능 • 단, 취약한 환경에 있는 연구참여자의 경우에는 심의 면제가 불가하며, 이러한 경우에는 IRB 승인을 요함

3) 심의 신청 절차 및 승인 후 관리

연구자가 연구계획서, 연구 설명문 및 동의서를 작성하고 IRB에 심의를 신청하여 승인이 이루어지기까지의 절차를 알아보면 다음과 같다.

먼저, 연구자는 IRB 심의 기관에 연구계획서, 연구 설명 및 참여동의서 이외에 해당 기관에서 요구하는 생명윤리준수서약서, 연구심의의뢰서, 연구자이력서, IRB 교수 이수증 같은 서류 양식을 함께 작성하여 신청한다. 둘째, 해당 기관 전문간사(위원장)는 심사 면제, 신속 심의, 정규 심의 등의 여부를 판단하고 사전검토위원을 지정한다. 이때, 심의 면제인 경우에는 연구자에게 즉시 통보하고, 신속 심의인 경우에는 신속 심의위원회에, 정규 심의인 경우에는 정규 심의위원회에 송부한다. 셋째, 신속 심의위원회와 정규 심의위원회는 각각 송부된 연구계획서에 대하여 심의를 진행하여 그 결과를 통보한다. 신속 심의위원회는 연구의 긴급한 상황을 감안하여 빠른 시일 안에 검토하여 결정 사항을 통보한다. 신속 심의는 승인 또는 조건부 승인의 경우에만 진행되기 때문에 승인/수정후 승인의 결과를 바로 연구자에게 통보하여 연구를 진행할 수 있게 하고, 조건부 승인의 경우 연구자에게 통보하여 수정후 신속 승인을 결정한다. 정규 심의위원회는 검토 후 승인/수정후 승인, 조건부 승인, 보완, 결정보류, 부결 등의 결정을 내릴 수 있으며, 승인/수정후 승인의 결정이 내려진 경우에는 보고 주기 안내와 함께 통보하고, 조건부 승인과 보완의 결정이 내려진 경우에는 수정후 승인을 하거나 정규 재심의를 진행한다. 그리고 결정보류의 경우에는 연구자에게 반려를, 부결의 경우에는 연구 중지를 연구자에게 즉시 통보하도록 한다. 이때 결정보류 또는 부결을 받은 연구자는 이의 신청을 할 수 있다. 이와 같은 절차를 간략하게 나타내면 다음의 그림과 같다.

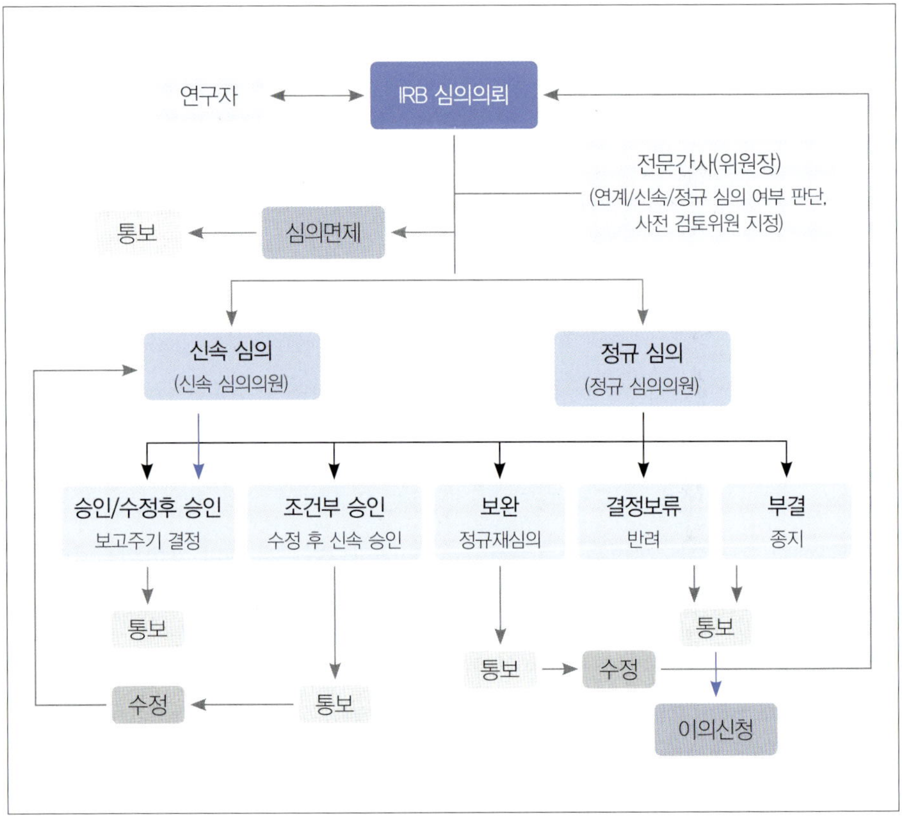

[그림 4-1] 심의 신청 절차

IRB는 위와 같은 심의 절차를 거쳐 기승인한 연구가 연구 현장에서 관련 법률을 준수하여 수행되는지 확인하기 위하여 정해진 절차에 따라 연구 현장을 방문하여 점검할 수 있다. 또한, 변경, 지속, 최종보고서 심의를 진행하여 기승인한 연구가 연구참여자의 안전을 고려하여 원활히 진행될 수 있도록 점검 및 관리하는 역할도 담당한다.

3. 연구계획서 및 동의서 작성

1) 연구계획서 작성 시 필수 요소 및 연구참여자 윤리에 관한 고려

IRB에 연구계획서를 제출하여 승인을 받으려면 기본적으로 연구제목, 연구기관 및 부서의 주소, 연구자의 성명 및 소속(연락처), 연구의 필요성, 연구의 목적, 연구 방법 및 절차 이외에 반드시 연구참여자를 고려한 사항이 요구된다. IRB에는 간혹 질적연구에 익숙하지 않은 위원들이 있어서 다수의 참여자나 구체적 변인, 가설, 타당도, 신뢰도 등을 요구할 때가 있다. 다행히 최근에는 질적연구를 전공한 심사위원이 IRB에 늘어나고 있다. 하지만, 질적연구로서 IRB 통과를 위해서는 보다 연구과정을 상세히 기록하고, 자신의 연구가 참여자에게 미칠 수 있는 잠재적인 혜택과 불편을 인식하여 작성할 필요가 있다. 다음에서 연구참여자의 안전과 침해 요소를 고려할 사항을 구체적으로 살펴보자.

첫째, 연구로부터 예상되는 위험과 불편사항을 고려할 때 연구참여자와 사회가 얻을 수 있는 이익이 위험성을 상회하거나 정당화할 수 있어야 한다. 둘째, 연구의 위험과 이익평가 시, 연구참여자가 연구에 참여하지 않더라도 받게 되는 위험 및 이익과는 별개로 해당 연구로부터의 위험과 이익을 고려하여야 한다. 셋째, 연구를 통해 얻게 되는 지식파급 효과(가령, 공공정책에 미칠 연구의 효과)가 크게 기대된다고 하여 연구참여자가 해당 연구에서 경험할 위험을 감수하도록 하지 않는다. 넷째, 취약한 연구참여자를 대상으로 하는 연구는 연구참여자의 권리와 복지를 보호하기 위한 적절한 안전장치를 제시해야 한다. 다섯째, 연구결과에 왜곡된 영향을 미치지 않도록 공정한 과정으로 연구참여자를 선정해야 하며, 그 선정의 이유를 명시해야 한다. 여섯째, 연구참여자가 연구에 참여함으로써 생길 수 있는 상해(심리적 부담감, 정서 장애 등)의 경우 보상 또는 치료 · 치유에 대한 조항을 넣어야 한다. 일곱째, 연구참여자가 연구에 참여하는 대가로 금전적 보상을 받는 경우, 위원회는 그 보상액 및 보상 방법과 금전적 보상이 연구참여자의 연구참여에 부당한 영향을 미치지 않는지 여부를 심의해야 한다. 보상은 대상자의 연구참여 정도 및 기간에 따라 적절히 조정되어야 하며, 연구에 끝까지 참여할 것을 조건으로 연구참여자에 대한 보상이 이루어져서는 안 된다. 여덟째, 연구과정 중 연구참여를 철회할 수 있는 자율성을 기술하여야 한다. 아홉째, 연구결과의 출판 및 공개와 관련된 사항에 대한 설명을 기술하여야 한다.

위에서 살펴본 바와 같이 연구계획서를 작성할 때 연구자 및 사회 전체의 알고자 하는 욕구 및 권리도 중요하지만, 연구참여자의 권리 및 프라이버시 보장, 정서적 안정감으로부터 보호해야 한다는 내용과 연구에 대한 정보 숙지 및 연구참여의 자발성 등의 보장을 강조하고 있다. 하지만, 현장 연구를 진행함에 있어서 인간을 대상으로 하는 연구참여자에 대한 윤리규정의 실제 적용은 경우에 따라서 다루기 어려운 것이 현실이다.

연구에 따라서는 연구참여자가 연구의 목적과 연구 진행 과정에 대한 정보를 알지 못하는 상태에서 진행되어야 연구자가 원하는 자료를 얻을 수 있는 경우가 있어 연구참여자에게 의도적으로 제한된 정보를 제공해야 하는 경우도 발생한다. 또한, 연구참여자의 사생활 보호 차원에서 가명을 사용하더라도 특수한 환경, 직업, 나이, 성별, 지역, 학력 등에 의해 연구참여자의 신원 상태가 밝혀지는 경우도 종종 발생할 수 있다. 따라서 연구참여자에 관한 윤리규정의 실제 적용은 매우 신중하여야 하며, 가능한 모든 경우의 수를 고려하여 각종 침해 요소로부터 연구참여자를 최대한 보호하는 차원에서 연구를 수행해야 한다(유기웅 외, 2013: 337).

2) 연구참여자 동의 절차 및 동의서에 포함되어야 할 내용

연구참여 동의 절차는 연구자가 연구참여자에게 연구참여 여부를 묻는 과정에서 연구참여자 본인이 자발적으로 연구에 참여함을 확인하는 절차를 말한다.

첫째, 동의서 작성은 해당 법률 및 규정 등에 근거한 윤리적 원칙 및 기준에 따라야 하며, 연구를 시작하기 전에 연구책임자는 연구참여자에게 주어지는 동의서 서식, 설명서 및 기타 문서화된 정보에 대해 위원회로부터 서면 승인을 받아야 한다. 둘째, 연구자는 연구참여자 또는 법정대리인에게 연구에 관하여 충분히 설명하여야 하고, 참여 여부 결정에 대해 충분히 생각할 기회를 제공하여야 하며, 모든 연구 관련 질문에 대해 만족할 수 있도록 대답해 주어야 한다. 셋째, 연구자는 연구참여자 또는 법정대리인에게 연구참여를 강요하거나 참여 결정에 부당한 영향을 미쳐서는 안 된다. 넷째, 동의서 서식을 포함하여 연구와 관련된 구두 또는 서면 정보에 사용된 용어는 연구참여자 또는 동의권자가 사용하는 언어와 표현으로 작성해야 한다. 다섯째, 연구참여자의 지속적인 연구참여 의지에 영향을 줄 수 있는 새로운 정보가 알려지면 연구책임자는 연구참여자 또는 법정대리인에게 이를 즉시 알려야 하며, 이러한 고지와 관련된 모든 사항은 문서화되어야 한다. 여섯째, 연구참여자가 연구에 참여하기 전에 연구대상자(또는 법정대리인 등 동의권자)와 동의를 받은 연구자는 동의서 서식에 이름을 자필로 성명과 해당 날짜를 기입하고 서명하여야 한다. 일곱째, 연구참여자 또는 법정대리인이 동의서 서식, 설명서 및 기타 문서화된 정보를 읽을 수 없는 경우에는 공정한 입회자가 동의를 얻는 전 과정에 참석하여야 한다. 이 경우 동의서, 설명서 및 기타 문서화된 정보를 연구참여자 또는 법정대리인에게 읽어 주고 설명한 후, 연구참여자 또는 법정대리인이 연구참여자의 연구참여를 구두로 동의하면 (가능하다면) 동의서 서식에 자필로 서명하고 해당 날짜를 기입하게 한 다음, 공정한 입회자는 동의서 서식에 서명하고 자필로 해당 날짜를 기재하여야 한다. 공정한 입회자는 동의서에 서명하기 전에 동의서와 설명서 및 기타 문서화된 정보가 정확하게 연구참여자 또는 법정대리인에게 설명되었고, 이들이 해당 사실을 이해하였다는 것과 동의를 얻는 과정이 자유의사에 따라 진행되었다는 것을 확인하여야 한다. 여덟째, 아동이나 심한 치매 환자를 대상으로 하는 연구와 같이 법정대리인의 동의를 통해서만 연구참여가 가능한 경우에도, 연구참여자는 자신이 이해할 수 있는 정도만큼 연구에 관한 정보를 제공받아야 하며, 가능하다면 스스로 동의서 서식에 서명하고 자필로 날짜를 기입하여야 한다. 아홉째, 취약한 연구참여자의 경우, 서면 동의 이외에도 참여자의 존엄성, 권리, 안전 및 복지를 위한 적절한 안전장치가 포함되었는지 확인하여야 한다. 이러한 절차를 통해 연구참여자 선정이 확정되면 연구참여자에게 연구 설명 및 연구참여동의서를 받아야 한다.

IRB 승인을 받기 위해 이를 작성하는 방법은 저자가 IRB 승인 심사과정의 예시와 함께 간략히 살펴보도록 하겠다.[2] 다음에 예시로 제시한 그림들은 저자의 IRB 심의결과 통지서와 그 심의 내용을 반영하여 작성한 자료와 최종심의결과 통지서를 포함한다.

첫째, 동의권자에 맞게 작성되었는지 확인한다. 동의서나 설명문에 사용되는 용어와 표현 등을 연구참여자의 연령이나 직업군 등을 고려하여 눈높이에 맞는 적절한 용어를 사용하도록 한다. 둘째, 연구자 소개 및 연구 목적이 잘 드러나 있는지 확인한다. 학위논문작성을 위한 것인지 어떤 기관의 연구를 위한 것인지 등 연구자와 연구의 목적을 정확히 밝혀야 한다.

[그림 4-2]의 심의결과 통지서를 살펴보면 조건부 승인의 결과를 확인할 수 있다. 이 경우 IRB는 연구기간, 면담 상황의 안전성과 중립성을 위한 구체적인 계획 등의 추가 기술과 연구에 영향을 미칠 가능성이 있는 참여자의 정보 삭제 등을 요구하고 있다.

---

2) 이 절에서 제시된 내용은 저자가 ㅇㅇ대학교 일반대학원 박사학위를 받을 때 IRB 승인 과정에서 심사결과를 반영한 것을 제시한 것이다.

심의결과 통지서

ㅇㅇ대학교 기관생명윤리위원회

우 402-751 인천광역시 남구 인하로 100 전화: 032) 860-7154 e-mail: irbedu@inha.ac.kr

<table>
<tr><td rowspan="2">연구과제명</td><td colspan="5">(국문) 대안학교 학교장의 교육철학 형성과정과 교육실천의 의미: 생애사적 연구를 중심으로</td></tr>
<tr><td colspan="5">(영문) Alternative school principal's process of philosophy formation and meanings of education practice: Focusing on the life history research</td></tr>
<tr><td>승인번호</td><td>141031-4</td><td>승인일</td><td></td><td>유효기간</td><td></td></tr>
<tr><td rowspan="2">연구자</td><td rowspan="2">연구책임자</td><td>성명</td><td>소속(직위)</td><td>전화번호</td><td>e-mail</td></tr>
<tr><td>정경희</td><td>사회교육과
(박사과정)</td><td>-</td><td></td></tr>
<tr><td>심의의견</td><td colspan="5">연구자의 연구계획서는 2014. 11. 10. 정규 심의회의에서 심의가 진행되었습니다. 심의 결과, 일부 사항에 대한 보완 의견 및 권고 사항을 아래와 같이 안내드립니다. 아래 내용을 참고하시어 수정된 서류(수정 부분 적색 표시)를 IRB 사무실과 이메일(irbedu@inha.ac.kr)로 제출해 주시길 부탁드립니다. (내선 7154)

1. 계획서
- 연구심의의뢰서상 기재할 부분을 모두 기재 후 재제출 요
- 연구기간 기술 요
- 면담이 진행되는 상황(장소 및 시간 등)에 대한 상호 안전 및 중립성을 고려한 구체적 기술 요
- 대상자 정보 중 소속 대안학교에 대한 정보(명칭, 설립연도 등)을 수집해야 하는 이유를 서술하거나 혹은 수집해야 할 이유가 없다면 수집항목 삭제 요

2. 동의서 및 설명서
- 대상자 수와 자료 수집 기간 기술 요
- 면담이 진행되는 상황(장소 및 시간 등)에 대한 상호 안전 및 중립성을 고려한 구체적 기술 요
- 녹취 자료의 보관 및 폐기에 관한 기술 요
- IRB 연락처 기재 요</td></tr>
<tr><td>심의결과</td><td colspan="5">☐ 승인 ☐ 조건부 승인(시정승인) ☐ 보완(재심의)
☐ 반려 ☐ 연구 중지 및 보류</td></tr>
</table>

※ 본 위원회는 「생명윤리 및 안전에 관한 법률」, 「개인정보보호법」 등 관련 법규를 준수합니다.
※ 심의결과에 이의가 있을 경우 2주 이내에 그 사유를 기록하여 이의신청할 수 있습니다.
※ 심의유효기간에 따라 지속심의의뢰서 혹은 최종결과보고서를 제출해 주시기 바랍니다.
※ 예상치 못한 상황 혹은 생명윤리 관련 갈등 시 본 위원회에 즉시 보고해야 합니다.

ㅇㅇ대학교 기관생명윤리위원회

[그림 4-2] 심의결과 통지서 예시

연구 설명문 및 동의서

1. 연구제목

대안학교 학교장의 교육철학 형성과정과 교육실천의 의미: 생애사적 연구를 중심으로

2. 연구기관/부서 및 주소

○○대학교 일반대학원 사회교육과 (인천광역시 남구 인하로 100 ○○관 /032-860-○○○○)

3. 연구자 성명, 소속 및 연락처

연구책임자: ○○○(○○교육전공 박사과정/010-○○○○-○○○○/ e-mail

공동연구자: ○○○(○○교육과 교수/010-○○○○-○○○○/ e-mail

연구참여권유

본 연구자는 귀하에게 [대안학교 학교장의 교육철학 형성과정과 교육실천의 의미]에 관한 연구에 참여해 주시길 정중하게 요청합니다. 귀하가 연구에 참여하실지, 않으실지 결정하시는 데 도움이 되도록 본 설명문은 연구의 배경 및 목적, 연구방법, 위험(불편감)이나 이익, 귀하의 정보를 포함한 자료관리 등에 대해 알려 드리고자 합니다. 본 양식을 주의 깊게 읽어보시고 궁금한 점이나 분명치 않은 점이 있으면 질문하여 주십시오.

4. 연구의 배경 및 목적

대안학교는 과도한 입시경쟁, 경직된 교육과정, 개인차의 무시에 따른 소외감 등으로 많은 학생들이 정규학교를 이탈하게 한다는 지적과 함께 등장하였습니다. 일부 학부모나 교사, 학생들은 새로운 형태의 교육이나 교수 · 학습방법, 내용, 이념 등을 추구하게 되었으며, 많은 학자들은 기존의 학교교육에 대한 비판적 · 대안적 견해를 제시하기도 하였습니다.

– 생략 –

5. 연구방법 및 절차

본 연구는 구술면담을 통한 생애사적 연구방법을 활용한 질적연구입니다. **연구기간은 2014년 8월부터 문헌연구를 통한 선행연구가 시작되었으며, 2015년 10월에 연구를 종료하려고 합니다. 본 연구를 위해 5명의 연구참여자와 심층면담을 계획하고 있으며, 1회에 약 30~40분 정도 소요될 예정입니다. 면담의 횟수는 연구의 진행 상황에 따라 2~3회 정도 진행하려고 합니다.**[3] 귀하의 생생한 이야기를 그대로 정리하기 위하여 동의해 주신다면 면담내용을 녹취하고, 녹취된 내용은 전사하여 녹취파일과 함께 이메일로 전송하여 귀하에게 검토 및 수정 절차를 가질 것입니다.

[그림 4-3] 연구 설명문 및 동의서 1

3) 볼드체로 밑줄 그어진 내용은 1차 심의 결과, 연구참여자의 수와 자료 수집 기간을 구체적으로 기술하라는 심의 내용을 반영한 것이다.

셋째, 연구참여자가 연구에 참여하는 시간/기간, 구체적인 절차와 방법, 연구참여 시 주의사항, 연구참여자가 부담하여야 하는 비용 등이 제시되어 있는지 확인한다. 연구참여자는 연구자와 다르게 연구에 목적과 의도를 정확히 모르는 경우가 많다. 따라서 동의서나 설명서 작성 시 연구참여자가 쉽게 이해할 수 있도록 친절하고 구체적인 안내가 제시되어야 한다. 넷째, 연구참여자에게 예상되는 이익 또는 부담이 된다는 사실을 적시했는지 확인한다. 연구참여자에게 참여비나 답례품 제공은 이익에 해당하는 사례가 아니다. 또한, 연구를 위해 시행하는 검사를 마치 무료로 제공한다는 식의 표현도 적절치 않으며, 우회하지 말고 연구자가 부담하는 부분이라고 솔직하게 기술하는 것이 좋다. 다섯째, 연구참여는 자발적이어야 하고, 참여하지 않아도 불이익이 없다는 사실을 기술했는지 확인한다. 연구참여자로 하여금 강제적이나 부담에 의해 참여하지 않아도 된다는 사실을 명확히 해야 하며, 연구에 참여하다가 중간에 포기하거나 거절해도 된다는 충분한 설명이 있어야 한다. 여섯째, 연구참여자 개인정보의 수집, 비밀과 보안을 유지하는 방법 및 폐기하는 시점에 대한 내용을 기술하여야 한다. 일곱째, 연구참여자 또는 법정대리인이 연구참여자의 이상 반응이나 연구철회 등에 대하여 연락하거나 연구에 대하여 의문점 등을 문의할 수 있는 연락처를 명기하여야 한다. 또한, 연구자에게 말할 수 없는 연구참여자 권익에 관한 사항에 대해 문의할 수 있는 IRB 기관의 연락처도 기재하여야 한다. 여덟째, 동의권자와 동의획득자가 각각 자신의 성명, 서명 동의일을 기재할 수 있는 서명란이 있는지 확인한다. 사본을 제공하거나 원본을 2부 마련하여 각각 나누어 가질 수 있도록 해야 하며, 대리인이나 참관인이 개입되는 경우 이들 역시 이러한 사항을 기재할 수 있어야 한다.

6. 불편감, 위험 및 이익 가능성
본 연구에 참여해 주실 경우 예상되는 위험은 없습니다. 다만, 시간적 할애를 통한 불편함이 있을 수 있습니다. 이에 면담을 진행하는 장소와 시간은 연구참여자 편의에 맞추어 근무하고 계시는 학교로 방문할 예정이며, 최대한 연구참여자가 원하시는 시간에 맞추도록 할 것입니다.[4] 그리고 면담 때마다 소정의 사은품(1만 원권 문화상품권 3장)을 전해 드리려고 합니다.

7. 연구참여와 중지
본 연구의 참여는 자발적 참여를 원칙으로 하고 있으며, 비록 연구참여를 시작하여 진행 단계에 있다 하더라도 언제든지 중단하실 수 있고, 연구참여 동의서 또한 철회하실 수 있습니다.

8. 개인정보 및 비밀 보장
본 연구를 위해서 귀하의 면담내용 및 개인정보 등이 수집됩니다. 이러한 정보는 반드시 연구를 위해서만 사용될 것이며, 귀하의 신원이 드러나는 기록은 비밀로 보장되고, 연구결과가 출판될 경우에도 귀하의 신상정보는 비밀로 유지되고 이름은 익명으로 처리됩니다.
그리고 면담 자료로 녹취된 파일이나 전사기록은 「생명윤리 및 안전에 관한 법률 시행 규칙」, 제15조(인간대상연구의 기록 및 보관 등) 제1항과 제2항에 따라 연구가 종료된 시점부터 3년간 보관하며, 그 이후에는 폐기됩니다.[5]

9. 연구 관련 문의
본 기관에 연락하실 경우에는 연구참여자 권익에 관한 내용만 문의하실 수 있습니다.[6]

ㅇㅇ대학교 기관생명윤리위원회 / 032-OOO-OOOO / e-mail:

연구에 관하여 질문이 있으시면 언제든지 연락을 주시기 바랍니다. 서명된 동의서 1부는 연구자가, 1부는 연구참여자께서 수령합니다.

본인은 이 동의서를 읽었고 내용을 충분히 이해합니다. 본인은 연구에 대한 자세한 설명을 들었으며 자발적으로 본 연구에 참여합니다.

- 연구참여자 성 명: ______________(서명)
  서명일: 년 월 일
- 연 구 자 성 명: ______________(서명)
  서명일: 년 월 일

[그림 4-4] 연구 설명문 및 동의서 2

심의의견	연구기간이 1년을 초과하는 경우 지속심의를 수행해야 하며, 연구종료 6개월 내에 최종결과 보고 심의를 진행해야 합니다. 연수수행 시 IRB 직인이 있는 동의서를 사용하셔야 하므로 필요한 분량만큼 동의서를 IRB 사무실로 제출하시어 직인을 취득하시기 바랍니다.		
심의결과	□ 승인	□ 조건부 승인(시정승인)	□ 보완(재심의)
	□ 반려	□ 연구 중지 및 보류	

※ 본 위원회는「생명윤리 및 안전에 관한 법률」,「개인정보보호법」등 관련 법규를 준수합니다.
※ 심의결과에 이의가 있을 경우 2주 이내에 그 사유를 기록하여 이의신청할 수 있습니다.
※ 심의유효기간에 따라 지속심의의뢰서 혹은 최종결과보고서를 제출해 주시기 바랍니다.
※ 예상치 못한 상황 혹은 생명윤리 관련 갈등 시 본 위원회에 즉시 보고해야 합니다.

○○대학교 기관생명윤리위원회

[그림 4-5] 최종 심의결과 통지서

이 밖에 연구 설명 및 동의서를 작성함에 있어서 고려해야 할 내용으로 연구와 무관한 내용은 기재를 금지하고, 지나치게 큰 학교 마크 삽입 등은 제한하는 것이 좋으며, 동의서면화 면제[7]의 경우 연구참여 안내문을 통해 이에 준하는 내용을 제공하도록 해야 한다.

---

4) 1차 심의 결과, 면담이 진행되는 상황(장소 및 시간 등)에 대한 상호 안전 및 중립성을 고려한 구체적 기술이 필요하다는 심의 내용을 반영한 것이다.

5) 1차 심의 결과, 녹취 자료의 보관 및 폐기에 관한 기술이 필요하다는 심의 내용을 반영한 것이다.

6) 1차 심의 결과, 연구내용에 관한 문의가 아닌 연구참여자 권익에 대한 내용만을 문의할 IRB 연락처를 기재하라는 요청을 반영한 것이다.

7) 동의서면화 면제는 연구참여자로부터 동의를 받고 연구를 하여야 하지만, 동의를 반드시 동의서를 통해서 받도록 하는 것이 아니라 구두 동의 등 다른 방법으로 대체할 수 있는 경우를 말한다.

4. IRB 제출 서류

IRB에 연구계획 심의 의뢰를 할 때 제출해야 하는 기본적인 서류는 연구계획서(설문지 포함), 연구동의서(해당하는 경우), 생명윤리준수서약서, 연구심의의뢰서, 연구책임자 이력서, 인간 대상 연구윤리 교육 이수증 사본 등이다. 이와 같은 필수 서류들은 일반적으로 각 대학에 설치된 IRB 홈페이지에 안내되어 있으며, 기본적인 필수 항목을 준수하여 제출하면 된다.

[그림 4-6]에 제시된 생명윤리준수서약서는 연구자가 인간을 대상으로 연구하고자 할 때, 연구참여자 및 정보제공자를 위하여 궁극적으로 인간의 존엄성 및 생명윤리에 대한 기본 원칙을 준수하고자 하는 의지를 담은 서약서이며, [그림 4-7]에 제시된 연구심의의뢰서는 연구자가 자신이 연구하고자 하는 연구주제에 대한 내용과 연구자의 소속, 연구기간, 연구종류 등 심의받고자 하는 연구의 기본 사항을 기재하여 제출하는 필수적인 기본 서류 양식이다.

[그림 4-8]의 연구계획서점검표는 IRB 위원회 심의용으로 연구자가 제출하는 서류는 아니다. 하지만, 연구자가 연구계획서를 작성할 때 기본적으로 갖추어야 할 연구주제, 연구목적, 연구절차와 방법, 연구참여자 선정 기준, 연구윤리에 대한 고려 등이 잘 기술되어 있는지 스스로 점검할 수 있도록 안내 역할을 한다.

[그림 4-9]에서 제시하고 있는 연구참여자 설명 및 동의서 점검표는 연구자가 제출해야 하는 서류는 아니지만, 연구참여동의서를 작성할 때, 연구참여자에 대한 윤리적 측면이 충분히 고려되었는지 스스로 점검할 수 있는 가이드 역할을 한다.

생명윤리준수서약서

1. 본 서약서의 연구는 인간을 대상으로 하는 연구, 인체유래물 등과 개인정보 및 자료에 대한 연구를 포함한다.

2. 연구는 인류의 건강과 권리를 보호하기 위한 것으로 가치 있는 결과를 낼만한, 필요한 연구이어야 한다.

3. 연구대상자 및 인체유래물 기증자에 대한 생명윤리연구원칙은 다음과 같다.
   ① 인간 존엄성의 존중
   ② 연구대상자 자유의지에 의한 동의의 존중
   ③ 취약한 상태의 개인에 대한 존중
   ④ 사생활 및 비밀 보장에 대한 존중
   ⑤ 공정성과 정당성에 대한 존중
   ⑥ 손해(최소화)와 이득(최대화)에 대한 균형: 잠재적 손해가 잠재적 이득보다 커서는 안 된다.

본인은 인간대상연구와 인체유래물 및 개인정보를 이용하는 연구를 수행함에 있어 「생명윤리 및 안전에 관한 법률」을 포함한 국내법과 헬싱키 선언 등 국제 지침을 준수하고 반드시 본교 기관생명윤리위원회의 심의를 거쳐 승인을 받아 수행하며 연구대상자 및 기증자의 존엄성, 권리, 안전 및 안녕을 존중하고 연구의 결과가 전 세계의 모든 인류에 혜택이 될 수 있도록 최선의 노력을 다하겠습니다.

년　월　일

서약자:　　　　　(인)

○○대학교 기관생명윤리위원회 위원장 귀하

[그림 4-6] 생명윤리준수서약서

연구심의의뢰서

(No.)

연구과제명	(국문)				
	(영문)				
연구자	연구책임자	성명	소속(직위)	전화번호	연락처
				–	–
	연구자 (공동연구자, 연구원)	성명	소속(직위)	전화번호	연락처
				–	–
연구기간	년 월 일 ~ 년 월 일				
연구종류	□ 인간대상연구 □ 인체유래물연구 □ 기타( )				
동의형태	□ 서면동의 □ 동의서 면제(사유서 첨부)				
연구기관	□ 단독 □ 타 기관(개 기관)				
연구대상자 (취약한 연구대상자 여부)	모집방법: □ 직접모집: 연구대상자 수 (명) □ 기 수집 자료나 정보이용 (건)				
	□ 해당 없음 □ 해당한다면 아래 관련 사항에 모두 표시하시오.				
	□ 영/소아/청소년(미성년자) □ 임산부 □ 말기환자 □ 공의 능력이 손상된 사람 □ 장애인 □ 시설수용자 □ 연구기관/연구책임자/의뢰자의 피고용인(학생, 연구원 등) □ 수감자 □ 군인 또는 유사 조직의 구성원 □ 기타( )				
연구형태	해당 사항에 모두 표시하시오. □ 조사연구: 비중재적 관찰, 설문 □ 실험연구: 중재적 개인 연구(운동, 채혈, X-ray 투시, 교육 등) □ 연구대상자의 개인식별정보의 이용				
연구협약기관 (해당하는 경우)			연구비 (해당하는 경우)	(원)	
제출서류	1. 연구계획서(자료 수집지, 설문지 포함) 2. 연구참여자 설명 및 동의서(해당하는 경우) 3. 연구참여자 모집 관련 서류(해당하는 경우) 4. 생명윤리준수서약서			5. 연구자 이력서 6. 기타 연구 관련 문서 7. 교육이수증	

신청일자: 년 월 일

연구책임자: (인)

[그림 4-7] 연구심의의뢰서

연구계획서점검표(위원회 심의용)

기본정보				
연구과제명	(No.)			
연구책임자	소속:	성명:		
심의종류	☐ 정규 심의	☐ 신속 심의		
사전검토위원	성명:	(서명)		

심의 내용	적절	부적절	N / A
1. 연구의 목적, 과학적 배경 및 이론적 근거가 적절한가?			
1) 연구 목적에 대한 명확한 기술	☐	☐	☐
2) 선행연구 또는 예비 연구결과에 의한 연구의 정당성 관련 기술	☐	☐	☐
2. 연구과정(절차 및 방법 등)이 적절한가?			
1) 연구 목적 달성을 위한 연구설계에 대한 기술	☐	☐	☐
2) 연구기간에 대한 기술	☐	☐	☐
3) 자료 수집의 내용, 범위, 과정 등에 대한 구체적 기술	☐	☐	☐
4) 연구도구(설문지, 검사법 등)의 신뢰성·타당도에 대한 기술	☐	☐	☐
5) 연구책임자의 연구수행 자격에 대한 기술	☐	☐	☐
6) 연구 자료의 통계적 분석에 대한 기술	☐	☐	☐
3. 연구대상자의 수, 선정 및 제외 기준, 모집 방법 등이 적절한가?			
1) 연구대상자 수(인체유래물의 경우 기증자 수 또는 인체유래물 수량에 대한 기술)	☐	☐	☐
2) 연구대상자(인체유래물의 경우 기증자) 선정 및 제외 기준, 연구 중지 기준에 대한 기술	☐	☐	☐
3) 연구대상자 모집 방법에 대한 구체적 기술	☐	☐	☐
4) 연구대상자 모집을 위한 자료(모집 공고문 등)의 적절성	☐	☐	☐
5) 보관 자료(개인정보, 인체유래물 등) 이용 시 동의절차에 대한 기술	☐	☐	☐
4. 연구참여로 인한, 연구대상자에 대한 불편감, 위험과 이익이 적절한가?			
1) 연구참여로 인해 발생할 수 있는 예측 가능한 위험이나 불편에 관한 기술	☐	☐	☐
2) 상해 발생 가능 시 안전 모니터링, 보상이나 치료에 대한 기술	☐	☐	☐
3) 연구대상자, 타인 혹은 사회에 대한 직간접적 이익 여부의 기술	☐	☐	☐

5. 취약한 연구대상자 보호를 위한 조치가 적절한가?			
□ 해당 없음: 6번으로 가시오. □ 해당함: 아래 사항에 모두 표시하고 다음 항목으로 가시오.			
□ 영/소아/청소년(미성년자) □ 임산부 □ 말기환자 □ 공의 능력이 손상된 사람 □ 장애인 □ 시설수용자 □ 연구기관/연구책임자/의뢰자의 피고용인(학생, 연구원 등) □ 수감자 □ 군인 또는 유사 조직의 구성원 □ 기타( )			
1) 영/소아/청소년(미성년자): 연령별 승낙 혹은 혹은/그리고 동의에 대한 기술	□	□	□
2) 동의 능력 손상 연구대상자: 동의절차 및 보호대책에 대한 기술	□	□	□
3) 위계질서로 인한 위약한 연구대상자(연구책임자 혹은 연구기관의 피고용인, 학생, 시설수용자, 수감자, 군인 등): 연구참여에 대한 강제나 부당한 영향이 없는 공의절차 및 보호대책에 대한 기술	□	□	□
6. 보상 및 비용 부담에 대한 기술이 적절한가?			
1) 보상의 기준과 형태 혹은 연구참여에 부당한 영향을 주지 않는 정도의 금전적 보상에 대한 기술	□	□	□
2) 연구참여로 인해 대상자에게 발생이 예상되는 비용 및 부담 주체에 대한 설명	□	□	□
7. 사생활의 보장 및 비밀 유지, 개인정보보호 관련 기술이 적절한가?			
1) 연구대상자의 사생활 보호와 기록의 비밀 보장을 위한 기술	□	□	□
2) 연구 자료(개인정보, 인체유래물 포함)의 암호화, 익명화, 보관 및 폐기 등에 관한 기술	□	□	□
3) 연구 종료 이후에도 개인정보를 유지하는 경우, 근거에 대한 기술	□	□	□
8. 연구참여에 대한 설명 및 동의서 면제 혹은 취득이 적절한가?			
□ 서면동의서 면제 대상 → 서면동의서 면제 점검표 확인 요 □ 서면동의서 취득 대상 → 설명문 및 동의서 점검표 확인 요			
9. 모든 사항에 대한 검토 후 지속심의 주기를 선택해 주십시오.			
□ 해당 없음: 최소한의 위험 미만 또는 안전한 연구로 연구기간이 1년 이내인 경우 □ 1년: 최소한의 위험 미만 또는 안전한 연구로 1년 이상의 다년연구과제인 경우 □ 분기별 또는 6개월: 중증도의 위험성을 내포한 연구인 경우 □ 기타( ): 예측 불가능 또는 가능한 심각한 위험을 내포한 연구인 경우			
10. 제안하는 점검 경과			
□ 승인 □ 조건부 승인(지정승인) □ 보완(재심의) □ 반려 □ 연구 중지 및 보류			
사전정보 종합의견:			

[그림 4-8] 연구계획서점검표

연구참여자 설명 및 동의서 점검표(위원회 심의용)

기본정보		
연구과제명		(No.)
연구책임자	소속:	성명:
심의종류	☐ 정규 심의	☐ 신속 심의
사전검토위원	성명:	(서명)

심의 내용	적절	부적절	N / A
1. 연구대상자 설명문 및 동의서가 심의의뢰서, 연구계획서와 다음 항목이 일치하는가?			
1) 연구제목의 일치	☐	☐	☐
2) 연구자(들)의 이름 및 전화번호의 일치	☐	☐	☐
2. 연구대상자 설명문 및 동의서가 이해하기 쉽게 구성되어 있는가?			
1) 전문적 또는 과학적 용어가 이해하기 쉽게 기술되어 있는지 여부	☐	☐	☐
2) 제목, 소제목 등을 이용한 체계적이고 간결한 기술	☐	☐	☐
3. 연구의 목적을 명확하게 기술하였는가?			
1) 본 연구가 연구목적으로 수행됨을 알리고 있는지 여부	☐	☐	☐
2) 연구 배경, 예측효과 등에 대한 기술	☐	☐	☐
4. 연구 검사, 도구 및 절차에 대해 기술이 되어 있는가?			
1) 연구 진행 과정에 대한 자세한 기술	☐	☐	☐
2) 연구참여기간 또는 정보이용기간에 대한 기술	☐	☐	☐
3) 연구대상자 수(또는 인체유래물 수량, 기증자 수)에 대한 기술	☐	☐	☐
4) 자료의 범위, 도구(설문지, 검사방법 및 절차 등)에 관한 기술	☐	☐	☐
5) 연구대상자가 준수해야 하는 사항에 대한 기술(해당하는 경우)	☐	☐	☐
6) 집단배정에 대한 기술(해당하는 경우)	☐	☐	☐
7) 맹검(blinding)에 대한 기술(해당하는 경우)	☐	☐	☐
8) 유전자검사를 실시하는 경우, 구체적 기술	☐	☐	☐
5. 연구대상자에게 예상되는 위험이나 이익이 있다면 적절히 기술되어 있는가?			
1) 기대되는 위험과 이익이 없거나 있음에 대한 기술(신체, 심리, 문화, 사회, 경제적 측면 모두 고려)	☐	☐	☐
2) 최소위험(minimal risk) 이상의 위험 예상 시 보상에 대한 기술	☐	☐	☐
3) 위험 발생 시 연구자 또는 연구기관의 책임면제 관련 기술이 없어야 함	☐	☐	☐

6. 연구에 참여함으로써 얻게 되는 보상(물질적 · 금전적 보상 등)에 대해 구체적으로 기술하고 있는가? (해당하는 경우)			
1) 보상 주체와 수준에 대한 기술	☐	☐	☐
2) 연구대상자가 지불하는 비용에 대한 기술	☐	☐	☐
3) 손상이나 이상반응 발생 시 치료나 가능한 보상에 대한 기술	☐	☐	☐
7. 연구참여 및 중지가 자발적으로 이루어진다는 기술이 있는가?			
1) 자발적 참여에 대한 명시	☐	☐	☐
2) 연구참여에 동의하지 않아도 어떠한 불이익도 받지 않는다는 명시	☐	☐	☐
3) 연구참여 도중 언제라도 자유의사에 의한 동의 철회에 대한 명시	☐	☐	☐
4) 연구참여 도중 중단해도 피해를 받지 않는다는 명시	☐	☐	☐
5) 연구자 측에 의해 연구가 중지될 수 있다는 명시	☐	☐	☐
8. 개인정보와 보장에 관한 기술이 있는가?			
1) 개인정보의 보호 및 비밀 유지(익명성, 코드화 등)에 대한 명시	☐	☐	☐
2) 연구 자료(개인정보 인체유래물 포함)의 보관, 관리, 발표, 타인에게 제공, 폐기 등에 대한 기술)	☐	☐	☐
3) 연구대상자 권익과 보호 관련 연락처의 명기	☐	☐	☐

9. 취약한 연구대상자의 경우 동의절차가 적절한가?

☐ 해당 없음 ☐ 해당한다면 아래 관련 사항에 모두 표시하시오.

☐ 영/소아/청소년(미성년자) ☐ 임산부 ☐ 말기환자
☐ 공의 능력이 손상된 사람 ☐ 장애인 ☐ 시설수용자
☐ 연구기관/연구책임자/의뢰자의 피고용인(학생, 연구원 등) ☐ 수감자
☐ 군인 또는 유사 조직의 구성원 ☐ 기타( )

☐ 아래 연령에 따른 동의서 필요 요건에 준하여 적절한 절차를 제시하는가?

구분	서면동의서 (대상자)	서면동의서 (대리인)	승낙서	적절	부적절	N / A
7세 미만	×	필요	×	☐	☐	☐
7~12세	×	필요	필요			
13~18세	필요	필요	×			
만 19세 이상	필요	×	×			

사전검토 종합의견:

[그림 4-9] 연구참여자 설명 및 동의서 점검표

5. 질적연구자로서 직면할 수 있는 윤리적 이슈

이 절에서는 연구를 수행하는 과정에서 연구자가 한 번쯤은 갖게 되는 윤리적 문제에 대해 질문과 답변의 형식을 통해 살펴보고자 한다.

Q 1. 연구과제의 결과를 재사용한 학위논문의 작성이 가능한가?

자신의 지도교수를 연구책임자로 한 연구과제의 참여연구원이었던 대학원생이 연구과제 수행 결과 중 일부를 기반으로 학위논문을 작성할 수 있는가? 선행 절차 등은 무엇이 있는가?

Ans: 먼저 확인해야 할 사항은 학위논문에서 활용하고자 하는 데이터를 이전에 전문 학술지에 발표한 적이 있는가 하는 것이다. 만일, 이전에 공식적으로 발표된 적이 있는 데이터를 학위논문에 활용하고자 할 경우에는 이 데이터가 이미 발표되었다는 출처 표시를 해야 중복 게재의 의혹에서 벗어날 수 있다.

다음으로 해당 연구가 어떤 기관으로부터 연구비를 받아 수행되었고, 그 결과보고서에 있는 데이터를 활용하는 경우, 연구과제 협약에 규정된 해당 지원기관과의 연구성과 발표 및 활용에 대한 범위나 조건 등의 가이드라인에 따라 적절하게 활용하여야 한다. 즉, 연구결과를 활용할 때 지원기관으로부터 승인이 필요하거나 사사표기나 출처 표시를 한 후 사용하여야 한다고 명시된 경우, 해당 가이드를 준수해야 한다. 또한, 대학원생 연구원이 학위논문에서 사용하는 연구성과의 저작권과 관련한 동의를 확보하여야 한다. 자신이 참여한 부분만을 사용하거나, 지도교수와 함께 수행한 연구의 내용을 활용하여 학위논문을 작성하는 것은 가능하다. 다만, 활용하는 내용(데이터 포함)이 이미 발표된 경우라면 그 출처를 적절하게 밝히고 사용하여야 연구윤리에 어긋나지 않는다.

[근거 및 참고] 한국연구재단(2016: 2), 연구윤리 질의응답집.

Q 2. 연구참여자를 녹취 혹은 녹화하는 연구에서 사전 동의를 확보해야 하는가?

연구참여자의 대화를 녹취, 기록하여 대화를 분석하는 연구에서, 연구대상자에게 사전에 동의 없이 녹취나 기록이 가능한가? 적절한 방법은 무엇인가?

Ans: 연구참여자에 대한 녹음이나 녹화 등을 통해 개인정보가 수집될 수 있고, 개인정보의 유출로 인한 피해가 발생할 수 있으므로, 반드시 실험 전이나 녹취 전 연구대상자에게 사전 동의를 확보해야 하며, 인간대상연구에 포함될 경우에는 소속기관의 IRB를 통해 사전 심의를 받아야 한다.

특히, 녹음이나 녹화를 수반하는 인간 대상 연구의 경우에는 심의면제 대상이 아닌 경우가 많으므로 유의하여야 한다. 이때 수집된 개인정보를 안전하게 보관 및 관리해야 하며, 연구 종료 후 3년이 지나면 규정에 의해 잘 폐기해야 한다. 연구참여자에게 녹음이나 촬영을 해야 할 경우, 그 목적이나 절차 및 향후 관리 등에 대해 충분히 설명하고 동의를 얻은 후에 연구를 수행해야 한다. 또한, 동의 과정이나 연구나 진행되는 동안 녹음이나 녹화가 된다는 사실을 불편하게 여기지 않아야 하며, 혹시라도 불편한 경우 언제라도 녹음이나 녹화의 중단을 요청할 수 있다는 사실도 알려주어야 하며, 그 기록을 파기하도록 요구할 수 있는 권리가 있음을 알려야 한다. 만일, 연구참여자에게 사전에 동의를 받지 않고 녹음이나 촬영을 하고 개인정보의 익명성 보장을 하지 않고 연구결과를 발표할 경우, 적절한 연구방법이 아닐뿐더러 사생활 침해의 위험성이 있으므로 매우 신중하게 접근해야 한다.

[근거 및 참고] 「생명윤리 및 안전에 관한 법률」(2013. 3.), 제3조, 제15조, 제16조
한국연구재단(2016: 3), 연구윤리 질의응답집.

Q 3. 공동연구에서의 연구 설계 시 유의 사항은 무엇인가?

공동연구를 성공적으로 진행하기 위해 연구 수행 전에 준비해야 할 사항에는 무엇이 있는가?

Ans: 공동연구란 서로 다른 전문성과 자원을 가진 연구진들이 특정한 연구목표를 달성하고자 협동으로 과제를 수행하는 것을 말한다. 공동연구를 통해 제한된 자원과 기술의 한계를 극복하고 연구의 완성도를 높일 수 있는 장점이 있는 반면에 연구에 참여하는 이해관계자들이 내부뿐만 아니라 외부에도 존재하기 때문에 다음과 같은 사항에 미리 대비하는 것이 좋다.

공동연구가 성공하기 위해서는 사전에 공동연구진 각자의 역할과 연구 성과물의 활용에 대한 합의가 있어야 한다. 즉, 데이터의 수집과 공유 방법, 논문의 공동저자 결정과 순서, 지식 재산권의 소유권 분배 등에서 공동연구진 사이의 갈등이 많이 일어나므로 사전에 명확히 문서의 형태로 합의문을 남기는 것이 좋다. 특히, 공동연구자가 다른 기관에 근무하거나 다른 나라의 연구자인 경우 기관이나 국가마다 연구관리체계와 지식재산권 등의 규정이 다를 수 있다는 점에 유의하여야 한다. 그리고 그런 차이로 인한 문제에 대처하는 방법도 미리 확인해야 한다.

[근거 및 참고] 이인재(2015: 182-189), 연구윤리의 이해와 실천.
한국연구재단(2016: 4), 연구윤리 질의응답집.

Q 4. 타인의 연구결과에서 아이디어를 착안한 연구 수행 시 유의 사항은 무엇인가?

시중에 출판된 책자에서 신규 연구에 대한 아이디어를 착안하여 질적연구를 수행하고자 하는 과정에서 저자와의 연락이 불가한 경우, 연구 수행이 가능한가?

Ans: 「저작권법」이 보호하는 대상은 타인의 독창적인 표현에 한정되며, 특정 도서 등의 창작물에 내재되어 있는 아이디어나 사상 등은 보호의 대상이 되지 않는다. 본 사안과 같이 특정 도서에 기술된 내용을 보다 심층적으로 분석해 보는 것을 목적으로 한 연구를 수행하고자 하는 경우, 해당 도서에서 기술된 문장 등을 직접적으로 사용하지 않는 경우, 단순히 그 내용을 모티브로 한다는 점만으로 저작권 이용 허락을 얻을 필요는 없다. 왜냐하면, 모티브로 삼는 것은 해당 도서에 내재된 아이디어를 활용하는 것이지 저작권법이 보호하는 구체적인 표현을 이용하는 것이 아니기 때문이다. 만약에 질의자가 「저작권법」의 보호가 미치는 부분을 이용하는 것이라면 저작권자와 연락이 안 된다는 상황에서 법정 허락 제도를 이용할 수 있다. 법정 허락은 저작권자를 확인할 수 없는 경우, 상당한 요건을 충족하는 경우 문화체육관광부 장관에 의하여 일정한 조건하에서 해당 저작물을 이용할 수 있도록 하는 제도이다. 일반적으로 타인의 연구결과물에서 아이디어를 차용하여 후속 연구를 하는 과정은 두 가지 방법이 있다.

첫째, 원저작자의 저작물을 인용하고, 이후 후속 연구의 진행 단계에서 원저자에게 동의를 얻고, 논문에도 밝히는 방법이다. 둘째, 원저작자의 저작물에서 특별히 인용하거나 차용하려는 바가 없다면, 원저작의 저작물과 별도로 일반화시키면서 개별적으로 진행하는 방법이 있다. 즉, 원저작의 저작물이 질의자가 진행하고자 하는 바와 유사성이 있는 것이 아니라, 원저작의 저작물에서 아이디어를 얻은 수준이라면 후속 연구가 원저작자의 저작권을 침해한다고 보기 어렵다. 따라서 원저작자의 저작물과 후속 연구를 기획하고 있는 연구자의 연구 방향 간에 유사성이 없다면 크게 유념치 않아도 될 것으로 판단된다. 원저작자에게 후속 연구를 하고자 하는 연구자의 의도에 대해 알리고 동의를 구하는 절차 등이 더해진다면, 저작권 측면과 다른 측면(타인의 연구 업적을 인정하고 공정하게 재사용하는)에서 도움이 될 것이다.

[근거 및 참고] 교육부, 한국연구재단, KIRD(2013: 34–39), 연구자를 위한 저작권 매뉴얼.
한국연구재단(2016: 7), 연구윤리 질의응답집.

Q 5. 학술 행사에서 구두 발표한 독창적인 아이디어도 표절의 대상이 되는가?

공개적인 인문학 세미나에서 한 연구자가 독특한 아이디어 및 견해를 발표하였다. 이 세미나에 참여한 타인이 그 아이디어를 바탕으로 프로젝트를 기획하여 결과를 발표하였다(맨 처음 아이디어를 제공한 연구자는 연구를 진행하였지만 그 결과를 아직 발표하지 않은 상태이다). 이 경우 현재의 연구윤리 강령이나 지침상에서 연구윤리 위반에 포함되는가?

Ans: 교육부의 『연구윤리 확보를 위한 지침』을 보면, 타인의 독창적인 아이디어나 연구 성과를 적절한 출처 표시 없이 사용하는 경우 표절로 규정하고 있다. 따라서 많은 사람이 참여하는 공개적인 학술 행사에서의 논문 발표나 토론 및 좌담회, 워크숍 등에서 구두 발표를 통해 얻게 된 타인의 독창적인(독특한) 아이디어를 바탕으로 자신의 연구를 수행하여 발표하게 된 경우, 이에 대한 출처를 적절히 밝혀야 연구윤리에 어긋나지 않는다. 이때 타인의 아이디어에 대한 부분이 공식적으로 출판되지 않아 그 아이디어의 소유를 둘러싸고 논란이 있을 수 있다. 이때에는 구두 발표를 함께 들은 사람들의 증언이나 녹음 자료 등을 통해 해당 아이디어의 원소유자를 확인할 수도 있다.

구두 발표로 알게 된 타인의 독창적인 아이디어에 대한 출처 표시를 어떻게 하는 것이 적절한가에 대해 정해진 일반적인 규칙은 없지만, “이 연구는 ㅇㅇ세미나에서 얻은 누구의 아이디어에 기반을 둔 것임”과 같이 출처를 밝힘으로써 자신의 연구에 기여한 타인의 업적을 인정하고 존중해야 한다.

[근거 및 참고] 한국연구재단(2016: 8), 연구윤리 질의응답집.

Q 6. A와 B 연구자가 공동연구를 수행하여 데이터를 수집 후, 각각 다른 주제로 논문을 작성하려고 한다. A와 B 모두 동일한 데이터를 사용할 수 있는가?

연구자 A와 B가 공동연구를 수행하여 데이터를 수집하였다. 이때 공동연구에 참여한 A와 B가 각자 다른 주제로 논문을 작성하면서 공동으로 얻은 결과를 서로 다른 주제로 논문을 작성하면서 활용하여도 되는가? 만약, 어느 한 연구자가 먼저 그 데이터를 포함시켜 논문을 투고하였을 경우 다른 연구원은 그 데이터를 사용할 수 없는 것인가?

Ans: 공동연구를 통해 얻은 동일한 데이터를 활용하여 서로 다른 연구주제와 목적이 다른 논문을 출판할 수 있다. 그러나 두 개의 논문은 각각이 그 학술적 가치 또는 필요성이 충분히 있어야 한다. 만약, 그렇지 않다면 자료의 중복 사용 혹은 논문 쪼개기(salami publication)의 의혹이 생길 수 있다. 각 논문에는 연구대상이 동일하다는 사실을 서론 및 방법 등에서 기술하여야 한다. 만약, 두 가지 논문 중 한 논문이 먼저 게재되었다면 후속 논문의 경우 논문 투고 시에 해당 학회 편집인에게 선행 논문에 대한 충분한 정보를 제공하여 중복 게재에 해당하는지의 여부를 판단하게 해야 한다.

[근거 및 참고] 이인재(2015: 266), 연구윤리의 이해와 실천.
한국연구재단(2016: 21), 연구윤리 질의응답집.

Q 7. 자신의 강연 내용을 토대로 작성한 논문을 게재할 경우 출처 표시는 어떻게 하는가?

자신의 연구내용을 논문으로 발표할 경우, 즉 자신의 세미나 또는 강연 내용을 토대로 하여 논문을 작성할 경우에 세미나의 내용을 보완하여 작성하였음을 밝혀야 하는지, 정식 출판된 내용이 없다면 출처를 밝히지 않고 논문을 발표하는 것이 괜찮은가?

Ans: 자신이 한 세미나 발표나 강연 내용이 이미 발표한 자신의 논문이나 단행본의 것을 바탕으로 한 것이고 이를 다시 학술지 논문으로 발표할 경우, 해당하는 부분에 출처 표시를 하여야 한다. 그렇지만 세미나 발표나 강연 내용이 아직 어디에도 공식 출판된 적이 없고, 이를 학술지 논문으로 발표하고자 한다면 출처 표시 없이도 가능하다.

[근거 및 참고] 연구윤리 확보를 위한 지침(교육부 훈령 제153호, 2015. 11. 3). 제12조, 제13조
한국연구재단(2016: 30), 연구윤리 질의응답집.

생각할 문제

1. 자신이 연구하고자 하는 연구주제에 대한 IRB에 제출할 연구계획서를 작성해 보자.

2. 자신이 연구하고자 하는 연구주제에 대한 IRB에 제출할 연구 설명문 및 연구참여자 동의서를 작성해 보자.

PART 2.

질적연구 현장 이야기

CHAPTER 05

현상학적 연구 : 경험의 본질 들여다 보기

정소민

우리는 사는 동안 어떤 행위를 하고 무언가를 경험하며, 이러한 행위와 경험을 자신이 속한 사회 맥락 속에서 재생산하고 해석함으로써 끊임없이 학습을 한다. 즉, 경험은 문화적 현상이며, 주관성은 다양한 문화적 경험의 복합적인 결과물이다. 우리 삶과 다양한 일상 경험은 사회문화적 맥락 속에서 발생하며, 자아의 형성은 타인과의 관계 속에서 이루어진다. 인간의 경험이란 매우 흥미롭고 중요한 연구주제임은 틀림없다. 그렇다면 '경험'은 무엇일까? 리쾨르(Ricoeur)는 "미래가 죽음으로 폐쇄되어 있기 때문에 우리가 과거를 소유할 수 있다고 주장한다. 그리고 우리가 이야기의 구조를 가지고 과거에 있었던 일을 되풀이하여 이야기함으로써 정체성을 획득하게 된다"(김애령, 2001: 287)라고 본다. 즉, 경험을 연구한다는 것은 하나의 전체로서, 인간의 실존을 시간성에 근거해 살펴보는 것이다. 이러한 측면에서 인간의 경험은 질적연구의 주요 연구대상 중 하나일 수밖에 없다. 이 글을 통해 독자가 현상학적 연구방법에 대해 조금이나마 구체적인 그림을 그릴 수 있다면 영광일 것이다.

1. 현상학적 연구의 이해

1) 철학으로서의 현상학의 핵심 개념

철학으로서의 현상학은 인간의 경험을 지식의 원천으로 보며, 현상학적 연구방법은 이러한 철학을 바탕으로 하므로 인간 경험의 복잡함과 깊이를 탐구하는 데 적절하다(Mackey, 2005). 철학으로서 현상학은 브렌타노(Brentano)에서 시작하여 그에게서 영감을 받은 후설(Husserl), 하이데거(Heidegger), 메를로 퐁티(Merleau-Ponty)로부터 그 기원을 찾을 수 있다(Crotty, 1996). 현상학적 연구방법은 본질적으로는 철학으로부터 발전하였다. 따라서 연구방법의 철학적 배경에 대한 이해가 선행되어야 한다. 왜냐하면, 주관적인 인간 경험을 고찰하는 현상학적 방법은 철학적 접근에 따라 결과 해석이 달라지기 때문이다(Lopez & Willis, 2004; Mackey, 2005; Crotty, 1996; Barkway, 2001; Giorgi, 2000). 특히, 현상학적 연구에서 철학적 개념과 구조는 연구 수행과 결과 간의 연속성 및 관련성을 구축하는 데 필수적이다(Mackey, 2005: 180).

현상학적 연구방법은 간호학, 교육학 등 다양한 분야에서 광범위하게 사용되고 있는데, 지오르기(Giorgi), 콜라이지(Colaizzi), 베너(Benner), 밴 매넌(van Manen), 무스타카스(Moustakas) 등 여러 질적연구자를 통해 현상학적 연구방법이 정립되어 왔다. 현상학적 질적연구는 다른 질적연구에 비해 현상학적 탐구의 방법적 토대를 가장 엄격하게 준수하여 연구가 이루어진다는 차별성이 있다. 즉, 자료 수집, 분석 및 해석, 글쓰기 등의 연구과정이 현상학적 탐구의 과정을 반영한다. 특히, 현상학적 질적연구를 수행하기 전에 반드시 짚고 넘어가야 할 현상학의 핵심 개념은 경험 혹은 체험(experience or lived experience), 현상학적 판단중지 및 환원(reduction or bracketing), 본질(essence), 현상(phenomenon)이다.

(1) 경험

대체로 현상학적 방법을 적용한 연구물은 제목에 '경험' 또는 '체험'이라는 개념을 자주 사용한다. 경험은 "감각적으로 주어진 것을 인식하는 행위가 아닌 사태를 직접 파악할 수 있는 의식"으로 규정된다(홍성하, 2011: 217). 현상학적 연구에서 경험을 연구한다는 것은, "연구대상자의 개별적 경험은 과학적 인과관계로 설명될 수 없고 경험 전체를 개방적으로 이해할 때 그 의미가 드러난다"(홍성하, 2011: 219)는 것을 전제한다.

현상학에서 핵심 주제는 체험의 본질적 속성으로서의 지향성이다. 지향성이란 '의식은 언제나 그 무엇을 향한' 것이라는 점에서 의식이 지닌 본질적 속성을 의미한다. 그러나 홍성하(2011: 220)가 지적하였듯이 현상학적 질적연구에서 논의되는 지향성은 후설 현상학에서의 지향성과 차이가 있다. 전자가 "구조상 연구대상자의 경험에 비중"을 둔 것이라면, 후자는 전통적인 철학적 과제인 "인식주관과 그 대상과의 통일성을 해명하는 데 있어서 의식의 구조"에 초점이 있다는 것이다.

(2) 현상학적 판단중지 및 환원

이남인(2005)은 후설의 현상학을 설명하면서 현상학적 판단중지 및 환원의 방법을 경험적 방법과 초월론적 방법의 두 가지로 크게 나눌 수 있다고 주장하였다. 즉, 그는 연구대상으로서의 체험을 파악하는 데 있어 '그릇된 선입견'을 배제한 후 연구대상에 접근하고자 시도하는 방식이 경험적 판단중지 및 환원의 방법이며, '초월론적 주관의 본래적인 모습을 파악하기 위해 자연적 태도의 일반정립으로부터 해방되고자 자연적 태도의 일반정립에 대한 일체의 판단을 유보'하는 방식이 초월론적 현상학적 판단중지이고, 이를 통해 '자신의 모습을 드러내기 시작하는 초월론적 주관의 구조를 분석하기 위해 그것으로 시선을 집중하는 과정'을 초월론적 현상학적 환원이라고 하였다(이남인, 2005: 100).

> 일상적으로 살아가면서 우리는 자연과학적 사유방식에 익숙해 있기 때문에 모든 것은 자연적 인과관계의 틀 속에서 존재하리라는 확고한 믿음을 가지고 살아가

> 며, 따라서 자연적 인과관계와는 본질적으로 구별되는바, 의식과 대상 사이의 지향적 관계가 존재한다는 사실을 깨닫지 못하고 살아간다. 따라서 지향적 관계의 정체를 올바로 파악하기 위해서 우리는 모든 것은 자연적 인과관계의 틀 속에서 존재하리라는 저 확고한 믿음으로부터 해방되지 않으면 안 되며, 이러한 확고한 믿음으로부터 해방되기 위해서는 저 믿음에 대한 일체의 판단을 유보해야 하는데, 이러한 작업이 현상학적 심리학적 판단중지의 방법이며, 현상학적 심리학적 판단중지를 위해 개시되는 다양한 유형의 지향성에 우리의 시선을 집중하는 과정이 현상학적 심리학적 환원이다. (이남인, 2005: 98)

이러한 설명을 통해 이남인은 현상학적 질적연구를 수행함에 있어 초월론적 현상학적 판단중지 및 환원 그리고 경험적 판단중지 및 환원을 구별하여 적용해야 함을 강조하였다. 한편으로 하이데거는 후설의 제자였음에도 불구하고, 후설의 현상학적 판단중지 및 환원 개념에 동의하지 않았다.

(3) 본질

후설의 관점에서 본질은 '어떤 대상들을 바로 그러한 의미를 지닌 대상으로 존재할 수 있도록 해 주는 그 무엇'(이남인, 2005: 98)이다. 이남인(2005)이 지적하였듯이, 기존의 현상학적 체험연구에서는 많은 연구자가 본질이 무엇인지에 대해 구체적으로 논의하지 않는다. 즉, 많은 연구자가 '어떤 체험의 본질을 연구하는 것이 아니라, 단지 사실적인 구조를 연구할 경우에도 이러한 사실적인 구조를 지칭하기 위해 본질이라는 표현을 사용'(이남인, 2005: 107)하고 있다. 이와 관련해 이남인은 '체험의 본질 구조에 관한 논의', 즉 사실적인 구조 연구 역시 현상학적 질적연구에서 중요한 과제라는 점에서, '다양한 차원의 본질이 존재'한다는 사실을 유의해야 한다고 주장한다. 이는 지오르기(Giorgi, 1985, 이남인, 2005, 재인용)가 제시하는 현상학적 체험연구 방법에서도 잘 드러나듯이, '체험연구자는 경험적 판단중지 및 환원의 방법을 사용해 개별적인 체험들의 구조를 파악한 후, 다시 이러한 개별적인 체험들을 토대로 자유변경과정을 거쳐 이 체험들의 본질적 구조를 파악하고 이러한 본질적인 구조를 기술'하는 형태로 진행된다.

2) 현상학적 질적연구를 둘러싼 논쟁

서구에서는 간호학 분야에서 발표되었던 현상학적 연구를 비판적으로 분석하고, 이들 연구가 현상학의 핵심적인 개념을 잘 이해하지 못하고 있다고 문제를 제기했던 간호학 연구자들이 있었는데, 이들이 크로티(Cortty, 1996)와 팔리(Paley, 1997)이다. 그 이후로 현상학적 전통에 따라 질적연구를 수행하려는 노력이 이루어졌고, 현상학적 연구를 어떻게 수행해야 하는가에 대한 논쟁도 뜨거워졌다. 이 논쟁은 크게 세 가지로 정리할 수 있는데, 첫째, 현상학적 해석에 대한 논쟁, 둘째, 현상학적 연구방법과 다른 질적연구방법의 차별성, 셋째, 현상학을 수행하는 데 있어 기술적 현상학적 접근과 해석적 현상학적 접근의 공통점과 차이점에 대한 논의이다.

이러한 논쟁의 시발점이 된 크로티와 팔리로 다시 돌아와서 이들의 논의를 정리하면 다음과 같다. 호주 애들레이드 주에 있는 플린더스 대학(Flinders University)의 건강과학학부(Faculty of Health Sciences) 교수인 마이클 크로티는 1996년에 『현상학과 간호학 연구(*Phenomenology and Nursing Research*)』라는 책을 발표하였다. 이 책에서 그는 무작위로 30여 편의 현상학적 질적연구를 선정하여 분석하고, 간호학 연구자들이 현상학적 연구방법을 잘못 해석해서 잘못 적용하고 있다고 비판하였다. 그는 '소위 현상학 연구라고 자칭하는 많은 연구들'이 이론적 배경으로 유럽 전통의 현상학을 제시하였음에도 불구하고, 대부분 '주관적인 경험(Crotty, 1996: 25)'을 다루고 있다고 하였다. 그는 이러한 연구들을 철학적 전통을 따르는 현상학 연구와 대조되는 용어로서 '신현상학'으로 분류하였다.

그의 주장은 현상학적 연구방법을 활용한 연구자들 사이에 쟁점이 되었고 바크웨이(Barkway, 2001: 195)는 크로티(Crotty, 1996)에 대한 여러 논쟁을 정리한 후, 다음과 같은 시사점을 끌어내었다.

> 연구자는 자신의 연구문제에 맞는 연구방법을 선택해야만 한다. 만약, 그 현상에 대한 경험을 연구참여자의 관점에서 '주관적으로 이해'하는 것이 연구의 목표라면, 크로티가 '신(新)' 현상학이라고 부른 방법이 적절할 것이다. … (중략) … 따라서 '신(新)' 현상학을 채택한 연구에서 후설이나 하이데거의 영향을 주장해서는 안 된다. (Barkway, 2001: 195)

바크웨이(Barkway, 2001: 195)는 연구방법과 저변에 내재된 철학적 관점의 관계성 측면에서, 크로티(Crotty)의 논의를 현상학 연구에 대한 '이성적이고 비판적인 고찰'이라고 평가하였다.

또한, 영국의 스터링 대학(University of Stirling)에서 부교수를 하고 있던 팔리(Paley, 1998)는 일부 간호학 연구자가 현상학적 환원, 현상, 본질과 같은 후설의 현상학에서 핵심 개념을 잘못 이해하고 있다고 비판하였다. 또한, 간호학 연구자들이 하이데거의 '세계 속에 던져진 존재'를 잘못 해석하여 경험과 현실을 데카르트식으로 구분하고 있다고 주장하였다.[1] 이들의 비판은 당시의 간호학 연구자들에게 연구방법으로서의 현상학이 지니는 복잡성에 대해 생각해 보게 하는 계기를 가져왔다.

한편, 지오르기(Giorgi, 2000a, 2000b)는 크로티와 팔리의 주장을 다음과 같이 반박하였다. 즉, 크로티와 팔리는 철학으로서의 현상학과 과학적 연구방법으로서의 현상학을 구분하지 못하였다는 것이다. 지오르기(Giorgi, 2000b)는 크로티가 '전통적 현상학'과 '신현상학'이라고 지칭한 흐름에 대해 '철학적' 현상학 연구와 '과학적' 현상학 연구라고 재정의하면서, 크로티가 '전통적 현상학'이라고 부른 방법은 철학적 탐구를 의미한다고 주장했다. 또한, '주관적인 경험(Crotty, 1996: 25)'을 탐색하는 연구자는 '인간이 경험하는 세계 속의 상황'을 기술하려고 노력하는 것이다. 따라서 '주관적으로 구성되는 상황에 대한 객관적인 이해'가 목적이라면 '객관성'이 확보된다고 할 수 있다(Giorgi, 2000b: 14). 지오르기의 관점에서 볼 때, 현상학 연구에 대한 크로티의 관점에는 한계가 있다. 하지만, 지오르기 역시 간호학 연구에서 적절하게 수행되지 못한 현상학적 연구가 다수 존재함을 인정하였고, 현상학적 연구를 실행하려는 연구자가 현상학이라는 철학을 좀 더 깊게 이해하고 연구를 수행해야 한다고 주장하였다.

---

1) 데카르트의 코기토는 이원론적인 실체관을 주장하였다는 점에서 데카르트는 근대성을 주창한 철학자로 알려져 있다. 그는 정신의 본질이 사유라고 보았으며, 그의 이러한 견해는 감각현상을 개인의 심적인 사건으로 본다고 할 수 있다. 따라서 경험 대상은 말할 수 없으며, 오로지 주관 속에 있는 심상이나 관념 혹은 인상만을 말할 수 있다고 주장하였다.

2. 현상학적 연구의 갈래와 특징

1) 현상학적 연구의 갈래

지금까지 현상학적 연구에 대한 기존의 논쟁은 연구를 수행함에 있어서 그 바탕이 되는 철학적 이해가 중요하다는 것을 나타낸다. 현상학적 질적연구를 수행하는 연구자는 자신의 연구가 어떤 철학적 가정을 바탕으로 이루어지고 있는지를 명확하게 인지할 필요가 있다. 로페즈와 윌리스(Lopez & Willis, 2004)는 많은 현상학적 질적연구가 현상학적 연구방법을 명확하게 제시하지 않았기 때문에 연구결과가 어떤 과정으로 구축되었는지 이해하기 어렵다고 지적하였다. 코크(Koch, 1995)는 많은 연구자가 자신의 연구방법이 하이데거의 철학을 바탕으로 한다고 정의하였지만, 실제로는 후설의 철학에 따라 연구를 진행하였다고 지적하였다.

현상학적 연구는 크게 기술적(descriptive) 현상학과 해석적(interpretive) 현상학으로 나눌 수 있다(Cohen & Omery, 1994). 기술적 현상학적 접근은 후설의 영향을 받았고, 해석적 현상학적 접근은 하이데거 철학의 영향을 받았다. 콜라이지(Colaizzi)와 지오르기(Giorgi)는 후설 철학의 개념과 가정을 차용하여 자신만의 현상학적 방법을 만들었으며, 가다머(Gadamer)와 밴 매넌(van Manen)은 하이데거의 현상학 철학으로부터 해석적 연구방법을 이끌어 냈다(Mackey, 2005).

2) 연구방법으로서의 특징

현상학적 질적연구에서 많이 활용되는 자료 수집 방법은 심층면담이라고 할 수 있다. 심층면담을 통해 수집한 연구주제와 관련된 연구참여자의 경험은 내러티브(narrative)의 형식으로 서술된다. 내러티브 서술은 연구참여자의 주관적이고도 생생한 경험을 묘사할 수 있다는 장점이 있다. 연구자는 연구결과를 도출하기 위해 그들의 내러티브를 분석하는데, 이러한 결과 도출 과정에 있어 차이를 발생시키는 것이 바로 연구자의 관점이며, 이는 어떤 철학적 접근을 취하느냐의 문제이다.

(1) 후설과 기술적 현상학의 전통

후설은 인간의 행동은 자신이 실재라고 인지하는 것에 영향을 받기 때문에 인간의 경험을 과학적 연구대상으로 삼을 수 있다고 믿었다. 일반적으로 사람들은 일상의 경험에 대해 비판적인 성찰 없이 지내기 때문에, 후설은 과학적 접근법을 통해 생생한 경험의 본질적인 요소를 끌어낼 수 있다고 주장하였다. 이는 후설의 현상학에서 중요한 요소 중 하나인 현상학적 환원을 통해, 연구대상으로서의 생생한 경험의 본질을 포착하기 위해 연구자가 갖고 있는 사전 지식의 개입을 막음으로써 가능하다. 이때 연구자는 자신의 의식 속에 내재된 모든 전문적 지식뿐만 아니라 개인적인 편견까지도 유보해야 한다. 연구자의 목표는 선험적인 주관성(transcendental subjectivity)을 이루는 것이다. 선험적인 주관성은 연구에 대한 연구자의 영향이 계속 평가되고 걸러짐으로써 연구의 목적에 영향을 주지 않는 수준을 의미한다. 이를 위하여 기술적 현상학자들은 판단중지(bracketing)와 같은 특수한 장치를 제안하였다. 판단중지는 연구자가 연구참여자의 경험에 대해 듣거나 성찰할 때 일시적으로 연구자 자신의 개인적 지식과 선이해를 유보하는 것이다.

후설의 현상학에 내재된 또 하나의 중요한 가정은 어떠한 경험이라고 하더라도 그 경험을 한 모든 사람에게 공통적 특질이 존재한다는 것이다. 이는 직관적 구조(eidetic structures)로 불리기도 하는데(Natanson, 1973), 사람들의 경험에 대한 묘사가 과학적이라고 일컬어지기 위해서는 연구참여자들의 경험에 공통점이 규명되어야 하며, 이를 통해 일반화된 묘사가 가능하다는 것이다. 이러한 가정을 전제함에 따라 본질은 연구대상인 현상의 진정한 특질을 드러내는 것으로 여겨지며, 맥락에 대한 고려를 하지 않고 추출될 수 있다고 여겨진다.

(2) 하이데거와 해석적 현상학의 전통

하이데거는 인간이 세계와 분리되어 있다는 후설(Husserl)의 철학적 가정에 반대하며, '세계-속에-던져진-존재(being in the world)'를 강조하였다(Heidegger, 1962). 이 용어에서 알 수 있듯이, 하이데거는 인간을 세계로부터 분리할 수 없으며, 개인의 현실은 불가피하게 그들이 사는 세계의 영향을 받는다고 주장하였다. 하이데거는 인간이 세계 속에 있기 때문에 주관적인 경험은 사회적 · 문화적 · 정치적 맥락에 연결된다고 주장하였다(Heidegger, 1962). 스피겔버그(Spielgelberg, 1976)가 주지하였듯이, 해석학은 인간 경험과 관계 속에 감춰진 것을 드러내는 과정과 방법을 의미한다. 인간의 경험에 대한 학문과 관련하여, 해석학은 경험이 갖는 공통적인 핵심 개념과 본질에 대한 단순한 묘사를 넘어서 그 속에 내재된 의미를 찾는다. 이러한 의미는 연구참여자들로부터 항상 명확하게 드러나는 것은 아니지만 연구참여자들의 내러티브 속에서 추출할 수 있다. 따라서 해석학적 탐구에서는 연구참여자들이 의식적으로 알고 있는 것보다는 그들의 경험에 초점을 맞춘다.

하이데거는 생활세계(lifeworld)와 개인 간의 관계가 현상학적 탐구의 초점이 되어야 한다고 주장하였다. 하이데거는 생활세계라는 용어를 통해 개인의 현실이 불가피하게 그가 속한 세계로부터 영향을 받는다고 강조하였다. 하이데거의 철학을 이해하는 데 중요한 또 다른 용어인 '세계-속에-던져진-존재(being in the world)'는 인간을 세계로부터 떼어낼 수 없다는 것을 강조한다.

또한, 경험을 해석하기 위해서는 개인의 선이해가 중요하다고 본다(Geanellos, 2000). 이러한 관점에서 인간의 경험에 관한 연구를 하는 해석학은 경험에 내포된 의미를 탐색하기 위해 핵심 개념과 본질에 관해 단순히 기술하는 것을 넘어서야 한다(Lopez & Willis, 2004). 또한, 성찰, 명료화 등의 작업을 거친 연구자의 주관적인 판단은 해석학적 연구에서 중요하다(Polit & Hungler, 1991). 이는 하이데거가 '존재(being)', '시간' 혹은 '역사성(historicity)'에 대해 가진 생각에서 비롯된다. 인간 존재는 역사성(과거, 현재, 미래)을 가지므로, 의미는 타인과의 관계없이 단독으로 구성되지 않는다는 것이다.

> 존재는 비록 항상 인지하지는 못하더라도 대상의 의미를 끊임없이 해석한다. 우리는 우리 이전에 존재했던 세상 속에 태어났고, 그 세계가 가진 의미를 무조건적으로 선택하거나 취한다(과거). 그리고 과거와 세계에 관한 우리 자신의 경험에 따라 조절된(tempered) 세계와 상호작용한다(현재). 또한, 우리가 앞으로 무엇을 할 것이고 미래에는 어떨 것인지를 계획(project)한다(미래). (Conroy, 2008: 39)

해석적 탐구에서 핵심 질문은 "연구참여자가 속한 생활세계가 그들의 주관적 경험 사이에 존재하는 공통점과 차이점을 형성하는 데 어떻게 기여를 하는가?"이다. 예를 들어, 기술적 현상학자가 직장인이면서 아이를 키우는 여자로 사는 것이 어떠한가에 대해 연구한다면, "일하면서 육아와 가사 일을 병행하는 것에 대해 말씀해 주십시오."라는 일반적인 질문에서 시작하여 그 경험의 공통적인 개념에 다가가기 위한 후속 질문들을 할 것이다. 반면, 해석적 현상학자는 각 연구참여자가 일하면서 육아와 가사를 병행하는 일과에 대해 구체적으로 묘사하길 요구하고 일상생활과 사회화의 맥락에서 시공간에 따른 구체적인 경험을 요구할 것이다(Smith, 1987).

해석적 현상학적 탐구에 있어 중요한 개념은 '자유'이다. 하이데거는 인간은 세계 속에 속해 있기 때문에 주관적인 경험은 불가분적으로 사회적 · 문화적 · 정치적 맥락과 어느 정도 연결될 수밖에 없다고 하였다. 상황적 자유(situated freedom, Leonard, 1999)는 개인이 자유롭게 선택을 하더라도 그것은 절대적인 자유가 아니라 일상의 특수한 조건에 둘러싸인 자유라는 점을 지칭하는 용어이다. 그러나 우리는 결정을 내리고 그 결정에 따라 행동한다. 이러한 점에서 상황적 자유는 모든 의미가 발생하는 인간의 실존적인 현실이다(Sartre, 1993). 기술적 현상학과 다르게 해석적 현상학적 연구에서는 연구참여자의 내러티브를 그 내러티브가 기반으로 하는 다양한 맥락과 관련지어 해석하는 것을 중요하게 여긴다.

해석적 현상학적 연구에 내재된 또 다른 철학적 가정은 연구자의 선이해와 지식이 현상학적 탐구를 더욱 의미 있게 만든다는 것이다. 하이데거가 현상을 이해하는 데 있어 선이해를 중지하는 것이 불가능하다고 강조했듯이, 연구자의 선행연구에 대한 지식은 연구주제와 관련하여 그동안 연구되지 않았으나 연구의 가치가 있는 영역을 발견할 수 있게 해 준다. 해석적 현상학을 적용한 접근법인 비판적 해석학적 연구(critical hermeneutics inquiry)는 소외받은 이들의 목소리를 드러내는 데 목적이 있다. 즉, 해석적 현상학의 주요 가정인 모든 행위에 대한 해석은 사회적으로 인정받는 현실에 대한 관점에 불가피하게 영향을 받는다는 점을 고려할 때, 사회적으로 인정받는 세계관은 특정 사회 맥락에 속한 특권을 누리는 이들의 가치를 반영한다고 할 수 있으므로 소외되는 집단의 목소리가 발생하게 된다.

밴 매넌(van Manen, 1944)은 현상학적 연구의 여러 가지 특징을 요약하면서 현상학적 연구의 특성 중 하나를 다음과 같이 설명하였다.

> 현상학적 연구는 인간이 되는 데 의미 있는 것이 무엇인가를 찾는 탐색이다. 우리 자신의 체험의 의미 구조를 연구한다면, 이 세계에서 한 남자로서, 한 여자로서, 한 아이로서 존재한다는 의미가 무엇인지에 대해 완전히 이해할 수 있을 것이다. 이는 이 세계에서 우리의 존재 양식에 의미를 부여하는 사회문화적이고 역사적인 전통을 고려하면서 이루어진다. 예를 들어, 현시대에 한 여자로 살아간다는 것이 어떤 의미인지를 이해하는 것은 여성됨(womanhood)의 근거(ground)와 본질(nature)을 제한하거나 넓히며 혹은 그것에 대해 의문을 제기하게 만드는 의미 구조의 압박을 또한 이해하는 것이다. 현상학적 연구는 온전한 삶을 탐색하는 것이다. 이는 여자로서 경험하는 세계를 여성이 표현할 수 있게 해 주는 방법이자, 여자가 된다는 것이 무엇인지를 나타내기 위해서이다. … (중략) … 따라서 궁극적으로, 현상학적 연구는 인간 본성을 충만하게 채우는 것이어야 한다. 즉, 좀 더 온전하게 우리의 모습 그대로 될 수 있도록 해야 한다. (van Manen, 1944: 38-39)

밴 매넌(van Manen, 1944: 39)은 현상학적 연구방법으로 다음과 같이 4단계를 제시하였다. 이는 ① 관심을 강하게 끄는 현상을 향하기, ② 그 현상을 개념화하기보다는 체험하는 그대로 탐구하기, ③ 그 현상을 특성화하는 본질적인 테마들을 성찰하기, ④ 쓰기와 다시 쓰기를 통해 현상에 대해 기술하기이다.

3. 현상학적 연구의 패러다임 설정의 예

현상학적 연구과정에 대한 이해를 돕기 위해 3절부터 5절까지는 현상학적 연구방법을 적용한 실제 사례로서 저자가 박사학위논문인 「시민적 '프락시스'로서의 대학생 봉사활동 경험에 관한 문화연구적 해석」(정소민, 2014)을 진행하면서 수행한 일련의 과정을 서술할 것이다.

먼저, 연구에 대해 간략하게 설명하면 다음과 같다. 이 연구의 목적은 대학생이 중등학교부터 대학교 시기까지 수행한 봉사활동 경험을 문화연구적 관점에서 해석하고 시민적 성장을 위한 교육의 방향을 모색하는 것이다. 이러한 연구 목적을 달성하기 위하여 다음과 같은 두 가지 연구문제를 설정하였다.

- 연구문제 1. 대학생은 중등·대학교 시기 봉사활동을 통해서 시민적 프락시스를 어떻게 함양하는가?
- 연구문제 2. 대학생의 시민적 프락시스 발달을 촉진하는 요인 혹은 제약하는 요인을 어떻게 설명할 수 있는가?

각 연구문제와 관련된 연구 내용은 다음과 같다. 연구문제 1은 대학생이 중등학교와 대학교 시기에 경험한 봉사활동 경험의 의미를 현상학적 연구방법을 통해 분석하고, 이를 문화연구적 관점에서 기술하는 것과 관련된다. 또한, 대학생의 시민적 프락시스 유형을 기술하고 논의하는 것을 포함한다. 연구문제 2는 대학생을 둘러싼 사회문화적 맥락을 고려하여 그들의 봉사활동 경험을 문화연구적 관점에서 논의함으로써 시민적 프락시스의 성장을 저해하거나 혹은 촉진하는 요소를 탐색하는 것과 관련된다.

연구문제 1, 2를 해결하기 위해 연구는 크게 다음과 같이 구성하였다. II장에서는 주류 시민성 담론과 더불어 비판적 시민성 논의를 포함하는 균형적인 시민성 담론이 필요함을 논의하고, 비판적 시민성의 구체적 자질을 문화연구적 관점에서 해석하여 이를 시민적 프락시스로 제시하였다. III장에서는 이러한 이론적 렌즈를 바탕으로 대학생의 봉사활동 경험을 해석하기 위하여 적용한 해석적 현상학적 연구방법을 소개하였다. 이 장에는 해석적 현상학적 연구방법을 적용한 자료 분석 및 해석 방법, 연구과정과 연구참여자 선정, 연구의 신뢰성 고안을 위한 장치, 연구윤리 등의 내용이 포함되었다. IV, V장은 연구결과를 기술한 부분으로서, IV장은 연구문제 1과 관련한 논의를, V장은 연구문제 2와 관련하여 논의하였다. IV장에서는 연구참여자들이 중등학교 및 대학교에서 수행한 봉사활동 경험의 의미를 살펴보고, 이들의 시민적 프락시스 유형을 논의하였다. V장에서는 연구참여자들을 둘러싼 사회적 맥락을 고려하여 시민적 프락시스의 성장을 저해 혹은 촉진하는 요인에 대해 탐색하였다. 마지막으로 VI장에서는 연구결과를 토대로 봉사학습 및 시민교육을 위한 이론적인 논의와 제언을 하였다.

질적연구는 연구자가 흥미를 느끼는 영역에서 주제와 연구문제뿐만 아니라 연구의 패러다임을 선택하는 것으로부터 시작된다(Creswell, 1994). 연구자의 인식론은 자신이 탐구하고자 하는 사회현상을 어떻게 바라볼 것인가를 결정짓는다. 나는 대학생의 봉사활동 경험이라는 연구주제를 결정하고서, 질적연구방법에 관한 여러 문헌을 읽고 이 주제를 탐구하는 데 있어 제일 적합한 연구방법이 해석적 현상학적 연구라고 생각하였다. 앞서 해석적 현상학의 개요와 핵심적인 가정을 살펴보았듯이, 해석적 현상학의 특징은 나의 연구에 다음과 같은 함의를 제공한다고 판단했기 때문이다.

첫째, 개인은 '세계-속에-던져진-존재'로서 사회적 · 정치적 · 문화적 맥락의 영향을 받는다. 본 연구에 해석적 현상학적 관점을 적용함으로써 대학생을 개인화되고 신자유주의적인 사회 속에 살고 있는 인간으로서 바라볼 수 있다. 또한, 그들이 경험한 봉사활동을 사회문화적 맥락을 고려하여 분석할 수 있는 기반을 제공한다.

둘째, 해석적 현상학에서는 인간 존재의 역사성(과거, 현재, 미래)을 가정하므로, 현재를 '과거의 결과물'로 여긴다. 따라서 경험한 것을 그 경험을 이해하는 방식과 분리하여 생각할 수 없다(Scott, 1991). 경험은 주어진 육체적 · 감정적 · 사고의 맥락에 시공간적으로 뿌리를 내리고 있다. 경험의 의미는 성찰과 그 이후의 성찰을 통해 시간을 거듭하며 변화한다. 성찰은 그 후에 무엇이 발생하느냐에 영향을 주고, 또다시 성찰은 그 발생한 무엇이 현재의 나를 어떻게 만들었는지 향하게 된다(Berry & Warren, 2009). 스캇(Scott, 1991: 779)이 강조한 바 있듯이 '경험을 한 것은 개인이 아니라, 경험을 통해 형성된 주체가 한 것'으로 볼 수 있다. 이러한 점에서 해석적 현상학적인 관점은 대학생의 봉사활동 경험을 각 개인의 과거 경험과 연계하여 생애사적 맥락으로 해석할 수 있는 근거를 제공한다.

셋째, 해석적 현상학이 바탕으로 하는 철학적 접근은 주체적인 노력을 통해 본래성을 획득할 것을 강조한다. 그러므로 해석적 접근에서는 개인의 사고방식의 양상과 변동을 찾는 것이 중요하다. 왜냐하면, 가치, 태도, 믿음 등의 변화는 비본래성 혹은 구분되지 않는 상태에서 본래성으로 혹은 그 반대 방향으로의 변화라고 볼 수 있으며, 이는 곧 존재 양식으로의 전환을 의미하기 때문이다(Conroy, 2003). 이와 관련하여 호이(Hoy, 1993)는 '해석학적 전환'을 밝히는 데 있어 '패러다임 변환(paradigm shift)'을 규명하는 것이 필수라고 하였다(Conroy, 2003: 37 재인용). 본 연구는 학교교육 경험과 관련한 생애사적 맥락에서 봉사활동 경험을 살펴보고, 그 경험이 그들에게 어떤 '해석학적 전환'을 가져왔는지에 관심이 있다. 이를 위해 대학생의 과거의 경험(중등학교 시기의 봉사활동)을 고려하면서 동시에 현재의 경험(대학교 시기의 봉사활동)을 통해 시민적 프락시스 함양이 어떻게 이루어졌는지를 살펴보았다. 그리고 이를 바탕으로 초 · 중등 · 대학생의 시민적 성장을 지원하기 위한 시민교육적 함의를 도출하고자 하였다.

4. 현상학적 연구에서의 자료 수집과 분석의 예

1) 현상학적 연구에서의 자료 수집

(1) 심층면담

해석적 현상학은 개인의 경험을 통해 그 의미를 해석하는 데 중점을 두기 때문에, 자료 수집 방법으로는 심층면담을 주로 사용한다(Lopez & Willis, 2004; Marshall & Rossman, 1995). 면담은 연구참여자의 기술(description)을 탐색할 수 있게 해 준다는 점에서 현상학적 연구의 주요 자료 수집 방법이다(Kvale, 1998). 본 연구는 현상학적 연구를 기본으로 하기 때문에 심층면담을 수행하였다. 이를 위해 본 연구에서는 총 24명의 대학생을 연구참여자로 선정하였으며, 2~4회의 심층면담을 통해 주요 자료를 수집하였다. 모든 연구참여자는 '교육기부' 활동이라는 공통적인 경험을 가진 이들로 제한하였다.

자료 수집 기간은 2012년 7월부터 2013년 4월까지 이루어졌으며, 추가적인 면담은 2013년 8월에 실시하였다. 총 57회의 면담을 하였으며, 1회 면담당 1시간에서 2시간 정도가 소요되었고 평균 소요 시간은 약 75분이었다. 보통은 개인별 면담으로 진행되었다.

연구자는 첫 만남에서 보통 인터뷰를 하지 않고 연구참여에 대한 의사를 확인한 뒤 참여 의사를 밝힌 경우에 한해 다음의 [그림 5-1]과 같은 연구참여동의서를 설명하고 서명을 받았다. 그리고 '교육기부' 활동 경험에 대해 간단하게 이야기를 나누는 시간을 가졌다. 이 과정을 거친 후에 2회의 본격적인 면담을 하였고, 추가적인 면담이 필요할 경우에는 총 3~4회의 면담을 하기도 하였다.[2)]

2) 사이드만(Seidman, 2006)은 세 번의 면담을 추천하였지만, 윔페니와 가스(Wimpenny & Gass, 2000)가 지적하였듯이 이는 연구자와 연구참여자 간의 관계와 상호작용의 정도에 영향을 받을 수 있다.

연구참여동의서

연구자: 정소민(인하대학교 일반대학원 사회교육과 박사과정)
연락처: 010-ㅇㅇㅇㅇ-ㅇㅇㅇㅇ, ㅇㅇㅇㅇㅇㅇ@hanmail.net

본 연구는 대학생의 다문화 시민성을 함양시키는 데 있어 대학생의 교육기부 경험이 어떠한 의미를 가지며, 앞으로의 교육기부 확산에 있어서 대학생의 주체적인 역할은 어떠해야 하는지를 탐색해 보고자 시작하게 되었습니다.

본 연구를 성공적으로 수행하기 위하여 여러분이 느끼는 학교 교육, 한국 사회, 교육기부활동 등에 대한 인식과 경험을 전자메일, 면접, 추적 조사 등을 통하여 조사할 예정입니다.

본 연구를 통하여 얻게 될 여러분의 신상에 관한 내용이나 자료는 외부에 노출되지 않을 것이며, 경우에 따라서는 가명으로 처리될 예정입니다. 또한, 면담 내용은 연구 이외의 다른 목적으로는 절대 사용되지 않을 것입니다. 여러분의 생생한 이야기를 그대로 정리하기 위하여 면담 내용을 녹음할 것입니다. 연구결과는 학문적 목적으로 출간될 수 있습니다. 또한, 여러분이 원하면 언제든지 연구를 거부할 수 있습니다.

앞으로 교육기부는 더욱 확장될 것이며, 그 중심에서 대학생 여러분이 주체적인 역할을 하게 되리라고 생각합니다. 여러분의 소중한 이야기가 추후의 교육기부 연구에 있어서도 많은 도움이 되리라고 확신합니다.

★ 나는 면담에 대한 위의 내용을 읽고 이해했습니다.
★ 나는 면담에 응하지 않을 권리, 면담을 중단할 권리, 사생활 참여 거부 권리를 가지고 있음을 이해합니다.
★ 나는 본 연구에 참여할 것을 동의합니다.

연구자: 정소민 올림
년 월 일
참여자: (서명)

출생연도:
출신고등학교:
학교 / 전공:
학년:
이메일 주소:

[그림 5-1] 연구참여동의서의 예

출처: 정소민(2014: 198).

심층면담은 기본적으로 2회로 구성하였으며, 대학교 입학 후 '교육기부' 활동을 포함한 봉사활동에 대한 반구조화된 면담, 초 · 중등학교에서의 봉사활동 경험과 대학생의 역할 등에 대한 내러티브 면담 및 반구조화된 면담을 혼합하여 실시하였다.[3) 4)] 각 면담의 목적과 진행방식은 다음과 같다.

1차 면담은 '교육기부' 경험에 초점을 맞춰 다음과 같은 질문을 하였다. "쏙쏙캠프 및 함성소리 활동에는 어떻게 참여하게 되었습니까?", "교육기부 활동을 준비하면서 어려웠던 점은 무엇입니까?", "교육기부 활동을 준비하면서 팀원 간의 관계는 어떠했습니까?", "교육기부 활동 때 있었던 일 중 가장 인상 깊은 일 혹은 학생과의 에피소드는 무엇입니까?", "멘토은퇴교원, 학교와의 관계는 어떠했습니까?", "교육기부 활동을 마친 후에는 어떠했습니까?", "교육기부 활동을 마치고 팀원들과의 관계에는 어떠했습니까?", "교육기부 활동을 한 문장으로 요약한다면 어떻게 말하겠습니까? 왜 그렇습니까?", "이전의 봉사활동과 비교하였을 때 교육기부 활동은 어떠하다고 생각합니까?", "교육기부 활동에서 다양한 학교 소속의 대학생들을 만나고 어떤 생

3) 반구조화된 면담은 질문 목록을 정해서 가지만, 인터뷰 맥락에 따라 기존의 질문 목록에 변형이 생길 수 있는 면담 형식을 의미한다. 내러티브 면담은 연구참여자의 내러티브에 주목한 면담 형식을 의미한다. 예를 들어, 질문에 대해 연구참여자가 어떤 내러티브를 구사하는지에 주목하고, 연구참여자의 경험을 공시적 · 통시적인 관점에서 살펴보고자 하는 것이다.

4) 본 연구는 중등학교와 대학교에서의 봉사활동 경험을 중심으로 기술하지만, 심층면담에서는 초 · 중등학교와 대학교에서의 봉사활동 경험에 대해 질문하였다. 초등학교 시절부터 부모님의 직장 등에서 봉사활동 기회를 제공받은 일부 연구참여자를 제외하면, 대부분의 연구참여자는 초등학교 시절 봉사활동에 대한 특별한 기억을 가지고 있지 않았다. 이는 회고적 면담의 특성상 오래 전 경험을 기억하는 데 한계가 있다고 여겨지며, 동시에 학교에서 제공받은 봉사활동에 대하여 인식하지 못하였거나 인상 깊은 봉사활동 경험이 부족했기 때문으로 여겨진다. 연구참여자는 대체로 중학생이 되어 교외의 봉사활동에 개인적으로 참여하는 경험을 가졌다. 그리고 중학교 때보다 고등학교 때 다양한 봉사활동 경험을 한 것으로 나타났다. 이는 모든 연구참여자가 고등학교 시기의 봉사활동을 언급한 것을 통해서도 알 수 있다. 이에 따라 본 연구에서는 중등학교와 대학교에서의 봉사활동 경험을 중심으로 기술하고자 하였다.

각을 했습니까?" 등이다.[5] 이러한 면담 질문을 통해, 교육기부 활동 전, 중, 후의 과정에 따라 대학생의 교육기부 활동 경험을 탐색하고자 하였다.

2차 면담에서는 1차 면담 내용에서 명확하지 않은 의미에 대한 확인 질문과 추가 질문을 하고, 학창시절에 인상 깊은 경험과 대학생 교육기부 활동 이전 중등학교 및 대학교에서의 봉사활동 경험, 대학생의 역할에 대한 생각 등에 초점을 두어 다음과 같은 질문을 하였다. "초 · 중 · 고등학교 때 인상 깊었던 일에 대해 이야기해 주십시오.", "초 · 중 · 고등학교 때 했던 봉사활동 경험에 대해 이야기해 주십시오.", "그러한 경험을 하면서 어떤 생각을 했습니까?", "현재까지 여러분의 인생에 있어 가장 의미 있었던 봉사활동은 무엇입니까? 왜 그렇습니까?", "대학생이 우리 사회에서 어떤 역할을 할 수 있다고 생각합니까?", "대학생이 사회에서 어떤 역할을 해야 한다고 생각합니까?" 등을 질문하였다.

연구자는 각 면담을 진행하면서 연구참여자의 대답에 따라 의미를 명확하게 하기 위한 질문(예를 들어, "다르다는 것은 어떤 의미입니까?", "~라고 제가 이해한 게 맞습니까?" 등)과 세부 내용을 이끌어 내기 위한 질문(예를 들어, "그것에 대해 자세히 말해 줄 수 있습니까?", "구체적인 예를 들어주실 수 있을까요?" 등)을 추가로 제시하였다. 1차 면담과 2차 면담의 간격은 되도록 1~2주로 하려고 노력하였다. 그러나 일부 연구참여자의 개인 사정에 따라 그렇지 못한 경우도 있었다.

각 면담이 끝난 후에는 심층면담의 맥락과 현장 감각을 유지하기 위해 되도록 1~3일 이내에 전사를 하였다. 심층면담 자료는 MS워드 프로그램을 이용하여 A4용지에 10포인트 글자체로 작성하였다. 시각적인 편리함을 위하여 화자가 바뀔 때마다 한 줄씩 띄었다. 한 건의 면담 당 약 15~25매 분량을 차지하였다.

면담 자료를 전사할 때에는 침묵, 휴지(pause), 웃음, 말더듬음 등과 같은 비언어적 표현을 함께 기록함으로써 '표면적으로 드러나지 않는 의미에 집중'(Conroy,

---

5) 한국과학창의재단에서 사용하는 용어로서, 대학생 '교육기부' 활동에 참여한 대학생의 멘토로 활동한 은퇴교원을 의미한다. 이들 역시 봉사활동의 일환으로 참여하였으며, 개별 학교에서 '교육기부' 활동이 운영되는 동안 대학생에게 조언 등을 제공하고 대학생과 학교 사이에서 중간다리 역할을 하였다.

2003)하였다. 휴지의 길이는 초 단위로 기록하였다. 예를 들어, (10)은 휴지가 10초임을 의미한다. 또한, 웃음은 그 종류를 다양하게 기록함으로써 그 이면에 숨겨진 의미를 파악하고자 노력하였다. 예를 들어, '큰 소리로 웃으면서', '코웃음' 등과 같은 표현으로 기록하였다. 일부 연구참여자는 면담 중 눈물을 보이기도 하였는데, 이러한 부분에 대해서도 전사 자료에 기록하였다. 이는 '눈물을 훔침', '눈물을 터뜨림' 등과 같은 표현으로 묘사하였다.

한편, 연구참여자들이 '쏙쏙캠프'를 진행했던 초등학교 두 곳을 방문하여 학교 업무 담당 교사 3명, 교감 2명, '쏙쏙캠프' 참가 초등학생 11명, 멘토은퇴교원 2명을 인터뷰하였다. 이 자료는 연구참여자의 '교육기부' 활동 경험에 대한 보조 자료로 활용하였다.

(2) 기록 자료

면담 자료를 보충하기 위하여 '교육기부' 활동보고서로 제출한 연구참여 대학생들의 참여소감문과 연구참여자 자신이 작성한 봉사활동 연대기 문서를 수집하고, 연구참여자의 현장일지와 연구 노트를 작성하였다.

연구참여자의 참여소감문은 '쏙쏙캠프' 결과보고서에 실린 것을 발췌하였다. 결과보고서는 '쏙쏙캠프' 활동 종료 후에 한국과학창의재단이 대학생 '교육기부' 활동 참가자에게 제출하도록 요구하는 필수 서류이다. 이 서류에는 전반적인 캠프 운영, 프로그램별 의견 및 보완점, 공유하고 싶은 캠프 운영 노하우, 건의사항 등을 포함하여 개인별 참여 소감이 실려 있다. 특히, 개인별 참여 소감은 '도전, 소통, 변화, 지속'이라는 주제 중 선택하여 기록하도록 안내된다.[6] '도전'은 '교육기부 도전, 준비 과정, 활동 속 역경 극복 이야기, 교육기부 참여 동기'를, '소통'은 '아이들과의 소통, 대학생 교육기부자 팀 내의 소통, 학생들과의 기억에 남는 에피소드'를, '변화'는 '나의 변화, 너의 변화, 우리의 변화, 세상의 변화'를, '지속'은 '개선방안, 아쉬운 점, 앞으로 하고

---

6) 결과보고서의 개인별 참여소감문에서의 주제는 '대학생 교육기부단' 운영진들이 토론을 통해 정한 것이라고 한다(연구참여자 3-03 면담 내용 중, 2013. 8. 2.).

싶은 교육기부 활동'의 내용을 예시로 제시한다. 결과보고서는 네이버 카페 '쏙쏙캠프'(http://cafe.naver.com/socsoccamp)에서 다운받았으며, 온라인 카페에 최종보고서를 올리지 않은 연구참여자에게는 전자메일이나 인쇄물로 요청하여 받았다.

연구참여자의 초·중등학교부터 대학교 시기에 이르기까지 봉사활동 경험을 연대기 순으로 정리하기 위해 2013년 10월에 추가로 자료를 요청하였고, 전자메일로 개인이 정리한 자료를 받았다. 한편, 연구참여자에 대한 인상과 느낌, 면담 외의 대화, 태도 등에 관한 관찰 내용을 기록한 '현장일지'와 연구자가 연구를 진행하면서 느낀 소감과 분석에 필요한 자료를 정리한 '연구 노트'를 연구 자료로 활용하였다.

2) 자료의 분석

질적연구에서 자료 분석은 순환적 과정이지만 두 개의 핵심 단계로 구분할 수 있다. 이는 자료를 관리하는 단계와 서술적 기술을 통해 납득을 시키는 단계이다(Ritchie, Spencer, & O'Connor, 2003). 이를 위해 본 연구에서는 우선 자료 관리를 통해 날 자료(raw data)에 익숙해지고 개념적 틀을 고안하기 위하여 전체적으로 자료를 구조화하였다.[7] 그 후 서술적 기술을 위하여 해석적 현상학을 적용한 나선형의 해석을 실시하였다.

자료 관리는 먼저, 자료 형태와 방법에 관한 텍스트 외적 관리, 그리고 날 자료(raw data)에 익숙해지고 개념적 틀을 고안하는 작업으로 구분할 수 있다. 우선 텍스트 외적 관리와 관련하여 본 연구에서는 수집한 모든 자료를 MS워드 파일이나 PDF 파일로 만들었다. 사이드만(Seidman, 2006)이 자료 관리에 있어서 연구자가 이용하기 쉬운 형태로 정리할 것을 추천한 바 있듯이, 본 연구는 자료의 양이 방대했기 때문에 원활하고 정확한 자료 분석을 위해 질적자료 분석 소프트웨어인 NVivo10을 활용했다. 이에 따라 NVivo10에서 인식 가능한 파일의 형태로 자료를 재구성하는 작업이 필요하였다.

---

7) 날 자료는 연구 자료 수집 과정에서 얻은 전혀 가공되지 않은 일차적 자료를 의미한다.

그다음에 날 자료에 익숙해지고 개념적 틀을 고안하기 위해 자료를 여러 번 읽고, 중요한 발췌문에 대하여 NVivo10을 이용하여 노드(node)를 설정하며, A3용지에 연구참여자별로 핵심어를 적는 등의 작업을 거쳤다.[8] 연구자는 해석 과정에서 연구자의 이해, 오해, 결정 등에 대해 꾸준히 기록을 해야 한다. 이를 위해 NVivo10의 메모 기능을 활용하였다.

1차 코딩(coding) 작업부터는 콘로이(Conroy, 2003)가 제시한 해석적 현상학을 위한 나선형의 해석 과정을 재구성하여 통합적으로 실시하였다. 콘로이(Conroy, 2003)는 하이데거의 철학적 기반을 바탕으로 해석적 현상학의 목적을 되짚고, 베너(Benner, 1994)를 비롯한 해석적 현상학 연구자들이 제안한 방법을 통합하였다. 그리고 이를 예비연구에 적용함으로써 해석적 현상학을 위한 구체적인 실행 방안을 모색하였다. 그가 제시한 구체적인 방법은 "ⓐ 날 자료와 동시 발생적인 해석에 귀 기울이기, ⓑ 심층(in-depth) 해석하기, ⓒ 제2독자(second reader)에게 내러티브 소개하기, ⓓ 패러다임 전환 규명하기, ⓔ 표본(exemplar) 개발하기, ⓕ 원리(principle) 개발하기"(Conroy, 2003: 44)이다. 이 여섯 단계의 과정은 나선형으로 이루어진다.

본 연구에서는 콘로이(Conroy, 2003)의 해석 과정을 본 연구에 적절하게 재구성하였다. 콘로이(Conroy, 2003)의 ⓐ, ⓑ 과정을 재구성하여 기초 단계로서 전술한 자료 관리 과정, ① 1차 코딩, ② 연구참여자 확인, ③ 2차 코딩 과정으로 설계하였다. 그리고 ⓒ, ⓓ, ⓔ, ⓕ 과정을 재구성하여 ④ 시민적 프락시스를 중심으로 문화연구적 해석 및 패러다임 전환 규명하기, ⑤ 표본개발하기, ⑥ 외부자 검증 및 수정 보완의 단계를 설계하였다. 자료 분석의 과정은 일직선으로 이루어지기보다 순환적으로 이루어졌다. 본 연구에 적용한 자료 분석의 여섯 단계를 도식화하면 [그림 5-2]와 같다.

---

8) 노드란 질적연구 자료 관리 프로그램인 엔비보(NVivo)의 기능을 의미하는데, 코딩을 할 때 각 코딩에 붙이는 이름표라고 볼 수 있다. 예를 들어, "나는 배가 고프다."라는 연구참여자의 문장에 대해 1차 코딩 작업에서 '배고픔'이라는 이름표를 붙이고 싶다면, 노드 설정을 눌러 이름표를 입력한다.

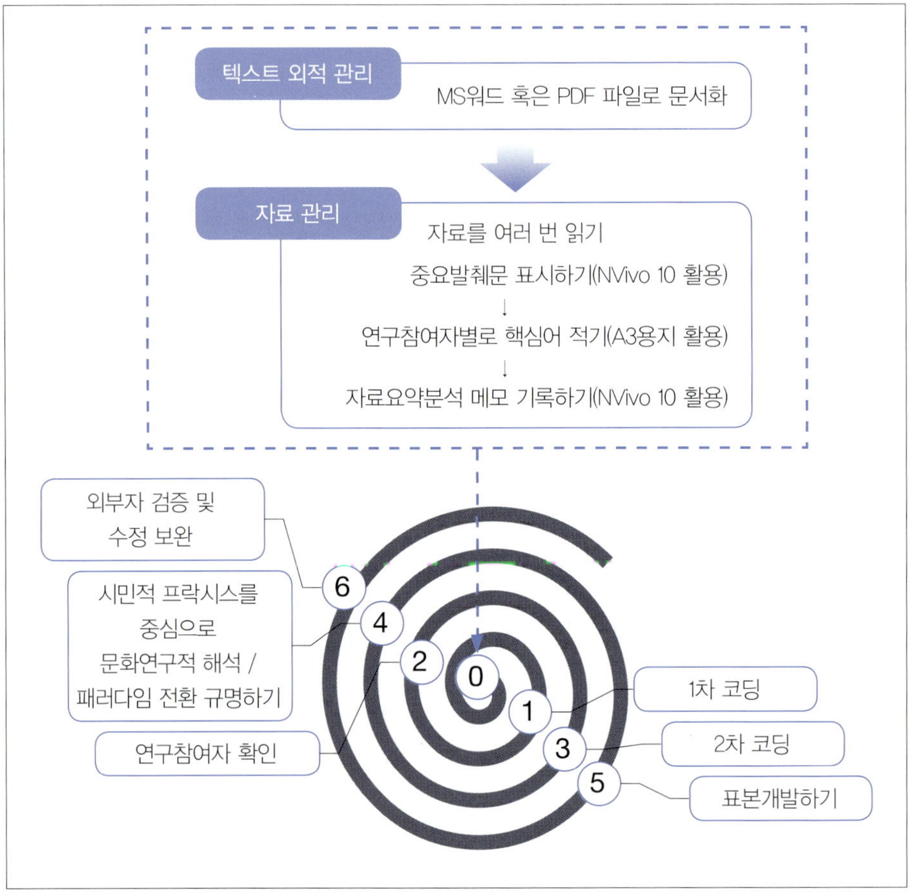

[그림 5-2] 해석적 현상학을 적용한 자료 분석의 과정

출처: 정소민(2014: 53).

[그림 5-2]를 바탕으로 각 분석 과정의 구체적인 내용과 방법에 대해 설명하도록 하겠다. 분석과정 ①에서는 1차 코딩 작업을 통해 연구참여자가 말한 '표면값'에 집중하였다. 또한, 해석적 현상학에서는 연구자의 선이해도 중요하기 때문에, 연구자가 말한 것에도 초점을 두었다. 이를 통해 연구자 자신이 가진 선이해가 드러날 수 있기 때문이다(Conroy, 2003).

1차 코딩 작업을 하면서 유념했던 사항은 "참여자의 목소리와 언어를 잃지 않으면서 내용과 핵심이 되는 것을 제일 잘 담아내는 내용으로 어떻게 요약할 것인가”(Ritchie, Spencer, & O'Connor, 2003: 231)였다. 따라서 이 단계에서는 ① 되도록이면 참여자의 원래 언어로부터 구나 표현을 추출할 것, ② 해석은 최소한으로 할 것, ③ 당장은 관계가 없는 것처럼 보이는 자료에 대해서도 관심을 가질 것과 같은 원칙을 유념하며 코딩을 하였다(Ritchie, Spencer, & O'Connor, 2003). 코딩 작업은 '단순하게 자료를 축소하는 것이 아니라 요약하고 압축'하는 것이기 때문이다(Saldaña, 2009: 21).

1차 코딩 방법은 살다냐(Saldaña, 2009)가 제시한 부호화 방법 중 본 연구에 적합하다고 판단되는 방법을 적용하였다. 1차 코딩은 '설명부호화', '현장부호화(in-vivo)', '과정부호화', '가치부호화', '자료주제찾기 방법'을 위주로 사용하였다. 설명부호화와 현장부호화는 일반적으로 많이 쓰는 방법이다. 또한, 과정부호화는 쏙쏙캠프 진행 과정 중의 행위, 활동에 초점을 두기 위하여, 가치부호화는 가치, 태도, 신념에 따라 부호화하는 것이다. 마지막으로 '자료주제찾기 방법'은 자료로부터 발견되는 범주를 통해 주제를 설정하고, 이를 통해 그 의미를 해석하고자 하는 것이다.

분석과정 ②에서는 1차 코딩에 대한 연구자의 해석과 연구참여자를 통한 참여자 확인(member-check)을 동시에 거친다는 점에서 연구의 신뢰성을 높이고자 하였다. 연구자가 수행한 참여자 확인 절차는 다음과 같다. 우선 핵심 연구참여자 11명을 선정하였고 2013년 9월 중에 실시하였다. 연구참여자와 면담 약속을 잡고, 연구참여자를 만나기 2~3일 전에 전자메일로 1차 코딩 소스 요약본과 해당 연구자 관련 면담자료 전사본, 음성파일 등을 보냈다. 그 후 휴대 전화 문자를 통해 시간이 허락된다면 읽어 달라고 부탁하였다. 그리고 연구참여자가 원하는 시간 및 장소에서 직접 만나 그의 의견을 듣고 1차 코딩 자료에 관해 추가하고 싶거나 삭제하고 싶은 부분에 대해 협의하는 과정을 거쳤다.[9] 그다음에는 연구자가 연구참여자의 면담에서 중요하게 생각한 주제들을 정리하여 제작한 '연구참여자 확인서'(그림 5-3 참조)에 서로 서명을 하였다. 마지막으로는 추후의 분석 과정에 대하여 설명해 주었다.

---

9) '동시발생적인 해석'은 연구참여자로부터 연구자의 해석에 대한 피드백 혹은 연구참여자 자신이 면담 내용 전사 자료를 보고 자신이 중요하다고 생각하는 내용을 표시하도록 하는 과정이 포함된다(Conroy, 2003).

연구참여자 확인서

연구자: 정소민(인하대학교 일반대학원 사회교육과 박사과정)
연락처: 010-3667-2972, 4uuuuu@hanmail.net

[연구참여자:]

본 연구는 대학생의 봉사활동과 학교경험을 통한 '다문화 시민되기'를 해석하고자 합니다.

[연구참여자 확인 절차 중 참여자 권리에 관한 내용]
인터뷰 전사 내용에서 출간을 원하지 않는 내용이 있을 경우, 삭제를 요청할 수 있습니다.

[연구참여자 확인 내용]
1. 나는 연구자로부터 인터뷰 전사 파일과 음성 파일, 1차 코딩자료를 받았습니다. ((예) / 아니오)
2. 나는 연구자와 인터뷰 1차 해석 결과에 대해 협의하고 조정하였습니다. ((예) / 아니오)

연구자가 유의미하게 해석한 주제	연구참여자 의견 (동의 OR 수정 시 수정된 내용 기록)
1. 학창시절 친구들로부터 ~~배신을 당한 상처~~가 있음	왕따 경험으로 상처
2. 이러한 상처로 남들에게 마음을 잘 열지 못했음	동의
3. 처음 교육기부를 신청한 것은 교육관련 스펙을 위한 것이었으나, 함성소리, 마지막 쑥쑥캠프를 거치면서 아이들을 위한 활동을 생각하게 되었음	동의
4. 가정환경이 성장에 있어 매우 중요하다고 생각함. 자녀는 부모의 영향을 받으며, 현재의 사회는 부모의 삶을 대물림한다고 생각함. 그래서 교육이 중요하다고 생각함.	교육 + 교사의 역할 (더 중요)
5. 교육기부 활동을 한 뒤, 교육에 대한 관심이 더욱 깊어졌음	동의
6. 그래서 교생실습에서 만난 아이들을 보며, 사회의 현실과 구조에 대한 답답함을 느꼈으며, 내가 무엇을 할 수 있을까에 대한 의문이 들었음	동의

[기타 수정 사항 기록]

추가

★이상으로, 나는 본 연구의 연구참여자 확인에 참여하였습니다.

2013년 9 월 14 일

참여자: (서명)

연구자: 정소민 (서명)

[그림 5-3] 연구참여자 확인서의 예

출처: 정소민(2014: 53).

분석과정 ③에서는 1차 코딩에 대한 연구참여자 확인 결과를 반영하고, 2차 코딩을 실시하였다. 2차 코딩은 '유형 부호화', '초점 부호화'(Saldaña, 2009)를 적용하였다. '유형 부호화'는 유사한 코딩의 공통점을 분석하여 유형코드를 만드는 방법이고, '초점 부호화'는 자료 전체에서 '가장 두드러지는 항목'을 발전시키는 방법이다.

분석과정 ④는 '패러다임 전환 규명하기'로서, 이는 세상을 바라보고 대처하는 방식의 전환을 찾는 과정이다. 본 연구에서는 연구참여자들의 시민적 성장을 '패러다임 전환'으로 보고 시민적 프락시스에 집중하여 연구결과를 해석하고자 하였다.

분석과정 ⑤는 연구참여자의 경험에서 공통적인 의미, 관심, 가치의 지속성에 집중함으로써 표본을 개발하는 단계이다. 본 연구에서는 연구참여자 확인을 통한 1차에서 2차에 걸친 코딩 결과를 심층적으로 분석함으로써 봉사활동을 통한 시민으로서의 변화와 성장에 관한 표본을 개발하고자 하였다.

분석과정 ⑥은 외부자에게 면담에 관한 전사 파일과 연구자의 해석을 주고 연구자가 발견한 내용에 대해 합의하거나 혹은 연구자의 해석에 자신의 해석을 첨가함으로써 연구자의 해석에 대한 수정 보완을 하는 단계이다. 이를 위하여 본 연구에서는 3명의 외부인 전문가가 검증하였다.

외부인 검증을 위한 전문가는 문화연구 및 사회교육 전공 관련 박사학위를 소지하고 있으며, 다양한 질적연구를 수행한 경험이 있는 사람으로 구성하였다. 이들에게 핵심 연구참여자 11명 중 일부에 대한 해석을 검증받기 위하여 연구자의 해석을 표시한 전사 자료 1부, 연구참여자 확인서 1부, 코딩소스 자료 1부, 연구자의 해석을 기술한 문서 1부를 제공하였다. 이 과정은 2013년 10월부터 11월에 걸쳐 이루어졌으며, 약 1~2주의 검토 시간을 가진 뒤 직접 만나 자료를 서로 보면서 30분에서 2시간 정도 자료의 해석 방법과 해석 내용에 대해 의견을 나눴다.

그리고 이를 요약한 내용을 연구자가 제작한 '외부자 검증 확인서'에 정리하고 서로 서명을 하였다. 외부자 검증을 통해 얻은 유의미한 의견은 다시 연구자의 해석에 반영하였으며, 이러한 과정을 거치면서 연구자 자신이 미처 생각하지 못한 관점을 발견하고 연구자가 미처 말로 표현하지 못했던 생각을 정리하는 시간을 가지게 되

었다. 이는 연구결과에 대한 해석을 풍부하게 할 수 있는 계기가 되었다.[10)]

인간은 '세계-속의-존재'로서 경험을 하게 되고 현상은 경험에 들어있으므로, 연구참여자의 경험은 그들이 속한 사회문화적 맥락과 분리하여 생각할 수 없다.[11)] 따라서 연구자는 대학생들로부터 많은 이야기를 듣기 위해 노력하였다. 연구참여자들이 경험했던 학교 교육과정과 그 속에서 경험했던 봉사활동은 어떠했는지부터 대학교 입학 후 그들의 삶과 '대학생 교육기부' 활동을 포함한 다양한 봉사활동 경험을 들었다.

전술했듯이 해석적 현상학에서 연구자의 선이해는 해석에 있어서 중요한 역할을 한다. 그렇다면 연구자의 의식 속에서 대학생의 봉사활동 경험에 대한 본질은 무엇이라 말할 수 있을까? 연구자는 본격적으로 면담을 하기 전에 스펙 쌓기, 보람, 성장, 변화 등과 같은 단어를 떠올렸다. 그러나 현상학적 사고는 자료를 얻기 전에 미리 도출된 것이 아니라 자료 속에서 떠오르는 것이다. 이에 따라 그들의 이야기를 여러 차례 반복하여 읽으면서 그들의 맥락을 고려하면서 개별 연구참여자들의 삶과 그 속에서 이루어진 봉사활동 경험에 몰입하고, 그리고 그 후에는 자료로부터 한걸음 빠져나와 24명의 연구참여자의 이야기를 통합하고 끊임없이 생각하였다. 이와 같이 현상학적 사고를 거듭하면서 총 1,531개의 의미 단위를 도출하였고, 대학생의 봉사활동 경험의 본질과 이를 형성하는 본질적 주제를 추출하는 과정을 거쳤다.

---

10) 외부자 검증에 참여한 전문가들은 연구자와 코딩 해석의 정밀화, 신자유주의 통치성 개념 도입을 통한 문화연구적 해석의 심화 필요성, 연구참여자가 사용하는 '어른'이라는 용어 속에 담긴 의미, 구참여자의 시민적 성장에 있어 봉사활동이 지니는 의미, 코딩과 연구문제와의 연계 등에 대한 논의를 하였다. 방대한 양의 전사 자료와 코딩 자료를 꼼꼼하게 읽고 의견을 제시하는 수고를 마다하지 않았던 전문가 3명에게 감사를 드린다.

11) 스미드 외(Smythe et al., 2008: 1392)가 강조하였듯이, 현상은 인간의 존재 내에서 탐색되어야 하며, 인간의 삶은 다양하고 복잡하게 표출되므로 현상에서 삶의 맥락을 제거하는 것은 의미를 제거하는 것이다.

3) 연구의 신뢰성과 윤리적 고려

(1) 연구의 신뢰성

양적연구는 질적연구와 인식체계 및 기본 가정이 다르기 때문에 연구 목적이나 연구방법 면에서도 근본적으로 차이가 난다. 따라서 양적연구에서는 타당도를 '측정의 정확성', '측정하고자 의도한 것을 제대로 측정하고 있는 정도'(나장함, 2006: 269)로 간주하는데, 이러한 정의를 질적연구에서 똑같이 적용하는 데에는 무리가 있다. 이에 따라 연구의 타당도를 논의할 때 질적연구자는 양적연구와는 다른 용어를 사용해 왔으며, 질적연구에서의 타당성 확보를 위한 기준을 마련하고자 하는 시도가 있었다(나장함, 2006). 예를 들어, 링컨과 구바(Lincoln & Guba, 1985a)는 질적연구를 '자연주의적 탐구(naturalistic inquiry)'로 부르고 질적연구의 가치 혹은 연구가 주장하는 바와 일치하는 정도를 가리켜 '신뢰성(trustworthiness)'이라는 용어를 사용하였다. 그리고 연구의 신빙성에 있어서 중요한 요소를 다섯 가지로 제시하였다. 이는 신빙성(credibility), 전이성(transferability), 확인가능성(confirmability), 일관성(consistency), 성찰성(reflexiveness)이다. 그리고 이러한 기준을 충족시키기 위한 방법으로 삼각 검증, 연구자 반성, 참여자 확인, 장기간의 현장조사, 풍부한 기술, 동료 확인 등과 같은 기법들이 개발되었다(Erlandson et al., 1993; Flick, 2002). 그러나 나장함(2006)은 이러한 기법이 기계적으로 사용되는 것을 비판하고, 질적연구의 '타당성' 제고를 위한 기법을 '연구자가 활용하는 렌즈'와 '연구자의 패러다임 가정'에 따라 선택해야 한다고 주장하였다.

따라서 질적연구에서는 '연구도구로서의 연구자'가 독창적인 타당도 개념을 개발하는 것이 중요하다. 즉, 질적연구에서의 타당도 제고를 위해서는 연구맥락과 사회문화적 배경을 고려하여 연구 목적과 연구과정에 밀접하게 부합하는 기법을 고안해야 한다.

이에 따라 본 연구에서는 콘로이(Conroy, 2003)가 제시한 나선형의 해석적 현상학적 방법을 재구성하여 적용하였고, 연구의 신뢰성 구축을 위한 방법과 분석 과정을 통합적으로 적용하였다. 앞서 언급하였듯이 연구참여자 확인과 외부자 검증을 통하여 연구 해석에 대한 신빙성을 고안하였다. 또한, 자료에 대한 해석 과정 자체가 연구자의 성찰성을 요구하도록 설계하였다.

한편, 공개적인 학문적 토론 장소에서 연구에 대한 개방적인 논의를 진행하고 이 과정에서 박사 및 동료 그리고 교수의 조언을 구하기도 하였다.[12] 더불어 연구방법과 연구결과 및 그 해석에 대한 상세한 기술을 통하여 연구의 전이성을 높이고자 하였다.

(2) 윤리적 고려

심층면담을 활용한 연구에서는 연구자와 연구참여자 간 권력의 문제가 대두된다(Kvale, 1998; Wang & Yan, 2012). 특히, '연구자가 대화 주고받기와 면담 주제 변환을 통제한다는 점에서' 권력을 행사한다고 할 수 있으며, 연구자가 연구참여자보다 높은 지위를 가졌을 때는 특히 이러한 점이 더욱 부각될 수 있다(Wang & Yan, 2012: 241). 이러한 관점에서 연구자가 초등학교 교사이고 박사과정 중인 대학원생이라는 점은 학부 과정에 재학 중인 대학생에게 잠재적 권력으로 작동할 우려가 있다. 따라서 연구자는 크게 여섯 가지 사항에 유의하여 그러한 영향력을 약화시키려고 노력하였다. 즉, 연구참여 결정을 위한 안내, 면담 중의 유연성, 연구참여동의서 제작, 연구참여자에 대한 배려, 연구참여자에 대한 호칭, 호혜성 강조이다.

첫째, 연구자는 현장에서 혹은 전화상으로 연구참여자를 섭외할 때, 자기소개를 하는 과정에서 주의를 하려고 노력하였다. 그러나 연구자가 교사라는 직업과 박사과정 대학원생임을 밝혔을 때 많은 연구참여자는 "아…" 혹은 "우와"라는 짧은 감탄

12) 인하대학교 다문화교육, 사회교육과, 문화경영을 전공하는 석 · 박사과정생, 그리고 해당 전공을 졸업한 박사, 전공 지도 교수 등 30여 명이 1~2달에 한 번씩 논문발표회를 갖는 자리에서 본 연구자는 2013년 9월 7일, 2013년 7월 28일, 2013년 4월 20일, 2012년 12월 22일, 2012년 10월 6일 등 총 6회에 걸쳐 박사학위논문과 관련하여 발표를 하였다. 그리고 박사학위를 소지한 토론자 및 전공 지도 교수의 조언을 구하였으며, 해당 주제에 대한 의문 · 발전 방향에 대하여 논의하였다. 또한, 본교 사회교육과 논문프로포절 및 논문발표회에서 발표를 하고 사회교육과 교수들로부터 조언을 구하였다.

사를 터뜨렸다. 일부 연구참여자는 연구자를 '박사님'이라고 부르기도 하였다. 이는 교사라는 사회적 위치와 대학원생 연구에 대한 놀라움의 표시일 것이라 판단된다. 이에 따라 그러한 반응에 대해 연구자는 '박사'가 아니라 '박사과정생'임을 분명하게 밝혔고, 그들이 참여하게 될 연구가 가지는 가치에 대하여 설명함으로써 연구자의 개인 배경으로 인한 후광효과를 최대한 상쇄하려고 노력하였다. 연구의 가치에 대해 언급하기 위하여 대학생 봉사활동 및 성장에 관한 국내 연구의 동향, 관련 해외 연구의 경향, 대학생 '교육기부' 활동에 대한 관심 부족 등에 대하여 대략적으로 설명하였다. 또한, 연구참여자들의 경험에 대한 연구가 추후의 '교육기부' 확산에 있어서 기여를 할 것이라는 연구자의 기대를 설명하고, 연구에 참여해 줄 수 있는지 물어보았다.

둘째, 면담 과정에서 연구자가 미처 예상하지 못했던 이야기나 주제를 연구참여자가 언급하였을 때, 유연성을 발휘하여 지나치게 그것을 통제하지 않았다. 다만 인터뷰의 흐름이 주제와 지나치게 벗어날 경우는 주제 전환을 시도하였다.

셋째, 연구자는 사이드만(Seidman, 2006: 136-137)이 제시한 연구참여동의서 작성에 대한 여덟 가지 지침을 따라, 연구참여자의 자발적인 연구참여, 사생활 보호 권리, 연구참여 거부의 권리, 사생활 침해 거부 권리, 면담의 녹음, 연구결과의 출판 등의 내용을 문장으로 기술하여 연구참여동의서를 제작하였다. 한편, 본 연구의 주제와 면담 연구라는 특성상, 연구참여자 개인의 생애사가 노출된다. 이에 따라 본 연구자는 연구참여자 섭외를 위하여 연락처를 받은 후에, 개별 만남을 통해 연구에 대해 충분히 설명할 수 있는 시간을 가졌다. 첫 번째 만남에서는 연구자와 연구 내용, 연구참여자에 대한 윤리적인 부분, 면담 내용 분석 후 연구참여자의 확인 절차 등에 대하여 설명하고, 연구 및 연구자에 대한 질문이 있는지를 확인하여 답변을 하였다.

질의 시간을 충분히 가진 후, 연구참여동의서를 보여 주고 그것을 받는 이유에 대해 설명하였다. 일부 연구참여자는 처음 연구에 대하여 구두로 설명을 할 때는 적극적으로 관심을 보였다가도, 연구자가 연구참여동의서를 꺼내 다시 설명을 하면 어색해하거나 두려움과 의아함을 표시하였다. 그러한 반응에 대하여, 연구자는 연구참여동의서에 대해 질적연구자의 윤리적인 부분을 준수하고 연구참여자의 자발적인 참여와 자료 수집 절차의 투명성을 증명하기 위한 보조 자료이며, 질적연구에서 연구참여자를 보호하기 위한 중요한 절차라고 설명하였다.

이러한 절차를 거친 후, 라포(rapport) 형성을 위해 교육기부에 관한 경험이나 개인적인 이야기를 나누고 본격적인 인터뷰 날짜를 잡고 다음 면담의 주제에 대해 알려 준 뒤 헤어지거나, 연구참여자의 희망에 따라 본격적인 인터뷰를 바로 시작하기도 하였다. 그리고 두 번째 만남에서부터 본격적인 면담을 하였다. 그리고 연구참여자에게 연구참여동의서 사본을 돌려주었다.

넷째, 면담 장소와 시간을 최대한 연구참여자의 편의에 맞추려고 노력하였으며, 면담 날짜 1~2일 전에 문자로 면담 약속을 상기시켜 주었다. 되도록 면담 시간 30분 전에 도착하여 미리 면담 장소를 정하고, 식사 혹은 차를 대접하면서 편안한 분위기에서 면담에 응할 수 있도록 하였다.

다섯째, 연구참여자에 대한 호칭의 문제이다. 2012년 8월부터 12월까지 연구자는 여성 연구참여자에게는 '(이름) 양', 남성 연구참여자에게는 '(이름) 군'이라는 호칭을 사용하였다. 별생각 없이 그러한 호칭을 사용하였는데, 이에 대한 문제를 깨달은 것은 다음의 에피소드를 통해서이다. 연구자는 12월에 본인을 담당하는 보험 컨설턴트와 통화할 일이 있었다. 그는 나에게 "소민 씨, 잘 지냈어요?"라고 안부 인사를 건넸다. 그는 연구자의 어머니의 친구로서 어머니의 소개를 통해 2005년부터 알게 된 사이이지만, 한 번도 나를 '소민 양'이라고 부르지 않았다. 나는 그 순간, 연구참여자들에 대한 '(이름) 양', '(이름) 군'과 같은 호칭이 나의 지위, 나이 등이 그들보다 '위에 있다'는 것을 비가시적으로 드러내 왔던 것임을 깨달았다. 그 후, 연구자는 '(이름) 씨'로 호칭을 사용하였다. 이는 초보 질적연구자로서 연구참여자에게 대한 윤리적 고려에 대한 부분 역시 시행착오를 겪음으로써 배운다는 점을 보여 준다. 연구참여자들은 연구자를 '선생님'이라고 부르기도 하였다. 한편, 일부는 연구자에게 어떤 호칭을 사용해야 하는지 물어봤다. 이 경우 연구자는 '누나/언니', '선생님' 등 본인에게 편한 방식으로 부르라고 대답하였다.

마지막으로 연구참여자의 자기 성찰을 격려하고 통찰의 기회를 제공함으로써, 에더와 핑거슨(Eder & Fingerson, 2002: 185)이 주장했듯이 '권력의 역동성에 대응하기 위해 권리 보호에만 한정되어 있는 윤리적 논의를 확대'하여 '호혜성도 함께 강조'하고자 노력하였다.[13] 많은 연구참여자는 면담을 마친 뒤 "인터뷰를 하면서 생각을 정리하는 계기"가 되었고 "한 번도 생각해보지 않았던" 주제들을 자신의 삶과 관련지어 성찰하는 기회였다고 이야기하였다. 일부 연구자는 자신의 경험을 이야기하면서 눈물을 보이기도 하였다. 연구자는 매회 면담을 마치면서 연구자 역시 많이 배웠으며 의미 있고 털어놓기 힘든 이야기를 공유해 주어서 고맙다고 감사를 표했다.

5. 현상학적 연구 글쓰기의 예

1) 봉사활동 경험의 의미 주제 도출과 유형화

현상학적 연구방법을 적용하여 봉사활동 경험의 본질을 탐구한 결과, 연구참여자들의 내러티브는 '오아시스로의 소풍'이라는 개념으로 귀결되었다. 그 이유는 연구참여자들에게 봉사활동은 '오아시스'와 '소풍'이라는 두 가지 복합적인 의미를 가지고 있었기 때문이다. 이에 대한 자세한 설명은 생략하도록 하겠다.

13) 호혜성은 서로 혜택을 누린다는 의미로, 연구자는 당연히 연구참여자를 통해 연구 자료를 얻을 수 있다는 점에서 기본적으로 혜택을 받는다고 볼 수 있다. 그러나 연구참여자의 입장에서는 어떠할까? 질적연구자는 연구참여자 입장에서도 그 자신이 연구에 참여함으로써 얻을 수 있는 심리적이거나 사회적 혜택을 강조할 필요가 있다. 그래야 자신이 낯선 연구자와 함께 인터뷰를 하며 소비한 시간이 헛되지 않았다고 느낄 것이기 때문이다. 이를 위해, 나는 매번 인터뷰를 마치고 나서 연구참여자의 이야기를 통해 내가 개인적으로 배운 점을 이야기하고 감사를 표시했으며, 연구참여자에게 인터뷰가 어땠는지 물어보았다. 이는 연구참여자가 자신을 돌아보는 시간을 제공하기 때문에 매우 중요한 작업이다. 그리고 모든 회차의 인터뷰가 종료될 때마다 연구참여자의 이야기가 지니는 사회적 가치에 대한 나의 기대를 이야기하였다. 주의할 점은 연구참여자의 이야기에 대하여 윤리적인 판단이 담긴 말을 해서는 안 된다는 것이다.

연구자는 대학생의 봉사활동 경험의 본질과 이를 형성하는 본질적 주제를 추출하는 과정에서 총 1,531개의 의미 단위를 도출하였고, 이로부터 6개의 본질적 주제와 14개의 하위 주제를 추출하였다. 중등학교 시기 봉사활동의 본질적 주제는 3개로 나타났으며, 이는 봉사활동 '시간 채우기' 명분의 재생산, 봉사활동의 수단화, 자기만족과 개인적인 위로로 축약되었다. 중등학교 시기 봉사활동 경험의 본질적 주제 3개는 '오아시스로의 소풍'이라는 본질에서 벗어난 것처럼 보일 수 있다. 그러나 연구참여자들을 둘러쌌던 학교 교육의 맥락 속에서 그들의 봉사활동 경험이 이와 같이 왜곡되었다고 할 수 있다. 많은 연구참여자가 중등학교 시절의 봉사활동을 떠올리며 "그건 봉사도 아니죠."라고 말한 것은 이를 반영한다. 현상학적 관점에서 볼 때, 연구참여자들은 중등학교 당시 봉사활동을 하기 전부터 이미 봉사활동에 대한 선이해를 가지고 있었다고 할 수 있다. 따라서 그러한 말은 중등학생 때 그들이 생각하는 '진짜' 봉사활동을 하지 못했다고 여기는 것을 나타낸다고 해석할 수 있다. 한편, 대학교 시기 봉사활동의 본질적 주제는 3개로 나타났으며, 이는 봉사활동을 통한 인간관계의 확장, 봉사활동을 통한 개인적 성장, 사회와 타인에 대한 성찰로 드러났다.

밴 매넌(Van Manen, 1944: 66-67)은 현상학적 글쓰기의 구조를 구성하는 방법을 크게 여섯 가지로 제안한 바 있다. 이는 주제별로(Thematically), 분석적으로(Analytically), 사례를 제시하면서(Exemplicatively), 실존주의적으로(Existentially), 해석적으로(Exegetically) 쓰는 방법과 이 다섯 가지 방법을 종합하여 쓰는 방법이다. 연구자는 밴 매넌(van Manen, 1944)이 제시하였던 현상학적 글쓰기 방법 중 주제별 방법과 사례제시 방법을 혼합한 방식을 적용하여 각 시기별 봉사활동의 의미 주제에 대해 간략하게 설명하였다. 또한, 연구자는 비판적 페다고지와 프레이리의 이론을 바탕으로 설계한 '시민적 프락시스'의 요소를 바탕으로 연구참여자들의 봉사활동에 대한 인식, 경험에 드러난 시민적 프락시스의 정도에 따라 시민적 프락시스를 유형화하였다.

특히, 이 부분을 쓰면서 어려웠던 점은 여기에서는 연구결과를 기술적으로 서술하는 데에 더 중점이 있었지만, 연구참여자 인용문의 길이를 조절하는 것과 단순히 연구참여자의 말을 나열하는 것이 아니라 이것이 연구의 논의 주제와 이론적 렌즈와 어떤 관련성이 있는지를 서술하는 것이 어려웠다.

2) 봉사활동 경험에 관한 문화연구적 해석

이어서 연구자는 '시민적 프락시스'와 신자유주의 통치성이라는 이론적 렌즈를 바탕으로 연구참여자들의 내러티브 속에서 연구참여자들을 둘러싼 사회적 맥락을 고려하여 시민적 프락시스를 촉진 및 제약시키는 요소에 대해 논의하였다. 그리고 이러한 문제 제기를 통하여 학교 교육에서 봉사활동이 도입된 목적이 시민으로서의 참여와 사회적 책임, 타인 배려였음에도 불구하고 중등학교 시기 봉사활동의 의미가 왜 시간 채우기, 수단화, 자신의 행복을 재확인하는 계기에 그쳤는지를 살펴보았다. 그리고 그들의 중등학교 경험이 그 후의 자기 형성을 위한 관점에 어떤 영향을 미치는지를 가늠하는 동시에 현재 그들의 시민적 프락시스의 성장을 제약하는 요소에는 무엇이 있는지 논의하였다. 그 결과, 시민적 프락시스 제약 요소로는 신자유주의적 에토스를 지향하는 비인간화 교육, 신자유주의 통치성, '어른', 시민적 대화(citizen talk)의 부재를 도출하였다. 한편, 시민적 프락시스의 촉진 요소로는 인간화를 지향하는 교육 실천과 타인으로부터 받은 도움, 봉사활동을 통한 '타자의 현현' 경험, 대학생의 주체성을 뒷받침하는 형식의 봉사활동 프로그램, 사회에 관한 정보 수집과 성찰, 자신의 의식에 대한 비판적 성찰과 의식화를 이끌어 내었다.

이 부분을 서술할 때에는 해석학적 해석에 있어서 선행연구와 연결을 짓는 것이 중요하였으며, 봉사활동이라는 현상에서 드러난 주제들 밑에 숨겨져 있는 의미의 본질을 찾아내는 사고 과정이 어려웠다.

3) 연구의 제언

해석적 현상학적 탐구에서는 연구참여자의 내러티브를 연구참여자의 생활세계와 그 경험이 가지는 맥락적인 특성을 고려하여 분석한다는 점에서, 연구참여자와 상호작용하는 사회적 행위자의 행동에 변화를 가져올 수 있는 실천적인 제언을 할 필요가 있다. 일례로, 간호학 연구에서 해석적 현상학적 탐구가 많이 이루어진 것은 특정 질병이나 증후를 경험한 이들의 경험을 보다 잘 이해함으로써 그들과 상호작용하는 업무에 종사하는 이들에게 유용한 가이드라인을 제공할 수 있기 때문이다. 특히, 연구참여자들의 내러티브에 대한 해석학적 해석은 추출된 주제가 암시하는 것 이상을 우리에게 알려 준다.

이러한 관점에서 나는 대학생의 봉사활동 경험에 관한 연구에서 얻어진 함의들을 토대로, 앞으로는 초·중등·대학교에서의 봉사활동을 시민성의 다양한 측면을 넘나드는 수준 높은 시민 교육의 의미 있는 실천 전략으로 승화시켜야 함을 제안하였다. 이를 위해 사회 정의를 위한 봉사활동을 초·중등학교 그리고 대학교 수업과 연계하고, 사회 변화를 위한 시민적 프락시스를 향상시키는 교육에 대한 적절한 방향을 제시하고자 하였다.

연구의 제언을 서술함에 있어, 나의 연구가 기존의 선행연구와 비교할 때 어떤 이론적·실천적인 기여를 할 수 있는가에 대해 상세히 서술하는 작업이 특히 어려웠다.

6. 현상학적 연구의 전망

인터넷이 보급되기 전, 인간의 역사는 주로 오프라인의 활자로 기록되었다. 그리고 인터넷이 생기면서 개인도 자신의 역사를 다양한 방식으로 기록함에 따라 지금 이 순간에도 우리 삶의 자취는 무수히 쌓여간다. 나는 가끔 생각해 본다. 고대의 수많은 기록을 보고 현대인이 느끼는 감동을, 지금으로부터 2000년이 지나 미래의 인류도 현재 우리의 글을 보며 느낄 수 있을까?

인간의 경험에 대한 사적인 기록과 별개로, 이를 학술적인 관점에서 통합적이고 통시적으로 살펴보는 질적연구들이 누적될수록 인류의 자산이 커지는 것이라고 생각한다. 리쾨르(Ricoeur)의 견해에 따르면 개인의 정체성은 "불변적 동일성에 기반한 것이 아니라, 늘 새로이 해석되는 시간 경험의 축적을 통해, 그리고 그것을 이야기함을 통해 형성되어 간다"(김애령, 2001: 269)라고 할 수 있다. 우리는 모두 길어야 몇십 년을 이곳에 점처럼 머물다 가지만 동시대에 함께 살았던 사람들의 경험을 다양한 관점에서 이해하려고 했던 시도는 오랜 인류의 역사에 있어 소중한 유산으로 기억되지 않을까 하는 기대를 가져 본다.

생각할 문제

1. 현상학적 질적연구의 다양한 갈래에 대해 정리해 보자. 그리고 각 갈래의 주요한 특성을 생각해 보자.

CHAPTER 06

문화기술지 : 익숙한 교실에서 타자와 함께하기

조진경

[발리에서 생긴 일]

"중요한 닭싸움에서 진 남자는 때때로 가족 사원으로 가서 사원을 부수고, 신을 욕하며 형이상학적인 자살을 시도한다. 혹은 천국과 지옥을 비유할 때 천국은 이긴 닭을 소유한 사람의 기분에 그리고 지옥은 진 닭을 소유한 사람의 기분에 비교하는 것도 놀랄 만한 일이 아니다."

출처: Clifford Geertz(1973: 493).

기어츠(Geertz, 1973)는 그의 「심층놀이: 발리의 닭싸움에 관한 기록들」에서 발리 사람, 특히 발리의 남자에게 닭싸움의 가치, 지식, 의미를 중층기술(혹은 두꺼운 기술) 하고 있다.[1] 그는 '닭싸움'은 단순한 '놀이'가 아닌 여성이 완전히 제외된 남성만을 위한 공적인 활동으로서 기능하며, 발리의 남자는 수탉에 대해 깊은 심리적 일체감을 가지고 있다고 보았다.

1) 클리포드 기어츠(Clifford Geertz)의 『문화의 해석(*The Interpretation of Cultures*)』은 모두 열다섯 편의 논문으로 구성되어 있는 책으로 「심층놀이: 발리의 닭싸움에 관한 기록들」은 그중 제15장이다. 기어츠(Geertz)는 미국의 문화인류학자로 레비-스트로스(Levi-Strauss)와 함께 인류학의 틀을 뛰어넘어 인문 · 사회 · 과학에 막대한 영향을 미친 인류학자로 평가받는다.

문화기술지는 한 사회의 특정한 행동 양식이나 신념, 즉 문화의 다양한 현상에 대해 현장 조사를 통해 자료를 수집하고 기술하고 연구하는 학문 분야이다. 따라서 다른 문화에 대한 일차적인 연구방법으로 유용하다.

1. 문화기술지의 이해

1) 문화기술지의 개념

가장 오래되고 일반화된 질적연구방법인 문화기술지는 크게 두 가지 의미로 쓰인다. 첫째는 연구의 결과물을 의미하는데 '문화인류학자나 민속학자가 현지에서 수행한 연구결과를 정리하여 텍스트로 만든 것'을 말한다(김진희 · 김영순 · 김지영, 2015: 187). 둘째는 문화인류학의 학문적 전통 속에서 형성된 독특한 연구방법 그 자체를 말하는 것으로 '한 세계의 사회적 행위가 다른 세계의 관점에서 어떻게 이해되는가를 보여 주는 질적연구의 방법론 중 하나'를 가리킨다(고미영, 2012: 108).

문화기술지의 영어 표현은 'Ethnography'로 '민속, 사람들, 나라(folk, people, nation)'를 나타내는 그리스어 'ethnos'와 '기록하다(I write)'를 의미하는 'grapho'를 그 어원으로 한다. 학자에 따라 'Ethnography'의 영어 발음을 그대로 우리말로 옮긴 '에스노그래피'라는 용어를 사용하거나, '민족지, 민속지, 민족지학' 등으로 번역하여 사용한다. 하지만, 김현정(2007)은 '민족지'로 번역할 경우 협의의 민족(nation)으로, '민속지'로 적을 경우엔 '민속학(folklore)'으로 그 범위가 좁게 이해될 수 있다고 지적한다. 이 장에서는 현장에서 수집한 자료들을 토대로 현지의 문화를 기술한다는 의미가 잘 드러날 수 있는 '문화기술지'로 통일하여 사용하였다.

2) 문화기술지의 유형

말리노프스키(Malinowski)의 트로브리안드(Trobriand) 섬에서의 현지 연구(1922) 이래, 일정 지역에 장기 거주하며 사람들의 삶과 문화를 이해하는 독특한 학

[그림 6-1] 트로브리안드 섬에서의 현지연구

출처: en.wikipedia.org

문적 전통으로 발달한 문화기술지는 인류학 연구에 입문하는 학자에게는 일종의 통과의례였다(조용환, 2016).

전통적 방식의 문화기술지는 주로 낯선 민족이나 인종에 대한 연구가 주를 이루었다. 주요 문화인류학자로는 말리노프스키(Malinowski), 루스 베네딕트(Ruth Benedict), 레비-스트로스(Levi-Strauss), 클리포드 기어츠(Clifford Geertz) 등을 들 수 있다.[2] 말리노프스키는 1922년에 트로브리안드 섬에서의 현지조사 결과를 바탕으로 『서태평양의 항해자들(*Argonauts of the Western Pacific*)』을 발간하였다(그림 6-1 참조). 이 책은 참여관찰을 통한 장기간의 현지조사에 기초하여 쓰인 최초의 인류학 문화기술지로 문화기술지적 현지연구의 새로운 기준을 마련했다는 평가를 받는다(최협, 2013).

1946년에 루스 베네딕트(Ruth Benedict)가 발간한 『국화와 칼(*The Chrysanthemum and the Sword*)』은 일본 민족문화를 알 수 있는 유용한 저서로 일본 문화 연구에 미친 영향력과 학술적 성과라는 면에서 명실상부한 대작으로 인정받는다(김진근, 2010). 그리고 레비-스트로스(Levi-Strauss)가 1955년에 발간한 『슬픈 열대(*Tristes tropiques*)』는 그가 브라질에 체류하던 1937년에서 1938년까지의 기간 중 카두베오족, 보로로족, 남비콰라족, 투피 카와이브족 등 네 부족에 관해 기록한 문화기술지를 담고 있다. 이 책은 일종의 자서전 형태의 저술로서 단순한 문화기술지와 달리 인류학적 연구에서 저자가 직면했던 문제점과 해결을 위해 노력하는 삶의 모습이 그대로 녹아있다는 특징을 지닌다(박옥줄, 1998).

2) 서문 '발리에서 생긴 일' 참조

근대에 들어서면서 문화기술지는 주로 낯선 민족이나 인종에 대한 연구가 주를 이루던 전통적 방식과 달리 '문화기술적 연구'라는 이름으로 사회의 하위 집단에서 형성된 독특한 문화와 사회적 문제로 그 관심 영역을 세분화한다(유기웅 외, 2012).[3] 전통적인 문화기술지는 수년 간의 현지조사를 바탕으로 기록하는 반면, 이들 문화기술적 연구는 대개 짧은 기간에 걸친 질적연구로 생애사, 편지나 설문지의 분석, 자서전에서 서사적 분석, 활동연구에서 공연이나 현장연구에 이르기까지 방법론적 관점으로 볼 때 그 형태가 매우 다양해졌다.

고츠와 콩트(Goetz & Le Compte, 1981)는 이와 같은 문화기술적 연구를 전통적 방식의 문화기술지 연구와 구별하여 비-문화기술적(non-ethnographic) 연구 또는 유사-문화기술적(quasi-ethnographic) 연구로 구분하고 그 종류를 다음 다섯 가지로 제시하였다(이용숙, 1989). 첫째는 미시적-문화기술지(micro-ethnography), 또는 생애사(life history) 연구로 주로 한 가지 자료 수집 방법에만 의존한다. 두 번째는 관찰 일정(schedule)이 구조화되고 제한적인 연구이다. 세 번째는 단기간의 현장 연구를 실험이나 조사 연구의 일환으로 추가한 연구이다. 네 번째로 전통적 문화기술지의 연구방법은 사용하지만 문화인류학의 해석적 · 개념적 · 이론적 틀을 사용하지 않는 기술적인(descriptive) 연구이다. 마지막으로 단지 며칠간의 현장 조사에만 의존하는 전격전 문화기술지(blitzkrieg ethnography)가 그에 해당한다.

문화기술지 연구방법의 탐구 유형이 분화되고 확대되는 것은 사회의 당면 문제를 효과적으로 해결하고자 하는 학문적 노력의 일환이며, 이처럼 세분화되어 발전하게 된 배경은 다음과 같다. 먼저, 사회학에서의 관심 영역이 변화하였다. 즉, 고전적 관점에서 사회학은 거시사회를 중심으로 관심이 집중되었다. 그러나 사회학의 관심 영역이 미시사회로 이동하면서 문화기술지 연구 역시 사회와 문화 내에서의 미시사회의 다양한 문제를 심층적으로 연구하는 것으로 그 영역이 변화된 것이다. 두 번

3) 유기웅 외(2012)는 전통적 문화기술지의 관심 대상이 일차적으로 타인에게 있던 것이 새로운 유형의 문화기술지에서는 자기 자신에게로 이동하였다는 것을 그 차이로 든다. 그가 제시한 새로운 유형의 문화기술지 사례로는 '자기문화기술지, 자기기술지' 등이 있으며, 이러한 연구에서는 자신이 속한 집단, 문화, 삶의 방식에 대한 연구가 가지는 의미 탐색에 중점을 둔다.

째는 세계화로 인하여 인구 이동이 빈번하게 이루어지고 대중매체의 발달로 인하여 과거 문화기술지의 주요 경계인 지역 기반의 문화를 특정하기 어렵게 되었다. 더욱이 이질적이고 다양한 문화의 접촉으로 인하여 사회와 문화 내에 존재하는 집단은 보다 세부적으로 분할되었고, 이에 따라 문화기술지의 영역도 세분화되고 다양해진 것이다. 그리고 마지막으로, 연구자 정체성에 대한 인식 변화이다. 전통적 연구에서 연구자는 연구에 대해 객관성을 지니고 해석하는 초월적 존재로 상정된다. 그러나 연구자 역시 한 인간으로서 구체적 상황에 매일 수 있는 주관성을 갖는다는 것을 인식하게 된 것이다. 이러한 배경에서 태동한 응용인류학은 매우 빠르게 발달하고 있고, 대표적인 탐구 영역으로는 글로벌 문화기술지, 발전 문화기술지, 의료 문화기술지, 관광 문화기술지, 마케팅 문화기술지 등이 있다.[4)]

한편, 크레스웰(Creswell, 2013; 조홍식 외, 2015)은 가장 일반적인 문화기술지의 유형으로 실재론적 문화기술지와 비판적 문화기술지를 제시한다. 실재론적 문화기술지는 상황에 대한 객관적인 연구로, 현장에 있는 사람들에게서 자료를 수집하여 제삼자의 관점에서 이를 재구성하는 전통적 접근법이다. 반면에 비판적 문화기술지는 사회에서 주변화되는 집단의 자유를 옹호하며 권력, 역량강화, 불평등, 불공정, 독점, 억압, 주도권과 희생의 문제를 주로 연구하는 일종의 문화기술적 연구이다.

4) 김영천(2013: 47-70)은 보다 구체적으로 응용문화기술지에 대해 다음과 같이 말한다. "글로벌 문화기술지는 세계화 시대에 시공간을 초월한 초국가, 초지역으로 다양한 이해와 사회적 관계에서 나타나는 문화현상을 탐구하며, 발전 문화기술지는 지역 개발과 국가 발전이 효과적으로 수행되도록 인류학적 지식을 활용한다. 의료 문화기술지는 건강이나 질병 등이 문화와 깊은 관계가 있다고 보고, 의료를 사회문화적 관점에서 바라본다. 관광 문화기술지는 거대 산업으로 성장하고 있는 분야로 관광객, 관광 지역, 관광과 관련한 문화를 연구한다. 마케팅 문화기술지는 소비자 행동에 대한 심층적 이해를 도와 기업 경쟁력 향상에 기여한다."

3) 문화기술지의 특성

현대 연구방법에 영향을 준 철학사조는 실증주의, 해석주의, 비판이론, 포스트모더니즘으로 볼 수 있다.[5] 문화기술지 연구방법은 이 중 해석주의(혹은 구성주의)라 불리는 인식론에 그 이론적 바탕을 둔다. 해석주의 패러다임은 다수의 실재가 있을 수 있다고 보는 상대주의적 존재론을 그 입장으로 하며, 인식론에서는 연구자와 연구참여자가 지식과 이해를 공동으로 창조해 나간다고 보는 주관주의적 입장을, 그리고 연구방법과 절차에서는 인위적인 조작이나 조정을 거부하는 자연주의적 입장을 취한다(곽영순, 2009).

이러한 연구 패러다임을 바탕으로 문화기술지는 한 집단의 부분이나 전체 집단을 대상으로 그 대상 집단의 문화를 기술하고 해석함으로써 인간 사회를 이해하는 것을 목적으로 한다. 문화기술지가 연구방법으로서 탄생되던 초창기에는 연구자가 현장에 머무르며 연구 집단의 가치관, 관습, 행위 등에 직접 참여하고 관찰하면서 이를 다양한 방식으로 해석하는 연구가 주를 이루었다. 그러나 문화기술적 연구라는 이름으로 하위문화에 초점을 둔 연구가 증가하면서 문화기술지 연구는 "사전에 계획된 구조적 관찰, 소집단 상호작용의 미시적 분석 및 심층면담을 통한 경험의 이차적 해석에 치중하는 경향"을 보이고 있다(조용환, 2016: 117).

---

5) 네 가지 패러다임은 다음과 같다(김영천, 2016: 65-66). 실증주의에서는 실재가 인간의 지각과 별도로 독립적이고 객관적으로 존재한다고 보며, 따라서 앎의 주체는 앎의 대상과 구별된다. 실험, 조사, 가설의 검증과 반증을 통해 예측하는 것을 연구 목적으로 하며, 이론이나 법칙 등을 생산한다. 한편, 해석주의는 본질적으로 고유하고, 다양한 실재가 존재한다고 보는 상대주의적 존재론으로 연구자와 참여자는 이해를 상호 구성한다. 또한, 자연주의적 질적방법, 즉 해석적 변증법적 연구방법을 통해 인간의 경험을 이해하는 것을 그 연구 목적으로 한다. 비판이론은 사회, 정치, 문화, 민족, 성 등에 의해 형성된 가상적 실재로서 시간의 흐름에 따라 구체화되는 존재론에 입각하여 변형적 탐구를 그 연구방법으로, 해방을 그 연구 목적으로 하며 현존하는 권력 구조에 도전하며 저항을 촉진하는 기 중재적 비평들을 생산한다. 그리고 포스트모더니즘은 객관적 실재 및 보편성을 부정하면서 다양성, 차이, 타자를 강조한다. 알려진 진리를 거부하고 연구자는 드러나는 그대로를 통해 세계를 고찰한다. 고고학, 계보학, 데이터기반 등을 연구방법으로 해체, 계보학, 반성적 텍스트 등을 생산한다.

한편, 해석학적 문화기술지라는 새로운 장르를 구축한 기어츠(Geertz, 1973)는 훌륭한 해석이란 대상의 실체에 좀 더 가깝게 독자를 이끌어 내는 것이라고 정의하였다. 즉, 문화기술지란 어떠한 사회 혹은 문화가 갖고 있는 문화의 단면을 그 사회가 갖는 의미 구조 속에서 드러냄으로써 보다 정확하게 기술하고, 이를 설명하는 두꺼운 기술 혹은 중층 기술(thick description)의 작업이라고 말한다.[6)]

> 문화기술지 작성자는 사회적 대화를 기술한다. 그렇게 함으로써 한순간 존재했다 지나가 버리는 사건들을 기록물 속에 언제든 다시 참고할 수 있는 하나의 이야기로 전환시킨다. … (중략) … 문화 분석은 의미의 대륙을 발견하여 거기에 형상도 없는 풍경화를 그려가는 작업이 아니라, 의미를 추측하고 그 추측이 어느 정도 정확한가를 따져 보고 보다 더 나은 추측으로부터 설명을 위한 결론을 끌어내는 것이고 또 그래야만 한다. (Geertz, 1973: 33-34)

즉, 문화공유 집단의 문화를 이해한다는 것은 일상적이고 평범한 면을 밝히되 개개의 사건 혹은 행위가 지닌 특수성을 감소시키지 않을 뿐만 아니라, 이를 보다 잘 설명하기 위해 다양한 층위에서 검토해야 한다는 것이라는 것이다.

따라서 문화기술지 연구의 설계는 유연하고 개방적이라는 특성을 지닌다. 이러한 특성은 문화기술지 연구에서 연구자 자신이 가장 중요한 도구라는 것을 잘 나타내 준다. 문화기술지 연구에서 연구자는 직접 현장에 들어가 자료를 수집하고, 수집한 자료를 분석한다. 이 과정에서 필요한 경우 반복하여 순환적 또는 주기적으로 자료를 수집하고 분석을 한다. 주로 문화 해석에 대한 틈이 발생한 경우나 기존 자료를 통해서는 보다 자세한 설명에 제한을 받는 경우에 다시 자료를 추가하여 수집하

6) 기어츠(Geertz, 1973: 14-16)는 눈꺼풀을 빠르게 수축시키는 세 명의 소년(흉내 내는 자, 윙크하는 자, 경련을 일으키는 자)에 대한 예를 통해 문화기술지의 대상은 "급히 눈꺼풀을 수축하고 있는 것"으로 묘사하는 현상 기술(thin description)과 그 사람들의 행위를 "한 친구가 거짓으로 무엇인가 음모가 있다는 듯이 보이기 위해 윙크하는 척하며 행위를 연습하고 있는 것"으로 묘사하는 중층 기술(thick description) 사이에 존재한다고 하였다. 즉, 세 소년이 자신의 눈꺼풀로 무엇을 하고 있든 그것을 받아들이고 해석하게 해 주는 의미 구조 없이는 그들의 행위가 하나의 문화적 범주에 존재한다고 볼 수 없다는 것이다. 눈꺼풀을 수축하는 행위가 흉내인지, 윙크인지 혹은 경련을 일으키는 것인지를 인지하도록 하는 것도 문화적 의미 구조 속에 내포되어 있기 때문이다.

고 다시 분석을 실시하는 과정을 반복하게 된다. 바로 이런 점이 문화기술지 연구의 설계를 융통성 있게 하고 개방성이라는 열린 특성을 지니게 한다. 연구자는 연구를 진행하는 과정에서 자신의 다양한 능력과 특성을 연구에 반영하게 되는데, 연구자가 지닌 다양한 배경은 자료 분석에 상당한 영향을 끼친다(김영천, 2016). 문화기술지 연구에서 연구자는 '아는 만큼 볼 수 있다.' 그러나 연구자는 가장 중요한 연구도구로서 자신의 특성이 연구에 끼치는 영향을 반성적으로 제어하면서, 자신의 선입견이나 자의성이 개입되지 않도록 타자가 보여 주는 세상에 대해 열린 마음과 민감성을 가져야 한다(곽영순, 2009).

2. 문화기술지 연구의 쟁점과 절차

1) 문화기술지 연구의 쟁점

문화기술지 연구에서는 구어적 기술방법, 연구결과의 보편성 및 문제 해결력의 부족, 연구대상에 대한 윤리적 문제 등이 주요 쟁점으로 제기되곤 한다. 그러나 문화기술지 연구가 갖는 이러한 논쟁은 문화기술지 연구이기 때문이 아니라, 질적연구가 지닌 다음 몇 가지 특성에 기인한다(곽영순, 2009). 첫째, 질적연구에서 연구자는 자연스러운 주변의 실제 상황에서 연구를 위한 자료를 수집한다. 이들 자료는 연구 현장에 대한 관찰일지, 면담을 녹음한 소리파일이나 전사록, 연구참여자의 저널 등 사적인 자료로 연구자는 모든 자료가 지닌 풍부함을 그대로 유지하며 자료를 분석하려고 한다. 둘째, 질적연구에서는 과정을 중시하고 따라서 연구자는 연구 전에 세운 가설을 검증하려 하는 것이 아니라 수집한 자료를 분석하는 과정에서 추상적인 개념을 만들어 나간다. 따라서 연구문제는 연구가 진행되는 과정에 서서히 구체화되기도 한다. 셋째, 질적연구에서는 문제의 해결이라기보다는 의미의 파악을 중요시한다. 연구자는 다양한 사람이 자신의 삶을 어떻게 이해하고 해석하는지에 관심을 갖는다.

이런 질적연구의 특성으로 인해 문화기술지 연구는 가설의 검증이 아닌 사회현상의 탐색에 강조를 두고 일상적으로 이루어지는 인간의 행동과 삶의 양상을 설명하고 거기에 의미를 부여하는 것을 주요과제로 간주한다. 따라서 연구물은 인위적 조작을 가하지 않은 연구참여자의 삶을 자연스럽게 나타내기 위해 구어적 설명이 주가 되며, 통계 분석이나 수량화는 부수적으로 이루어진다. 소수의 사례 혹은 단 한 가지 사례를 자세하게 조사하고 때로는 구조화되지 않은 자료로 작업을 하기도 한다(고미영, 2012). 문화기술지 연구는 문화공유 집단의 생활방식을 기술함으로써 문화적 다양성에 대한 이해를 얻고자 한다. 즉, 특수성과 다양성을 연구하면서 보편성을 찾는 연구방법인 것이다. 예를 들어, 개인에 따라 연애나 결혼, 출산 등은 다양한 모습으로 나타나는 매우 개별적인 것일 수 있지만, 한편으로는 다른 모든 사람이 공유할 수 있는 가치를 지닌다. 즉, 다양한 방식으로 나타나는 개별적 경험은 많은 사람이 공유할 만한 가치를 지닌 것-바로 보편성을 가질 수 있다는 것이다. 따라서 매우 개별적이고 특수한 것으로 보이는 문화다양성을 연구하는 것은 다른 한편으로는 인류의 보편성에 대한 연구가 되는 것이다.

한편, 문화기술지 연구의 정보제공자는 한 사회에서 확인할 수 있는 문제와 그에 대한 관심, 사회적 상호작용에 의한 이해관계를 가진 인간이므로 그들에 대한 고려가 필요하다. 이를 위해서는 연구 목적에 대한 충분한 설명, 정보제공자의 권리와 이해관계 및 감수성의 보호, 사생활 보호 등과 같은 윤리적 원칙들이 지켜져야 한다(Spradley, 1980).

어떠한 연구방법도 모든 문제를 해결할 수는 없다. 문화기술지 역시 만능의 해법이라고는 할 수 없지만, 다음의 경우에는 매우 유용한 연구방법으로 볼 수 있다(조용환, 2016). 첫째, 연구하려고 하는 현상, 대상, 지역에 대한 선행연구나 사전 지식이 거의 없는 경우 또는 복잡하고도 미묘한 사회적 관계나 상징적 상호작용을 탐구하려고 할 때 매우 유용하다. 둘째, 소집단 또는 소규모 사회의 역동에 관한 총체적 연구와 사건의 맥락과 흐름에 대한 심층적 이해를 하고자 하는 경우에도 매우 적합하다. 그리고 셋째, 현상 이면에 내재한 가치체계, 신념체계, 행위규칙, 적응전략 등을 파악하고자 할 때 문화기술지의 연구방법이 적합하다.

2) 문화기술지 연구의 절차

문화기술지 연구는 그 유형이나 수행방법이 다양한 것처럼 절차도 다양하다. 질적연구방법의 권위자로 국내에 잘 알려진 크레스웰(Creswell, 2013)과 스프레들리(Spradley, 1980)가 정리한 문화기술지의 다양한 단계와 절차는 다음과 같다. 먼저, 크레스웰(Creswell)은 문화기술지 수행의 일반적 단계를 다음 몇 가지 단계로 정리하였다. 첫째, 문화기술지가 연구문제를 해결하기 위한 가장 적절한 연구방법인지 결정한다. 문화기술지는 문화 집단이 작동하는 방법과 그 집단이 직면하고 있는 이슈들의 탐색에 적합하다. 둘째, 연구할 집단이 공유하는 문화가 무엇인지 파악하고 위치를 정한다. 이 단계에서 주요 정보제공자를 찾기 위한 탐색을 한다. 셋째, 문화적 주제, 문제, 이론을 선별하고 문화기술지 중 어느 유형을 사용하여 문화적 개념을 연구할 것인지 정한다. 넷째, 그 집단이 일하고 살아가는 상황에서 정보를 수집한다. 현장조사에 해당하는 단계이다. 다섯째, 수집된 자료에서 연구자는 그 집단에 대한 묘사 자료, 그 집단과 전체적 해석에서 드러난 주제를 분석한다. 여섯째, 연구자의 관점(etic)뿐만 아니라 연구참여자의 관점(emic)을 종합하는 그 집단에 대한 종합적 묘사인 최종 산물로서의 규칙, 일반화에 대한 작업 세트를 구축한다.

한편, 스프레들리(Spradley, 1980; 2009)는 크레스웰(Creswell, 2013)에 비해 보다 구체적으로 연구의 절차를 제시하였다. 첫째, 과제를 정해야 한다. 문화기술지의 지향점은 사람들이 그들의 행동을 조직하고 경험 해석에 사용하는 문화적 지식을 발견하는 것이므로 이 목적에 의거하여 특정한 문화적 장면에서 중요하다고 느끼는 것을 과제로 정한다. 둘째, 문화기술지적 질문을 하는 것이다. 문화기술지적 질문은 세 가지 종류, 즉 서술적 질문, 구조적 질문, 대조적 질문이 있다. 서술적 질문을 통해 관찰과 초기 자료의 분석을 하고 구조적 질문과 대조적 질문을 통해 좀 더 집중된 관찰을 할 수 있다. 셋째, 문화기술지 자료의 수집이다. 자료의 수집은 주로 광범위한 서술관찰을 통해 초기 자료를 기록하고 분석한다. 그 후 범위를 좁혀 집중관찰을 한 후, 조사를 더욱 좁혀 선별관찰을 한다. 서술관찰은 집중관찰이나 선별관찰을 하는 동안에도 계속한다. 넷째, 문화기술지 기록이다. 기록은 관찰과 분석의 중간 단계에 해당한다. 다섯째, 자료의 분석이다. 분석은 새로운 문화기술지 질문의 발견, 추가 자료의 수집, 관찰일지의 작성과 분석을 할 수 있게 해 주므로 연구과제가 막바지에 이를 때까지 지속한다. 방법으로는 영역 분석, 분류 분석, 성분 분석, 주제 분석이 있는데, 서로 다른 형태의 분석을 동시에 수행할 수도 있다. 여섯째, 문화기술지 작성이다. 이 단계는 연구의 마무리이지만 새로운 질문과 더 많은 관찰로 이어지기도 한다.

위 두 절차를 보면 세부적으로 차이를 보이는 점도 있지만, 전체적으로 큰 틀에서는 모든 과정이 반복적으로 진행되는 순환적 과정을 겪는다. 대부분의 사회과학 연구에서는 연구문제가 자료 수집 전에 규정되고, 자료 분석은 자료의 수집이 끝난 이후에만 할 수 있지만, 문화기술지는 [그림 6-2]와 같이 주요 작업이 반복적 · 순환적 · 누적적으로 일어난다(Spradley, 1980; 2009).

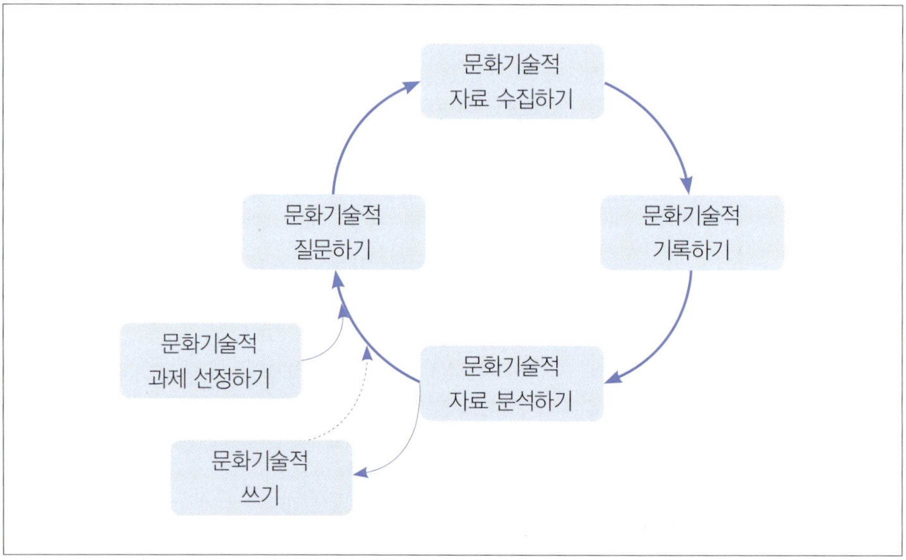

[그림 6-2] 문화기술지 연구의 주기

출처: Spradley(1980: 29; 2009: 39).

문화기술지 연구에서는 연구를 진행해 나가는 과정에 연구의 초점을 좁혀가게 된다. 스프레들리(Spradley, 1980)는 연구의 초점을 좁혀 나가는 단계를 서술관찰 →

집중관찰 → 선별관찰의 3단계로 제시했다. 서술관찰 단계에서는 우선 일반적이고 개략적인 기술을 한다. 집중관찰에서는 연구대상인 사회적 상황에서 초점이 되는 것들에 대해서만 상세한 정보를 수집한다. 선별관찰 단계에서는 집중관찰의 결과로 찾아낸 특정 영역 범주들 간의 차이를 찾아낸다.

특히, 스프레들리(Spradley, 1980)가 연구의 초점을 좁혀나가는 방식은 그가 제시한 문화기술지적 질문과도 밀접한 관계가 있다. 서술관찰 단계에서는 서술적 질문을 통하여 연구 현장에서 일반적으로 나타나는 문화현상 혹은 행위는 무엇인가? 와 같이 연구 현장의 특징을 확인하기 위한 질문을 할 수 있다. 집중관찰 단계에서는 구조적 질문을 통하여 연구자가 주목하는 특정 현상의 발현 양상을 보다 깊이 알기 위해 하는 질문으로 여기에는 언제, 어디서, 어떻게, 왜 등과 같은 육하원칙을 기본으로 구성된다. 또한, 선별관찰 단계에서는 특정 현상의 맥락적 특성을 이해하기 위해 문화현상이 발현되지 않는 경우는 어떠한 경우인가? 다른 양상으로 발현되는 경우 어떠한 맥락성을 갖는가? 등과 같은 대조적 질문을 활용할 수 있다.

수집한 자료의 분석은 다음 세 가지 특징을 지닌다(김영천 · 조재식, 2004). 첫째, 자료 수집과 분석이 상호보완적 성격을 띤다. 자료 수집을 하면서 자료 분석을 하고 분석이 끝난 후에도 필요시, 현장 작업을 다시 한다. 둘째, 연구자는 수집된 자료의 의미를 이해하기 위해 지속적인 성찰과 반성을 통한 공감과 추론 작업을 하게 되는데, 이 과정에서는 연구자의 감정이입 능력과 끊임없는 상상력이 필요하다. 셋째, 수많은 자료의 상호관련성을 찾아 연합시키고 의미와 주제를 발견하고 이를 설득적으로 제시하기 위해서는 연구자의 글쓰기 능력이 매우 중요하다.

다른 질적연구와 마찬가지로 문화기술지의 가장 중요한 연구도구는 연구자 자신이다. 그러나 연구자가 자료를 분석하고 이해하는 과정에서 연구자는 자신의 선입견에 의한 자의적 해석의 오류를 범할 수 있다. 따라서 연구자가 이해와 해석이 제대로 이루어졌는지를 최종적으로 알아보기 위해서는 연구참여자를 포함하여 해당 연구자와 관련한 전문가, 동료 연구자 등과 함께 수집한 자료와 분석과정에 대한 다각검증이 필요하다.

3. 문화기술지에서의 자료 수집

1) 참여관찰

전통적인 문화기술지 연구는 연구자가 장기간 현장에 머물며 연구대상 집단과 친밀해지기 위한 노력을 지속하면서 주로 참여관찰을 통해 자료를 수집했다. 참여관찰이란 질적연구에서 가장 핵심적인 연구방법으로 연구자가 관찰자로서 전문적 거리를 유지하는 동시에 연구참여자의 삶의 과정에 참여하며 관찰하는 것을 말한다(Fetterman, 1991; 김영천, 2016, 재인용). 연구자가 이해하는 과정을 통해 낯선 것에 대해서 친숙해지는 것은 그리 어려운 일이 아니다. 그러나 이미 친숙한 것에 대한 전문적 거리를 유지하기 위해서, 연구자는 자신의 관점과 지각 방식에 대해 지속적으로 의문을 제기해야 한다. 또한, 연구자는 참여관찰 현장에 출입 허가를 얻기 위해 자신을 표현하고 조절할 수 있어야 한다. 이와 함께 연구자는 자신이 연구의 도구로서 현장 구성원들의 삶에 참여하면서 그들의 행위, 언어, 상징뿐만 아니라 연구자 자신의 경험과 느낌도 자료로 사용한다(이용숙, 1989).

문화기술지가 다른 연구방법론과 구별되는 점은 좀 더 적극적인 관찰에 있다(Gobo, 2011: 17). 첫째, 연구자는 연구참여자와 직접적인 관계를 설정하고 그들의 자연스러운 환경, 즉 현장에 머무른다. 둘째, 연구자는 관찰을 목적으로 하여 연구참여자들의 사회적 행위를 묘사한다. 셋째, 연구자는 연구참여자들과 상호작용하고 그들의 일상 의식과 의례에 참여한다. 넷째, 연구자는 연구참여자들의 행위의 의미를 이해하기 위해 최소한의 것이라도 그들의 기호(code)를 학습한다.

관찰은 일상에서도 늘 일어나는 일이므로 참여관찰과 관찰에 어떠한 차이가 있는지 이해할 필요가 있다. 연구목적으로 참여하여 관찰하고 있는 연구자와 사회적 상황에서의 일상적 참여자 사이의 차이는 다음과 같다(Spradley, 1980). 첫째, 참여관찰자는 상황에 적합한 활동에 참여함과 동시에 그 상황에서의 활동 및 사람들과의 물리적 측면에 대한 관찰이라는 이중의 목적을 지닌다. 둘째, 참여관찰자는 복잡한 사회생활 속에서 분명한 의식을 가지고 다른 사람들이 당연시하는 일들에 대한 주의력의 수준을 높여야 한다. 셋째, 참여관찰자는 어떤 활동의 성취라는 당면 목적에 한정된 일상적 수준의 범위를 넘어 보다 넓은 범위의 정보를 얻기 위해 '광각렌즈'를 가지고 사회적 상황에 접근해야 한다. 넷째, 참여관찰자는 내부자이면서 동시에 외부자로서 번갈아 행동하고 경험해야 한다. 다섯째, 참여관찰자는 자기 성찰력을 길러 자신을 연구도구로 새롭게 처한 상황을 이해하거나 문화적 규칙을 따르기 위해 필요한 요령을 습득해야 한다. 여섯째, 참여관찰자는 객관적 관찰과 주관적 감정 모두를 자세히 기록하고 관리한다. 참여관찰에서 연구자의 관점은 관찰 위치에 따라 내부자와 외부자로 구분할 수 있다. 파이크(Pike, 1954)는 관찰의 대상인 문화나 집단이 사용하는 언어와 의미적 범주를 사용하는 경우를 내부자 관점(emic), 선행 자료를 토대로 관찰 대상에서 산출된 것과 다른 언어와 의미적 범주를 생성하는 경우를 외부자 관점(etic)으로 분류하였다(유기웅 외, 2012, 재인용). 보다 포괄적 측면에서 내부자 관점은 연구자 스스로가 관찰하고자 하는 사회적 상황의 일부로서의 경험과 정서적 이해를 통해 더욱 깊은 의미를 산출해 낼 수 있다는 장점을 지닌다. 또한, 외부자 관점은 연구 현장에서 '한발 물러나' 연구 현장의 모습을 다른 문화 집단이나 다른 현상과의 비교를 가능하게 하고, 객관적인 진술을 가능하게 한다는 장점이 있다. 문화기술지 연구에서 중요한 것은 '내부자임과 동시에 외부자로서' 균형을 유지하는 것이며, 이를 통해 보다 깊이 있고 타당한 연구결과를 도출할 수 있다(Spradley, 1980).

2) 심층면담

문화기술지 연구에서 참여관찰과 함께 주요한 자료 수집 방법인 심층면담은 연구를 위한 정보 수집이라는 뚜렷한 목적의식을 바탕으로 이루어지는 의사소통 행위이다. 참여자는 연구자의 질문에 따라 자신의 경험을 재구성하여 제보함으로써, 연구자와 참여자의 '공동의 경험 재구성'이라는 과정을 겪게 된다(유기웅 외, 2012). 심층면담은 먼저, 다양한 사회현상과 인간의 행위를 총체적이고 맥락적으로 이해할 수 있게 하며, 인간의 삶을 이해하고 경험과 감정을 파악할 수 있는 효과적인 자료 수집

방법으로, 개인 경험의 의미를 이해할 수 있게 해 준다. 또한, 심층면담을 통해 개인의 경험을 재구성하는 과정에서 연구참여자는 자신의 행위를 성찰적으로 조망함으로써, 내적 성장과 치유의 효과를 나타내기도 한다.

심층면담은 질문지의 유형에 따라 구조화된 면담(structured interview), 반구조화된 면담(semi-structured interview), 비구조화된 면담(unstructured interview)으로 나눌 수 있다. 구조화된 면담은 사전에 준비된 질문에 대한 답변만을 얻을 수 있는 일종의 구두설문 형태이다. 반구조화된 면담은 구조화된 면담과 비구조화된 면담의 중간 형태로 사전에 면담 질문을 준비하지만 참여자의 반응에 따라 질문을 추가하거나 변형할 수 있는 여지가 있다. 반구조화된 면담은 오늘날 질적연구에서 가장 일반적으로 사용하는 유형의 심층면담이기도 하다. 비구조화된 면담은 일상적 대화의 형식으로 연구자와 참여자 간의 의사소통이 진행되는 가운데 자료의 수집이 이루어진다. 하지만, 연구주제와 면담기법에 대한 이해력이 부족한 경우, 활용하기 어렵다는 주장이 제기되고 있다(유기웅 외, 2012). 한편, 문화기술지 연구에서의 면담은 질문의 내용이나 방식을 사전에 계획하지 않는 비구조화된 면담이나 각 형식의 장단점을 고려하여 연구자의 지식이 축적되면서 서서히 구조화해 나가는 것이 일반적이다(조용환, 2016).

문화기술지 연구의 면담에서는 해당 문화를 연구자가 잘 이해할 수 있도록 정보를 제공해 주는 제보자(informant)의 선정이 매우 중요하다. 스프레들리(Spradley, 1979)는 해당 문화를 잘 알고, 이야기를 즐기며, 비학술적이고 토속적인 언어를 사용하되 주관적 분석을 하지 않는 사람을 좋은 제보자의 조건으로 제시하고 있다.

심층면담의 형식에는 공식적 면담(혹은 형식적 면담)과 비공식적 면담(비형식적 면담)이 있다. 문화기술지의 주요 연구방법인 참여관찰은 연구자가 현장에서 지속적으로 제보자들과 대화를 통해 자료를 수집하므로 비공식적 면담이 참여관찰의 일부라고 볼 수 있다(이용숙, 1989). 비공식적 면담은 일상적 상황에서 이루어지는 대화로, 질적 면담에서 요구되는 일련의 절차를 따르기 어렵다. 따라서 비공식적 면담에 의해 확보한 자료는 관찰일지에 기록한 후에 자료로 활용할 수 있다. 그러나 이러한 비공식적인 면담을 통해 자료를 수집하는 것에는 한계가 있다. 이를 극복하기 위해서는 시간과 장소를 사전에 정하고 제보자의 동의를 구한 후 진행하는 공식적 면담이 필요하다. 공식적 면담을 실시하는 시기는 연구를 위한 자료가 어느 정도 수집되어 구체적인 질문을 계획할 수 있는 시기가 좋다. 관찰의 단계로는 서술관찰과 집중관찰 이후(라포 형성 이후)에 하는 것이 적절하다. 면담을 위한 시간과 장소는 제보자의 의견을 존중하되, 가능한 한 공적인 장소로 한다. 공식적 면담은 면담을 하기 전에 연구참여자에게 연구에 대해 충분히 설명을 할 수 있기 때문에 연구윤리를 준수할 수 있다(Spradley, 1979; 박종흡, 2003).

4. 중도입국청소년의 정체성 협상에 관한 문화기술지 사례

이 절에서 제시하는 문화기술지 사례는 '중국계 중도입국청소년의 방과후 영어수업 참여경험에 나타난 정체성 협상'(조진경, 2016)이다. 연구는 A고등학교에 재학중인 중국계 중도입국청소년이 적응 프로그램 중 하나인 방과후 영어수업에 참여하는 경험과 참여자들의 사회적 행동을 문화기술지 연구방법으로 탐색하였다. 연구를 위한 자료의 수집과 분석, 문화기술지 기록은 2015년 4월부터 2016년 5월의 기간 중 실시하였다. 자료 수집 방법은 참여관찰, 형식적 및 비형식적 면담, 연구참여자가 작성한 영어저널, 수업 자료 등이었다. 연구참여자는 총 10명으로 중국계 중도입국청소년 6명과 교사 4명이었다. 교사들은 방과후 영어수업을 지도한 원어민 영어교사, 두 명의 한국인 영어교사, 이중언어로서의 한국어교사로 교사들 중 선택하여 구성하였다.

연구문제는 다음 두 가지였다. 첫째, 중도입국청소년의 영어수업 참여경험은 어떤 양상으로 나타나는가?와 둘째, 중도입국청소년의 영어수업 참여경험에 나타난 정체성 협상의 의미는 무엇인가? 이다. 연구의 절차와 연구결과에 대해 설명하기 전에 연구자의 연구동기를 먼저 제시하고자 한다. 이는 질적연구의 가장 중요한 연구도구인 연구자의 개인적 경험에서 우러난 성찰과 반성이 이 연구의 동기가 되었기 때문이다.

1) 연구자의 성찰과 반성, 그리고 연구의 동기

연구자는 현직교사를 대상으로 한 파견연수의 기회를 얻어 2년간 미국의 한 대학원에서 석사과정을 공부한 경험이 있다. 유학생활 초기, 변화된 환경에서 연구자 자신이 적응하고 학업을 해 나가야 하는 일은 녹록지 않았다. 게다가 당시 동반한 딸(초6)과 아들(중3)도 언어문화 적응에 어려움을 겪어 첫 학기는 모두에게 힘든 시간이었다. 특히, 그 기간이 딸에게는 더욱 혹독했던 듯하다. 부족한 영어는 딸의 학업은 물론 교우관계도 어렵게 했고, 그로 인한 고립감과 소외감, 낮은 자존감으로 힘겨워했다.

연구자는 미국의 초·중·고등학교와 대학 부설 어학원 등에서 이중언어로서의 영어수업을 참관하거나 직접 지도해 볼 기회가 있었다. 그중 석사과정 마지막 학기에 한 초등학교에서 실시한 교육실습은 여러 의미에서 더욱 특별했다. 초등학교에서 멕시코 출신의 이주노동자 자녀인 세 학생(C, M, D)을 대상으로 영어수업을 했다. 딸과 비슷한 또래의 세 소년은 언어적으로 아무런 준비 없이 미국에 입국한 상태였다. 처음 만날 당시, C와 M은 입국한 지 1주일 정도 되었고, D도 1년이 채 되지 않은 상태였다. 아이들은 제한된 영어 때문에 수업을 전혀 이해하지 못하고 그로 인해 늘 주눅 든 모습이었다. 딸과 C, M, D 세 학생에 대한 관찰경험을 통해 낯선 언어문화 환경에서 이주아동이 겪는 적응의 어려움이 어떤 것인지 깊이 깨닫게 되었다. 대학원 과정 중에 읽었던 『*My Trouble Is My English*』(1995)에서 저자는 낯선 언어문화 환경에 놓인 난민 학생들에 대해 다음과 같이 적고 있다.

> As an educator, I want to help those students who are suffering the same humiliation, frustration, and alienation in their reading and writing as I did when I first came to study in America. (교육자로서, 나는 내가 처음 미국에 공부하러 왔을 때 내가 그랬던 것처럼 읽기와 쓰기에서 꼭 같은 모멸감, 낙심, 소외감으로 괴로워하고 있는 그런 학생들을 돕고 싶다.) (Fu, D., 1995: 14)

저자의 고백에서 온 울림과 개인적 경험에서 온 깨달음은 연구자가 교사로서 풀어가야 할 부담스러운 과제로 남았다.[7] 또한, 낯선 문화 속에서 언어문화 소수자로 경험한 것들과 그것들에서 비롯된 성찰과 반성은 이후 삶에서 어떤 형태로든 되돌려야 할 빚으로 남았다. 이후 박사과정 중이던 2014년 가을 학기에 수강한 '다문화교육의 이해' 강좌는 우연인 듯 필연인 듯 연구자에게 하나의 기회가 되었다. 해당 강좌의 부교재가 유학 중 구입했던 소냐 니토(Sonia Nieto, 2002)의 『*Language, Culture, and Teaching*』인 것이 수강 신청을 한 계기인 것처럼 우연으로 참여하게 된 수업이었지만 필연처럼 깊은 인상을 받았다.[8] 다양한 국적의 유학생들과 서로 다른 학부 배경을 지닌 다양한 연령대의 수강생들이 열정적인 지도교수의 독려 속에 학문에 정진하고 있었다. 그런 분위기는 그동안 연구자의 마음속에 자리 잡고 있던 부채 의식을 새삼 일깨워 주었다. 특히, 연구자를 그 강좌로 이끈 소냐 니토(Sonia Nieto)의 책은 30년 교직 생활을 돌아보게 하는 동시에 이 연구의 실마리를 고민하도록 했다. 사회는 이미 상당한 수준의 다문화화가 진행되어 있었고, 학교에도 예외 없이 반영되고 있었다. 그것은 연구자가 있는 학교의 학생들 중에도 또 다른 C, 또 다른 D, 그리고 또 다른 M이 있을 수 있다는 의미이기도 했다.

---

7) 단닝 푸(Danling Fu)는 1985년 대학원 진학을 위해 미국에 입국하기 전까지 7년간 중국의 대학에서 영어를 가르쳤다.

8) 소냐 니토(Sonia Nieto)는 본인 스스로도 이민자의 자녀로서 유·초·중등학교에서 다양한 사회·경제·문화적 배경을 지닌 다수의 학생을 가르친 경험을 지녔으며, 다문화주의 분야의 앞선 저자이자 교사이다.

2) 연구의 절차

이 연구는 연구참여자들이 고등학교에 재학 중인 학생과 현직에 있는 교사이므로 교수-학습을 통한 교육과정뿐만 아니라 수업 안과 밖에서 일어나는 잠재적 교육과정도 광의적 의미의 교육활동이라는 이해를 기반으로 했다. 다음의 〈표 6-1〉은 자료수집 활동인 참여관찰의 단계별 관찰 내용을 나타내 보여 주고 있다.

〈표 6-1〉 참여관찰 단계별 연구내용

참여관찰 단계	연구 내용
서술관찰 및 영역 분석	영어교사에 의해 진행되는 수업의 전반적인 흐름 파악
집중관찰 및 분류 분석	수업내용, 교재 분석 및 학생과 교사의 상호작용 관찰
선별관찰 및 성분 분석	개별 학생의 수업 중 반응 등 관찰
문화주제 발견 및 자료목록 정리 문화기술지 작성	개별 참여자의 경험의 양상과 경험에 나타난 사회적 행동의 의미 분석

출처: 조진경(2016: 44), 재구성.

참여관찰의 첫 단계는 사회적 상황을 정하는 단계였다. 교사의 수업 진행 과정, 학생들의 수업 참여 모습 등을 서술관찰하고 영역 분석을 하였다. 두 번째 단계는 첫 단계의 영역 분석 결과를 바탕으로 집중관찰 및 분류 분석하는 단계였다. 매시간 영어교사가 활용하는 수업 자료, 수업내용 등을 분석하고 학생들과 교사의 상호작용, 즉 수업 중 의사소통, 지도 내용에 대한 학생들의 반응을 집중관찰했다. 세 번째 단계는 개별 학생들의 수업 중 반응을 선별적으로 관찰하고 태도 등을 성분 분석하였다. 네 번째 단계에서는 중국계 중도입국청소년의 영어수업 참여경험과 사회적 행동에 나타난 문화주제를 발견하여 자료 목록을 정리한 다음 문화기술지로 작성하였다.

연구자는 30년간 중 · 고등학교에서 영어교사로 재직해 온 점에서 내부자적 관점(emic)을, 대상 학생(중국계 중도입국청소년)과 다른 영어교사의 수업을 관찰하는 입장이라는 점에서 외부자적 관점(etic)을 가졌다.

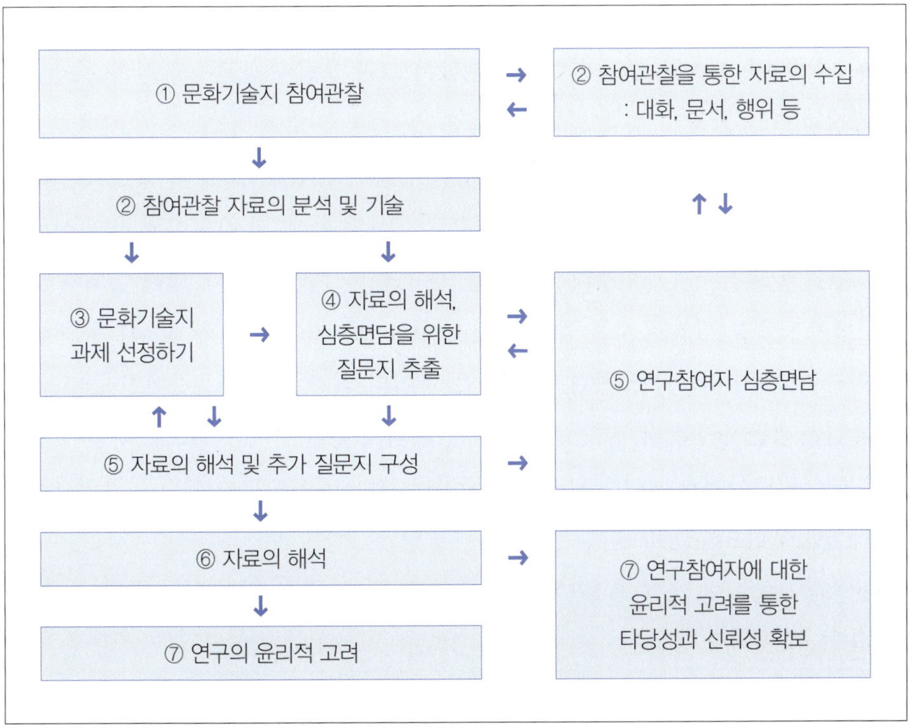

[그림 6-3] 연구의 절차

출처: 조진경(2016). 연구방법.

연구는 [그림 6-3]에 나타난 것처럼 순환적 구조로 문화기술지 참여관찰과 그를 통한 자료 수집, 자료의 분석 및 기술, 문화기술지 과제 선정하기, 자료의 해석과 심층면담을 위한 질문지 추출 등이 반복되고 누적되었다.

3) 자료의 수집

자료 수집은 참여관찰, 심층면담, 영어 저널, 수업 자료 등을 통해 이루어졌다. 참여관찰은 1학기 동안 A 고등학교에서 특별한 행사 등으로 방과후 수업을 쉬는 경우를 제외한 모든 월요일에 실시하였고 횟수는 총 10회였다. 방과후 수업 장소는 특별교실로 일과 중에는 다문화 학생을 대상으로 한국어 수업을 하는 곳이었다. 교실의 크기는 일반 교실의 1/3 정도로 다문화 학생들 숫자에 맞게 책상과 걸상이 놓여 있었다. 벽면에는 게시판이 걸려 있어 학생들이 그린 그림과 학생들 대상의 전달사항이 게시되어 있었다.

참여관찰 10회 중 처음 2회는 영어수업을 참관만 하였다. 교실 뒤에 앉아서 학생들과 영어교사의 교수-학습 장면을 지켜보고 교사와 학생, 학생과 학생 간의 상호작용을 관찰하였다. 이후 3회부터는 원어민 영어교사의 수업 진행에 방해가 되지 않는 범위에서 도움을 필요로 하는 학생의 옆자리나 바로 뒤에 앉아 학생들의 질문에 답을 하는 등 수업 활동을 도왔다. 학생들은 단어의 의미를 묻거나 주어진 문제를 푸는 방법을 질문하곤 했다. 또는 이따금 자신들의 부족한 영어 실력으로 전달이 힘든 말을 원어민교사에게 대신해 달라고 부탁하곤 했다. 〈표 6-2〉는 수업을 참여관찰하고 작성한 수업관찰일지이다.

〈표 6-2〉 수업관찰일지

연월일	2015년 5월 18일	소요시간	17:00 ~ 17:50 (50분)	회차	5회
연구자가 관찰한 내용(수업)					
1. 수업 자료: 샌드위치 재료(식빵, 소시지, 베지소스, 달걀, 양파, 양상추, 마요네즈, 치즈 등) 2. 참여자: 생략 3. 수업 전개: 지난 시간에 배운 맛에 대한 표현을 샌드위치를 만들며 복습 4. 자리 배치: 전기 팬을 가운데 두고 둘러앉음 5. 교사의 발문 – 학생들이 중국어로 주로 대화를 나누자, 중국어가 편하겠지만 영어로 대화를 하라고 함 – 요리 재료(버섯, 양파, 빵 등)를 영어로 알려 주고, 학생들이 한국어로 하는 말을 영어로 다시 가르쳐줌. 수업 시간에 단어 수준이라도 영어로 말하려는 노력을 하도록 격려하면서 "I come here to help you, not judge you."라고 함. 6. 학생들의 개별적 반응(부분적 생략) 모든 학생이 요리 과정에 참여하고, 음식을 먹으며 가까워짐. ㅇㅇㅇ은 달걀 요리에 실력을 발휘함. 원어민 교사의 생일이라 축하 노래를 함께 불러 축하함. 음식을 먹은 후 뒷정리를 다 같이 함. 7. 수업의 전반적인 흐름 원어민 선생님이 모든 음식 재료를 준비해 오고, 내가 Electric cooker를 준비해서 함께 샌드위치를 요리함. 교사의 생일을 축하하는 노래를 부르고 선물을 전달하는 등 자연스럽게 파티 형태의 수업으로 진행됨.					

<table>
<tr><th colspan="2">연구자가 관찰한 내용(교사)</th></tr>
<tr><td colspan="2">1. 다양한 소스(나라별)를 비교하여 맛을 보고, 음식을 서로 권하고 먹여 주면서 재미, 유익함, 친근감 등을 느낄 수 있었음.
2. 학생들이 잘 하는 것(달걀 부치기, 샌드위치 만들기 등)을 함으로써 모든 학생이 활동에 참여함.</td></tr>
<tr><th colspan="2">연구자의 느낌</th></tr>
<tr><th>내부자적 관점</th><th>외부자적 관점</th></tr>
<tr><td>• 지난 시간에 익힌 영어 표현, 음식 이름, 재료 이름 등을 요리를 하면서 자연스럽게 복습, 음식을 먹으면서 자연스럽게 요리의 맛에 대해서도 이야기할 수 있어서 다양한 표현을 익힘.
• 영어, 중국어, 한국어가 혼재하는 교실- 중국어와 한국어가 서툰 영어 원어민 교사, 중국어가 서툰 참관자, 영어와 한국어가 서툰 학생들: 다양한 언어가 필요와 상황에 맞게 혼재하여 사용됨.</td><td>• 학생들이 좋아하는 샌드위치를 직접 만들어 먹는 실습 시간을 통해 각 음식과 맛에 대해 체험.
• 함께 음식을 나누어 먹으면서 좀 더 가까워짐.
• 요리 과정에 자연스럽게 요리 재료, 요리 방법 등을 영어로 표현하는 방법 지도함.
• 음식을 먹는 동안 학생들이 자주 중국어로 이야기를 나누어 원어민 교사가 가끔 학생들로부터 소외되고 있다는 느낌.
• 결석한 동료 ○○○을 위해 ○○○가 음식을 따로 싸는 모습을 보임.</td></tr>
</table>

출처: 조진경(2016: 50), 재구성.

수업관찰일지에는 관찰 일시, 관찰한 내용, 그리고 외부자 관점과 내부자 관점으로 느낀 점 등을 기록하였다. 수업은 지난 시간에 익힌 영어 표현, 음식 이름, 재료 이름 등을 요리를 하면서 자연스럽게 복습할 수 있도록 직접 음식을 만들어보는 시간이었다. 학생들은 음식을 먹으면서 자연스럽게 다양한 맛에 관련된 표현을 익힐 수 있었다.

심층면담은 비공식적 면담과 공식적 면담을 모두 실시했다. 비공식적 면담은 연구참여자들과 수업을 매개로 한 일상적인 상황에서 자연스럽게 이루어졌다. 수업 및 수업 전・후, 수업 후 함께 식사를 하면서, 간혹 연구참여자들의 귀가를 돕기 위해 차를 태워 주는 시간 등을 활용하였다. 비공식적 면담의 질문은 자연스러운 일상 중에 일어난 비구조화된 질문이었으므로 면담이 실시된 이후에 참여관찰일지에 기록하여 자료로 활용하였다. 공식적 면담의 경우, 면담 장소와 시간은 연구참여자가 편안하게 느끼는 선호 장소와 시간으로 교실, 식당, 카페 등에서 이루어졌고 함께 식사를 하거나 차를 마시기도 했다. 질문은 〈표 6-3〉과 같이 질문지를 기본으로 하되 반구조화된 질문으로 대화 중에 대답을 확인하거나 필요시 추가 질문을 하는 형식으로 진행하였다.

〈표 6-3〉 심층면담 가이드 질문지

	질문
1	출생연도 및 한국 최초 입국 시기는 언제인가요?
2	현재 학교에 오기 전 다문화 대안학교 등에 참여경험이 있나요?
3	함께 살고 있는 사람이 있나요(가족관계). 한국에 오기 전 다니던 학교는 어디인가요?
4	원어민 영어선생님과의 수업 시간에 대한 느낌은 어떠한가요?
5	영어 실력 향상에 도움이 되었나요?
6	영어 실력 향상을 위해 앞으로 어떤 노력을 할 예정인가요?
7	일반 영어 시간(한국인 영어 선생님 시간)은 어떠한가요?
8	한국에 오게 된 계기는 무엇입니까?
9	하교 후에 주로 무엇을 하며 보내나요?
10	대학 진학을 계획하고 있는지요? 있다면 가장 어려운 점은 무엇인가요?
11	요즘 어려운 일이 있을 때 터놓고 이야기할 상대가 있나요? 있다면 누구인가요?
12	앞으로도 계속 한국에 살 생각인지요? 그렇다면 / 그렇지 않다면 이유는 무엇입니까?

출처: 조진경(2016: 49).

공식적 면담의 경우 면담내용을 녹음하게 되는 것과 녹취된 파일을 전사록으로 자료를 기록하게 되는 사항을 설명하고 먼저 구두동의를 받고 추후에 문서로 학생과 학부모, 교사들의 서명을 받았다. 그 외 수업 시간에 교사가 학생들에게 배부한 유인물, 프레젠테이션 자료, 영어 저널을 자료로 수집 활용하였다. 다음 [그림 6-4]는 연구참여자 S1의 영어저널이다.

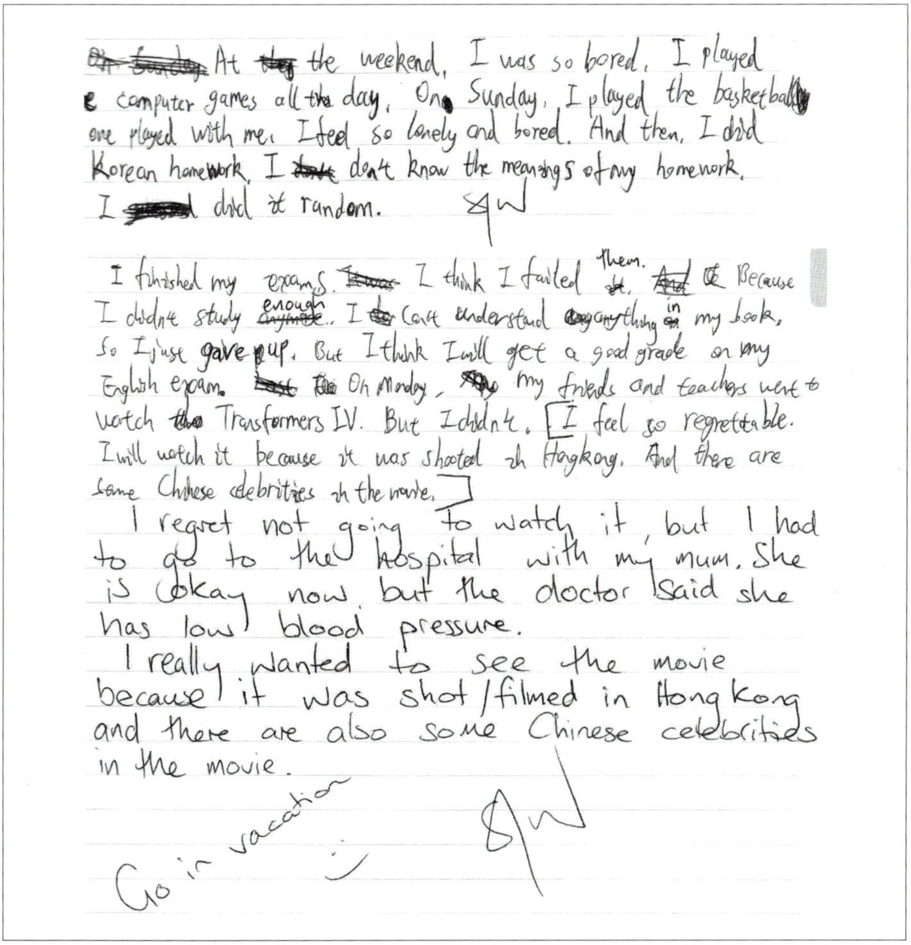

At the weekend, I was so bored. I played computer games all the day. On Sunday, I played the basketball one played with me. I feel so lonely and bored. And then, I did Korean homework. I don't know the meanings of my homework. I did it random. SW

I finished my exams. I think I failed them. Because I didn't study enough. I can't understand anything in my book, so I just gave up. But I think I will get a good grade on my English exam. On Monday, my friends and teachers went to watch Transformers IV. But I didn't. [I feel so regrettable. I will watch it because it was shooted in Hongkong. And there are some Chinese celebrities in the movie.]

I regret not going to watch it, but I had to go to the hospital with my mum. She is okay now but the doctor said she has low blood pressure.

I really wanted to see the movie because it was shot/filmed in Hong Kong and there are also some Chinese celebrities in the movie.

Go in vacation SW

[그림 6-4] 연구참여자 S1의 영어 저널

영어 저널은 주로 일상적인 경험을 일기 형식으로 1년여에 걸쳐 자신의 노트(B5 크기)에 기록한 것이었다. 기록한 횟수는 40회이고 매번 한두 단락을 노트 절반 정도 분량으로 작성한 것이었다. 노트에는 곳곳에 영어교사가 어법을 수정하거나 글 내용에 대해 언급하는 등의 피드백이 담겨 있다. 저널의 내용은 주로 서툰 한국어로 인한 수업 시간의 어려움, 입국 초기 친구가 없었을 때 느꼈던 외로움, 불확실한 미래에 대한 걱정과 두려움, 여가 시간에 관한 이야기, 친구나 가족에 관한 이야기였다.

4) 자료의 분석과 결과

이 연구에서는 이중언어로서의 한국어를 익히고 있는 중국계 중도입국청소년이 세계어로서의 영어수업에 참여하면서 교수-학습 시 상호작용하는 모습과 그러한 과정에 보여 주는 언어태도를 살펴보고, 그들이 새로운 사회문화적 환경에서 겪는 정체성 혼란과 새롭게 정체성을 형성해 가는 과정에 이루어지는 협상에 주목하였다. 주요 자료 수집 방법인 참여관찰, 심층면담, 영어 저널 등 자료를 분석하고 기술할 때, 30년간 교육현장에 있어 온 교사로서 교수-학습과정 및 비공식적 면담에 대한 내부자적 관점을 취했다. 교수-학습의 분석은 교사와 학생의 상호작용, 수업 내용, 수업 교재 등 문서와 행위, 대화 등을 분석하는 것으로 하였고 그 결과를 기술하였다.

연구문제에 접근하기 위해서 먼저 이론을 탐색하였다. 이론적 논의를 통해 설정한 관점은 다음과 같다. 첫째, 중도입국청소년은 모국을 떠나 정주국에 거주하면서도 자신의 정체성을 유지하고 동족과의 국제적 유대관계를 지속하는 디아스포라적 특성을 지닌 집단이다. 둘째, 인간은 타자와의 상호작용 속에 끊임없이 자신의 정체성을 협상하고 성찰하며 재구성하는 존재이다. 셋째, 사용하는 언어는 그 사람의 정체성을 나타내 주며, 동시에 정체성은 언어태도를 통해 나타난다. 넷째, 중도입국청소년은 이중언어적인 동시에 이중문화적이며 이런 점이 그들을 사회에서 특별하거나 독특한 존재로 만든다.

연구문제 1에서는 중도입국청소년의 영어수업 참여관찰을 통해서 그들의 수업 중 교사와의 상호작용의 양상과 언어태도에 나타난 경험 양상을 정서, 인지, 행위의 하위 구조로 나누고 다시 하위 구조는 우호적 또는 비우호적으로 반응하는 경향으로 분석하였다. 연구참여자들의 수업 참여경험의 양상은 매우 다양하게 나타났는데, 그러한 다양성은 교사와의 수업 중 상호작용과 언어태도에 각각의 특성과 차이로 나타났다. 연구참여자 각자가 수업 중 나타낸 상호작용의 특성은 다음 〈표 6-4〉와 같다.

〈표 6-4〉 연구참여자별 상호작용의 특성

연구 참여자	반응		태도		학습 보조어	학습 자료 & 동기부여 요인
	적극	소극	우호	비우호		
S1	○		○		한국어	어려운 자료
S2		○	○		중국어 / 한국어	수준에 맞는 자료
S3	○			○	한국어	활동적이고 흥미 위주의 자료
S4	○	○	○		한국어	수준에 맞는 자료
S5	○			○	중국어	활동적이고 흥미 위주의 자료
S6		○		○	중국어	활동적이고 흥미 위주의 자료

출처: 조진경(2016: 118).

〈표 6-4〉에서 확인할 수 있듯이, 분석을 통해 볼 때, 연구참여자들은 교사와의 상호작용에 적극적이고 우호적일 때, 영어학습 자료의 수준이 동기부여의 요인이 되었다. 그리고 한국어를 영어학습을 위한 보조언어로 사용하였다. 이는 일반 영어 시간에 한국어가 영어학습을 위한 보조언어로 사용되는 양상을 반영한 것으로 보인다. 한편, 비우호적인 반응을 보인 연구참여자들은 흥미 위주의 활동적인 학습 자료에 적극적으로 반응하였다. 이는 영어학습 자체에 대한 관심보다는 활동의 흥미성에 초점이 있는 것으로 보인다. 또 비우호적인 반응을 보인 연구참여자들 중 한국체류기간이 긴 S3는 좀 더 편안한 언어인 한국어를 보조언어로 사용하였지만, 그 외 S5와 S6는 모국어인 중국어에 좀 더 의지하는 양상을 띠는데 이는 이중언어인 한국어나 영어의 수준이 제한적이거나(S6), 학습언어인 영어와 이중언어인 한국어에 대한 심리적 저항이 있기 때문(S5)인 것으로 판단된다.

또한, 청소년의 경험 양상은 언어태도를 통해 다양하게 나타나고 있었다. 언어태도는 정서, 인지, 행동을 하위 구조로 하며, 언어에 대하여 우호적이거나 비우호적으로 반응하는 경향을 의미한다. 다음 〈표 6-5〉는 언어태도의 특성과 차이점을 연구참여자별로 분석한 것이다.

〈표 6-5〉 연구참여자별 언어태도의 특성과 차이점

구분	언어태도					
연구 참여자	정서		행동		인지	
	우호	비우호	우호	비우호	우호	비우호
S1	○		○		○	
S2	○		○	○	○	
S3		○		○	○	
S4		○	○	○	○	
S5		○		○		○
S6		○		○	○	

출처: 조진경(2016: 119).

중국계 중도입국청소년의 언어태도를 정서 · 행동 · 인지 측면으로 나누었다. 우선, 정서 측면에서는 S1, S2가 우호적이며, S3, S4, S5, S6는 비우호적이다. 행동 측면에서는 S1이 우호적이고 S3, S5, S6가 비우호적이다. S2와 S4는 우호적이거나 비우호적이다. 인지 측면에서는 S5를 제외한 모든 청소년이 우호적이다.

따라서 중국계 중도입국청소년 대부분은 영어를 중요한 교과이고 자신의 미래에 필요한 언어로 이해하고 있다. 그러나 이러한 인지적 측면의 반응에도 불구하고 영어가 어렵고 그래서 흥미를 느끼지 못하며, 이러한 정서 측면의 인식은 행동 측면에 고스란히 반영되고 있다.

방과후 영어수업에 참여한 중국계 중도입국청소년의 참여경험 양상은 교사와의 수업 중 상호작용에 나타난 반응 및 태도, 보조언어, 학습 자료의 수준 등에서 매우 다양한 양상으로 나타나고 있다. 또한, 언어태도 역시 그 하위 구조인 정서, 행동, 인지별로 다양한 양상을 띠고 있다. 상호작용과 언어태도에 나타난 이러한 다양성은 각 연구참여자들의 개인적 경험, 한국에서의 체류 기간, 가정과 학교 등 자신이 처한 사회적 상황 등 다양한 변수에 의해 다양한 특성과 개인별 차이로 나타나고 있다.

연구문제 2에서는 중도입국청소년의 방과후 프로그램 참여경험을 정체성 협상과 관련지어 먼저 상위범주로 '정체성 혼란-현실에 대한 자각, 정체성 시도-가용 자원

살피기, 동일시와 소속감-선택, 강조, 고려, 정체성 재구성-이중 정체성'의 경험 유형으로 단계를 설정하였다. 그리고 정체성 협상의 의미를 '선택의 여지가 없었어요, 그냥 참아요, 모른 척해요, 중국 친구들과 거리를 두어요, 다르게 보이고 싶지 않아요, 친구들을 잘 보살펴야 해요, 담장 위에 앉아 있어요, 한국인처럼 말해요, 더 좋은 데로 가라고 하셨어요.'의 9개의 하위범주로 나누고 〈표 6-6〉과 같이 연구참여자들 개인별 정체성 협상의 의미를 분류하였다.

〈표 6-6〉 개인별 정체성 협상의 의미

상위범주		하위범주		개인별 정체성 협상의 의미
A	정체성 혼란: 현실에 대한 자각	A-1	선택의 여지가 없었어요	S1, S2, S3, S5
		A-2	그냥 참아요	S2, S3
B	정체성 시도: 가용 자원 살피기	B-1	모른 척해요	S1, S2, S3, S4, S5, S6
		B-2	중국 친구들과 거리를 두어요	S1, S5
C	동일시와 소속감: 선택, 강조, 고려	C-1	다르게 보이고 싶지 않아요	S1, S2, S4
		C-2	친구들을 잘 보살펴야 해요	S3, S4
		C-3	담장 위에 앉아 있어요	S1, S3, S5
D	정체성 재구성: 이중 정체성	D-1	한국인처럼 말해요	S1, S2, S3, S4, S5, S6
		D-2	더 좋은 데로 가라고 하셨어요	S1, S2, S6

출처: 조진경(2016: 153).

중도입국청소년은 '자신을 계속 자신이게끔 하는 특성'에 총체적인 충돌과 그로 인한 혼란을 겪고 있는 모습을 전형적으로 드러내 보이고 있다. 익숙해 있던 언어와 문화, 그리고 친구와 학교와 같은 그들을 둘러싸서 보호와 안정을 제공하던 존재들과의 분리로 소외감, 불안감, 좌절과 포기, 갈등과 혼란 상황에서 힘겨워하고 있다. 중도입국청소년은 익숙했던 자신이 아닌 낯선 현실에 놓여 있는 자신과 마주하고 있다. 현재의 상황이나 자신에게 주어진 여건이 자신의 선택은 아니었지만 스스로 감당해 내야 하는 자신의 현실인 것이다. 중도입국청소년 대부분은 어린 시절 가족의 해체, 그로 인한 거주지의 불안정, 중도입국으로 인한 언어와 문화의 부적응 등

성장기의 대부분을 불안정하고 그래서 적응을 해내야 하는 상황에 놓여 왔다. 그리고 그 대부분의 기간 중 적절하게 도움을 주고 기댈 수 있는 아주 가까운 존재를 두지 못한 경우가 많았다. 새로운 혼란과 갈등 상황에서도 스스로 대처해 나가야 함을 경험을 통해 잘 알고 있다. 그것이 소외감이든 불안이든 그로 인한 좌절과 포기, 갈등과 혼란이든 자신이 대처해야 함을 느끼고 있었다.

학교생활이 몹시 힘들고 거기에서 벗어나고 싶지만 주어진 역할에 최소한 맞추고 있었다. 교우관계도 상대의 진심이 무엇이든 상대가 대하는 바에 따라 자신의 모습을 맞췄다. 친한 듯이 행동하면 친한 듯이 대해 주고, 외면하면 같이 외면하면서 상대의 표현하지 않은 그런 행동에 대한 이유를 이해하고 모른 척해 주는 모습을 보였다. 한국어로 하는 수업 시간에 대해 '한국어를 알아들을 수 없다'고 하기보다는 '재미가 없고 그래서 졸리다'고 표현하였다. 한국어가 서툰 자신을 애써 설명하고 싶지 않고 고민이 있어도 표현하지 않고 마음에 담아두어 자신의 약한 모습을 드러내고 싶지 않은 속마음을 감추고 있었다.

중국계 중도입국청소년은 입국 초기에는 주로 중국계 친구들과 어울려 한국생활에 도움이 될 정보를 교환할 수 있었다. 그러나 한국어를 빨리 익혀야 한다는 조급함으로 거리를 두기도 하였다. 그러나 한국 아이들과 친분을 쌓기가 쉽지 않았다. 일단 의사소통이 어렵고 사소하지만 문화적 차이로 불편함도 있었다. 중도입국청소년은 원활하지 않은 적응 과정에 자신의 거취에 대해 불안을 느끼게 되고 언어문화 적응의 어려움으로 인해 자존감도 매우 낮아져 있다. 같은 중국계 친구들에게서 위로도 받고 또 그들과의 유대감이 때론 매우 절실하기도 하다. 때론 친한 척, 때론 안 그런 척 그렇게 거리를 두었다가 아쉬워 다시 끌어당겼다 하며 선택, 강조, 고려라는 협상적 태도를 지속하고 있었다. 중도입국청소년은 초국적 이주의 전형적인 모습을 띠는데 지속적으로 '더 나은 삶에 대한 열망'으로 동기가 부여되고 있었다. 영역은 언어나 문화와 마찬가지로 임의적이며 이주는 영역 확장의 느낌이었다. 따라서 한국은 이주의 종착지라기보다는 더 나은 선택을 향해 가는 경로이며 과정이다.

자료의 "분석은 의미 구조를 분류하는 것이며, 거기에 사회적 근거와 중요성을 부여하는 작업이 된다"(Geertz, 1973; 문옥표, 1998: 19). 이 연구는 중도입국청소년의 정체성 협상이라는 주제에 접근하기 위해, 참여관찰, 심층면담, 영어 저널을 통해 포착된 작은 단서 혹은 '말해진 부분'으로부터 시작해서 보다 더 넓은 해석으로, 보다 더 추상적인 분석을 시도했다.

5. 문화기술지 연구의 전망과 과제

다문화 사회로 진입하면서 한국 사회의 인종적·문화적 다양성이 매우 빠른 속도로 증가하고 있다. 이러한 현상은 학교나 지역, 심지어 가족이라는 공동체 내에서도 예외가 아니다. 문화기술지는 이처럼 문화적 경계가 불분명해지고 다양해지는 어느 '문화' 집단에서건 실행 가능한 연구방법이다. 세상을 좀 더 '살 만한 곳'으로 만들고자 노력하는 누구에게나 다른 문화 집단의 가치와 그들의 행위가 지닌 의미에 대한 이해가 필요할 것이기 때문이다.

문화기술지 연구의 주요한 연구방법인 '관찰'은 어디에나 있다. 집 문을 나서는 그 순간부터 CCTV를 통해 누구나 '관찰하고 관찰당하는' 사회 속에 살고 있다. 심지어 텔레비전의 예능 프로그램도 이 '관찰'을 재미로 끌어들였다. 시청자들은 '아이를 양육하는 슈퍼맨 아버지'를 관찰하고 내밀한 '신혼 일기'도 관찰한다. 시청자는 프로그램 연출자가 자신의 '렌즈'를 통해 해석하는 출연자들의 행위의 의미를 단순히 수동적으로 받아들이기만 하는 것이 아니라 시청자 자신의 '렌즈'로 대상들을 관찰하고 그들의 행위의 의미를 해석하게 되는 것이다. 이러한 프로그램을 통해 저출산 시대에 '아이의 웃음이 있는' 그리고 '사랑하는 남녀가 결혼을 통해 서로에게 맞춰가는' 더 행복한 세상을 프로그램 기획자는 의도하고 있을지도 모르겠다.

문화기술지는 사람에 대한 다양한 이해를 제공함으로써 갈등을 해결하고, 다른 관점에서 문제를 바라보게 하여 대안을 제공하고 나아가 효과적인 정책을 세우는 일을 돕고 있다(김영천, 2016). 오늘날 관광, 의료, 마케팅, 교육 등 사회의 다양한 분야에서 문화기술지 연구방법이 활용되고 있고 그러한 경향성은 더욱 증가할 전망이다.

생각할 문제

문화기술지는 한 사회의 특정한 행동 양식이나 신념, 즉 문화의 다양한 현상을 현장 조사를 통해 자료를 수집하고 기술하고 연구하는 학문 분야로 다른 문화에 대한 일차적 연구방법으로 유용하다.

1. 문화기술지 연구를 실행할 '문화 집단'을 떠올려 보고, 선택의 이유에 대해 세 가지씩 기술해 보자.

2. 자신이 선택한 문화 집단에 대한 연구가 그 집단에 기여할 수 있는 방안에 대해 이야기해 보자.

CHAPTER 07

민속방법론 : 일상을 재발견하기

조현영

오늘 하루, 당신은 누구와 무엇을 하며 어떤 시간을 보냈는가? 당신은 당신이 보낸 시간을 어떻게 설명하고 그것은 어떻게 이해될 수 있을까? 민속방법론은 누구나가 그 주체가 될 수밖에 없는 일상의 생활세계에 관심을 갖는다. 또한, 우리가 경험하는 일상의 구조와 실천적 행위의 합리성 및 실천적 사유에 관심을 두고 이를 경험적 연구대상으로 다루는 연구의 접근방식이다.

현상학과 프래그머티즘에 기반을 두고 있는 민속방법론은 구성원들이 일상적 장면에서 자신이 하고 있는 일과 그 일이 벌어지고 있는 상황을 이해 가능한 것으로 만들기 위해 실천적 행위를 어떻게 사용하는가를 경험적으로 기술한다. 이 장에서는 미시 사회학의 한 부류라고 할 수 있는 민속방법론을 살펴봄으로써 매일을 구성하는 당신의 일상을 구조화하고 설명하는 방법을 알아보기로 한다.

1. 민속방법론의 이해

1) 민속방법론의 기원

민속방법론의 실천적 행위와 실천적 사유에 대한 관심은 현상학자 후설(Husserl,

1970)의 생활세계의 현상학과 슈츠(Schutz, 1962)의 일상생활의 현상학으로 거슬러 올라간다. 민속방법론은 일상의 생활세계의 실제적 속성, 즉 일상이라고 하는 속성이 사회적 현실, 즉 우리가 하고 있는 일이나 생각에 어떠한 방식으로 영향을 미치고 있는지에 관심을 갖는다. 현대 현상학의 토대를 마련한 후설에게 생활세계가 중요한 주제로 떠올랐던 것은 서구의 근대과학이 초래한 탈의미화와 과학의 의미 기초인 생활세계의 망각에 대한 비판에서부터이다.

후설은 근대 학문의 위기는 학문이 삶에 대한 의미를 상실한 데 있다고 보고, '학문은 왜 정향성을 잃게 되었는가, 왜 근대 학문의 이념이 실증주의로 한정되었는가'라고 묻는다. 그는 그에 대한 해답을 실증적 과학주의가 생활세계의 왜곡과 은폐라는 사태를 초래했다는 점에서 찾았다. 후설에 따르면 생활세계는 우리의 모든 경험이 구성되는 장(場)인 동시에 경험의 대상이고, 이러한 생활세계는 개인들 사이에서 간주관적으로 오랫동안 여러 세대에 걸쳐 형성되어 왔다. 그리고 생활세계는 인간 실천의 보편적인 영역이므로 실천의 한 양식인 이론 역시 생활세계에 속한다. 따라서 생활세계는 객관적 과학의 내용도 포함하지만 동시에 그것은 객관적 과학으로 환원될 수 없는 내용을 가지며, 더 나아가 과학 자체가 기반을 두고 있는 의미의 토대이기도 하다. 후설은 생활세계가 갖는 이러한 선(先)과학적인 속성에 관해 해명해야 한다고 보았다.

이후 생활세계의 선과학적 속성을 해명하고자 하는 탐구의 과제는 현상학적 사회학자 슈츠에 의해 계승되었는데, 그는 우리의 일상생활을 존립 가능하도록 하는 상식적 지식의 구조와 실천적 행위에 관심을 두고 이를 체계적으로 밝히고자 하였다. 후설의 학생이자 훗날 민속방법론이라는 연구 영역이 출현하도록 가장 큰 영향을 미친 슈츠에 따르면, 일상적인 생활세계는 "온전히 깬 의식을 가진 성인이 자신의 동료들과 함께 그 속에서 그리고 거기에 대해서 어떤 행위를 하는 세계, 그러면서 자연적 태도를 갖고서 하나의 현실로 경험하는 세계"이다. 후설이 생각한 선험적 의식 상태로서의 생활세계와 달리 슈츠는 생활세계가 우리의 행위로 구체화된 사회적 상황이라는 점을 명확히 하고자 하였다. 이를 통해 슈츠는 생활세계를 선험철학의 탐구 대상이 아니라 사회과학의 탐구 대상으로 봄으로써 선험적 현상학의 관점을 드라마틱하게 전환한다. 그는 이러한 전환의 문제는 사회과학 방법론에 관한 논리의 정립이라고 보았다.

이러한 생활세계의 상황적 행위에 대한 관심은 프래그머티즘(Pragmatism)을 통해서도 해명된다. 프래그머티즘은 교육이론만이 아니라 상징적 상호작용이나 근거이론 등 질적연구의 논리와 탐구 방법에도 간접적으로 영향을 미쳤다. 프래그머티즘은 듀이, 후기 비트겐슈타인의 저작, 하이데거 연구들을 통해 우리의 사고와 행위에 대한 해석적 배경으로서 상황성에 관하여 언급한다. 프래그머티즘은 개인 주체의 세계 구성을 개인이 실제로 관여하게 되는 관계와 상호작용 방식을 통해 설명한다. 화용론적 관점으로도 불리는 프래그머티즘은 사람들의 사고와 행위가 구체적인 공간과 시간적 계열 안에 배치되어 있다는 점, 개인의 사고나 행위가 타자의 존재와 연관되어 생성한다는 점, 그리고 사고와 행위가 그것들을 발생시키는 상황에 처해서야 비로소 즉각적으로 그 의미를 발생시킨다는 점 등의 설명 방식을 통하여 생활세계의 다양한 현상을 이해하며 민속방법론의 논리 형성에 영향을 미친다.

이처럼 일상의 생활세계의 구조에 관해 해명하고자 했던 현상학적 사회학과 실천적 행위의 합리성에 관해 밝히고자 했던 프래그머티즘은 1960년대 초반 해롤드 가핑클(Garfinkel, 1967)의 연구를 통해 질적연구방법의 한가지로 등장하게 된다. 민속방법론은 어떤 단일한 분석 프로그램을 가리킨다기보다는 실천적 행위와 실천적 사유를 경험적 연구대상으로 다루기 위한 연구의 접근방식이다. 민속방법론은 구성원들이 일상적 장면에서 자신이 하고 있는 일과 그 일이 벌어지고 있는 상황을 이해 가능한 것으로 만들기 위해 실천적 행위를 어떻게 사용하는가를 경험적으로 기술하는 질적연구의 방식으로, 미시 사회학의 한 부류로 볼 수 있다.

2) 문화기술지(ethnography)와 민속방법론(ethnomethodology)

민속방법론은 사람들이 일상적으로 현실을 구성하는 데 있어서 사용하는 방법, 즉 실천적 행위에 대한 탐구에 일차적 관심을 둔다. 민속방법론에서 실천적 행위는 언술화되기 어려운 암묵지로서 극히 개인적인 것으로 보지만, 그것을 공유한 자, 즉 그 실천을 공유하고 있는 공동체의 구성원에게는 얼마든지 볼 수 있고 들을 수 있고 따라서 접근 가능한 것, 결국 합리성을 띤 행위라는 점에 착안한다. 민속방법론에서는 어떤 사건이나 일이 성립하기 위해서 실천적 행위와 실천적 사유는 없어선 안 될 부분이라고 보았다. 예를 들어, 자아 정체성, 역할범주, 기능, 합리적 의사결정이나 전문직의 수행방식 등이 알려진 바로 그 현실로 성립할 수 있는 것은 우리의 실천적 행위와 실천적 사유가 관여하기 때문이라고 본 것이다. 따라서 질적 분석 또한 특정 상황에서 사람들이 실천적 행위를 어떻게 사용하는지 그 사용 방식을 기술하는 데 주로 관심을 둔다.

이는 자연주의적 탐구(naturalistic inquiry)와의 대비를 통해 보다 분명하게 이해할 수 있다. 자연주의적 탐구에서는 전형적으로 현지 사람들의 시각을 드러내는 데 일차적 관심을 두고 이들 시각에서 그들이 공통으로 겪는 경험이 무엇인가를 드러내 주고자 한다. 여기서 현지인의 의식에 떠오르는 경험의 차원은 연구자가 구해야 할 자료의 중요한 원천이기도 하다. 여기에서는 현지인이 경험하고 있는 '그 무엇'이 곧 사회적 실재, 즉 현실이라고 가정한다. 연구자는 '그 무엇'을 보다 심층적으로, 그렇지만 기술적으로 밝혀내기 위해 "왜 그럴까?"라는 질문을 품고 사람들의 시각이나 경험에 접근해간다. 소위 에스노그라피(ethnography)라고 일컫는 문화기술지는 자연주의적 탐구의 대표적인 예라고 할 수 있다. 집단의 공유문화에 대한 이해라는 문화기술지의 접근은 우리 사회의 일반인들에게 생소할 수 있는 문화나 상식에서 벗어나 이해할 수 없는 주변인 집단의 문화를 이해하는 데 유익한 접근으로 알려져 있다.

반면, 민속방법론에서의 관찰의 초점은 문화기술지와 다르다. 민속방법론에서는 구성원들이 부여한 의미나 표출된 이야기 자체에 초점을 두지 않는다. 왜냐하면, 그들의 이야기나 의미에 일차적인 관심을 두지 않기 때문이다. 이야기나 의미 자체보다는 민속방법론에서는 그러한 의미를 부여하고 이야기를 하는 방식 자체가 더 생생한 현실이고 문화라고 본다. 즉, 민속방법론은 사람들이 어떻게 의미를 부여하는지에 관심을 두지 않고 그러한 의미를 부여하는 방식 그리고 그 의미가 구체화 · 현상화되어 나타나는 방식이 더 중요한 현실이라고 생각한다. 문화기술지에서는 구성원들이 서로 공유하는 의미체계가 문화라고 보는 입장인 데 반해, 민속방법론은 어떤 맥락에서 의미를 부여하면서 그들의 일상적인 업무나 일, 생활을 해 나가는 실천 전략들이 문화의 더 중요한 속성이라고 본 것이다.

민속방법론은 사람들의 사회구조에 대한 암묵적 지식, 혹은 상황의 흐름에 대한 지각이 자연스럽게 당연시한 것들이 '제삼의 연구자'에게 관찰 가능할 수도 있다는 점에 착안한다. 물론, 여기서 말하는 관찰자는 제삼자이면서 동시에 그러한 활동을 공유하고 이해할 수 있는 '구성원'으로서의 능력을 가진 관찰자를 말한다. 이른바 '보았으되 의식하지 못한' 일상에 대한 이해는 민속방법론의 일차적 관심사이다. 이러한 시각에서 보면 행위자 자신이 꼭 의식하지 않았더라도, 사실 의식했는가 하지 않았는가는 객관적으로 확인할 방도는 없지만, 그 자신의 행위가 하고 있는 일의 성격과 의미는 사회 연구자의 탐구 대상이 될 수 있다는 것이다. 행위 당사자에게 떠오른 의미와 그가 관여하고 있는 실천은 꼭 같지 않을 수 있으며, 어떤 실천에 깊숙이 개입되어 있는 이에게 그 실천의 의미는 고스란히 그의 의식에 의해 파악되지 않을 수 있다고 본 것이다.

> 누군가 자신의 행위에 관해 서술(formulating)하고 있을 때, 결국 그가 그러한 서술을 통해 보여 주고자 하는 것이 무엇인가 하는 질문은 그에게서 얻은 대답, 즉 그 서술 자체로는 해소될 수 없다. 그 질문에 대한 해답은 그가 어떤 맥락에서 그러한 서술을 하고 있는지 그가 관여하고 있는 실천을 들여다보아야만 비로소 찾을 수 있다(Garfinkel & Sacks, 1970: 355).

이와 같이 민속방법론은 연구대상인 일상적 행위자가 그 자신이 하는 일을 '어떻게' 하고 있는가에 그 관심을 둔다. 흔히 사회 연구에서 관심을 두는 '왜'라는 문제에 대한 관심은 일단 접어 두고 사람들 행위의 절차, 과정, 방법이 곧 사회적 실재, 우리에게 알려진 현실을 구성한다는 점을 강조함으로써 현실의 기술적 이해에 관하여 보다 철저한 입장을 표명한다.

2. 민속방법론의 분석의 갈래

민속방법론의 분석은 다음의 세 가지 유형을 중심으로 이루어진다. 각각의 유형은 상호작용 장면에서 드러나는 실천적 행위 분석에 초점을 맞춘 다음의 세 가지 방식을 중심으로 활용된다(손민호 · 조현영, 2014).

1) 멤버십 범주의 분석(Membership Category Analysis)

우리가 보고 듣는 많은 사회적 행위가 멤버로서의 행위와 연관되어 있다(category-bounded)는 점에서 민속방법론 연구에서는 '멤버십'이라는 의미가 등장한다. 멤버십 범주에 대한 분석의 이해를 돕기 위해 상징적 상호작용에서의 정체성 개념의 활용과 비교해 볼 수 있다. 상징적 상호작용에서는 정체성을 역할이라는 개념을 통해 설명한다. 반면에 민속방법론에서는 보다 상황적 개념으로, 즉 멤버십 범주로 간주해서 정체성을 기술하고자 하였다. 개인이란 결국 일련의 상황적 행위들이 기반이 되어 구성된 현상으로 볼 필요가 있다는 것이다. 이는 다시 말해서, 상황을 범주의 작용이라고 보는 편견 대신 상황 자체로 파악한다는 것을 의미한다.

민속방법론에서 멤버십 범주는 궁극적으로 이해해야 할 대상이지 이해의 단초가 아니다. 이를 위하여 민속방법론은 사람들의 행위를 객관화(reification)시켜 보는 것에서 탈피하고자 한다. 역할이나 규칙 또는 동기 등과 같은 규범적 범주에서 대상을 이해하거나 설명하는 방법이 아닌, 있는 그대로의 행위로서 상황 그 자체를 이해하고자 하는 것이다. 민속방법론에서는 '개인을 깊이 이해'하기 위한 방법으로 '그 상황을 깊이 이해'하는 방법을 택한다. 이를 위하여 개인의 내면이 아닌 참여관찰을 통해 어떠한 개념적 · 규범적 · 사회적 역할범주 없이 '있는 그대로' 보이는 행위를 기반으로 상황을 이해하고자 한다.

다음의 몇 가지 예는 민속방법론에서 멤버십 범주의 분석이 어떠한 논리를 기반으로 전개되는지를 이해하는 데 도움을 줄 수 있을 것이다.

먼저, 멤버십 범주의 활용은 '범주와의 연관성(category boundedness)'과 '경제성'

을 전제로 성립한다. 상식적으로 '울다'라는 개념이 어른보다는 아이에게 어울리며, '살림한다'는 남자보다는 여자 그리고 미혼녀보다는 아줌마에게 어울린다는 인식과 같다. 이와 같이 사람들은 어떠한 현상을 이해하기 위하여 어떠한 개념을 상식적 범주와의 연관성 속에서 파악하는 특성을 보인다. 뿐만 아니라, 사람들은 현상에 대한 효율적인 이해와 전달을 위해 자신의 의도대로 멤버십 범주를 활용하기도 한다. 예컨대, '동네 편의점을 턴 흑인'과 같은 신문 기사의 경우, 여기서 왜 하필 흑인일까? 그 혹은 그녀는 도시 빈민일 수도 있고, 일탈 청소년일 수도 있지 않을까? 이러한 신문 헤드라인의 경우 대개 편집자는 흑인이라는 범주와 절도 행위를 서로 연관시켜 사회적 현상을 특정한 시각과 연관시켜 인식하도록 조장하기 위한 의도를 내포하기도 한다.

반대로 멤버십 범주는 그것이 활용되는 맥락을 반영하여 자신의 의도를 실현시키기도 한다. 예를 들어, 다큐멘터리 방송 인터뷰에서는 그 다큐멘터리가 보여 주고자 하는 상황을 더욱 극대화하는 식으로 이루어지는 경우를 종종 볼 수 있다. 전통 한옥에서 한껏 한복을 차려입고 정성스레 제를 올리는 종손의 모습은 우리와는 너무 다른 시대에 살고 있는 사람처럼 낯선 '뼛속까지 종손'으로 비춰진다. 물론, 이는 그 인터뷰 대상자가 자신의 삶에 대해 충분히 객관적으로 전달하고 있지 못했다는 지적이 아니다. 그보다는 인터뷰 대상자는 면담 속에서 상대방의 요구가 무엇인지 잘 알고 있으며, 따라서 그에 대해 자신의 경험을 어떻게 표현해야 하는지 자신에게 부여된 멤버십 범주와 어떻게 연관 지어 말해야 하는지 잘 알고 있다는 점에 관해 주목할 필요가 있다. 그가 면담을 통해 이야기하는 내용도 의미 있는 질적연구 분석의 주제가 될 수 있겠지만, 다른 한편으로는 자신을 드러내는 방식 또한 연구 분석의 주제일 수 있으며, 민속방법론은 바로 여기에 관심을 둔다.

2) 대화 분석(Conversation Analysis)

민속방법론이 사람들의 행위와 상호작용 방법을 분석한다는 점에서 대화 분석은 민속방법론의 중심이 되는 분석의 방식이다. 의사소통의 일반적인 전제는 화자가 전달하고자 하는 내용이 있고 청자가 이를 알고자 할 때 일어나는데, 민속방법론적인 관점에서 우리의 의사소통은 생각보다 상호 간의 의미의 애매모호성을 전제로 이루어진다는 점에 주목한다. 이것은 우리의 의사소통이 각 상황마다 의미를 확정하지 않고 다음 말로 넘어가기 때문에 가능하다는 것이다. 가핑클은 이러한 상호작용의 특성을 설명하기 위하여 일상의 대화가 서로 '동일한' 의미를 공유한다는 암묵적인 합의에 기반해 있으며, 만약 그러한 합의가 깨진다면 도덕적 상황에 부딪히게 될 것이라는 점을 지적하였다. 가핑클의 과제는 개인들의 인지적 질서에 대한 논의가 부재한 여타의 기존 사회학과는 달리 사회의 도덕적 질서가 인지적 질서와 어떻게 서로 맞물려 있는지 매우 효과적으로 보여 준다.

친구: 오늘 내 차 펑크 났어.
실험자: 펑크라니 그게 무슨 말이야?

잠시 당황하면서 얼굴을 붉히며 대답한다.

친구: 무슨 말이냐니. 그게 무슨 말이야? 펑크가 펑크지. 펑크가 났다고. 다른 뜻은 없어. 그런 바보 같은 질문이 어딨어!

출처: Garfinkel(1967: 42).

대화 분석은 대화 도중 서로에 대한 이해는 대화 상호작용의 실제 흐름 밖으로 나가서 이루어지는 법이 없다는 점에서 출발한다. 대화 당사자들은 현재 대화 도중에 나온 말의 의미가 무엇인가에 관해 알아보기 위해, 대화의 흐름을 정지하고 나와서, 가령, 지금까지 말해온 내용을 체크한다거나 서로의 기억을 더듬는다거나 등등을 하고 나서, 다시 그 흐름으로 돌아가지 않는다. 그 대신 대화는 대화 당사자들이 서로가 하는 말을 이해했다든지 아니면 이해를 못했다든지를 서로에게 보여 주는 방식으로 이루어진다. 이런 모든 과정은 대화의 흐름 안에서만 일어나며, 동시에 이는 대화 그 자체이기도 하다.

예컨대, 컴퓨터와 인간의 상호작용은 사람들 사이의 커뮤니케이션에 비해 훨씬 답답할 수밖에 없다. 왜냐하면, 컴퓨터는 사람과 달리 매번 발화된 의미가 무엇인지 정확히 결정하지 못하면 다음 단계로 넘어가지 못하거나 전혀 엉뚱한 방향으로 대화를 몰고 갈 수도 있기 때문이다. 그러나 인간의 상호작용은 어떠한 수정이나 정정, 보완, 반성 등도 대화 밖에서 이루어지는 법이 없이 대화가 진행되는 과정 속에서 이루어진다. 이러한 연유에서 사람들 사이에 대화와 소통은 역설적이게도 의미의 불확정성, 애매모호함 때문이라고도 말할 수 있다.

민속방법론의 대화 분석은 이러한 대화의 과정과 방식에 주목한다. 일상적 대화 가운데 있는 두 사람 중 어느 한 편에서 자신이 이해했다는 사실을 어떻게 내보이는지 혹은 상대방이 이해했다는 사실을 어떻게 탐색하는지에 관심을 둔다. 민속방법론은 이들이 도달한 공동의 이해가 무엇인지, 어떻게 도달하게 되는지에 관한 추론이나 사고가 아닌, 어떻게 사람들이 실천적 행위로서 대화를 작동시키는지, 그러한 대화가 어떻게 공동의 이해처럼 간주되는지에 대하여 관심을 갖는다. 이러한 관심은 공동의 이해를 위한 방법에 대한 논리가 아닌, 공동의 이해 자체에 대한 개념적 재이해를 촉구한다. 다음의 예시는 민속방법론에서 대화 분석이 대화의 흐름과 일련의 질서를 드러내 줌으로써 사람들이 어떻게 의미의 불확정성을 활용하여 의도를 전달하고 대화를 전개시켜나가는지를 잘 보여 준다.

1. A: 오늘 밤에 올 수 있지?
2. B: 친구 데려가도 돼?
3. A: 그럼!
4. B: 그래, 갈게.

출처: Shegloff(1972: 78).

이 지문에서 A의 첫 번째 질문(1행)과 B의 첫 번째 대답(2행)은 의미적으로 연관성이 없다. 그렇지만 B의 두 번째 대답(4행)에 의해 의미가 확정되면서 대화가 끝난다. A는 B의 대답이 나올 때까지 계속 최종 대답이 나올 것이라고 '기대'하고 B는 최종 대답을 해야 할 의무가 있다고 생각하면서 그사이의 말들(2~3행)을 주고받는다.

이와 같이 처음에 건넨 말의 의미는 바로 다음에 상대방의 말에 의해 응답되어 종료될 수도 있지만, 한참 후에 가서, 가령 10분, 20분 혹은 훨씬 더 먼 시간이 지나고 나서야 끝날 수도 있다. 즉, 대화의 의미는 말 자체에 있는 것도 아니며, 바로 인접한 선후 행위들의 관계에서만 적용되는 것은 아니다. 오히려 그것들을 조직해 가는 즉각적인 방법을 통해 의미는 그때그때 출현하고 사라진다. 민속방법론의 대화 분석은 위와 같은 초대와 수락이라는 짧은 의사소통 과정을 통해서도 사람들의 실천적 행위가 얼마나 일상적 순간들로 가득 차 있는지 보여 준다. 이를 통해 일상적이고 실천적인 현장의 행위들이 갖는 의미와 가치에 대한 성찰의 단초를 제공하고자 한다.

3) 일에 대한 분석(Working Analysis)

일상생활에서 우리가 경험하는 문제와 해결의 과정은 특정한 상황적 맥락 안에서 일어나면서 그 상황의 일상적이고 구체적인 현장의 속성과 함께 드러난다. 사람들의 실제적인 일의 과정은 현재 지속되는 상황을 멈추고 중립적인 시간과 공간으로 나아가 그 사태를 관망할 수 없는 식으로 이루어진다. 실제 현장의 일이란 즉각적으로 처리해 나가거나 모종의 조치를 취하면서 다음 일들을 꾀하는 실제의 상황이다. 그러한 과정은 문제에서 해결로 나아가는 매우 계획적이고 단계적인 여정의 모습이라기보다는 오히려 그 역으로, 유사한 문제에 대한 과거의 해결 전형으로서 이미 예측 가능했던 최종 지점을 정당화하는 방식으로 문제를 다듬고 통제하는 과정(management practices)의 모습을 띤다. 민속방법론에서 일에 대한 분석은 이처럼 비합리적으로 보일 정도로 절차대로 일어나지 않는 문제 해결의 속성을 드러내 줌으로써 의미 구성에 있어서 일상성을 회복하고 문제의 본질을 새롭게 이해하는 것에 있다.

민속방법론의 일에 대한 분석은 일이 전개되는 과정 '있는 그대로'에 관한 이해라는 냉담한 태도를 취하며, 실제 상황에서 벌어진 '것들'을 보다 자세하게 기술하도록 요청한다. 또한, 상황을 이해함에 있어서 그 상황 자체가 하나의 내재적인 총체성이라고 보았고, 상황적 행위 자체가 바로 그 일이라고 보았다. 따라서 그 일이 실제로 일어나는 시계열적 구성 과정, 이질적인 사물들이 서로 연관성을 이루면서 구조화되는 과정에 관한 분석만으로도 충분히 바로 '그 일 자체'를 해명할 수 있다고 보았다. 이는 탐구활동이 고차원적인 사고의 과정이기 이전에 실제적인 일처럼 일어나며, 현장 상황 안에서 일어나는 일과 그 일에서 기대하는 바는 서로 불가분의 상태로 전개되어 간다는 것이다. 탐구활동이 실제적인 성격의 일로 일어난다는 것은 탐구활동이 그 현장 안에서, 그 현장의 일로서, 그 현장의 전개 과정으로 나타난다는 것을 의미한다. 탐구활동에서의 추론은 '지식'을 향한 궁리라고 보기에는 상황 내 변수라면 무엇이든지 처리해 나가는 너무도 실제적인 성격을 띤다.

예컨대, 실제로 과학 수업 시간에 아이들이 과학 실험을 진행하는 과정을 관찰한 것을 살펴보면 문제 해결이 얼마나 사후수정식으로 진행되는지를 잘 보여 준다. 수업에서 아이들은 컵에 물을 가득 채우고 종이를 그 위에 얹은 다음 컵을 뒤집었을 때 물이 안 쏟아진다는 것을 통해 공기의 압력이 작용하고 있음을 배운다. 실제로 학생들은 교사의 지시대로 그 과정을 조심스럽게 되풀이하고 만약 물이 쏟아지지 않는 경우, 그 광경을 지켜보던 학생들은 환호성을 지른다. 여전히 물이 쏟아지는 테이블에서는 반복해서 시도한다. 그럼에도 불구하고 실패하는 경우에는 종이가 흐물거리는 것이 문제라고 그 탓을 돌리면서 보다 빳빳한 종이를 구하기도 한다. 여기서 사실상 학생들이 해내야 하는 과제는 공기의 압력의 문제가 아니라 그들이 몰두해 있는 실험과 관련하여 받은 선생님의 지시를 자신들의 탐구활동에서 일관되고 성공적으로 구성해 내야 하는 문제이다.

실제로 일어난 일의 과정이란 행위의 진로상에서 현재 진행 중인 행위 다음 단계에서 일어나는 변수들에 관해 어느 것들은 하고자 하는 일과 연관성이 있는 것으로, 또 어느 다른 것들은 관련되지 않은 것으로 처리하는 행위의 연속이라고 할 수 있다. 우리의 행위는 어느 경우에 있어서도 낱낱의 행위의 연합이나 연속이 아니라, 서로 맥락화되어 진행되는 방식, 방금 전 행위에 대한 지식, 다음 행위에 대한 기대 등이 현재에 지속되는 행위에 철저하게 스며들어 가 있기 때문이다. 따라서 일의 과정에서 만나는 문제나 그에 대한 해결책은 항상 서로 구체적 상황과 관련하여 내적인 연관성을 가지고 지속적으로 출현한다. 오직 실험실 그리고 그와 전제를 같이 하고 있는 테스트 장면과 같은 상황에서만 문제 해결은 그 자체로 목적이 된다. 그러나 일상적인 장면에서의 일은 그것이 일어나는 전후 맥락과 관련하여 수단적 의미만을 갖는다. 결국, 지식을 활용하는 방식은 자신이 하고자 하는 일과 관련해서 무엇이 관련되고 무엇이 관련되지 않는 것으로 파악해야 하는지를 해당 공간 안에서 모종의 애씀을 통해 질서를 탐색해 가면서 사태를 사후수정식으로(ad hoc) 처리해 나간다. 민속방법론의 일에 대한 분석은 이처럼 우리 행위가 실천적 행위로서 전개되어 간다는 것을 면밀히 보여줌으로써 사람들의 실제적인 행위 과정이 나름의 합리성을 담보로 하고 있다는 점을 보여 준다.

3. 민속방법론의 연구대상과 분석의 실제

앞서 제시한 민속방법론 분석의 세 가지 갈래는 연구의 주제와 특성에 따라 혼종적으로 활용한다. 여기에서는 각각의 분석방식이 실제로 어떻게 이루어질 수 있는지에 대한 구체적인 분석의 예시들을 보여 준다.

1) 단위 학교 행정직원의 직무 역량에 관한 멤버십 범주의 활용

다음의 〈상황 1〉은 업무용 메신저를 이용하여 교직원 간 업무와 관련된 내용을 문자로 주고받은 내용이다.

〈상황 1〉

담당교사가 보낸 글: 1학년 7반 내교통지서입니다~

행정직원이 보낸 글: 선생님, 내교통지서는 결재 완료된 문서도 확인해야 해서 스캔으로 보내주시거나 아니면 직접 가져오셔야 합니다.

담당교사가 보낸 글: 결재는 교감쌤까지 완료했고요. 보관은 담임이고 행정실에 파일로 보내라고 학생부에서 연락이 왔었어요.

행정직원이 보낸 글: 네, 보관은 선생님께서 하시는데 보통 두 장 가지고 오셔서 결재 완료된 문서 보여 주시고 결재란 없는 파일을 행정실로 제출해 주세요.

담당교사가 보낸 글: 네~

위의 분석 〈상황 1〉은 징계 대상 학생에 대한 업무를 수행하는 담당교사가 징계 대상 학생의 부모에게 송부할 문서를 메신저를 이용하여 문서 담당 행정직원에게 전달하는 장면이다. 그 행정직원은 관련 문서에 대한 확인 방법이 분명치 않음을 이유로 일단 접수하지 않을 것을 뜻하는 문자를 보냈으며, 이에 대하여 담당교사는 자신의 행위에 대하여 나름의 사유로 본인의 행위에 대한 상황을 설명하고자 하였으나, 행정직원은 좀 더 구체적인 방법을 제시하며 다른 방법으로 전달해 줄 것을 요구한다. 이 분석에서는 〈상황 1〉에서 메신저를 사용하는 두 교직원이 '담임,' '행정실', '선생님', '교감쌤', '학생부'라는 용어를 사용하면서, 특정 개인을 지칭하는 것과 아울러 어떤 범주를 지칭하면서 문자를 이용하여 상호 대화를 진행하고 있다는 점에 주목한다. 여기에서 흥미로운 사실은 범주를 지칭하는 용어가 때론 장소로, 때론 역할 범주로 혼용되어 활용된다는 점이다. 호칭으로서 멤버십 범주는 상대를 지칭하는 지시어로 활용되고 있는 듯 보이지만 사실상 해당 대상이 해야 할 업무의 범주를 경계 짓기 위한 도구로 활용되기도 한다. 즉, 그것은 대상을 인지하고 활용하기 위한 효율적인 지시어로서 상호 간에 즉각적으로 상호 간의 상식적 수준의 이해 여부에 따라 유동적으로 조율되어 활용되고 있었다.

2) 전문적 의료 행위에 관한 군의관과 의무병의 전화 대화

〈사례〉

의무병(이하 A): 충성. 일병 윤수권입니다. 열나는 환자가 있어서 전화드렸습니다.

군의관(이하 D): 열나는 거 말고 다른 증상은 없대?

A: 잠시만 기다리십시오. 물어보겠습니다…. 머리 아프고 어지럽고 속 울렁거린다고 합니다.

D: 오늘 밖에서 오래 작업하고 그랬나?

A: 물어보겠습니다…. 작업 안 했다고 합니다.

D: 기침이나 가래 같은 증상은 없대?

A: 물어보겠습니다…. 그런 증상은 없답니다.

D: 열이 몇 도지?

A: 39.8도입니다.

D: 의식이 떨어지거나 뒷목이 땡기거나 그런 건 없대?

A: 잠시만 기다리십시오. 물어보겠습니다. 의식은 괜찮고 뒷목은 조금 땡긴다고 합니다

D: 그러면 일단 입실시키고 수액 하나 달고 빠른 속도로 주고 트롤락이랑 타라신 사이드로 주고 4시간마다 열 좀 재 봐.

A: 수액은 뭐로 하면 되겠습니까?

D: 노말셀라인이나 5디나 상관없다.

A: 죄송하지만 트롤락이 다 떨어졌습니다.

D: 그럼 디클로페낙은 있나?

A: 네, 디클로페낙 있습니다.

D: 그럼 그걸로 주고 IV 말고 IM으로 줘야 된다. 그리고 주고 난 뒤에 혈압 한 번 재 보고.

A: 네, 알겠습니다.

D: 아! 그리고 혹시 모르니까 세프트리악손 있지?

A: 네, 있습니다.

D: 그거 2g을 8시간마다 IV로 줘라. 그거 한 번에 그냥 주는 게 아니고 100cc짜리 작은 셀라인에 섞어서 천천히 줘야 된다. 그리고 주기 전에 스킨 테스트하고.

A: 네, 알겠습니다. 수고하십시오. 충성.

〈사례〉는 문제해결과정에서의 상황적 특성을 잘 보여 주는 예이다. 군의관이 처방의 과정에서 처음 지시한 트롤락이라는 약이 떨어져서 디클로페낙을 처방하는 상황은 매우 단순하지만 우리의 일상에서 흔히 만날 수 있는 예측 불가능한 상황적 변수를 잘 보여 주는 장면이다. 또한, 군의관이 의무병에게 처치 명령을 내리는 과정은 문제해결과정의 사후수정성을 잘 드러내 준다. 예컨대, "그거 2g을 8시간마다 IV로 줘라. 그거 한 번에 그냥 주는 게 아니고 100cc짜리 작은 셀라인에 섞어서 천천히 줘야 된다. 그리고 주기 전에 스킨 테스트하고."라는 대화는 일이 진행되어야 하는 순서와는 정반대로 지시가 이루어진다. 순서대로 지시가 이루어졌다면 "스킨 테스트 후에 세프트리악손 2g을 100cc짜리 작은 셀라인에 섞어서 8시간마다 IV로 줘라." 가 될 것이다. 그런데 우리의 상호작용은 위와 같이 일의 순서와는 다르게 행위자가 가장 핵심적인 내용이라고 생각하는 것을 먼저 제시하고, 세부적인 것을 나중에 제시하는 방식으로 이루어진다. 이에 따라 상대방이 이해하는 정도, 반응하는 정도, 일이 처리되는 상황들을 고려하여 사후수정적으로 보완된다. 이러한 행위의 방식은 전문가의 전문성을 극대화시키는 효율적인 일의 처리방식으로, 경우에 따라 불필요한 절차와 행위를 생략 가능하도록 만든다(조현영, 2014).

3) 학습에서의 시각화 자료의 활용과 실천적 행위에 관한 분석

다음의 그림은 학습에서의 시각적 자료의 활용을 통한 실천적 행위에 대한 분석의 일부이다. 가구뿐만 아니라 직접 조립하여 사용하도록 판매하는 물건의 경우, 제조사는 소비자가 조립을 돕기 위한 조립도를 함께 제공하기 마련이다. 특히, 최근 인터넷을 통한 정보의 공유방식이 대중화되면서 조립도 이외에도 직접 조립하는 과정을 사진으로 보여 주거나 동영상 자료를 올리는 방식으로 조립의 과정이나 전략에 대한 정보를 공유하고 전달할 수 있는 방법이 다양해졌다. 이러한 자료는 대체로 언어로 전달하는 것에 어려움이 있는 정보를 시각화(visualization)함으로써 사용자가 보다 용이하게 제작 과정을 따라 할 수 있도록 한다. 그렇다면 이러한 시각화 자료들은 전달하고자 하는 지식이나 기술에 대한 정보를 얼마만큼 정확하고 풍부하게 제공할 수 있을까? 다음은 조립식 가구로 유명한 I 회사의 가구조립도이다.

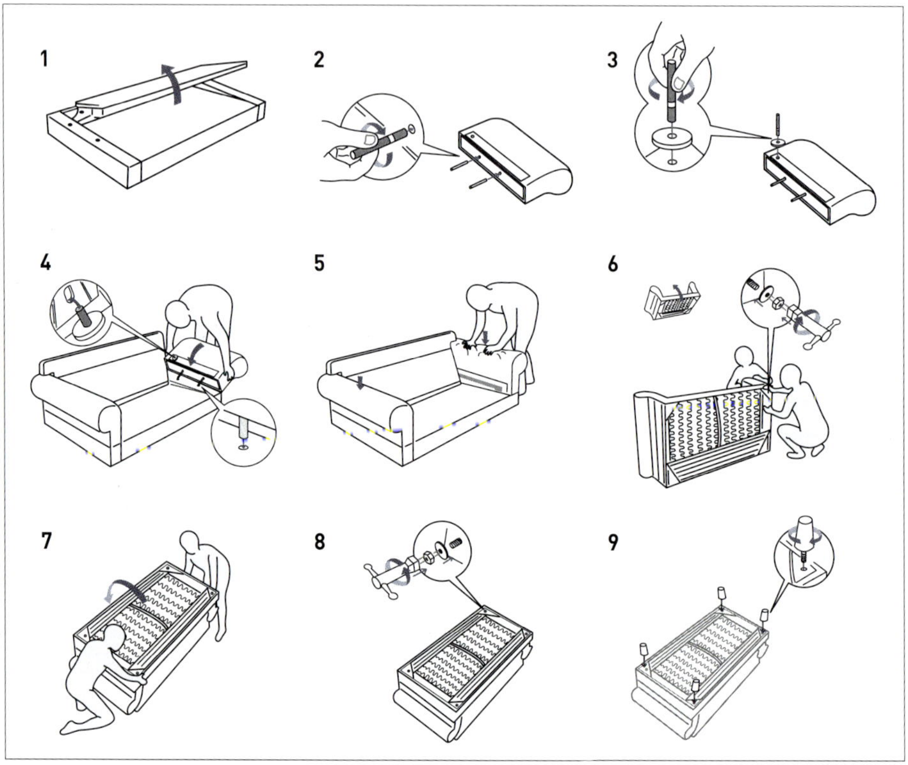

[그림 7-1] 가구조립도

위와 같은 가구 조립도에서는 순서대로 따라 하기만 하면 완성된 형태의 가구 조립이 가능하다고 설명한다. 그렇다면 가구조립 과정은 조립도의 정보를 그대로 따르는 절차적 이행이라고 볼 수 있을까? 분명 조립도는 언어의 정보전달력이 갖는 한계를 보완하고 좀 더 구체적인 정보를 제공하고 있음은 틀림없다. 각 단계의 그림은 과정상 필요한 조작의 방식을 가급적 시각화하여 전달하는 것에 목적을 둔다. 그럼에도 불구하고 조립도의 그림이 무엇을 말하는지는 이를 따라 하고자 하는 사용자에게 항상 애매모호함을 준다. 각 그림이 보여 주는 화살표의 방향이나 나사의 조립 순서 등은 그 자체로 의미가 분명치 않다.

사실상 이러한 그림은 실제로 대상과 그림을 견주어 보고, 행위를 가하고, 조율하는 방식을 통해서 그 의미를 찾아가는 실천이 동반되어 있을 때에만 비로소 그 의미가 성취된다. 예컨대, 물건을 다루는 데 필요한 정교함이나 힘의 강도, 나사를 조이는 방향이나 각도 등은 사실 그림의 화살표만으로는 정보가 부족하다. 그리고 그것을 다루는 개인의 조작 능력의 차이나 신체적 조건의 차이도 그 정보를 활용하고 해석하는 데 차이를 만들어 낸다. 물론, 이전 경험이나 배경지식 역시 그림을 이해하는 것에 차이를 가져온다. 다시 말해서, 어떤 기술이나 경험을 담는 이러한 시각 자료는 그 자체로 어떠한 정보를 전달해 주지는 못한다. 사실상 각 단계의 시각화된 정보는 각 단계에서 필요로 하는 정보의 일부를 보여줄 뿐, 그것이 어떤 의미가 있는지는 순전히 사용자의 역량에 달려있다. 이러한 분석은 시각 자료를 통해 정보나 기술이 어떻게 전달되는지를 보여 줌으로써 사용자가 어떻게 실제 상황에서 시각 자료를 활용하고 있는지 이해하도록 돕는다(손민호 · 조현영, 2017).

4. 민속방법론 연구의 실제: 과학탐구 수업 사례를 통한 상황학습의 재이해

다음은 민속방법론을 활용한 실제 연구 사례를 요약한 것이다(조현영, 2016). 이러한 예시는 하나의 주제를 민속방법론의 관점으로 전개시켜 나감에 있어서 연구 사례를 선정하여 자료를 수집하고 분석하여 결론을 이끌어 내는 연구 전반의 과정을 이해하는 데 도움을 줄 수 있을 것이다.

1) 연구의 사례

연구 사례는 초등학교 5학년의 과학 수업 상황이다. 연구를 위해 수도권 소재의 ㅇㅇ초등학교 5학년 담임교사를 섭외하고 연구 자료 수집에 대한 협조를 구한 뒤, 비디오 녹화와 녹취를 실시하였다. 관찰 대상으로 선정한 수업의 상황은 5학년 과학

3단원의 '식물의 관찰'에 해당하는 실험 수업으로 약 2개월 동안 주 2회씩 참관하여 수업의 전 과정을 동영상으로 촬영하였다. 수업의 주제는 '기공의 관찰'과 '증산작용'에 관한 것이다. 기공을 관찰하는 실험 수업의 경우 현미경을 조작하여 식물의 구조를 관찰하는 방식의 실험으로 진행되었으며, 증산작용을 확인하는 실험의 경우 두 개의 눈금 실린더에 잎의 개수가 다른 식물을 꽂아둔 뒤, 그 잎을 비닐로 감싸고 증발한 물의 양을 확인하는 방식의 실험이었다.

녹화와 녹취는 연구자가 수업에 참관하여 직접 촬영하였으며, 교사의 강의식 수업이 이루어지는 상황에서는 교실의 뒤쪽에서 전체 교실 상황을 조망하는 구도로 촬영이 이루어졌다. 또한, 학생들이 직접 실험을 하는 상황에서는 한 모둠을 선정해 밀착하여 촬영하는 방식을 취하였다. 따라서 교사가 강의식으로 진행하는 상황에서는 학생들의 발화를 개별적으로 처리하는 데 한계를 가질 수밖에 없었다. 예컨대, 한 번에 여러 명의 학생이 동시다발적으로 이야기하거나, 교수자의 지시에 혼잣말로 얼버무리는 방식의 대화가 그러한 것인데, 이는 발화자를 개별적으로 구분 지어 분석하지 못하는 것이 연구의 목적과 내용에 큰 영향을 주지 않을 것이라 여겨, '학생'이라는 하나의 군집으로 처리하였다.

2) 분석의 실제와 해석의 두 가지 렌즈

(1) 학습자가 탐구활동 안에서 실제로 경험하는 것은 무엇인가?

〈상황 2〉

은경(가명)이는 접안렌즈에 눈을 대고 렌즈를 조절하면서 초점을 맞춘다. 옆에 학생들은 은경의 옆과 뒤에 서서 은경이가 조작하는 현미경을 바라보고 있다. 은경이는 말없이 계속 초점을 맞춘다.

진경(가명): 초점 맞춰졌어? 어?

은경이는 고개를 끄덕이며 눈을 떼고 뒤로 간다.

진경: (접안렌즈에 눈을 대고) 우와! (눈을 떼고 놀란 표정으로) 이거 치운다!
민수(가명): 야, 그거 움직이면 다시 맞춰야 해. 초점 다시 맞춰야 된다고.
은경: 조준해 줄게.
민수: 됐어? 초점 맞춰졌어?
진경: 야, 이거 맞추는 거라고.
규혁(가명): 야 한 명씩 줄 서.
민수: 우와, 뭐야 뭐야.
진경: 야, 다음. 여길 봐야지. 이게 더 신기해.
교사: 나와서 이거 그려 볼 사람?

다른 친구들은 현미경 들여다보기에 정신없고, 은경이는 손을 들고 앞으로 나간다. 은경이는 칠판에 나가서 관찰한 것을 그리고, 아이들은 현미경을 들여다보거나 실험관찰 책에 물관 관찰 결과를 그린다.

〈상황 2〉의 경우, 학생들은 자신이 직접 현미경을 조작해 보려고 하거나 현미경으로 보이는 식물의 모양을 유심히 관찰하기보다는 은경이에게 모든 상황을 일임하고 나머지 학생들은 그 결과만 확인하는 것과 같이, 그 문제 상황을 가장 경제적인 방식으로 해결할 수 있는 방식을 통해 문제를 해결하고자 한다.

그렇다면 왜 학생들은 동일한 상황에서 서로 다른 행동의 방식을 보이는 것일까? 이것을 단순히 학습 의욕이나 내적 동기라는 개인의 심리 내적 문제로만 치부하여 학습 결손이나 부적응으로 단정할 수 있는 것일까? 예컨대, 위 분석의 상황에서 학생들은 스스로 가설을 설정하지 않았고, 은경이의 도움으로 현미경 관찰을 비롯한 교사의 지시를 수행한 것처럼 보인다. 그렇다면 그날의 탐구활동 수업에서 교사의 지시를 그대로 따르지 않은 학생들의 학습 활동은 실패한 것이라고 봐야 하는 것일까?

상황주의 학습 패러다임에서 앞서 제시한 분석의 두 가지 상황은 학습에 대한 새로운 해석을 가능하도록 만든다. 다시 말해서 분석에 활용된 과학탐구 수업의 상황이 학생들에게는 어떻게 지각되고 있는지 살펴보는 것이 학생들에게 실제적이고 참된 학습으로 경험되고 있는 것이 무엇인지를 이해하는 것이 될 것이다. 여기에서는 학습자들에게 지각되는 상황을 다음의 두 가지 속성으로 정리해 보고자 한다.

첫째, 학생들에게 과학탐구 수업의 상황은 교수자의 맥락도 과학자의 맥락도 아닌 학습자의 정서적 맥락으로 존재한다. 앞서 제시한 상황에서 학생들의 활동 과정은 과학탐구 수업이 순수한 과학적 실험이 아닌 시범활동으로서 결과의 재현으로 전개되고 있는 모습을 잘 보여 준다. 학생들은 가설 쓰기, 현미경으로 관찰하기 등에 대한 관심보다는 자신이 기대하고 있거나 교사가 설명해 준 결과를 어떻게 가져올 수 있을 것인가에 더 관심을 보인다. 이러한 장면은 교사에 의해 지도된 과학탐구 수업이 실제 학생들에게서 어떠한 방식으로 경험되고 있는지를 잘 보여 준다. 교사는 학생들이 해야 할 실험의 내용을 미리 설명하고, 관찰해야 할 실험의 결과도 은연중에 내보인다. 이러한 장면은 교실에서의 과학탐구 수업이 과학 공동체에서의 일과는 다른 성격의 실험이라는 것을 잘 보여 준다. 이는 교사와 학생 모두에게 실험 상황임과 동시에 수업 상황이라는 질서를 유지시키기 위한 노력을 요구한다.

둘째, 학생들은 동일한 탐구 활동을 하고 있는 것으로 보이지만, 실제로 그들이 공유하는 상황은 서로 다른 목적과 이해방식을 갖고 있기 때문에 협업의 형태로 존재할 수 있는 것이다. 학습이란 배우고 익혀야 할 지식이라는 대상을 목표로 숙달해 가는 과정이라고 생각하기 쉽다. 하지만, 실제로 학습이 일어나는 장면은 이와는 전혀 딴판이다. 과학탐구 수업처럼 여러 명의 개인이 하나의 실험을 완수하기 위하여 학습의 과정을 함께 만들어 가는 경우에는 더욱 그렇다. 개인이라는 부분의 합이 실험의 완수라고 생각하기에는 그들 사이의 상호작용이 갖는 유연하고도 즉각적인 행위의 조화를 달리 설명할 방도가 없다. 오히려 그들이 지금 완수하고 성취해야 할 실험의 목표가 교과서에 제시된 실험의 과정인지, 그들 사이의 조화로운 협력의 과정인지 모호하게 느껴질 정도이다.

(2) 학습자가 경험하는 실제적인 학습의 순서는 어떻게 구성되는가?

〈상황 3〉

교사: 보이냐? 보이냐? 봐 봐. (접안렌즈에 눈을 대보면서) 보이긴 뭐가 보여. 깜깜하고. 하나도 안 보이는데. (아이들보고 비키라고 손짓하며 현미경의 위치를 돌려놓는다.) 이거부터 맞춰야지. (반사경을 맞추면서) 잠깐만. 저기요. 이런 거 올려놓는 거 아니에요. (프레파라트를 빼서 보여 준다.) 파란 거 보는 거예요. 잠깐만. (조동나사를 돌리며 접안렌즈를 통해 현미경을 들여다본다.) 잠깐만. (프레파라트를 움직여 본다.) 자, 이 정도밖에 안 보여.

지혜가 렌즈를 돌린다.

교사: 나와 나와. 놔둬. (다시 렌즈를 움직이며 조동나사를 돌린다.) 이거 위치가 바뀌었네. (프레파라트를 다시 움직여 본다.) 개나리는 잘 보여봐야 흐릿하다고. (조동나사를 다시 돌려 본다.) 렌즈 바꿨냐?
동호(가명): 렌즈 방금 바꿨는데요.
교사: (접안렌즈에 눈을 댄 채로 프레파라트를 옮겨 가면서) 이거를. 살짝 옮겨 가면서... 어! 야! 개나리도 잘 보이는구나! 오케이. 기다려 기다려. 어? 어째 잘 보인다 했어. (프레파라트를 들여다보고) 이거부터 보면 어떻게 해. 개나리부터 보라 그랬잖아. 일단 보여 줄게. 건들면 또 안 보이죠. (프레파라트를 바꾼다.) 이거 본 다음에 그럼 이거 봐.

- 현미경 조작순서-

① 가장 저배율의 대물렌즈가 경통 바로 아래 중심에 오게 한다.
② 반사경과 조리개를 조절하여 시야를 밝게 한다.
③ 프레파라트를 재물대 위에 올려놓는다.
④ 옆에서 보면서 대물렌즈와 프레파라트를 최대한 가깝게 접근시킨다.
⑤ 조동나사로 상을 찾고 미동나사로 초점을 정확히 맞춘다.

〈상황 3〉에서 교사의 현미경 조작 방식을 면밀히 살펴보면, 결코 교과서에 제시된 현미경 조작 순서와는 엄연히 다르다는 것을 알 수 있다. 물론, 교사는 교과서에 제시된 현미경의 조작 순서와 방식을 전제로 행위를 이어나갔을 것임에는 틀림없다. 그러나 결코 교사는 그 절차에 얽매여 있지만은 않다. 교사는 눈앞에 놓인 상황을 직관적으로 받아들이고 머릿속에 떠오르는 순서에 따라 비선형적이고 동시다발적인 방식으로 조작을 전개해간다. 그 과정에서 교사는 현미경의 조작 순서를 생각하기보다는 자신이 기대하는 프레파라트 위의 식물의 모습을 떠올리고 있었을 것이다. 그리고 교사의 오랜 경험을 바탕으로 현미경 조작에서 가장 핵심적이라고 생각하는 것부터 수정해 나가면서 점차 세부적인 문제를 해소해 나가는 방식으로 현미경을 조작해 나갔을 것이다. 만약, 교사가 철저하게 교과서의 조작 순서를 지키고자 했다 하더라도 아마도 교사는 교과서의 첫 번째 순서를 조작하기 위해서는 이미 흐트러진 현미경의 상태를 재정비해야만 할 것이다. 그렇다면 교사의 현미경 조작 순서는 어디에서부터 시작된 것이라고 보아야 할 것인가? 교과서의 현미경 조작 순서를 따르기 위해 현미경의 상태를 정돈한 행위들은 현미경 조작 순서와는 무관한 부차적 행위에 불과한 것일까?

앞서 제시한 두 가지 상황에 대한 분석은 학습의 과정과 절차가 갖는 상황적이고 실천적인 속성에 대한 새로운 이해의 관점을 제시하고 있다. 상황에 대한 인지와 해석의 개별화된 속성들이 얼마나 그러한 상황을 다루는 방식에서도 차이를 가져오는지, 또한 결국 그러한 차이가 학습에 대한 새로운 이해의 관점을 요청하는지를 확인할 수 있다. 여기에서는 앞서 제시한 세 가지 상황을 바탕으로 이러한 상황주의 패러다임에서의 학습의 속성을 다음과 같이 정리해 보고자 한다.

첫째, 학습의 과정이란 매 순간 상황적 변수들에 즉각적인 추론과 애씀으로 문제를 해소시켜 나가는 비순차적이고 비논리적인 과정이다. 과학탐구 수업에서의 문제해결방식은 머릿속의 계획이나 논리적 순서나 절차에 의한 것이 아닌, 상황을 살펴가며 상황을 구조화해 나가는 일상의 문제해결과정으로 구체화된다. 그런데 여기에서 이러한 주변적이고 사소한 일상의 문제 해결들이 과연 학습의 과정에서 부차적인 일로만 간주해도 되는 것일까? 사실상 위의 분석은 결코 이러한 사건들이 주변적인 일들이 아님을 잘 보여 준다. 뒤죽박죽이 된 현미경 조작의 순서, 정확한 개념을 모르고 대답하는 학생의 행위, 이 모든 비합리적으로 여겨지는 행위들조차도 그 상황 안에 참여한 구성원들에게는 충분히 합리적이고 그럴만한 이유가 존재하는 행위들이기 때문이다.

둘째, 따라서 학습은 생성적이고 일회적인 상황의 전개 과정 속에서 이를 전후 연관성으로 맥락화하는 가운데 성취된다. 매 순간 행해지는 추론과 행위는 그 순간 행위자를 둘러싼 인식의 지평 안에서 가장 합리적인 방식으로 선택되어진다. 그러나 그 행위가 유발할 결과에 대해서는 어떠한 명확한 예측과 추론도 불가능하다. 예컨대, 〈상황 3〉의 현미경 조작 행위와 〈상황 4〉의 교사와 학생의 상호작용은 다음에 이어질 행위와 연관성을 맺을 때에만 의미 있는 조작 행위로 여겨질 뿐, 사실상 매 순간의 행위들에 대한 추론은 상황의 애매모호함 속에서 짐작과 예측을 통해 불확정적인 의미를 띨 뿐이다. 이와 같은 과학적인 방법론의 존재 가능성에 관한 회의적인 태도는 과학철학자 파이어아벤트(Feyerabend, 1975)를 통해 '어떤 방법이든 상관없는 실제적 관심의 추론'(anything goes inference)이라고 일컬어지기도 하였다.

(3) 연구의 결론 및 시사점

본 연구는 이러한 상황성의 개념을 설명하기 위하여 민속방법론을 통한 학습의 일상성에 주목하였다. 이러한 일상적 측면에 대한 민속방법론적 설명은 현상을 있는 육화된(embodied) 상태 그대로 보고자 하는 후기 현상학적 이해방식에 근거한 것이다. 이는 설사 과학적 탐구의 과정으로 실험에 임하는 학생의 경우에도 그것을 해결해 나가는 방식은 결코 일상성에서 자유로울 수 없기 때문이다. 학습의 과정이란 결코 지식의 전달이나 전이의 문제가 아닌 실천적인 행위의 방식으로 드러날 수밖에 없으며, 개개인에게 닥친 복잡한 환경적 변수를 구체적이고 즉각적으로 처리해 나가는 방식으로 개별화되어 경험되기 때문이다. 즉, 교사의 교수 행위는 학습의 진로를 구성하고 행위에 의미를 부여해 주는 학습의 설계로서 역할을 할 수는 있지만, 실제로 그 탐구 활동을 경험하는 것은 학생 그 자신이며, 학생 개인이 그 수업을 통해 기대하는 바가 일상적 상황과 맞물려 활동의 전 과정에 영향을 미치며 행위를 구조화해 나가는 것이기 때문이다.

분석 사례인 과학탐구 수업의 과정은 학생들이 활동을 통해 경험하는 지식의 측면이 상황적 추론과 탐색의 과정이라는 사실을 잘 보여 준다. 이는 실제 학습의 과정인 교사와 학생의 수업 장면에서 마주하는 실제적 맥락의 중요성을 상기시킨다. 그러나 지식이 상황에 분산 편재되어 있다는 점은 기존의 학습이론들이 취하는 '학습 환경으로서의 상황'의 가정과는 사뭇 다르다. 본 논의에서는 상황주의 패러다임에서의 학습을 이해하는 것은 결국 '상황'이 단순히 환경으로가 아닌 학습의 콘텐츠로서 학습자에게 어떻게 인지되는지, 또한 상황을 재구성하고 의미화하는 개인의 심리적 계열로서의 학습절차는 어떠한 차이를 갖는지 살펴보았다.

상황학습론이 교수설계론에 주는 함의는 다음과 같다. 학습자의 실제 학습의 순서는 학습을 경험하는 심리적 계열이 실제 학습의 논리적 계열성과 어떠한 차이를 갖는가 하는 것이다. 학습자의 상황 인지라는 측면에서 전언한 바와 같이 개별 학습자의 상황 인지는 차이를 나타낼 수밖에 없으며, 이러한 차이는 학습을 위한 지식을 계열화하는 순서에도 차이를 유발한다. 즉, 교수자가 전달하고자 의도한 순서와 절차는 학습자의 심리적 계열성과의 차이 이외에도 학습 과정에서의 변수들과 맞물려 학습자의 상황 운용이라는 실천적인 능동성이 요구된다. 이러한 분석이 보여 주는 것은 마치 학생들에게 학습활동이 단순한 지시와 지시 따름이라는 수동적 학습 행위가 아님을 의미한다. 학습이란 대상이 가지는 이론적 · 선험적 지식을 논리적이고 순차적으로 습득해 나가는 것이 아닌 그것이 활용되는 맥락에서 그것이 의미를 가질 수 있도록 조율하고 배치해 나가는 과정이다. 그리고 맥락의 흐름이라는 유기체와 환경의 상호작용 가운데 즉각적이고 즉흥적으로 때론 비합리적이라고 여겨질 만큼 비순차적이고 비논리적인 순서에 의해 문제를 해결해내는 능력을 통해 비선형적으로 의미를 창출하는 것이다. 그리고 사실상 그러한 조율과 배치의 과정은 문제 해결의 예외적이고 임기응변적인 방식이 아닌, 그 대상이 갖고 있는 의미를 확장해 나가는 학습 그 자체와 다르지 않다. 다시 말해서, 학습자가 인지하는 학습의 과정은 결코 물리적 시간의 흐름에 따라 문제를 선형적으로 인식하고 해결하는 순차적 과정이 아닌, 상황을 인지하고 이에 따라 주관적으로 상정한 문제들을 일의 전후 맥락으로 순환적으로 인식하는 즉각적 문제를 해소해 가는 과정의 연속이다.

실제 일상에서 부딪치는 문제를 두고 해결해 가는 방식들을 보면 정해진 하나의 해법이나 규칙에 의존할 수 없는 경우가 더 많다. 비트겐슈타인(Wittgenstein)은 이러한 문제 해결의 속성에 대하여 '규칙 회의주의'라는 비판의 논리를 제시하기도 하였다(Lynch, 1993). 사실, 학교 학습에서의 문제 해결은 일상의 문제 해결과 일면 유사한 속성이 있다. 지금껏 학교 학습을 이원론적 논리에 근거한 교수학습 설계의 틀로서 바라본 학습의 원리는 수업을 삶의 맥락과는 괴리를 떨 수밖에 없는 가상의 실험실 상황으로 만들었다. 수업은 정제된 지식의 구조를 소재로 다루는 학습의 상황임과 동시에 학교 구성원들의 일상적 실천의 상황이다. 학습자의 학습은 그 자신의 정체성 경험과 연관성을 가질 때에만 의미 있게 학습될 수 있다(신은섭, 2016). 학습을 실천의 양상으로 바라보는 이러한 이해의 관점은 학습자들에게 실제적인 맥락으로서 의미 있는 학습의 장면을 설계할 수 있도록 해 줄 것이다. 이러한 학습을 이해하고 바라보는 새로운 관점은 삶의 영역으로서 학습의 장을 설계할 새로운 논리가 되어 줄 것이다.

5. 민속방법론 연구의 전망

민속방법론은 사람들이 그들이 하고 있는 일이나 경험에서 어떻게 의미를 구성하는지 알아보기 위해 사람들의 활동과 경험을 자세히 기술하고 분석하는 연구방법이다. 민속방법론에 따르면 사회적 구조, 예컨대 성, 계급, 역할, 규범 등의 사회적 범주뿐만 아니라 조직, 테크놀로지, 지식이나 기술 등의 사회적 제도가 로컬(local) 현장에서 사람들이 실제로 하고 있는 활동이나 행위에 의해 성취하는 산물이다. 거시적 차원의 의미는 실제 현장에서의 국지적이고 맥락적인 활동에 기대어 구성된다.

이러한 맥락에서 민속방법론과 더불어 대화 분석은 사회학 영역에서는 대표적인 미시적 분석으로 알려져 있다. 민속방법론의 미시적 관점은 현장에서 수집된 자료들, 관찰 노트나 녹음 · 녹화된 행동이나 말, 이야기, 대화 등이 구체적으로 어떻게 분석과 해석될 수 있는지 체계적인 질적연구의 길을 터 주었다. 민속방법론에 기초한 수많은 경험 연구는 현장이나 사람들 행위의 의미에 대한 두툼한 기술(thick description)들을 통해 풍성하고 체계적인 경험 연구의 아카이브 역할을 하고 있다. 예를 들어, 상호작용적인 행위나 대화 등 상황 분석을 통해 제시한 자세하고 체계적인 전사물은 그 분석적 해석과 더불어 다른 연구자들에게 선행연구의 해석으로서 충분한 정보로 활용될 수 있다.

민속방법론은 일이나 경험 자체, 즉 의미구성 방식에 관심을 둔만큼 사람들이 하고 있는 일 또는 경험 자체에 대해 매우 체계적이고 자세한 기술 분석을 요구하는 탐구 영역에서 널리 활용되고 있다. 예를 들어, 낯선 실천공동체에 대한 문화기술은 그 공동체 전체의 삶의 양식이나 삶의 결을 보여 주는 데 유리한 연구방법이다. 내러티브 연구는 면담을 통해 연구참여자들의 생애 경험에 '관해' 정보를 수집하고 분석하는 데 유용하다. 그에 반해 민속방법론에서는 문화나 내러티브보다는 현장적인 실천 행위에 더 관심을 두고 분석한다.

따라서 민속방법론에서 활용하는 연구방법은 기본적으로는 참여관찰이다. 현지인의 경험에 얼마나 잘 접근할 수 있을 것인가는 기본적으로 연구자가 보고자 하는 사람들의 경험, 즉 '에이전트'(agent)로서의 역량을 얼마나 잘 이해하고 공감할 수 있는가 하는 문제에 달려 있다. 질적연구를 수행할 때 봉착하는 근본적인 질문 가운데 하나는 참여관찰을 통해 수집된 자료, 즉 현장에서 구한 만큼 미시적인 성격의 자료를 어떻게 분석할 것인가 그리고 미시적 성격의 자료에서 어떤 해석과 연구결과를 이끌어 낼 수 있을 것인가의 문제라고 할 수 있다. 이러한 문제의식 속에서 민속방법론은 지난 수십 년 동안 수많은 경험 연구를 통해 질적연구공동체에 큰 기여를 해왔다.

민속방법론은 미시적 상황 분석으로 최근 다양한 전문 분야에서 널리 활용된다.

첫째, 민속방법론은 일 자체에 대한 분석적 관심으로 인해 일이나 조직에 관한 질적연구영역에서 널리 활용되고 있다. 의료나 법, 정치, 정보 등의 현대 전문직 분야에서 그리고 현대 조직 연구에서 현장의 디테일한 일상, 현장의 맥락적 이해 또는 암묵적 차원의 경험의 논리 등 일상의 생활세계의 지평이 어떻게 거대 전문체계에 작용하고 있는지 민속방법론의 상황 분석을 통해 조사해 볼 수 있다.

둘째, 테크놀로지를 활용한 상호작용이나 업무에 대한 질적 분석에서 널리 활용되고 있다. 테크놀로지는 사용자와의 상호작용성을 근간으로 설계되어 있다. 따라서 테크놀로지의 설계나 배치가 사용자 경험을 어떻게 유도하고 매개하는지 살펴보고자 하는 탐구 영역에서는 사용자와 사물 간 상호작용에 관해 조사 연구한다. 민속방법론에서는 테크놀로지와의 상호작용과 더불어 테크놀로지가 매개된 상호작용을 자세히 분석하는 데 종종 활용되고 있다. 민속방법론에 따르면 테크놀로지도 결국 현장적이며 실제적인 실천 행위에 기반해서 그 의미가 경험되고 실현된다.

셋째, 사회구성주의에 영향을 받은 교수학습 연구 영역에서 널리 활용될 수 있다. 사회구성주의 교육이론에서는 실제 맥락에 기반을 둔 교수학습에 관심을 둔다. 여기서 교수학습의 과정은 맥락의 설계가 행위와 경험을 어떻게 유도할 수 있는가의 문제이다. 민속방법론은 실제 설계된 맥락이 어떻게 교수학습 과정으로 연동되어 있는지 살펴보기 위해 활용되고 있다.

생각할 문제

민속방법론의 대표적인 연구 가운데 사람들의 '줄서기'에 관한 관찰과 분석이 있다. 이는 사람들이 어떻게 질서와 규칙을 만들어가는지에 대한 매우 단순하지만 유용한 분석이다.

1. 먼저, 줄서기의 방법과 과정에 대하여 자세히 이야기해 보자.

2. 줄서기 과정을 행위의 흐름을 중심으로 자세히 관찰하고 기술해 보자.

3. 줄서기 과정에 대한 이야기와 줄서기 행위의 흐름에 대한 관찰 기술은 어떠한 점들을 포착하도록 만드는가? 또한, 그 장면의 포착이 갖는 의미는 무엇인가?

CHAPTER 08

생애사연구 : 과거와 현재 그리고 미래 알기

정경희

> 인생은 나그네 길 / 어디서 왔다가 어디로 가는가 /
> 구름이 흘러가듯 떠돌다 가는 길에 / 정일랑 두지 말자 미련일랑 두지 말자 /
> 인생은 나그네 길 / 구름이 흘러가듯 정처 없이 흘러서 간다 … (중략) …

위의 노랫말을 들어 본 적이 있는가? 우리나라 1960년대 유행했던 최희준의 「하숙생」이라는 노랫말이다. 우리의 인생은 어디서 와서 어디로 가는지 목표 지점 없이 시간의 흐름대로 흘러간다는 하숙생에 비유하고 있다. 하지만, 영국의 문학평론가 존 러스킨(John Ruskin)은 인생에 대해서 다음과 같이 이야기한다.

> 인생은 흘러가는 것이 아니라 채워지는 것이다.
> 우리는 하루하루를 보내는 것이 아니라 내가 가진 무엇으로 채워 가는 것이다.

인생의 사전적 의미는 사람이 세상을 살아가는 일, 또는 어떤 사람과 그의 삶 모두를 낮잡아 이르는 말이다. 그의 삶 전체를 이야기할 때의 인생은 사람마다 살아온 배경이 다르기 때문에 그 사람의 가치관, 신념은 모두 다를 수밖에 없다. 그러므로 인생을 규범적으로 정의하기는 어려우며, 위의 글처럼 인생은 나그네 길로 혹은 내가 가진 무엇으로 채워가는 것으로 다르게 표현되기도 한다.

하지만, 부인할 수 없는 것은 우리가 현재 살아가고 있는 인생은 과거 없이 있을 수 없고, 또 현재 없이 미래도 있을 수 없다. 즉, 우리의 인생은 과거와 현재, 그리고 미래가 서로 긴밀하게 연결되어 있으며, 과거는 자신이 지내온 삶의 흔적으로 머릿속의 기억이나 가슴 속에 감정으로 남아 자신의 신념이나 성격에 큰 영향을 미친다. 현재는 과거로부터 흘러온 자신의 모습이기도 하다. 그리고 현재의 모습을 잘 들여다보면 미래 자신의 모습이 그려질 것이다. 미래는 스스로가 만든 삶의 목표이자 꿈으로서 미래의 자신이 원하는 것이 무엇인지를 그려 본다면 그 사람의 정체성을 알 수 있을 것이다.

생애사연구는 이러한 한 개인의 인생에 대하여 연구자가 많은 질문과 궁금증을 던지면서 해답을 찾아가는 과정이다. 연구자는 연구참여자의 삶과 그 속에 담긴 역사와 문화를 읽어 내면서 그의 주관적인 경험을 이해하고 간접적으로 경험할 수 있다. 특히, 생애사연구는 이야기, 즉 내러티브를 매개로 전하는 화자(話者)와 이야기를 끄집어내는 청자(聽者)가 함께 만들어 내는 공동작품이기 때문에 그들의 관계성은 매우 돈독하다.

이제 한번 다른 인생의 바다에 뛰어들어 그들의 과거와 현재, 미래를 여는 삶을 들여다보자. 그리고 자신의 인생을 하숙생과 같이 유유히 흘려보낼 것인지, 내가 가진 무엇으로 채워나갈 것인지에 대해 진지한 고민을 해 보는 장이 되길 바란다.

1. 생애사연구의 이해

1) 생애사연구의 역사

생애사연구의 기원은 20세기 초에 쓰인 아메리카 인디언 추장의 자서전에서 발견할 수 있으며, 그 이후 1920년대 초반부터 사회학과 여러 인문학에 적용되기 시작하였다. 이때 쓰인 유명한 텍스트는 시카고의 사회학자인 토마스와 즈나니에츠키(Thomas & Znaniecki)의 "유럽과 미국의 폴란드 농부(The Polish Peasant in Europe and America)"였다. 토마스와 즈나니에츠키는 폴란드에서 미국으로 이민 온 이민자들의 개인적인 서술이나 편지와 인터뷰를 통하여 얻은 개인적인 도큐먼트가 체험의 세계를 연구하는 학문적 자료로 사용되는 데 공헌하였다(Fuchs-Heinritz, 1998: 3). 그들은 사회문제를 연구할 때 연구자의 시각이 아닌, 그 문제를 직접 경험한 내부자의 시각에서 모아진 자료를 토대로 연구가 발전되어야 한다고 주장하였다. 즉, 삶의 주체로서 동시대를 살고 있는 사회 속의 개인을 연구함으로써 개인이 갖고 있는 복잡하고 독특한 삶을 통해 그 시대의 문화와 역사적 맥락을 연구하고자 한 것이다(박성희, 2011: 206). 토마스와 즈나니에츠키의 선구적 텍스트는 생애사연구를 사회학의 중요한 연구방법으로 정착시키는 데 크게 기여하였다. 사회과학 탐구에서 생애사연구의 잠재적 유용성과 접근의 용이성에도 불구하고, 생애사연구 방법은 1980년대 이전까지 학문적 영역에서 무시되거나 거부되어 왔다(Kouritzin, 2000). 그 이유는 기본적으로 사회학에서 숫자를 활용한 통계학의 방법이 등장하고, 인류학에서 인간 행위 이해의 기초 자료로 활용되었던 전기나 자서전이 생애사를 대체하였기 때문이다. 또한, 사회학이 생애사가 학문으로 정립하는 시기에 제기한 추상적인 이론 개발의 필요성에 대해 생애사연구가 제대로 응대하지 못했기 때문이다(Becker, 1970: 71).

하지만 1980대 이후부터 현재에 이르기까지 생애사연구 방법에 대한 사회과학 연구자들의 학술적 관심은 지속적으로 증가하였고(Ojermark, 2007:2-3; Raoul et al., 2007:3-4), 최근 여성학, 심리학, 역사학, 문학, 문화연구뿐만 아니라 가족연구, 이민, 정치적 변화, 교육 분야 등에서도 활용되고 있다(Ojermark, 2007: 2). 이와 같이 다양한 학문 분야에서 생애사연구 방법이 널리 활용될 수 있었던 것은 생애사연구가 거시적 맥락과 미시적 과정을 연결하고, 개인의 삶을 사회적 · 경제적 · 정치적 맥락에 연결시키는 관계성과 잠재력을 지니고 있기 때문이다(Roberts, 2002: 4-5). 다시 말해, 생애사연구 방법은 사회적 행위주체가 사회적 구조와 상호작용하여 어떻게 특정한 삶의 환경을 구성하는지를 탐구할 수 있으며, 사회적 조건에 따른 개인의 변화과정을 포착할 수 있다는 데서 그 유용성을 찾을 수 있다.

2) 생애사연구의 개념 및 유사 장르와의 구별

생애사는 고전적인 의미로 '한 개인의 삶에 대한 기술'을 말하는데, 단순히 한 개인의 성장을 문화적 맥락에서 살펴보는 것으로 정의되었다. 하지만, 오늘날의 생애사는 한 개인이 사적인 삶의 이야기를 알아간다는 의미뿐만 아니라, 한 개인이 정신적으로 발전하는 과정과 성장에 대한 정보를 알려 주기도 한다. 따라서 현대적 의미에서 생애사는 한 개인의 전 생애 발달과정에 대한 삶의 역사를 외적인 삶의 상태와 심리적 측면에서 묘사하는 것으로 정의한다(김영천, 2013: 205). 생애사는 삶의 주체인 개인이 자신의 경험을 자신의 시각으로 재구성하는 삶의 이야기이다. 즉, 자신이 자기의 경험을 스스로 되돌아볼 때 사람들은 그 의미를 다시 만들어 낸다. 또한, 자기가 경험한 사실을 다른 사람에게 이야기할 때도 의미는 다시 만들어진다. 어떠한 것을 기억하거나 말할 때마다 그것은 기존의 경험 기억에 대한 당시의 상황과 자신의 감정을 함께 나타냄으로써 새로운 의미를 만들어 내는 것이다. 따라서 자기에게 있었던 일들을 기억하고 나름대로 평가하여 이야기한다는 것은 있었던 사실을 단순하게 반복하는 것이 아니라 자기 자신을 재구성하여 표현하는 것이다. 이러한 경험의 표현을 통해 다른 사람들은 경험한 사람의 주관적인 관점을 해석할 수 있게 된다(유철인, 1996).

생애사연구는 기본적으로 개인의 사적인 삶을 통해 공적인 맥락을 발견하여 이야기로 기술하는 연구방법이다. 다만, 문제는 '어떻게 개인적인 사실에서 공적인 사실을 발견할 수 있는가?'이다. 생애사연구는 개인의 삶의 이야기가 담고 있는 공적인 맥락을 시간의 흐름 속에서 발견하려 한다는 점에 의의가 있다. 즉, 생애사연구의 기본적인 가정은 행동과 경험을 행위자의 관점 내지는 주관적인 관점에서 연구하고 이해하는 것이지만, 개인의 관점 형성은 사회적이고 역사적인 맥락 속에서 형성된다는 것이다(Denzin, 1989b). 하지만, 개인 삶의 이야기를 탐구하는 연구의 특성상 생애사의 개념이 무엇인지 정확하게 정의 내리기는 쉽지 않다. 따라서 생애사와 비슷하게 쓰이는 관련 개념들을 조금 더 명료히 살펴봄으로써, 생애사의 개념 및 특성을 구분해 보는 과정이 필요하다.

〈표 8-1〉 생애사와 유사한 장르의 개념 비교

유형	연구대상	저자 시점	주요 특징
자서전	자기 삶의 일대기	1인칭 주인공	• 자기 반영성을 강조하는 성찰을 중요하게 여김 • 자기 삶의 일대기를 조망하는 1인칭 시점 • 주관성이 돋보임
전기	타자의 삶의 일대기	3인칭 작가	• 작가의 전지적 시점 • 타자의 삶에 대한 객관적 서술 강조 • 문학적 장치를 활용하여 서술
생애사 연구	개인 삶의 이야기의 시간성	1인칭 주인공 3인칭 주인공	• 개인이 살아온 삶의 이야기의 시간성을 통해 사회구조를 포착하려 함 • 개인의 삶의 이야기를 신변잡기처럼 서술하려는 수필체를 배제

출처: 김영천(2013: 206-207).

생애사연구와 유사하게 사용되는 장르에는 위의 〈표 8-1〉에서 보는 바와 같이 자서전, 전기 등이 있다. 이 개념을 구체적으로 설명하면 다음과 같다.

(1) 자서전(autobiography)

자기의 삶을 1인칭 주인공 시점으로 서술한 이야기이다. 하워드(Howarth, 1980)는 자서전을 자기의 초상화라고 묘사하였다. '자기 스스로'라는 말의 뜻처럼 구술자가 자기 삶의 역사를 전기의 형식으로 서술한다. 이를 통하여 자기의 삶을 함축하고 있는 기억의 단편이 조합되어 하나의 삶이 만들어진다.

(2) 전기(biography)

타자에 의해 서술된 삶의 이야기이다. 전기와 자서전의 차이는 3인칭과 1인칭의 구도라는 서술 시점에 있다. 역사적으로 유명한 인물, 즉 대통령, 사상가, 과학자 등에 대한 생애사가 바로 전기에 해당한다. 해당되는 주인공이 자신의 삶을 이야기하기보다는 그 또는 그녀를 잘 아는 사람, 또는 그들과의 대화와 인터뷰를 통하여 또는 이외의 다양한 자료를 근거로 전기를 완성한다.

(3) 생애사연구

생애사는 한 개인의 역사적 삶을 연구참여자의 관점으로 드러낸다는 점에서 개인적인 내러티브의 한 형태로 볼 수 있다(최영신, 1999: 2). 그러나 생애사는 자기 몰입적인 특징이 강한 자서전이나 전기와는 달리 자료 수집, 분석과 해석, 글쓰기 작업을 통해서 연구과정의 엄격성을 추구한다. 따라서 생애사연구에서는 연구참여자의 주관성뿐만 아니라, 내러티브 진실성을 검증하는 연구자와 독자들의 주관성도 중시한다. 따라서 생애사연구에서 연구참여자가 드러내는 주관성은 연구자의 활동에 의해 간주관성(intersubjectivity)을 확보한다고 볼 수 있다(조정호, 2009: 21).

3) 생애사연구의 방법적 특징

생애사연구는 연구참여자인 개인 삶의 이야기를 연구자가 개입함으로써 연구자와 참여자가 공동으로 구성한다는 점에서 앞서 설명한 다른 형태의 개인에 관한 기록과 구별된다. 그 이유는 생애사연구는 연구참여자의 경험과 기억 그리고 참여자의 진술에 대한 연구자의 탐구 과정에서 문화적 · 역사적 맥락에 영향을 받으며 재구성하기 때문이다. 이와 같은 생애사연구를 보다 구체화하기 위하여 이동성(2015)은 생애사연구에 대한 국내외 문헌들을 대상으로 메타 분석을 하였다. 그는 분석과정에서 생애사연구에 대한 기존의 연구들에서 나타나는 19개의 방법론적 특징이 갖는 공통점에 주목하였다. 그가 분석한 대표적인 연구물은 다음과 같다. 내러티브, 주관성, 시간성(한경혜, 2005), 맥락성, 시간성, 관계성(김영천 · 한광웅, 2012), 내러티브, 구성성, 맥락성, 상호작용성, 역동성(Kelchtermans, 1993), 관계성, 상호의존성, 공감, 배려/민감성/존중(Cole & Knowles, 2001), 맥락성, 구조와 주체의 연결, 연구과정의 인간화, 대항문화(Lewis, 2008). 메타 분석을 통한 일련의 귀납적 자료처리의 결과, 일련의 선행연구물들이 제시한 생애사연구의 방법적 특징은 맥락성, 내러티브, 관계성, 인간화라는 네 개의 항목으로 압축하였다.

(1) 맥락성

생애사연구는 참여자가 살아온 삶의 이야기보다 이야기의 배경을 이루는 시간적 맥락에 주목한다. 인간의 발달은 외부 맥락과 개인 간의 상호작용에 의한 전 생애적인 성장과 상실, 그리고 변화의 과정이다(Haglund, 2004: 2). 또한, 참여자의 내러티브에서 나타난 사건은 언제나 맥락을 반영한다. 일반적으로 맥락(context)은 어떠한 대상이나 사건이 발생할 때 제시된 기억이나 지각, 정보를 말한다. 생애사연구에서 언급하는 맥락이란, 특히 물리적 · 제도적 환경뿐만 아니라, 부모, 멘토, 동료 등과 같은 중요한 타자를 포함한 개인 간 환경과 사회문화적 환경을 의미한다. 개인 간 맥락은 인간의 실천에 대하여 강한 부정과 긍정의 영향력을 미치고(Dhunpath, 2000: 546), 교육 시스템과 같은 제도적 조직 간의 관계는 인간의 실천과 경력 발달에 중요한 영향력을 발휘한다(Huberman, 1993). 또한, 생애사 연구자는 참여자의 생애사적 구술 자료에서 나타난 시간적-역사적 맥락에 따라서 특정한 이야기를 배열하고 배치한다(김영천 · 한광웅, 2012). 따라서 과거, 현재, 미래가 상호작용하는 시간의 고리 속에서 삶의 과정을 탐구하는 데 효과적이다. 특히, 생애사연구는 사회적 제약, 삶의 기회와 전환점 등 일련의 시간적 사건에 참여자가 어떻게 반응하고, 무슨 선택을 하였는지, 그리고 그러한 행동과 상호작용이 현재의 삶에 어떻게 반영되고 있는지에 대한 시간성을 강조한다(한경혜, 2005: 13-14). 엘리엇(Elliott, 2005)은 시간성을 강조하는 이유를 생애사연구가 개인의 삶의 과정을 통하여 사회적 행위의 시간적 차원에 초점을 두며, 개인과 맥락 사이의 관계를 탐구하기 때문이라고 말한다. 즉, 생애사연구는 지극히 개인적인 경험을 탐구하지만, 그 경험은 개인이 속한 사회의 영향을 받고, 개인이 속한 사회는 흐르는 시간 속에서 변화하므로, 개인의 경험을 사회역사적 차원에서 탐구할 수 있게 해 준다는 것이다.

(2) 내러티브

생애사연구는 참여자의 주관적 이야기를 재해석하여 다시 이야기하는 서사 구조, 즉 내러티브에 기초한다(한경혜, 2005: 13-14). 참여자도 자신의 경험을 표현하는 데 있어서 주관적인 내러티브 형태로 이야기를 전개한다(Kelchtermans, 1993: 443-456). 이렇게 참여자가 자신의 삶의 경험을 이야기할 때 자신의 관점으로 해석하고 서술한다는 것은 경험한 사실에 대한 자신의 고유한 이해방식과 의미부여 방식을 드러내는 것이다(한경혜, 2005: 13-14). 따라서 연구자가 참여자의 경험을 통해 탐구한다는 것은 주관적 이야기의 사실적 정확성을 넘어, 내러티브에 담겨 있는 의미를 발견하는 것을 의미한다(Dhunpath, 2000: 545). 이러한 의미에서 생애사연구에서의 내러티브 구성 과정과 의미화는 역동성을 갖는다. 왜냐하면, 개인의 실제적 사고와 행위는 단선적 시간 속에서가 아니라 해석과 재해석의 역동적인 과정을 통해 내러티브적으로 구성되기 때문이다(Dhunpath, 2000: 546).

(3) 관계성

인간의 행위는 사회 및 문화적 환경과 다른 행위자와의 의미 있는 관계, 즉 상호작용을 통하여 발생한다(Kelchtermans, 1993: 443-456). 생애사연구는 참여자의 경험을 나누는 과정에서 경우에 따라 타인에게 쉽게 꺼내기 어려운 내용이나 숨기고 싶은 사실이 포함될 수 있다. 따라서 생애사연구에서는 연구자와 참여자 사이의 친밀성과 진정성에 기초한 관계성을 강조한다. 연구자와 참여자의 친밀성과 진정성은 연구를 이끌어 가는 힘이 될 뿐만 아니라 연구의 질(質)을 결정하는 데도 많은 영향을 준다. 여기에서의 친밀성이란 공동적 배려와 우정의 질을 의미하며, 진정성이란 연구참여자에게 헌신하려는 연구자의 책임감을 의미한다. 참여자의 입장에서 볼 때, 연구자가 자신의 삶과 경험에 대해 부정적인 태도를 보이거나, 연구자의 태도에서 진정성을 느끼지 못한다면 참여자는 자신의 삶을 있는 그대로 드러내기 어려울 것이다. 즉, 연구자와 참여자의 진정성 있고 친밀한 관계 속에서 더욱 풍부한 자료의 수집이 가능하고 결과적으로 더욱 의미 있는 결과를 도출할 수 있는 것이다. 이때 연구자가 참여자의 삶 속에서 개인적 · 사회적 · 문화적 의미를 발견하고 이를 공개(publish)함으로써 참여자는 자신의 삶을 보다 가치 있는 것으로 여길 수 있으며, 이는 연구자의 책임으로 볼 수 있다. 이처럼 생애사연구는 연구자와 참여자의 역할 및 책임과 관련하여 상호의존적인 관계를 나타낸다. 따라서 생애사연구에서는 참여자와의 관계성에 대한 노력을 중시하며, 연구승낙의 과정을 상세하게 기술할 것을 요구하고 '협력적 연구'의 평등성을 강조한다.

(4) 인간화

생애사연구는 연구의 과정을 인간화할 수 있다. 플러머(Plummer, 1983)에 따르면 생애사연구는 사회과학 연구에서 '인본주의 전통'을 강화하며, 개인의 행동과 경험의 의미를 이해할 수 있다. 특히, 사회적 행위주체로서 개인을 상정하는 생애사연구는 하위계층, 여성, 장애인과 같은 주변화된 삶의 목소리에 주목한다(Thompson, 1988: 265). 따라서 생애사연구는 연구자로서 지위와 입장이 매우 중요하다. 즉, 연구자는 참여자의 참여 행위에 대해 지적으로 엄격하게 통제하고 기술하기보다는 참여자라는 한 인간에 대한 존중을 바탕으로, 그의 진술을 가슴 깊이 느끼고 그들의 체험에 공감할 수 있는 인간적인 요소가 요구된다(Cole & Knowles, 2001: 41-44). 이러한 방법적 특징들의 유기적 관계를 도식으로 나타내면 [그림 8-1]과 같다.

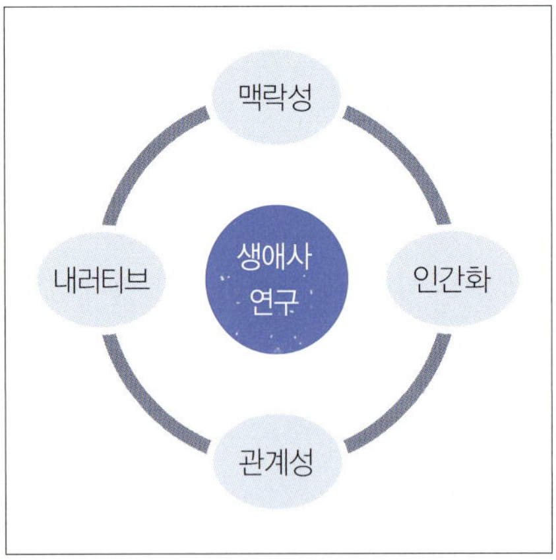

[그림 8-1] 생애사연구의 방법적 특징의 관계

[그림 8-1]에서와 같이, 생애사연구에서 확인할 수 있는 맥락성, 내러티브, 관계성, 인간성의 특징은 각각 분리된 것이 아니라 공통적인 방법적 끈으로 연결되어 있다. 또한, 이러한 특징으로 인하여 생애사연구는 침묵하는 자들의 목소리를 세상에 공포하고 인간 정신의 진정한 성찰을 이끌어 내며, 자아를 반영할 수 있는 하나의 '거울'로 비유할 수 있다(Dhunpath, 2000: 550).

2. 생애사연구의 방법적 절차

생애사연구는 참여자가 살아온 삶의 이야기를 연구 자료로 수집한다. 생애사연구의 절차는 참여자의 이야기에서 연구 자료를 수집하는 단계, 이야기 자료를 해석하여 일정한 연구결과를 도출하는 단계, 생애사연구의 타당도를 검토하는 단계, 그리고 글쓰기로 연구결과를 정리하여 독자에게 제시하는 단계로 나누어 볼 수 있다(김영천, 2013). 이 절에서는 생애사 수집과 연구자의 역할, 생애사의 해석, 생애사연구의 타당도, 생애사 글쓰기와 글쓰기를 할 때 고려해야 할 윤리에 대해서 살펴보고자 한다.

1) 생애사연구의 자료 수집과 방법

생애사연구는 개인의 삶에 관한 이야기를 수집하는 질적연구방법이다. 따라서 생애사연구는 현재까지 살아오면서 시간에 걸친 변화와 삶의 과정에 따라 역동적으로 변화하는 이야기를 자료로 수집해야 한다. 심층면담을 통하여 참여자는 자신이 살아온 삶의 이야기를 진솔하게 들려주고, 이를 통하여 보다 깊이 있는 구술 자료를 획득하기 위해서는 여러 번의 면담이 이루어져야 한다(김영천, 2013: 220).

심층면담을 통한 자료 수집 방법은 질적연구방법에서 가장 광범위하게 사용되는 연구방법이다. 먼저, 생애사연구에서 타자의 삶을 이해하는 데 중요한 자료를 제공할 수 있는 연구참여자를 선정하는 것은 연구 진행상 가장 중요한 부분을 차지한다. 연구참여자 선정이 중요한 것은 단순히 자료를 얻기 위해서 뿐만 아니라, 연구 진행 중에도 끊임없이 관심 영역에 대한 수정을 하면서 이루어지기 때문에 엄밀한 의미에서 연구참여자는 연구의 핵심 과제와 한계를 만드는 데 기여하기 때문이다(조옥라, 1995: 219-220). 연구참여자의 선정 후 면담이 진행되는 과정에서 연구자가 유념해야 할 몇 가지 사항이 있다(김영천, 2013: 220-222).

첫째, 연구자는 면담 과정에서 참여자를 존중해야 한다. 연구자는 면담 자료를 어디에 활용할지 참여자에게 진솔하게 말하고, 녹음 여부에 대해 허락을 받아야 한다. 때로는 녹음기의 존재가 참여자가 살아온 삶의 이야기를 꺼내기 어렵게 할 수 있다. 그리고 연구 목적에 대하여 명확히 설명한 후 참여자가 원할 경우 익명으로 연구를 진행해야 한다. 생애사연구는 연구자와 연구참여자와의 관계가 중요하므로 연구초기의 라포 형성은 성공적인 연구수행을 위한 기초 단계로 작용한다.

둘째, 생애사연구에서 심층면담을 할 때 일상어로 질문하고 복잡한 용어나 전문용어의 선택은 자제하고, 의도가 모호하거나 중의적 의미가 있는 질문은 하지 말아야 한다. 또한, 연구자는 문어체를 지양하고 구어체로 쉽고 간단명료하게 질문하고, 참여자가 이해하기 힘든 용어나 듣기 거북한 질문은 하지 말아야 한다. 이런 상황에서 연구자만의 독특한 용어나 이론적 용어는 참여자의 진지한 참여를 방해하는 장애물이 될 수 있다. 그리고 면담은 편안한 분위기에서 연구자가 참여자의 이야기에 경청하여야 한다.

셋째, 연구자의 관점이 반영된 용어의 사용은 참여자의 대답을 일정한 방향으로 강제할 수 있으므로 자제해야 한다. 연구자의 관점이 반영된 용어는 참여자의 대답을 연구자가 바라는 방향으로 유도하고 연구자와 참여자의 관계를 구조화하여 구술의 기회를 제약할 수 있으므로 주의해야 한다. 연구자는 면담 과정에서 이야기의 흐름에 따라 참여자의 이야기에 대한 반응으로 격려나 호응 등을 통해 자유로운 관계 설정이 필요하다.

넷째, 연구자는 심층면담에서 참여자의 대답이 길더라도 다 들을 때까지 경청해야 한다. 심층면담은 형식적인 측면에서 대화로 간주될 수 있으나, 결코 대화가 아니다. 심층면담의 초점은 참여자의 감추어진 목소리를 가시적으로 드러내는 데 있다. 연구자는 참여자의 이야기를 경청하며, 연구자의 질문은 격려의 차원에서 심층면담의 배경을 이룬다. 연구자는 심층면담에서 참여자의 이야기를 아무 이유 없이 끊지 않고 끝까지 경청하면서 진지하게 연구에 임하는 태도를 보여 주어야 한다.

다섯째, 심층면담의 가장 좋은 기법은 참여자가 말하고 보여 주는 것에 진정으로 관심을 갖는 것이다. 연구자는 자신에게 편해지고 익숙해질 수 있도록 참여자의 말에 적극적으로 반응하고 열정적으로 관심과 호기심을 전하도록 해야 한다. 고개를 끄덕이거나 미소를 보이는 것은 연구참여자의 반응을 이끌어 내고 연구자의 관심을 드러내는 한 방법이다. 연구자는 참여자가 말하는 주제나 경험에 공감하고 어느 누구보다 연구자에게 자신이 살아온 삶을 이야기하도록 이끌어야 한다. 여기에 좋은 질문이나 답변을 통해 후속적인 대답을 이끌어 내는 것은 전적으로 연구자의 몫에 달려 있다. 이처럼 심층면담을 진행하는 과정에는 많은 변수를 포함하고 있고 연구자의 주관이 반영되기도 한다. 특히, 생애사연구의 면담 과정에서 가장 중요한 점은 연구자의 유연성과 상황에 대한 적응성이다. 연구자의 적극적이고 성실한 태도는 연구참여자와 소통하고 공감하여 그들의 이야기를 잘 이끌어 낼 수 있는 가장 중요한 요소이다.

2) 생애사연구의 텍스트 분석방법

(1) 기본적 분석단위로서의 시간성

생애사연구에서 분석과 해석 작업은 생애사 텍스트의 변환을 유도하는 두 개의 축이다(김영천 · 한광웅, 2012: 29). 특히, 생애사 텍스트에 대한 철저한 분석이 결여된 연구자의 해석은 생애사연구의 논리적 일관성과 정교함을 저하시킬 수 있고, 독자들로부터 공감을 불러오기 힘들다. 이러한 이유에서 정교한 분석은 설득력 있는 해석을 이끌어 내고 논리적 일관성과 타당성이 전제된 심도 있는 해석은 보다 세밀한 분석을 유도한다. 이에 생애사연구의 정교한 분석을 위하여 생애사연구 방법론의 특징에 부합한 분석단위로서 '시간성'의 의미를 살펴보고자 한다(Miller, 2000: 21; Plummer, 1983: 70).

베르트(Bertaux, 1981: 35)는 "우리의 현재는 역사다."라고 하였다. 생애사연구는 과거를 시간적 영역으로 구분하거나, 현재로부터 분리된 것으로 여기기보다 현재와 과거는 분리될 수 없는 시간적 연속선상에 있다고 전제한다. 유철인(1998)은 "사람들은 이야기하는 현재 시점에서 지나온 과거를 해석하고 정당화한다. 반대로 과거에 대한 해석은 현재의 삶을 바라보는 관점을 제공해 준다. 나아가서 과거와 현재를 넘나드는 과정을 통해 자기의 미래를 전망하게 된다."라고 하였다. 즉, 지나온 삶을 이야기할 때 과거와 현재 그리고 미래가 서로 영향을 주고받는 것이다. 조지 오웰(J. Orwell)의 "현재를 지배하는 자가 과거를 지배하며, 과거를 지배하는 자가 미래를 지배한다"라는 명구도 생애사연구의 시간성과 그 맥을 같이 한다. 이처럼 생애사연구에서의 시간성은 개인의 기억이 사실 혹은 거짓인가의 문제가 아니라, 시간적 흐름에 따른 개인적인 맥락과 경험을 사회적 변화와 관련하여 이해하는 데 있다(Plummer, 2001). 생애사연구에서 아동기, 학령기, 청년기, 결혼기, 성년기 등으로 구분하는 시간적 개념은 연구자가 참여자의 고유한 시기에서의 경험을 확인하는 데 도움을 주고, 참여자가 당면했던 사회문화적 환경과 사건 등의 맥락을 개인적 삶과 관련하여 이해하는 데 유용하다(Miller, 2000: 27). 따라서 생애사연구는 현재의 시점에서 과거를 해석하고 미래를 조망하는 연구자와 참여자의 해석적 지평을 탐구하는 것이라고 볼 수 있다.

(2) 또 다른 분석방법의 세 가지 접근방식

라이브리히, 메시악과 질버(Lieblich, Tuval-Mashiach, & Zilber, 1998)는 생애사 텍스트를 분석하기 위한 접근방식으로 ① 총체적 내용 접근, ② 범주적 내용 접근, ③ 총체적 형태, ④ 담화 분석이라는 네 가지 방법을 제시하였다(한경혜, 2005: 15-16). 하지만, 이 절에서는 생애사 텍스트의 분석을 위한 접근방식으로서 총체적 내용 접근을 제외한다. 왜냐하면, 총체적 내용 접근은 개별 생애사를 분석의 단위로 하여 각 생애사의 주요한 주제를 찾아내는 방법인데, 이는 나머지 접근방식에 공통으로 적용되기 때문이다. 따라서 범주적 내용, 총체적 형태, 담화 분석의 접근방식을 간단히 살펴보고자 한다.

1 범주적 내용 접근

이 접근방식은 참여자들의 생애과정 유형을 파악하고, 다양한 유형과 사회문화적 요소와의 관련성을 탐색하는 데 유용한 분석방법이다(한경혜, 2005: 15-16). 생애사 텍스트에 대한 분석 작업에서 범주의 활용은 필수적이다. 범주의 발견은 기존의 사회과학 및 인문학적 이론에서 차용할 수도 있고, 자료를 코딩함으로써 새로운 범주를 생성할 수도 있다. 생애사 연구자는 분석의 과정에서 자료들을 '실로 꿰듯' 총체성을 유지하며 범주들을 연결시켜야 한다. 왜냐하면, 총체성이 결여된 범주화 작업은 참여자의 삶을 파편화시킬 수 있기 때문이다(김영천 · 한광웅, 2012: 29-30).

2 총제적 형태 접근

이 접근방식은 생애사 텍스트의 내용적 측면보다 각 생애사의 전체적인 구조를 분석의 초점으로 삼는다. 가령, 생애과정에서 가장 행복했던 시점과 가장 불행했던 시점을 중심으로 삶의 변화를 표시하는 생애도표 구성방식이나 생애전이를 탐색해 보는 것이 여기에 해당한다(한경혜, 2005: 15-16). 살다냐(Saldaña, 2009)가 제시한 '종단적 코딩(longitudinal coding)'은 삶의 여정을 탐구하는 자문화기술지나 생애사 연구에 적합한 분석방식이다(이동성, 2012). 종단적인 코딩은 개인의 삶의 여정에서 나타난 명료함과 간결함을 추구하기에 인류학 및 교육학 분야에서 널리 활용되고 있다(Saldaña, 2009: 173-181). 또한, 종단적 코딩은 오랜 시간을 가로질러 수집된 질적자료의 변화과정에 주목하기 때문에 생애사 텍스트의 분석에 유용하다. 종단적 코딩에서는 삶의 여정을 사회적 형태로 간주함으로써 일상적인 사회적인 삶의 경험에서 발생한 방향성, 패턴, 흐름의 과정을 분석한다. 또한, 종단적 코딩은 삶의 경험에 대한 연대기적인 분석을 통합하여 하나의 이론적인 이야기를 구조화한다.

3 담화 분석 접근

이 접근방식은 '왜 그러한 방식으로 말하는가?'와 같은 이야기의 조직 원리에 초점을 맞추어 내러티브의 서사 구조를 탐색하는 접근방법이다(한경혜, 2005: 15-16). 즉, 내러티브 분석은 이야기의 순차적이고 구조적인 성질을 반영하여 참여자가 어떠한 순서로 자신의 경험을 배열하는지를 세밀히 파악하고자 한다(Riessman, 1993:2-3). 따라서 연구자는 주제 중심으로 텍스트를 이해하기보다는 참여자의 의미구성 방식과 구성 과정을 분석함으로써 참여자가 자신의 경험을 해석하는 방식을 체계적으로 재해석하는 데 중점을 둔다(Riessman, 1993: 5).

3) 생애사 글쓰기에서의 윤리적 고려

생애사연구의 연구자는 연구참여자의 기억을 텍스트로 옮기는 과정에서 참여자의 프라이버시를 보호하기 위해 가명을 사용하거나 독자가 참여자의 구체적인 삶의 맥락을 추적할 수 없도록 특별한 조치를 취하여야 한다. 또한, 저자인 연구자는 면담 전사본과 최종적으로 해석한 텍스트를 동료나 전문가를 통해 확인 검증받는 과정에 반드시 참여자를 그 구성원으로 포함하여야 한다. 이렇게 글쓰기의 여러 과정에서 구성원의 확인을 필수 요소로 제시하는 것은 곧 연구윤리와 직결될 뿐만 아니라 연구참여자에 대한 연구자의 관계성을 확보하는 방안이기도 하다. 생애사적 글쓰기에는 연구자와 참여자 사이의 권력관계와 윤리적 요구 등의 저술적 정당성이 복잡하게 얽혀 있다(Dhunph & Samuel, 2009: viii-ix). 그 예로 생애사연구에 동참한 연구참여자는 자신의 삶이 자세히 묘사된 글을 읽고 난 이후, 다른 사람들이 자신의 이야기에 대하여 어떻게 생각할지를 고민하게 되거나 심리적으로 상처받거나 연구자에게 배신감을 느낄 수도 있다(Sikes, 2010; 11). 그러므로 생애사적 글쓰기는 무거운 윤리적 책임이 부과되는 지극히 사회적이고도 정치적인 활동으로 보아야 한다(Richardson, 1990: 131). 이와 같은 맥락에서 사익스(Sikes, 2010)는 생애사 연구자가 생애사적 글쓰기 작업에서 직면하는 윤리적인 이슈에 대해 설명하고 있는데 요약하면 다음과 같다.

첫째, 생애사 연구자는 글쓰기 작업에서 연구참여자를 존중하고, 그들에게 어떠한 해를 끼치지 않으면서, 그들의 권리를 보장하려는 책임과 의무에 각별한 주의를 기울여야 한다. 둘째, 생애사 연구자는 연구결과가 참여자의 이후 삶에 어떠한 영향을 미칠지에 대해 고려해야 한다. 셋째, 생애사 연구자는 글쓰기 작업에서 보편적인 선을 추구해야 한다. 넷째, 생애사 연구자는 글쓰기 작업에서 참여자의 상이한 상황과 문화적 배경에 대한 서술이 윤리적 이슈와 문제를 유발할 수 있다는 상황적·맥락적 자각을 해야 한다. 다섯째, 생애사 연구자는 글쓰기에서 연구자와 참여자 사이에 대한 관계적 윤리를 고려해야 한다(Sikes, 2010: 24).

생애사 연구자는 글쓰기에서의 윤리적 이슈와 관련하여 연구의 기본 가정에 대한 물음을 던지고, 자신의 위치성을 드러냄으로써 저술의 정직함을 보여야 한다. 독자는 저자의 진솔한 글쓰기를 통하여 저자의 위치를 가늠할 수 있으며, 저자가 어떠한 목적으로 특수한 연구주제와 방법을 채택했는지, 자료의 분석과 해석과정에서 어떠한 이론적 관점이 투영되었는지를 확인할 수 있기 때문이다. 그러므로 생애사 연구자는 책임감 있는 자세와 태도로 사명감을 가지고 선택적 저술활동에 대한 성찰과 반영성을 적극적으로 나타내어야 한다(Sikes, 2010: 19-20).

3. 생애사연구의 실제: 미인가 대안학교장의 생애사

3절에서는 저자의 박사학위논문인 「대안학교장의 실천적 지식 형성과정과 표출양식에 관한 생애사」를 통하여 생애사연구 방법을 활용한 구체적인 사례를 살펴보고자 한다. 먼저, 생애사연구 방법을 선택하게 된 동기와 실제적으로 연구참여자를 심층면담하여 그 결과를 어떻게 기술하고 해석했는지에 대해 소개하였다. 본서에는 지면 관계상 네 명의 연구참여자 중에서 한 명의 연구참여자를 중심으로 연대기별로 주요한 생애담을 제시하였다.

1) 생애사연구 방법을 선택하게 된 이유

학교장의 학교운영 방침을 올바로 이해하기 위해서는 학교장의 철학과 신념을 이해하여야 한다. 세르지오반니와 카버(Sergiovanni & Carver, 1980: 306)는 교육행정의 효과성은 일차적으로 교직원에 의해서 결정되고, 학교장의 행정 행위에 있어 핵심은 학교장의 신념체제이며, 이러한 신념체제가 바탕이 되어 행정 행위가 발휘된다고 하였다. 하지만, 학교장은 행정가로서뿐만 아니라 교육가로서의 지위를 함께 갖는다. 따라서 학교장은 행정 행위와 교육 행위에 있어 균형을 이루어야 하며, 의사결정 상황에서 학교장의 교육적 가치관이나 신념은 매우 중요하다고 볼 수 있다.

한편, 실천적 지식이란 practical knowledge, working knowledge, craft knowledge, tacit knowledge라고도 불리며, 교육 분야에서 교사가 교실에서와 같은 실제 교수 상황에서 학생에게 무엇인가를 가르치기 위해 사용하는 지식을 의미한다. 김민정(2006)은 실천적 지식은 경험지로서 이론적 배경을 토대로 지식, 신념, 태도까지 포함하는 총체적 개념이라 정의하였고, 푸트남과 브로코(Putnam & Broko, 2000)에 따르면, 교사의 실천적 지식은 실제적 경험을 통하여 영향력을 미치고 있으며 새롭게 받아들인 정보가 원래의 목표를 변화시킬 수 있다는 점에 주목하고 교사의 지식과 신념은 서로 밀접한 관계를 맺고 있어서 두 가지를 구분하기 어렵다고 주장하였다. 김자영과 김정효(2003: 83)는 실천적 지식이란 "교사 개개인이 그가 가지고 있는 이론적 지식을, 그가 관계하는 실제 상황에 맞도록, 그 자신의 가치관이나 신념을 바탕으로 종합하고 재구성한 지식"으로 이러한 실천적 지식은 교사의 교수학습 행위에 근거가 된다고 하였다. 이처럼 실천적 지식은 경험과 그 경험에 대한 성찰과 반성적 사고로 만들어지거나, 실제적 상황에서 이미 기존에 사용하고 있는 객관적 지식을 주의 깊게 사용하고 난 경험 이후의 결과로서 만들어진 지식이며, 그 주체자의 가치관이나 신념이 반영된 것으로 볼 수 있다.

이와 같이 실천적 지식은 그 개념 속에 감정적인 요소 또는 정서적인 요소를 포함하며, 미래에 실천적 행위로 나타나게 할 원동력으로 작용한다. 그리고 실천적 지식은 개인 안에 존재하고, 주관적인 것이기 때문에 개인이 소유하고 있는 성향이나 특징에 따라, 그리고 자라 온 성장 과정과 경험적 맥락에 따라 다르게 나타난다고 볼 수 있다. 따라서 이 연구에 참여하고 있는 대안학교장의 실천적 지식의 형성과정, 즉 그들의 생애사를 살펴보는 것은 그들의 교육신념과 가치관 그리고 신념에 따른 교육실천을 이해하는 데 중요하게 작용한다.

2) 미인가 대안학교장의 생애사: 연구참여자 C, '이 교장'의 사례

이 절에서는 이 교장의 생애를 생애사 텍스트의 기본적 분석방법인 시간적 흐름에 따라 그의 인생에 영향을 준 중요한 사건을 연대기별로 나열하였다. 이 교장에 대한 특성을 간략히 설명하면 다음과 같다.

이 교장은 1954년에 서울에서 태어나 청소년 시기를 지내고 사범대학교를 졸업하였다. 졸업하자마자 Y 공립고등학교에 발령을 받았고 15년간 재직하면서 1980년대 중후반에 교사민주화 운동이라는 시대적 숙명에 직면하였다. 그리고 비민주적인 역사 속에서 해직의 아픔을 겪고 다시 복직하는 과정에서 수업 붕괴, 교실 붕괴라는 어려움 앞에 또다시 교직을 그만두게 된다. 하지만, 새로운 운명처럼 다가온 대안교육을 접하고 현재 경기 지역에서 도시형 B 전원대안학교를 운영하며, 교사로서의 자부심을 느끼고 있다. 이제 이 교장의 어린 시기부터 현재 대안학교장에 이르기까지 삶의 연대기 중의 그 일부를 들여다보도록 하자.

(1) 어린 시기부터 청소년 시기: 범생이와 날라리의 어울림

이 교장은 중 · 고등학교 시절에 재미난 기억이 많지 않다. 흔히 일컫는 날라리들과 평범하게 어울려 노는 범생이였다. 그때는 지금처럼 '왕따'도 없었고, 날라리여도 지금과는 다른 순진한 날라리였다.

> 어울리는 친구들 중에는 음..다른 세계니까 다른 사람을 만나는 게 세상을 넓히는 거예요. 같은 생각 갖고 있으면 뭐 같은 생각밖엔 없는데.. 다른 생각의 친구를, 다른 사람을 만나는 것이 세상이 넓어진다는 것을 알게 됐어요. 나는 범생이지만, 날라리들과 같이 어울리고.. 그 애들은 거절하지 않죠. 내가 놀겠다는데... (이 교장, 2015. 4. 30.)

이 교장은 1954년 서울 혜화동에서 태어났다. 그의 어린 시절에는 6 · 25 직후이기 때문에 너, 나 없이 가난했고 한창 못 살던 때였다. 하지만, 동네 어르신들은 후레자식같이 버릇없고 막 돼 먹은 아이가 있으면 내버려 두지 않았고, 내 자식처럼 한 마을에서 함께 훈육하였다. 그래서 날라리도 범생이를 끼워 주고, 범생이도 날라리와 구별 없이 함께 어울리며 지낼 수 있었다. … (중략) … 이렇게 날라리 친구들이 서로 다르지만 그 다름이 문제가 되지 않고 함께 어울릴 수 있는 것은 그 당시의 사회적 · 경제적 · 문화적 맥락의 영향 때문이다. 청소년기는 많은 시간을 또래와 함께 지내면서 친구가 중요한 사회적 관계의 중심이 된다(최정미 · 김미란, 2003: 374).

친구는 공통적인 관심과 문제, 고민을 함께 나누는 관계로서 소속감과 심리적 안정을 주는 준거집단의 기능을 한다. 따라서 친구관계 또는 친구와의 상호작용은 평등성을 바탕으로 하는 사회화를 학습하는 데 매우 중요한 기능을 한다. 이처럼 이 교장이 B 대안학교가 '이 세상은 둘이 아니고 서로 다르지 않다'는 것을 교육목표로 삼고 있는 것은 이 교장 자신이 어린 시절 친구들과 어울렸던 경험과 무관하지 않다.

(2) 대학생 시기: 박정희 정권의 '긴조시대'–시대의 아픔 1970년대

이 교장은 박정희 정권의 긴급조치가 있었던 1970년대에 대학교를 다녔다. 그 시절에는 피가 끓는 젊은 대학생들을 재판 없이 마구 구속하고, 연행해 가버리는 법도 뭐도 없는 긴급조치만이 통용되던 이름하여 박정희 정권 말기에 벌어졌던 '긴조시대'라고 부른다.

> 그때 데모는 조금만 "학우여!!" 한마디 하면 그 순간 형사들이 와서 덮쳐서 그래서 할 수 있는 방식이 분신하는 방식이에요. 그게 그래서 나온 거야. 시간을 오래 끌고 그러니까 그다음에 점거 농성, 도서관 점성을 하면 한 10분은 버틸 수 있는 거야. 그래서 그게 나온 거야. (이 교장, 2015. 7. 14.)

> 우리는 사회과학공부를 주로 했지 모든 과 상관없이 커리큘럼 짜 가지고. 그때 이제 대학생들의 스승이 누구겠어요. 다 해직교수들인데 리영희의 「전환시대의 논리」가 우리의 교과서였어요. (이 교장, 2015. 7. 14.)

박정희 정권에서 대학에 대한 가장 폭압적인 통제는 강제적 휴교 및 휴업 조치였다. 1965년 8월 27일 교육법시행령을 "학교장이 휴업 명령에도 불구하고 휴업을 하지 아니할 때에는 감독청은 휴교처분을 할 수 있다."라고 개정하여 행정 당국이 휴교를 강행할 수 있도록 했다. 또한, 1971년 교련 반대 시위, 1972년 유신헌법 통과, 1974년 민청학련 사건 등의 이유로 시위를 하면 행정 당국에 의하여 강제적 휴업, 휴교 조치가 즉각 이루어졌다. 그래서 1974년 10월에는 44개교가 휴강하였고, 15개 대학이 휴업에 들어갔다. 1975년 4월에는 시위로 구속되거나 해직된 교수에 대하여 복직을 추진한다는 이유로 사립대학에 대한 특별감사가 실시되었고, 총장의 해임을 요구하는 등 특정 대학을 대상으로 한 긴급조치 7호까지 발동되었다(강명숙, 2014: 153).

(3) 대학생 이후부터 학교장 이전까지: 해직 그리고 복직

전국교직원 노동조합은 1980년 중후반에 교사들이 민주주의를 가르칠 수 없고 그 어떤 것도 시도할 수 없는 상황에서 일명 전교조라는 이름으로 만들어졌다. 교사들의 조직을 지켜 줄 수 있는 최고의 조직은 노동조합밖에 없다 하여 전교조를 만든 것이다. 그러기 위해서 그 설립신고서를 접수해야 하는데, 그 신고서를 들고 직접 제출한 장본인이 이 교장이다. 그것을 접수하는 장면이 기자들에게 사진으로 찍혔는데, 징계할 때마다 그 사진은 이 교장을 따라다닌다.

> 5년간 생활이 참 눈물겨워요. 저는 뭐 그냥 그랬었는데. 여선생 같은 경우는 기가 막힌 사정은 해직되었다는 말을 시어머니한테 아직 못 했어. 부모님들한테 맨날 어딘가 가야 돼. 출근하러 나가야 되는 거야. 이런 경우도 있고. 얼마나 기가 막히겠어. 여선생이 집에다 말을 못 해.. 실제로 부모가 막 쫓아와서 탈퇴하라고. 전교조 탈퇴하면 해직을 안 시키고. 그 기준이 그거야. 어떤 아빠가 자살도 했어요. 그래서 끝까지 안 한 사람이 1,500명인데. 그때 전술적으로 탈퇴를 시켰어야 했는데 지금 보니까 그때 조금 순진했나? 조금 무모했기도 했고.. 근데 뭐, 탈퇴하라고 해도 동지들이 탈퇴를 안 했을 거야. 아마 그때는. (이 교장, 2015. 7. 14.)

이후 약 5년이 지나 최초의 문민정부였던 김영삼 정부가 들어섰다. 그 당시 사회의 최우선 과제는 해직교사 복직 문제였다. 민주정권이라고 섰는데 외면할 수 없는 문제였기에 절차를 밟아 복직을 시켜주었다. 전교조는 교육부가 제시한(1993. 7. 24.) '선탈퇴 후복직' 방침을 받아들이게 되었고 해직교사들은 복직신청서의 전교조 탈퇴 확인란에 확인 도장을 찍음으로써 복직이 가능하게 되어 1994년 3월 1,300여 명의 임용이 확정되었다(노순규, 2013: 1). 하지만, 해직 전 학교에서의 교직 경력이 30년 된 교사도 모두 초임으로 발령을 받았다. 1994년 그때, 이 교장도 복직했다.

> 그때 정권이 바뀌었지. 김영삼 정부. 그때 장관이 누구였더라. 아, 오병문 장관이구나. 그때 어떤 식으로 발령이 되었냐 하면은 초임발령으로 다 됐어 그냥. 30년 된 교사도 그냥 초임발령으로 다 됐어. … (중략) … 그때 94년에 내가 복직을 했을 거야 아마. (이 교장, 2015. 7. 14.)

> 복직한 교사들의 공통된 말들이 적응이 안 되더라고. 애들이 달라진 거야. 애들이 너무 달라져서 버릇이 너무 없어지고, 수업불능, 교실붕괴, 이런 단어들이 많이 나올 때였어요. 5년간의 공백이 있다가 이제 막 이미 학교가 붕괴가 되고 있던 상태였어요.… (중략) … 다른 특별한 이유는 없고, 나는 수업에 대한 열망이 많아요. 계속해서 수업하는 것도 그렇고.. 수업에 대한 게 채워지지 않으니까 마지막 것이 무너진 거야 나한테. (이 교장, 2015. 7. 14.)

(4) 학교장 시기: '100북스 클럽'에서 만난 박문호 교수

이 교장은 우연히 '100북스 클럽'이라고 1년에 책을 100권 읽는 모임이 있다는 것을 알고 서울 '100북스 클럽'을 찾았다. 그곳에서 박문호 교수를 만나게 되었는데, 그 교수에게서 자연과학 공부를 하게 되었다. 그래서 이 교장은 인생의 큰 스승으로 교육학을 가르쳐 준 송순재와 자연과학에 대해 눈을 뜨게 해 준 박문호, 이 두 교수를 꼽는다.

> 그 전까지는 몰랐던 세상이었는데..… (중략) … 자연과학 공부를 하고 나서 6개월 정도 지나니까 내가 세상을 절반을 모르고 살았구나. 그리고 1년을 지나고 나니까 '세상을 99%를 모르고 살았다.'라는 생각이 들더라고. 다른 말로 말하면 두 눈으로 봐야 하는데, 한쪽 눈만 뜨고 살아온 거야. 그러니까 초점이 안 맞지. 인간이 뭔지 모르는 거야. 두 눈으로 보니까 인간이 뭔지 딱 초점이 맞춰 보여. (이 교장, 2015. 7. 14.)

이 교장은 이러한 경험을 바탕으로 학생의 특성을 성적으로 평가하지 않으며, 학생과 교사 간의 평등한 교육이 실현될 수 있는 학교를 꿈꾸게 되었다. 이와 함께 이 교장에게 큰 영향을 준 두 교수의 철학은 이 교장에게 실천적 지식으로서 작용하게 되었으며, 학생의 교육활동을 보다 넓은 관점에서 볼 수 있게 해 주었다.

이와 같이 이 교장의 연대기별 사례를 일부 살펴보았다. 사례를 통해서도 알 수 있듯이 생애사연구는 이 교장이라는 한 개인에 대한 심층면담을 통해 얻은 자료를 통해서, 그가 살았던 6·25전쟁 이후라는 시대적 배경에서 발생하였던 개인적 사건뿐만 아니라 그 시절의 동네 풍경이나 그 시대를 살았던 부모님들의 사고방식도 함께 이해할 수 있다. 또한, 이 교장의 대학시절 박정희 정권하의 '긴급조치'라는 정치적인 배경이나 1980년대 교사민주화 운동의 사건을 통해 시대적인 아픔도 충분히 가늠할 수 있으며, 그 과정에서 나타나는 개인의 성장과 변화 그리고 그것에 연구참여자가 의미를 부여하는 방식을 확인할 수 있다.

4. 생애사연구의 의미와 가치

앞서 제시한 연구 사례에서와같이 생애사연구는 한 개인의 삶을 통해 그의 성장과정과 신념의 변화과정을 이해할 수 있으며, 한 개인의 삶과 눈을 통해 그 시대의 역사적·사회적 맥락도 함께 읽을 수 있다는 가치를 갖는다. 연구참여자 개인에게 생애사연구의 참여는 지난 시절에 대한 회고를 통해 현재의 자신의 모습이 있기까지의 과정을 성찰할 수 있는 기회가 될 수 있다. 또한, 연구자는 자신과 다른 삶의 이야기를 통한 배움의 기회를 가질 수 있다. 이러한 생애사연구는 개인의 정체성과 치유의 관점에서, 사회학적 관점에서, 교육학의 관점에서, 그리고 기록학의 관점에서 다음과 같은 의미와 가치를 갖는다.

1) 정체성 및 치유적 관점에서

생애사연구는 개인의 인생이 성공한 삶인지 실패한 삶인지를 밝히는 것이 목적이 아니라 경험의 재구성을 통해 본인의 삶 자체에 대한 의미를 찾는 것이 목적이다. 특히, 연구참여자에게 생애사연구를 통한 배움이란 연구자가 면담을 이끌어 내는 과정에서 참여자가 당면하고 있는 문제를 바라보는 시각이나 의식에 대해 자각하도록 참여자의 진술에 다양한 질문을 함으로써 극대화된다. 참여자는 연구자의 다양한 질문에 답변하는 과정에서 개인의 시각이 변화해야 위기를 극복하는 구조방식도 변화될 수 있다는 것을 깨닫게 되는 것이다. 개인이 자신의 삶의 주체로서 자신의 지위를 획득하기 위해서는 자기의 삶에 대한 확고한 신념이 있어야 하는데 이런 면에서 본다면 생애사연구를 통한 배움의 기회는 자기 자신을 강화시키는 데 효과적이라고 할 수 있다(김영천, 2013: 212-213). 또한, 생애사연구는 연구참여자 개인의 삶의 의미를 찾는 과정도 있지만, 연구자가 연구참여자의 삶을 통해 연구자 자신의 인생을 되돌아보며 배움을 갖고 정체성을 찾아가는 것도 큰 의의로 볼 수 있다(정경희, 2016). 이처럼 생애사연구 방법은 연구자나 연구참여자 모두에게 치유적인 기능이 있음을 알 수 있다.

다음의 사례는 ㅇㅇ대학 대학생들에게 '자신의 생애이야기 -사회화 과정을 중심으로-'라는 주제로 과제를 작성한 일부이다. 생애이야기를 글로 쓴 이후 자신의 마음을 표현한 부분에 주목하여 살펴보자.

사례 1.

사실 이 과제를 시작하기 전까지는 그동안 나의 생애에 대한 어떤 일들이 가장 영향력이 있었는지, 지금의 '나'라는 정체성 형성에 기여한 사건에는 어떤 것들이 있었는지 깊게 생각해 본 적이 없었다. … (중략) … 내 기억을 더듬어 보니 잊고 있었을 뿐 정말 힘들었다고 생각했던 시간도 있었고 그 속에서 성장하고 발전한 나의 모습도 발견할 수 있었다. 지금의 내가 되기까지 생각보다 많은 일이 있었고, 그 시간 속에서 때로는 치열하게 경쟁하기도 하고 좌절하기도 하면서 보다 발전한 내가 될 수 있었다고 생각한다. … (중략) … 지금 나에게 주어진 현실에 최선을 다하면서 내게 닥친 어려운 일들을 현명하게 하나하나 해결해 나갈 수 있는 사람이 되고 싶다.

사례 2.

지금까지 짧은 나의 25년간 인생 주기를 글로 적어 보았는데, 역시 격동의 시기라고 볼 수 있는 청소년기에 나는 많은 영향을 받고 변화하였음을 알 수 있었고, 그런 청소년기를 지도할 수 있는 선생님이 되는 과정에 서 있는 지금 내가 되고 싶은 선생님이 되기 위하여 보다 많은 노력을 해야 함을 다시금 느낄 수 있는 기회가 되었다.

사례 3.

과제를 하면서 '나는 어떻게 지금의 나인가?'라는 생각을 많이 하게 되었다. 이번 기회를 통해 '나'에 대해 깊이 있게 생각해 볼 수 있었고, 사회화 영향을 받은 내가 누군가에게는 사회화 영향을 줄 수 있다는 점에서 또 다른 관점으로 생각해 볼 기회가 생겼다. 때문에 앞으로는 더욱 성숙한 삶을 살아야겠다는 생각과 더불어 항상 스스로에게 끊임없이 질문하고 삶을 의식적으로 살아야겠다는 다짐을 했다. 사회화 과정을 통해 영향을 받고 함께 사는 사람들과 동화되는 것도 중요하지만 그 속에서 나의 정체성과 주체성을 지키는 것 또한 매우 중요하다고 생각한다. 현명한 판단과 지혜로운 가치를 확립하기 위해 끊임없이 사고할 것이다.

2) 사회학 관점에서

사회학은 제도, 사회현상, 사회구조 등을 연구의 대상으로 삼고 있다. 그중에서 근본적인 핵심은 인간에 대한 관심이다. 사회학의 연구대상은 '인간이 하는 행동'을 어떻게 이해하고 사회에서 일어나는 다양한 현상과 어떠한 관련을 가지는가 하는 문제들이다(권태환 · 설동훈 · 홍두승, 2010: 2). 베버는 인간이 가지는 관념과 가치는 경제적인 조건만큼이나 사회의 변동에 영향을 준다고 생각했다(권태환 외, 2010: 29). 사회는 인간과 더불어 내부의 다양한 특성과 의견이 소통하고 교환되는 과정을 통해 형성되는 것이다. 이러한 관점에서 사회학에는 인간에 대한 탐구를 위해 생애를 연구하는 것이 중요했다(최인혁 · 이영학, 2015: 53). 또한, 짐멜은 사회학이라는 학문은 '개인과 사회의 관계'가 사회학의 고유한 연구대상이라고 언급했다(권태환 외, 2010: 30). 사회학은 사회 속에서 혹은 다른 사회 사이에 발생하는 다양한 현상과 의미를 인간과의 관계 속에서 찾고자 한다. 이러한 인간의 가치와 행동에 관심을 두고 있는 사회학은 인간을 연구하는 다양한 방법 중 생애사연구를 통해 인간에 대한 체계적인 이해와 분석을 추구하고 있다. 그 이유는 생애사연구가 인간을 이해하는 것뿐만 아니라 사회의 구성과 구조, 인식, 역사 등 다양한 차원에서 사회를 해석할 수 있도록 풍부한 연구의 바탕을 이룰 수 있는 방법이라고 여기고 있기 때문이다(최인혁 · 이영학, 2015: 53).

3) 교육학 관점에서

교육학에서 교육의 의미는 도덕, 문화, 자연, 사회, 종교 등 다양한 측면으로 해석할 수 있다. 교육학에서 생애사연구에 관심을 갖는 이유는 개인과 집단이 살아온 삶 속에 경험·성장·변화라는 교육학의 핵심적인 범위를 파악할 수 있기 때문이다(김형숙·문지원, 2012: 75). 인간은 사회적 환경과 접촉하며 경험이 생기고 이를 토대로 경험을 재구성하여 교육적 성장이 이루어진다(박성희, 2011: 210). 교육이 이루어지는 데 있어 사람의 가치관과 자세, 지식은 매우 중요한 요소이다. 따라서 교육학에서는 사람이 어떠한 가치관과 교육관을 가져야 하는가, 사회를 형성하는 사회적 존재로 사회에 공헌하는 구성원이 되기 위해서 필요한 것은 무엇인가, 인격의 특성을 인지하고 창조적인 활동을 위한 주체가 되기 위해 문제의식을 찾아내어 연구하고 있다(최인혁·이영학, 2015: 54). 교육학에서 생애사연구의 의의는 다음과 같이 정리된다(박성희, 2008: 5). 첫째, 생애사적 맥락을 통한 학습이 가능하게 한다. 둘째, 생애사를 통해 확인한 자기주도적 성장의 잠재력을 발견한다. 셋째, 지나온 삶의 재구성을 통해 또 다른 시각으로 삶을 바라보게 되어 삶의 문제를 해결하고 미래를 설계할 수 있게 한다. 이 세 가지의 의의는 연구자와 참여자 간의 상호관계 속에서 얻는 효과이다. 교육학에서는 이러한 효과를 사회 속에서 다양한 주체와 더불어 사람이 사람답게 살 수 있도록 가치관을 정립하고 능력을 배양하는 데 목적을 둔다. 더불어 교육학에서는 교육을 구성하는 중요한 주체를 깊게 이해할 수 있는 방법으로 생애사연구를 주목하고 있다(최인혁·이영학, 2015: 54).

4) 기록학 관점에서

20세기 이후 두 차례의 세계대전, 전자 환경의 도래, 접근 가능한 정보의 급증 등 다양한 요인으로 인해 기록물의 양이 폭발적으로 증가하기 시작했다. 이로써 무엇이 가치 있는 기록물이며 어떠한 기록물을 선별하고 남길 것인가에 대한 고민과 연구가 시작되었으며, 이때 기록학에서는 남겨야 하는 가치 있는 기록물은 어떤 것인가에 대한 물음과 다양한 가치라는 관점으로 생애사연구에 주목하게 되었다. 기록물의 범주는 크게 공공 기록물과 민간 기록물이라는 개념을 사용하고 있다. 그리고 민간 기록물의 범주 안에 개인 기록물이 있다. 개인기록물이란 개인이 관련된 혹은 개인이 삶을 살아가는 과정에서 생산하거나 수집한 기록물이다. 따라서 공공 기록물과 개인 기록물은 생산되는 환경과 상황에서 차이가 있다(최인혁 · 이영학, 2015: 54-55). 개인 기록물 속에 담긴 가치를 이해하고 판단하기 위해서는 기록물의 생산 주체인 개인에 대한 이해가 선행되어야 한다. 생애사연구는 인과관계, 시간적 흐름 등을 포함한 인생 전체를 하나의 맥락으로 간주한다. 그리고 개인이 속한 사회와 갖는 관계, 사회 속에 존재하는 문화적인 특성과 조응하여 어떠한 삶을 살았는지 이해할 수 있다(한경혜, 2005: 16). 따라서 생애사연구는 가치 있는 개인 기록물을 남기고자 하는 과정에서 개인 기록물에 담긴 개인의 생각, 가치를 이해하기 위해 개인에 대한 탐색을 가능하게 하는 이론적 기준이 될 수 있다. 이는 삶의 분석을 바탕으로 사건의 파악, 기록물의 총체적인 분류체계를 마련하는 데 원천으로 작용할 수 있기 때문이다(김혜림, 2010: 78).

대구 중구 도심재생문화재단은 생애사 열전 100선 사업을 위해 '2016년 생애사 쓰기 아카데미'를 개최하였다.[1] 또한, 부산발전연구원 부산학연구센터는 6 · 25 전쟁 때 전국에서 몰려든 피란민이 부산에 정착하기까지의 생생한 삶을 담아 피란수도 부산의 정체성 연구 시리즈로 「6 · 25 피란생활사」를 발간하였다.[2] 서울시교육청은 2015년 이후 '퇴직교사의 〈교육생애사〉 온라인 자료관 구축'을 꾸준히 하고 있다.[3] 이와 같이 최근 지방자치단체와 정부기관에서는 기록학의 관점에서 마을 어르신들을 연구참여자로 모집하여 생애사 열전에 주력하고 있다.

1) 「경북신문」 2016. 4. 4.

2) 「NEWSIS」 2017. 1. 18.

3) 「메트로」 2015. 7. 7.

생각할 문제

1. 자신의 주변에 있는 가족이나 동료 중 한 명을 선정하여 생애사를 직접 들어보고, 상대방의 변화에 주목해 보자.

2. 자신의 자서전적 생애사를 글로 써 보고, 자신에 대한 성찰과 미래의 삶을 예측해 보자.

CHAPTER 09

내러티브 탐구 : 호모 나랜스, '이야기하는 인간'의 이야기

최승은

호모 나랜스(Homo Narrans)란 라틴어로 '이야기하는 사람'이라는 뜻이다. 이 용어는 미국의 영문학자 존 닐(John Niels)이 1999년 그의 저서 『호모 나랜스(*Homo Narrans*)』를 통해 처음으로 소개했는데, 인간은 이야기하려는 본능이 있고 이야기를 통해 사회를 이해한다는 것이다.

나랜스(narrans)는 우리에게 익숙한 내러티브(narrative)의 라틴어 원형이다. 옥스퍼드 영어사전(Oxford English Dictionary, 1971)에서는 내러티브의 어원을 '이야기하다, 자세히 말하다'라는 뜻의 라틴어 '나라레(narrare)'에서 찾는다. 이것은 원래 '나레(gnare)'에 해당하는 것으로, 지식이 있고 숙련되어 궁극적으로 '알다(know)'라는 '나루스(gnarus)'에서 유래하였다. 이러한 '나라레'는 라틴어 '나루스(gnarus: 아는, 능숙한, 알려진)'와 '나로(narro: 말하다, 이야기하다)'가 만나 생성된 것이다(Polkinghorne, 1988: 44).

인간과 이야기는 긴밀한 관계에 있다. 바르트(Barthes, 1975: 237)에 따르면, "내러티브의 역사는 인류의 역사와 함께 시작되었으며, 내러티브 없이 인간은 존재하지 않고 결코 존재할 수도 없다." 또한, 내러티브는 삶의 사건들이 일관성 있고 의미 있는 통합된 주제로 연결되는 표현 양식 중의 하나이며, 인간 존재는 하나의 삶으로 연결되는 일련의 지속적인 활동들의 연속이다. 즉, 내러티브는 "다양한 경험을 보여 주는 의미 생성 양식"인 것이다(Polkinghone, 1988: 257). 이러한 맥락에서 이번 장에서는 이야기하는 인간의 '이야기'에 중심을 둔 내러티브 탐구에 대하여 알아보고자 한다.

1. 내러티브 탐구의 개념 및 특징

1) 내러티브 탐구의 개념

내러티브 탐구란 내러티브하게 사고하는 과정이고, 내러티브하게 살아가는 삶에 동참하는 과정이며, 3차원적 탐구 공간을 토대로 탐구하는 것을 학습하는 과정이라 할 수 있다(Clandinin & Connelly, 2000: 224). 사람들은 이야기 안에서 살아가고, 이러한 이야기를 말하며, 그 이야기를 다시 재확인하고 수정하는 가운데 새로운 이야기를 만들어 낸다. 내러티브 탐구는 연구자와 연구참여자의 체험되고 말해진 이야기에 표현된 경험에서 시작한다(Clandinin & Connelly, 2000: 23). 경험은 사람이 살아가는 이야기이다.[1] 내러티브 탐구는 개인의 사회환경과의 관계 속에서 형성되는 인간 경험의 재구성과 관련된다.

경험 안에서 내러티브 탐구에 대한 초점은 오직 개인의 경험에만 있는 것이 아니라 개인이 경험을 구성하고 형성하고 표현하고 실행하는 사회적 · 문화적 · 제도적 내러티브에도 주어진다. 경험은 삶을 살아내고 그것을 말하는 이야기이며, 듣고 관찰하고 함께 살아가고 글로 쓰고 해석하는 텍스트에 의해 연구될 수 있다(Clandinin & Rosiek, 2007: 43). 이러한 의미에서 내러티브 탐구는 경험을 이해하는 하나의 방

---

1) 듀이(Dewey, 1938)는 경험이라는 일상어를 학문적 연구대상으로 바꾸어 놓았고, 교육적 경험에 의미를 부여하였다. 경험은 개인적인 동시에 사회적이다. 개인적인 경험과 사회적인 경험 둘 다 항상 존재한다. 또한, 경험은 단독적으로 생겨나는 것이 아니라 다른 경험으로부터 생겨나며, 또 다른 경험을 이끌어 낸다. 경험은 스스로 연속성을 가지고, 이러한 경험의 특징으로 인하여 현재는 과거의 경험을 토대로 하고, 미래의 경험을 이끌어 낸다. 이러한 연속성은 특히 교육적 경험에 관한 사고에서 핵심이다(Clandinin & Connelly, 2006: 33).

식이며, 삶을 살아 있는 것으로 이해하려는 노력이다(Clandinin & Connelly, 2000: 157).

내러티브 탐구에서 3차원적 탐구 공간이란 개인과 사회의 상호작용(interaction), 과거 · 현재 · 미래에 걸친 시간의 연속성(continuity), 그리고 상황과 관련된 장소(place)를 의미하며, 이러한 맥락 속에서 내러티브 탐구가 진행된다. 따라서 내러티브 탐구는 경험에 대한 연구로써 삶과 이야기 사이의 순환적이며 지속적인 관계 속에서 존재한다. 즉, 내러티브 탐구는 글쓰기의 시간성(temporality)과 상황성(situatedness)을 강조한다. 내러티브는 하나의 경험이며, 경험은 시간적이다. 내러티브 탐구는 특정 장소 또는 여러 장소에서, 환경과의 상호작용 속에서 시간이 경과하면서 이루어지는 연구자와 연구참여자들 간의 협동연구이다(Clandinin & Connelly, 2000: 64).

이러한 내러티브 탐구는 문학, 역사학, 인류학, 사회학, 교육학 등에 기원을 두고 있으며, 이제는 다양한 분야에서 이 연구방법을 채택하고 있다(Chase, 2005). 내러티브 탐구가 활발하게 이용되는 분야는 사회복지학, 여성학, 심리학, 여성학, 민속학, 의학, 간호학, 신학, 범죄학, 아동학, 특수교육학, 행정학 등이다. 인간을 연구하는 분야에서는 인간의 삶을 숫자로 객관화시키는 양적연구보다는 개인의 내부를 들여다볼 수 있는 질적연구에 대한 관심이 증가하고 있다. 특히, 내러티브 연구는 개인의 경험에 대한 사회문화적 이해방식으로 매우 적합한 연구방법으로 인식되면서 더욱 주목받고 있다.

2) 내러티브 탐구의 특징

내러티브 탐구는 관계적 탐구(relational inquiry)이다. 즉, 내러티브는 개인의 경험을 수집하고 분석하고 해석하는 가운데 사람과 사회적 맥락 그리고 시간의 관계를 탐구한다. 이러한 관계성은 사람과 사람의 관계, 사람과 특정 사건의 관계, 사람과 사회의 관계 등을 의미한다. 내러티브가 갖는 관계성으로 인하여 내러티브 탐구는 통시성(Narrative diachronicity), 독자성(Particularity), 의도성(Intentional state entailment), 해석학적 조작가능성(Hermeneutic composability), 정전(正典)과 파괴(Canonicity and breach), 지시성(Referentiality), 규범성(Normativeness), 상황민감성과 협상가능성(Context sensitivity and negotiability), 내러티브의 증식(Narrative accrual)이라는 특성을 갖는다(Bruner, 1991).

즉, 내러티브 탐구에서 연구참여자의 다양하고 풍부한 경험은 그 자체로서 독특한 의미가 있다(독자성). 따라서 때로는 사회문화적으로 옳은 것으로 여겨지거나 그렇지 않은 것을 모두 포함할 수 있다(정전과 파괴). 그러나 삶의 현실을 나타내는 참여자의 경험은(지시성) 연구자에게 이야기되어지는 가운데 자신의 관점에 따라 선별적으로 진술되기도 한다(의도성). 참여자의 경험을 하나의 내러티브로 구성하기 위해 연구자는 참여자를 둘러싸고 있는 사회적 맥락과 연구참여자가 존재하는 시간과 공간에 관한 관계를 탐구하는 것이 필요하다(통시성). 이러한 내러티브의 다양한 특성을 극대화하기 위해서는 연구참여자와 연구자의 협력적인 과정이 필요하다. 무엇보다 연구자는 연구참여자의 개인적이고 사회적인 삶을 구성하는 경험과 실천을 이해해야 한다.

리쾨르(Ricoeur, 1981: 184)에 따르면, "내러티브는 시작부터 타인과 함께한다는 측면에서 반복"해 나간다. 내러티브 탐구는 이러한 관계적 속성을 갖기 때문에 내러티브 탐구의 연구자는 긴장을 경험한다. 즉, "사랑에 빠지기"와 "냉담하게 관찰하기" 사이에서의 긴장이다. 그들은 완전히 개입해야 하고, 연구참여자와 사랑에 빠져야만 하지만, 또한 한 걸음 물러나 연구 속에 있는 본인의 이야기 및 연구참여자의 이야기뿐만 아니라 연구자와 연구참여자가 함께 살고 있는 더 커다란 전경을 바라보아야 한다. 이렇게 연구참여자가 살고 있는 삶을 전체적인 측면에서 조망하는 것은 개인의 경험을 그가 속한 사회규범 속에 위치 지음으로써 보다 다양한 층위의 공감을 끌어낼 수 있다(규범성). 연구자와 연구참여자 간의 관계적 거리 두기와 관련된 이러한 긴장은 내러티브 탐구 속에 언제나 존재한다. 그러나 더 중요한 것은 긴장에 대한 단순한 나열보다는 어떻게 그러한 긴장을 다룰 것인가를 논의하는 것이다(Clandinin & Connelly, 2000: 163). 내러티브 연구를 진행하는 과정에서의 긴장은 연구결과 속에서 참여자의 이야기를 좀 더 자세히 묘사하거나 그렇지 않은 것으로 나타나기도 한다(상황적 민감성과 협상가능성). 따라서 내러티브 탐구는 연구자와 연구참여자 간의 협력적 연구임을 지속적으로 상기할 필요가 있다.

무엇보다도 관계적 형태의 탐구인 내러티브 탐구에서는 윤리가 연구과정을 통해서 중요한 역할을 한다. 연구 텍스트가 연구참여자와 연구자를 제시하는 방식뿐만 아니라 현장에서 살아가고, 현장 텍스트와 연구 텍스트를 구성하는 것에 이르기까지 윤리 문제가 내러티브 탐구에 관련되기 때문에 윤리적인 문제에 관심을 갖는 것은 내러티브 탐구의 지속적이고 늘 함께하는 부분이다. 내러티브 탐구에서는 연구참여자들과 관계적으로 연구한다는 점을 고려할 때 이 문제는 중요성이 배가된다(Clandinin, 2007:12).

내러티브 연구자는 진행 중인 연구에 대해 저술한 것을 반응 집단과 공유한다. 이것은 내러티브가 원래 나타내는 의미에 대한 연구자의 해석상 오류를 방지하기 위한 것이며(해석학적 조작가능성), 다른 사람들에게 연구를 읽고 향후 다시 말하기를 이끌만한 다른 의미를 발견할 수 있도록 반응해 달라고 요청한다는 것을 의미한다(Clandinin & Connelly, 2000: 126-127). 이와 함께 연구결과를 세상에 공개함으로써 참여자의 이야기는 독자를 통하여 또 다른 이야기로 이끌어진다(내러티브의 증식).

내러티브 탐구에서의 관계성을 강조한 리스만(Riessman, 2008)도 내러티브 탐구에서의 첫 번째 특징을 관계적 책임성이라고 하였다. 연구자는 연구의 현장으로 들어가면서 관계를 협의하고, 내러티브가 시작된 후에는 현장 텍스트에서 연구 텍스트로 이동하면서 시간성, 사회성, 장소성을 보여 주는 경험의 내러티브가 재현된다. 연구자와 연구참여자는 관계적 반응 공동체가 되는 것이다. 따라서 무엇보다도 연구의 전 과정에서 연구자는 연구참여자의 삶에 대한 이해와 헌신이 필요하다.

연구자는 현장에서 연구하고, 현장으로부터 현장 텍스트로, 그리고 현장 텍스트로부터 연구 텍스트로 움직이게 된다. 이러한 과정이 내러티브 탐구의 연구절차인데, 이것은 다음 절의 연구절차에서 좀 더 자세하게 다룰 것이다.

2. 내러티브 탐구에서의 연구자와 연구절차

내러티브 탐구를 보다 충실히 실천하기 위해서는 내러티브 탐구를 실행하는 내러티브 연구자에 대한 이해가 필요하다. 이를 위하여 내러티브 탐구에서 연구자의 특징과 역할을 살펴보고, 내러티브 탐구의 연구절차에 대하여 논의하고자 한다.

1) 내러티브 연구자

사람들은 자신의 경험에 대한 이야기를 말하면서 그 이야기를 다시 재확인하고 수정하며 새로운 이야기를 만들어 낸다. 사람들은 체험된 이야기의 '구현체(embodiment)'로서 사회문화적 내러티브를 형성하고, 그에 의해 형성된 삶을 구성한다(Clandinin & Connelly, 2000: 100). 내러티브 탐구에서는 연구자 자신의 경험, 즉 연구자 자신의 삶을 살아가기(living), 말하기(telling), 다시 말하기(retelling), 그리고 다시 살아가기(reliving)가 중요하다. 내러티브 탐구의 출발점 가운데 하나가 연구자가 자신의 경험에 관한 내러티브를 구성하는 일이기 때문이다(Clandinin & Connelly, 2000: 143).

클랜디닌과 코넬리(Clandinin & Connelly, 2000)에 의하면, 형식주의자(formalist)는 이론에서 탐구를 시작하는 반면에 내러티브 연구자는 경험, 즉 체험되고 말로 표현된 것을 가지고 탐구를 시작하는 경향이 있다. 내러티브 탐구에 대한 연구자의 목적은 경험의 개방성을 최대한 포착하는 것이다. 내러티브 연구자는 장소의 세부적인 것들, 미묘한 시간적 뒤틀림, 개인적 · 사회적 관찰 사이의 복잡한 이동, 그리고 그들의 관계에 대해서 인식해야 한다. 현장 텍스트를 만들 때, 연구자는 자신과 연구참여자들이 어떠한 위치에 있는지 시간적 · 공간적 · 개인적 · 사회적 측면에서 인식할 필요가 있다. 내러티브 연구자에게는 개인의 관심과 중요성에 대한 감각과 타인의 삶 안에 표현되는 보다 넓은 사회적 관심 간의 관계를 보다 정교화할 수 있는 능력이 매우 중요하다.

2) 내러티브 탐구의 연구절차

내러티브 탐구 방법은 인간의 경험을 있는 그대로 드러내기에 적합한 질적연구방법 중 하나이다. 내러티브 탐구 방법은 일반적으로 현장에 존재, 현장 텍스트로 이동, 현장 텍스트 구성, 경험에 대한 의미 구성, 연구 텍스트 구성이라는 5단계로 구성된다(Clandinin & Connelly, 2000).

내러티브 탐구 과정을 내러티브 탐구의 5단계로 나누어 설명하면 다음과 같다.

1단계는 '현장에 존재하기'에 해당하는 단계이다. 예컨대, 교사의 경험에 대한 연구를 할 경우에, 연구자는 연구참여자의 학교를 방문하여 학교 현장, 즉 연구 현장에 존재할 수 있다. 그 결과 자연스럽게 연구참여자의 내러티브 속으로 걸어 들어갈 수 있다.

2단계는 '현장 텍스트로 이동'하는 단계이다. 이 단계는 연구참여자를 경험하고, 다른 한편으로 연구자가 현장에 들어가서 연구참여자의 경험을 관찰하는 단계이다.

3단계는 '현장 텍스트 구성하기' 단계이다. 이 단계는 한편으로 연구참여자의 경험을 현장일지로 작성하는 단계이며, 다른 한편으로 연구자가 관찰과 면담을 토대로 연구면담 노트를 작성하는 단계이다. 또한, 연구참여자와 관련된 자료들을 수집할 수 있다. 예를 들어, 교사에 대한 연구의 경우, 교사의 수업 지도안, 수업 비평문, 수업 동영상 등 연구참여자로부터 받을 수 있는 자료도 포함된다.

4단계는 '경험에 대한 의미 구성'에 해당하는 단계이다. 이 단계는 현장 텍스트에 나타난 연구참여자의 경험에 대한 의미를 구성하는 단계이다. 내러티브 자료와 연구자가 기록한 연구면담 노트 자료들을 반복적으로 읽으면서 관련 경험을 총체적으로 이해하고자 한다. 그리고 시간순으로 정리된 현장 텍스트를 반복하여 읽으면서 텍스트들의 유사점과 연관성 등을 묶고 정리하면서 소주제를 추출한다.

5단계는 '연구 텍스트 구성하기 단계'이다. 이후 제시될 연구 텍스트를 구성하는 과정에서 연구자는 연구자 자신이 구성한 텍스트를 연구참여자에게 제공하여 이를 검토하고 의견을 자유로이 제시하도록 함으로써 연구 텍스트에 연구참여자의 의견과 목소리가 충분히 반영되도록 한다.

3. 내러티브 탐구의 실제

이번 절에서는 내러티브 탐구를 실제로 진행한 논문을 함께 살펴봄으로써 내러티브 탐구에 대한 실천적 이해를 도모하고자 한다. 이를 위하여 최승은(2015)의 박사학위논문인「상호문화교육의 관점에서 본 초등교사의 음악교육 경험에 관한 연구」를 예시로 제시한다. 이 연구는 음악 교과를 담당하는 초등교사의 교육경험을 상호문화교육의 관점에서 해석하여 교사의 교육적 실천과 초등음악교육에 필요한 상호문화교육의 방향을 논의하고자 하였다.

1) 연구의 구성

최승은(2015)의 연구에서 논문의 구성을 살펴보면 다음과 같다. I장 서론에서는 연구의 필요성과 목적을 제시하고, 초등교사의 음악교육 학습경험과 실천경험의 의미성을 연구문제로 설정하였으며, 선행연구들에 대하여 고찰하였다. II장 이론적 논의에서는 상호문화교육의 철학적 배경과 패러다임과 담론을 논의하고, 상호문화교육에 철학적 토대가 되는 상호문화성과 타자지향성을 논의하여 이러한 철학적 기반을 바탕으로 하는 상호문화역량을 순환적 구조로 구성하였다. 또한, 음악교육에서의 상호문화교육의 가능성을 살펴보고자 음악교육과 정서지능, 초등교사의 음악교수역량, 그리고 음악교육에 대한 상호문화교육의 관점을 고찰하였다. 이론적 논의는 이후 내러티브의 현장 텍스트를 연구 텍스트로 전환할 때 다양한 해석을 가능하게 한 중요한 렌즈로 활용되었다. III장 연구방법에서는 연구의 방법론과 자료 수집 및 분석, 그리고 연구윤리에 대하여 기술하였다. IV장에서는 음악교육 경험을 통한 교사 되기, V장에서는 음악교육 실천의 상호문화교육적 의미를 다층적으로 해석하였다. 그리고 VI장의 결론 및 제언을 통해 논문은 마무리되었다.

2) 연구의 진행 과정

연구참여자인 교사의 교육경험에 관한 내러티브에 초점을 둔 최승은(2015)의 연구는 연구참여자가 교사가 되기까지의 여정과 현장경험의 이야기에 주목하였다. 연구자는 연구참여자의 목소리와 경험에 귀를 기울일 수 있는 적절한 방법으로 질적 연구방법 중 내러티브 탐구를 선택하였다.[2] 오랜 교직에서 축적된 교육의 경험을 바탕으로 하는 내러티브는 교사의 경험을 해석하는 중요한 자료가 되기 때문이다. 사람들은 자신 그리고 다른 이들이 누구인가에 대한 이야기에 의해, 이러한 이야기를 해석함으로써 매일의 삶을 만들어 간다.

(1) 연구자

내러티브 탐구를 수행하는 과정에서 연구자는 연구를 해석하는 중요한 도구로 사용된다. 논문에서는 연구의 이해를 높이기 위하여 연구자의 위치에 대한 자서전적 내러티브를 기술하였다. "내러티브 연구자는 연구참여자들과 마찬가지로 자신의 공간에 존재한다. 이 공간에 존재한다는 것은, 연구자가 자신이 살아온 그리고 말해진 이야기와 함께 연구자가 보여진다는 것을 의미"(Clandinin & Connelly, 2000: 143)하기 때문이다. 그러므로 독자가 연구의 맥락을 이해할 수 있도록 연구자의 위치와 연구동기를 밝히는 것은 중요하다.

> 연구자가 음악가로서 사회에 관심을 갖게 된 것은 팔레스타인 출신 문화비평가이자 사회학자인 사이드(E. Said)와 유대인 피아니스트이자 지휘자인 바렌보임(D. Barenboim의 만남을 통해 탄생한 '서동시집 오케스트라(West-Eastern Divan

---

2) 질적연구는 그것의 주제에 대해 해석적 자연주의적 접근을 관련시키는 명백히 다중적인 방법이다. 질적연구자는 그들의 자연스러운 상황에 있는 것을 연구하며, 사람들이 그것에 부여하는 의미 측면에서 현상을 이해하거나 해석하려고 한다. 질적연구는 다양한 경험적 자료의 심사숙고한 사용과 수집을 포함한다. 그것은 개인의 삶에 있어서 일상적이고 문제적인 순간과 의미를 기술한다(Denzin & Lincoln, 1994: 2).

> Orchestra)'[3]의 연주를 지켜보면서라고 생각된다. 이를 통해 적대와 배제의 정치를 넘어 화해와 공존의 문화가 가능하다는 것을 인지할 수 있었다. 또한, 두 사람의 공저인 『평행과 역설』(2002)(Parallels & Paradoxes)에서는 사회학자와 음악가의 교류를 통해 음악과 사회, 예술과 정치의 만남이 가능하다는 것을 보여 주었다. 이 같은 맥락에서 본 연구는 음악과 사회의 만남이 가능하다는 관점으로부터 시작되었다. … (중략) … 음악이 수단이 되지 않고 사회에서 그 자체로 목적이 되고, 음악이 선택된 자들만이 아닌, 모두의 삶을 풍요롭게 하는 역할을 하는 가능성을 찾고자 하였다. 이를 위해 연구자는 공교육의 시작인 초등교육에서의 음악교육에 관심을 가지면서 실제로 교육현장에서 오랜 경험이 있는 교사들을 연구참여자로 선정하여 그들의 내러티브를 연구하였다. (최승은, 2015: 62)

연구자가 연구를 시작하게 된 동기를 포함하여 연구자 자신의 이력을 간략히 소개하는 자서전적 내러티브는 논문을 읽는 독자의 이해를 위해서도 필요한 작업이지만, 무엇보다도 연구과정 속에서 연구자 자신인 '나'를 잃지 않도록 해 준다. 그리고 더욱 중요한 것은 연구자가 음악과 관련된 배경을 가지고 있기 때문에 교사들이 음악교육 경험에 대한 이야기를 할 때 더욱 공감하면서 인터뷰를 진행할 수 있었다.

(2) 연구참여자

듀이(Dewey, 1934)에 의하면, 예술은 과학에서처럼 의미를 진술하는 대신에 의미를 표현하기 때문에 교육적 경험들을 연구하기 위한 하나의 방법이다. 그리고 그린(Greene, 2000)은 상상력과 연관이 있는 예술은 우리가 우리의 경험을 보다 자세히 보고, 잘 듣지 못하는 진동들을 듣게 하고, 일상에서 눈에 띄지 않는 것, 억눌려

---

3) 오케스트라의 명칭은 괴테(Goethe, 1819)의 『서동시집(*Westöstlicher Divan*)』에서 차용했는데, 사이드(Said)와 바렌보임(Barenboim)은 괴테가 당대 문인들 중 드물게 동양 문학에 관심을 가지고, 심지어 아랍어를 배우는 등 실질적인 노력을 했다는 점에서 착안했다고 한다. 『서동시집(*Westöstlicher Divan*)』은 괴테가 페르시아 시인인 하피즈의 시를 독일어로 번역한 것을 읽고 감명받아 쓴 것이다. 서동시집 오케스트라는 서로 다른 문화권에 있는 이들이 음악을 통해서 평화롭게 모여 공존할 수 있는 가능성을 열어보고자 하였으며, 1999년 창단 이후 해마다 세계 여러 지역에서 음악으로 평화와 화합의 메시지를 전하고 있다(출처: www.west-eastern-divan.org).

왔던 습관과 관습에 대해 생각하게 만든다고 하였다. 이 연구의 연구참여자들은 모두 음악이라는 예술을 경험한 교육자들이다. 음악을 통해서 다른 일반 교사들이 경험하지 못하고 느끼지 못했던 것을 그들은 이야기할 수 있는 것이다.

최승은(2015)에서 연구참여자의 선정 기준은 초등학교에서 교사 경력이 30년 이상이고, 전공이 음악과 관련이 있어야 하며, 음악 전담 경험이 있는 교사들이었다. 이렇게 선정한 이유는 그들이 공교육의 출발점인 초등학교에서의 교수자로서 경험을 하였고, 음악 교과에 전문성이 있으며, 4차 음악교육과정부터 현재까지의 흐름을 잘 알기 때문이다. 이에 연구참여자는 총 7명이고, 이들의 현재 지위는 수석교사, 음악전담교사이다. 연구참여자들에 대한 개요를 정리하면 다음 〈표 9-1〉과 같다.

〈표 9-1〉 연구참여자 개요

연구 참여자	교직경력	전공	현재 지위	근무 지역	성별
A	34년	국악	수석교사	경기도 성남시	여
B	31년	국악	수석교사	경기도 성남시	여
C	31년	음악교육	수석교사	경기도 부천시	여
D	39년	성악	수석교사	경기도 시흥시	남
E	35년	음악교육	수석교사	경기도 부천시	여
F	34년	초등교육	음악전담교사	인천광역시	여
G	33년	음악교육	수석교사	인천광역시	여

연구참여자들의 기본 정보뿐만 아니라 이들을 보다 심도 있게 이해하기 위해서는 연구참여자들의 생애에 대한 접근이 필요하다. 그들의 현재의 모습을 만들었을 과거의 경험은 연구참여자들의 존재에 대한 이해로 이어지기 때문이다. 이 논문에서는 연구참여자별로 그들의 살아온 이야기를 연대기적으로 정리하여 제시하였다. 연구참여자인 교사의 개인별 특성이 고려되는 내러티브 탐구는 교사에 대한 일반화가 아닌 각각의 교사에 대한 개별성이 고려된다는 점에서 의미가 있다.

(3) 자료 수집 및 분석

내러티브 탐구의 자료를 수집하기 위하여 연구참여자들과 일대일 심층면담 형식의 인터뷰를 진행하였다.[4] 인터뷰는 단답형 질의응답이 아닌 내러티브의 형식을 띨 수 있도록 대화 형태로 발전시켰고, 연구참여자가 편안한 분위기에서 자신의 경험을 이야기할 수 있도록 하였다. 자료의 수집을 위해서 심층 인터뷰를 활용하였고 이를 전사(transcription)하였다. 이와 더불어 연구참여자가 연구자에게 제시한 수업 동영상, 수업 지도안, 수업 비평문, 수업 컨설팅 자료 등 수집된 자료를 분석하였다.

특히, 자료 수집에서 중요한 위치를 차지하는 심층 인터뷰에 대하여 좀 더 살펴보면, 이는 독일의 사회학자인 쉬쩨(Schütze, 1992)에 의하여 질적연구를 위해 자료를 모으는 인터뷰 방법으로 발전하였다. 이 연구에서도 심층 인터뷰는 그의 심층 인터뷰 프로세스를 응용하여 진행하였으며, 심층 인터뷰 프로세스는 〈표 9-2〉와 같다.

〈표 9-2〉 심층 인터뷰 프로세스

단계	내용
1단계	연구의 목적, 인터뷰의 원칙 및 기능에 대해 설명하여 신뢰관계 형성
2단계	연구참여자의 경험과 행위에 대한 의미부여 및 해석한 바를 자연스럽게 이야기하도록 함
3단계	앞 단계에서 충분히 이야기되지 않은 주제, 잠시 언급만 하였으나 중요한 것으로 판단된 주제 혹은 합리화된 것으로 판단된 문제 등에 대해 추가 질문을 통해 이야기하도록 함

출처: Schütze(1992), 재구성.

인터뷰의 첫 단계는 라포를 형성하는 단계로, 연구의 주제와 목적을 연구참여자의 입장에서 이해하기 쉽도록 설명해 주는 것이 중요하다. 이에 연구의 윤리적 차원에서 IRB 승인을 받은 연구 동의서를 받고 인터뷰를 시작하였다. 연구참여자가 자신의 주제에 맞게 이야기를 구성해 나가며 묘사할 수 있도록 자율성을 보장하고, 연

4) 인터뷰는 인간적 현상을 보다 풍부하고 깊이 있게 이해할 수 있게 해 주는 원천이 될 경험적인 이야기 자료를 조사하고 모으기 위한 방법으로 이용된다. 또한, 인터뷰는 경험의 의미와 관련해 인터뷰 대상자와 대화 관계를 발전시키기 위한 도구로 이용될 수 있다(Van Manen, 1990).

구참여자의 시각으로 만들어진 이야기가 흐트러짐 없이 계속 진행될 수 있도록 경청하였다. 특히, 연구자는 연구참여자의 내러티브에서 교육적 경험과 실천을 해석할 수 있는 내러티브에 주안을 두었다.

이 연구에서의 내러티브는 연구참여자가 교육자가 되기까지의 경험과 교육 현장에서의 실천에 의미를 부여하였다. 연구참여자의 일방적인 말하기가 아닌, 연구자와의 피드백을 통해 질문에 대한 이야기 속에서 또다시 질문을 찾고자 하였다.

내러티브 탐구에서는 자료를 세분화하여 이해하기보다 자료를 전체 이야기의 맥락 안에서 이해하고, 각각의 이야기의 의미를 분석하는 것이 중요하다. 특히, 심층 인터뷰를 분석하는 과정에서 녹음 파일들을 반복해서 듣고, 재(再)읽기 작업을 반복한 후, 의미별로 분류하는 과정을 거쳤다. 연구자는 수집된 자료로부터 경험의 시기별 분류와 주제별 분류를 통해 의미 단위를 생성할 수 있는 단어와 어구를 추출하고 의미를 파악하였다. 연구에서 교사들의 교육경험을 분석한 과정을 구조화하면 다음의 [그림 9-1]과 같다.

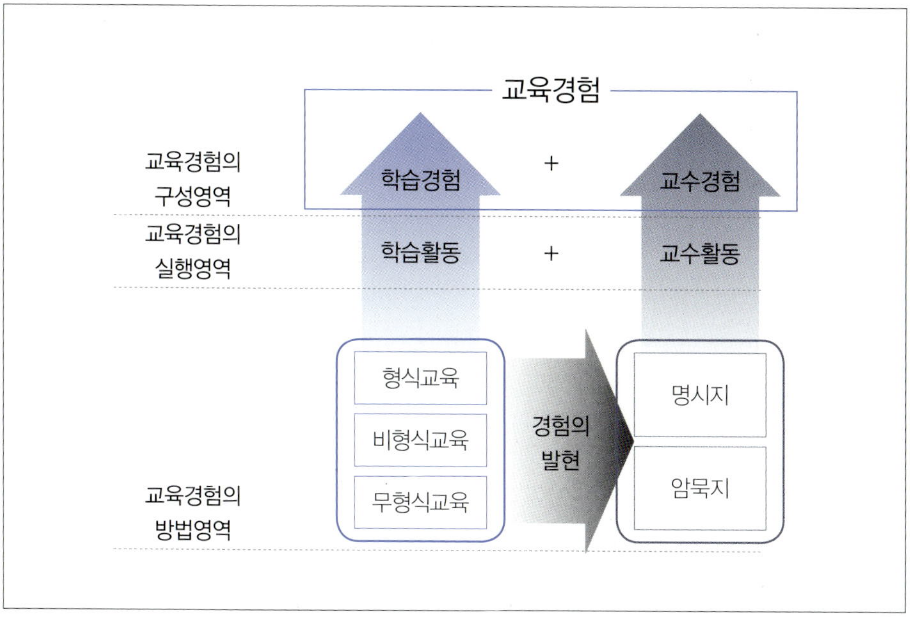

[그림 9-1] 분석의 구조

교사의 교육경험은 학습경험과 교수경험으로 구성되며, 이 두 경험이 반복되어 나타나는 양상에 따라 독특한 경험이 형성된다. 이러한 학습경험은 학습활동을 통해 실행되고, 교수경험은 교수활동을 통해 실행된다. 또한, 학습활동은 학습의 다양한 방법을 통해 실천되는데, 이러한 학습과 교수에 대한 경험의 발현과 과정을 분석하였다. 구체적으로 살펴보면, 경험의 의미를 분석하는 과정에서는 클랜디닌과 코넬리(Clandinin & Connelly, 2004)가 말한 '3차원적 탐구 공간'을 고려하여 텍스트를 구성하였다. 3차원적 탐구 공간이란 개인과 사회의 상호작용(interaction), 과거 · 현재 · 미래에 걸친 시간의 연속성(continuity), 그리고 상황과 관련된 장소(place)를 의미한다. 이 연구에서는 교사들이 학생, 학부모, 그리고 다른 교사와의 관계에서의 상호작용, 교사가 되기 이전의 경험부터 현재까지의 시간적 경험, 그리고 교사의 교육경험을 보여 주는 현장들에서 나타난 내러티브들을 분석하였다. 이러한 분석을 통한 해석을 논문의 IV장과 V에서 연구 텍스트로 작성하였다.

(4) 연구의 윤리

연구자와 연구참여자의 계속되는 이야기와의 관계는 현장 텍스트의 본질을 형성할 뿐만 아니라 현장 텍스트의 인식론적 입장을 정립한다. 연구자와 연구참여자의 관계는 이야기뿐만 아니라 이야기의 의미를 구성한다(Clandinin & Connelly, 2000: 184). 앞에서 언급한 내러티브 탐구의 특징에서도 내러티브 탐구는 관계적 연구임을 강조하였다. 이러한 관계성 속에서 연구에 대한 윤리적 문제는 연구의 시작 전과 과정 속에서, 그리고 연구가 끝난 후에도 지속된다.

최승은(2015)의 연구에서는 심층 인터뷰의 시작 전에 연구자는 참여자에게 연구참여 여부를 결정할 수 있음과 연구참여에 동의하지 않아도 아무런 불이익이 없음을 설명하고, 자료 수집 중 언제든지 연구에 참여를 원치 않는다면 자유롭게 연구참여를 취소할 수 있음을 설명하였다. 연구참여자에게 이러한 사항을 충분히 설명한 후 연구참여에 동의할지를 결정하도록 하고, 연구참여 동의서를 받았다. 인터뷰로부터 수집된 자료는 익명으로 작성하였고, 개인정보가 노출될 위험이 없도록 고려하였다. 녹음 파일을 듣고 그대로 옮겨 적는 전사 작업에서는 연구참여자들이 말한 내용을 가감 없이 모두 적었다. 또한, 연구참여자가 말하면서 취했던 행동들과 추임새 또한 글로 적었으며, 당시의 분위기를 메모했던 자료도 함께 추가하였다. 이러한 현장 노트는 중요한 분석과 해석의 바탕이 된다. 이 연구는 인하대학교 기관생명윤리위원회(IRB)의 연구승인을 받았으며, 승인번호는 141104-1A이다.[5] 전사록을 비롯한 수집된 모든 자료는 「생명윤리 및 안전에 관한 법률 시행규칙」에 의거하여 연구 종료 후 3년간 보관하고, 그 이후 폐기할 예정임을 밝혔다.

3) 내러티브 탐구의 연구 텍스트

현장 텍스트를 연구 텍스트로 만드는 것은 경험의 의미와 그것의 사회적 중요성에 대한 대답이다(Clandinin & Connelly, 2000). 이것은 연구의 분석과 해석 부분을 형성하는 질문이다. 현장 텍스트는 듣는 것이든 보는 것이든 기록이라는 성격을 가지고 있다. 연구 텍스트는 현장 텍스트와 달리 의미와 중요성에 대한 계속되는 질문에 의해서 만들어진다. 현장 텍스트가 활용됨에 따라 연구 텍스트는 지속적인 수정이 일어난다. 현장 텍스트에서 연구 텍스트로의 이행은 복잡성에 따른 층위가 있다.

내러티브 탐구에서의 연구 텍스트에 대한 이해를 위하여 최승은(2015)의 연구 텍스트를 예시로, 현장 텍스트에서 어떻게 경험에 대한 의미를 찾고 해석하였는지를 설명하고자 한다. 이 연구에서 현장 텍스트는 다양한 층위로 분석되고 해석되어졌다. 연구 텍스트를 구체적으로 살펴보면 다음과 같다.

(1) 교사의 다양한 음악경험을 통한 교사 되기

교사의 교육적 실천은 학습경험을 바탕으로 하기 때문에, 연구참여자인 교사의 개인별 학습경험을 살펴보았다. 먼저, 교사가 경험한 학습을 학습의 세 가지 유형인

5) 연구윤리의 심의 과정은 두 차례에 걸쳐 진행되었다. 첫 번째 심의의뢰에서는 조건부 승인을 받았다. 연구윤리위원회의 심사 결과서에서 제시한 수정사항을 바탕으로 수정·보완하여 다시 제출하였고, 2014년 11월 27일 최종 승인을 받았다.

형식교육, 비형식교육, 무형식학습에 따라 유형화하여 분류하였다. 형식교육에서는 교육대학교와 교육대학원에서의 학습경험이 있었다. 교육대학교의 진학이 자발적인 교사도 있었지만, 대부분 지인의 권유와 경제적 사정, 가정환경에 의한 비자발적 동기에서 이루어졌다. 당시 대학교에서의 학습경험은 교사가 현장에 발령을 받은 이후 실제로 학생들을 가르칠 때 교사로서 고충을 느끼게 했다. 이러한 상황에서 교사들은 교육대학원에 진학하여 자신의 교육적 전문성을 키워나갔다. 국악교육, 음악교육 등의 전공을 선택하여 음악교사로서의 역량을 향상시키도록 한 것이다.

비형식교육으로는 성악, 민요, 오카리나 등을 개인지도를 받거나, 학교 외의 기관에 등록해서 배운 학습경험이 있다. 또한, 인터넷 강의를 통해 음악교육 관련 학습을 하였다.

무형식학습의 방법으로 교사는 수업을 준비하면서 개인적으로 연구를 하고, 교사들과의 협업을 통해서 수업의 질을 향상시키기 위한 방법을 탐구한다. 이를 위해 교사는 수업비평 동아리 모임에 참여하기도 한다. 또한, 교사 동아리 모임은 음악적 활동을 확장시킨다. 예를 들면, 오카리나 동아리 모임이 있다. 교사의 학습은 학교에서만 한정되는 것이 아니라 지역사회에서도 가능하다. 교사의 봉사활동과 외국에서의 경험은 교사의 교수활동에 영향을 준다.

프레이리(Freire, 1998: 39)는 인간의 존재를 윤리적으로 구성해 낼 수 있는 것은 인간이 형성되는 과정 속에 있다고 하였다. 즉, '되기(becoming)'의 과정이 존재의 조건이 된다. 교사라는 정체성은 고정된 것이 아니라 경험의 생산과 재생산에 의해서 지속적으로 움직이며 변화한다. 이러한 맥락에서 연구자는 교사들이 경험한 배움에 대하여 살펴보았다. 연구참여자인 교사들은 자신의 학습경험을 통해 성찰적 교사, 예술적 교사, 전문적 교사, 그리고 협력적 교사의 모습으로 '되었음'을 이야기하였다.

첫째, 성찰적 교사는 자신의 배움에 대한 부재와 무지함, 부족함을 인식하고 자신감의 부족, 그리고 음악 교과에 대한 역량이 부족함을 스스로 인지하였다. 이러한 자기 인식과 반성을 통해서 교사들은 지속적인 학습을 이어나갔으며, 이것은 교사의 순환적 학습의 원동력이 된다. 성찰을 하는 교사가 되기 위해서는 교사로서의 자질과 수업의 질 향상에 있어, 끊임없이 사유하는 태도가 필요하다.

둘째, 예술적 교사는 음악에 대한 아름다움을 추구한다. 예술로서 음악이 갖는 심미적 아름다움과 소리에 대한 매료는 교사의 예술성을 표출하도록 한다. 교사는 음악을 감상하거나 연주를 할 때 카타르시스와 희열을 경험한다. 이러한 몰입은 예술적 경험에서 중요하며, 이것은 창조적 학습경험으로 이어진다.

셋째, 전문적 교사는 배움에 대한 열정과 끊임없는 탐구를 지속하는 교사이다. 특히, 국악교육과 합창지도 등의 음악교육과 관련하여 대학원에 진학하거나 개인지도를 받고 인터넷 강의를 들은 교사들은 자발적으로 계속해서 학습을 하며, 이것을 교수활동으로 연계시킨다.

넷째, 협력적 교사는 타자를 위한 마음과 공동체 의식이 있다. 동료 교사들을 위하여 배려하고, 수업을 위해서 서로 협력하여 토의하며 함께 고민하고 의견을 나눈다. 뿐만 아니라, 봉사활동을 통해서 타자를 지향하는 삶을 실현한다.

이러한 교사의 학습경험은 교수의 경험으로 순환적으로 발전한다. 이는 교사가 단지 지식의 전달자로 머무는 것이 아니라 학습자로서의 경험을 통해서 성장하는 교사가 되는 것을 보여 준다. 이렇게 변화한 교사는 교육현장에서 다양한 방식으로 교육을 실천하게 된다.

연구참여자들의 경험은 성찰적 교사, 예술적 교사, 전문적 교사, 그리고 협력적 교사라는 교사상으로 표현되었다. 이러한 교사상은 자연스럽게 교사의 정체성을 구성한다. 이를 통해 교사는 하나의 정체성으로 존재하는 것이 아니라 학습경험을 통해 유동적이고 다층적인 정체성을 가진다.

현장 텍스트에서 발견된 다양한 하위 경험 주제는 '자기 인식과 반성'이라는 상위 경험 주제에서 나왔고, 이를 통해 '성찰적 교사'라는 주제 의미를 도출하였다. 다음의 예시는 연구참여자들의 심층 인터뷰 과정에서 도출된 내용이다.

> 교대 졸업한 지는 33년이나 됐기 때문에 그때만 해도 우린 2년제였어요. 내가 바로 밑에 후배가 더 있고, 그다음부터 4년제가 됐어요. 우린 그때 4학기 중에 한

> 학기는 일학년 때 5 · 18 광주사태가 난 거예요. 학교는 휴교령을 내렸고. … (중략) … 우리는 거의 3학기 배운 셈이에요. 그러니까 음악에 대해서는.. 리코더도 안 배웠어요. 겨우 오르간만 마스터하고.. 정말 내가 교대에서 배운 거는 거의 없죠. (연구참여자 A, 2014. 12. 2.)

연구참여자들 중 다수는 대학교에서의 배움은 미흡했다고 응답하였다. 이러한 배움의 미흡함을 인식한 교사들은 교육현장에서 자신의 부족함을 인정하고, 진정한 교사로서 성장하고자 했다. 이를 위해서 가르치는 교사에서 머무르는 것이 아니라 배우는 학습자가 되고자 하는 교육적 실천을 행했다고 볼 수 있다. 이에 대한 해석의 예는 다음에서 살펴볼 수 있다.

> 자신의 음악적 역량이 부족함을 인식하면서 보다 나은 음악수업을 위하여 연구를 하게 된 것이다. 교사의 성찰은 그가 가지고 있는 경험에 근거하여 시작된다. 듀이(Dewey, 1916: 150)는 반성적 사고란 경험과 깊은 관련이 있다고 하였다. 반성적 사고를 형성하는 과정에서 경험과 사고는 유기적으로 결합되어 분리되지 않는다. "경험이 의미를 갖기 위해서는 사고(thought)가 개입되어야 한다. 우리가 행동과 그에 따른 결과 사이에 존재하는 세밀한 관련성을 발견하게 되면 시행착오 속에 내재되어 있던 사고가 표면화된다. 이러한 사고의 양이 증가하면 경험의 질이 변화하고 경험에서 이러한 변화는 매우 중요하며, 이러한 종류의 경험을 반성적(reflective) 경험이라고 한다". 또한, "내면의 문제를 찾아 드러내고, 그것을 진지하고 지속적으로 숙고하는 과정에 존재하는 사유 유형"(Dewey, 1933: 113)이다. 그러므로 자기를 인식하고 반성하는 사고력을 갖춘 교사는 교사의 정체성을 사유할 수 있는 성찰적 교사인 것이다. (최승은, 2015: 82)

이러한 과정, 현장 텍스트를 분석하고 해석하여 연구 텍스트로 작성하는 과정은 수정과 보완의 순환을 거쳐 지속적으로 이루어진다. 이때 연구참여자는 단지 이야기를 말하는 것에서 그치지 않고 연구 텍스트를 읽는 독자가 되어 반응한다.

(2) 음악교육의 상호문화교육적 의미

교사의 학습경험은 교수의 경험으로 순환적으로 발전한다. 이는 교사가 단지 지식의 전달자로 머무는 것이 아니라 학습자로서의 경험을 통해서 성장하는 교사가 되는 것을 보여 준다. 이렇게 변화한 교사는 교육현장에서 다양한 방식으로 교육을 실천하게 된다.

상호문화적 교육실천은 타자와 주체의 관계를 통해서 발현된다. 이 연구에서는 연구참여자들의 내러티브를 공감, 소통, 그리고 협력이라는 세 영역으로 분류하여 해석하였다. 이를 이론적 논의를 통해 대주제를 설정한 데 이어 하위 주제를 구체화하였다.

교사는 배움과 가르침을 반복함으로써 성장하는 교사로 변화한다. 교사의 실천은 학교 현장에서 교수경험으로 발현된다. 본 연구의 두 번째 연구문제는 상호문화교육의 관점에서 음악교육 실천의 의미는 무엇인가이다. 이를 위해 이번 장은 연구참여자인 초등 음악교사들의 교수경험에 나타난 음악교육 실천의 의미를 상호문화교육의 관점에서 해석하였다.

타자를 향해 주체가 열릴 때 공감이 시작된다. 공감은 다양성을 인정하는 것에서 시작하여, 다양한 문화의 음악을 경험하면서 타자를 인정하는 것이다. Ⅴ장에서는 나와 다른 타자에 대하여 이해하고 느끼는 감정이 음악교육을 통해서 가능함을 보여 주었다. 또한, 음악은 몸으로 만들어 가는 체험의 예술이다. 나와 다른 타자도 몸을 통해서 음악을 만들고 느낀다는 것을 통해 공감한다.

주체와 타자의 상호작용은 바로 소통이다. 언어적 소통뿐만 아니라 비언어적 소통은 음악을 통해서 가능하다. 타자와의 소통에서 자기 자신을 돌아보는 것은 필수불가결한 일이다. 교육은 비판적 사고를 향상시켜주어야 하는 것임이 틀림없다. 하지만, 비판이 단지 비난으로 그치는 것은 결코 바람직하지 않은 일이다. 비판적 사고가 타자와 상호작용할 수 있는 소통으로 이어질 때 의미가 있는 것이다.

음악교육의 실천에서 학습자는 타자와 함께하는 공동체를 형성한다. 음악은 협화음과 불협화음이 만나 하모니를 만들어 가는 것이다. 특히, 함께 무대에 오르기 위해 준비하는 과정에서 학생들은 협력을 배운다. 무대가 작든 크든 하나의 목표를 가지고 작품을 완성하는 것은 공동의 성취감을 느끼게 해 준다. 학생뿐만 아니라 교사도 협력이 필요하다. 교사는 협력적 공동체를 통해 함께 배우고 성장해 나간다. 그리고 이러한 협력은 연대로 이어진다. 교육 현장에서 교사는 혼자가 아니다. 보다 나은 교육의 질을 위하여 교사는 연대하여 교사의 목소리를 교육에 반영해야 한다. 또한, 교사와 학생의 상호인정을 통한 협력적 관계는 교육적 실천에서 중요하다.

다양한 문화를 인정하는 것은 타자를 알아 나가는 첫걸음이다. 타자에 대한 인정은 윤리적 실천으로 이어진다. 다양성에 대한 지식의 전달로 교육이 그치는 것이 아니라 타자를 자신과 같은 주체로 인정하는 윤리적 차원의 교육으로 연결되는 것이 중요한 것이다. 상호문화성은 상호주관적인 인정에 기반을 두어야 한다. 다문화적 요소를 교육과정에 반영하여 수업에서 다양성을 경험하는 것은 의미 있는 일이다.

교육의 실천에 대한 연구 텍스트의 구체적인 예로 '타자를 향한 주체의 열림'이라는 주제 의미의 인터뷰 내용과 해석을 살펴보면 다음과 같다.

> 음악교육을 통해서 아이들의 인성도 함양하고 싶고, 음악을 향유하는 삶을 살도록 이끌어 주고 싶고, 음악을 향유함으로 인해서 풍부한 정서가 만들어지고 그래서 바람직한 인성에 도움이 되는.. … (중략) … 그리고 보다 다양한 음악을 경험할 수 있게 하고요. 음악에 편식 못 하게 하는 것이 중요해요. … (중략) … 다문화에 대한 이야기들은 많이 나오고. 연수도 늘어나고.. 또 필요성이 막 증대되고 하는데, 실제로 내가 근무하는 이 학교에서는 다문화에 대한 의식이 별로 없죠. … (중략) … 다문화교육이라는 것이 다문화 학생들을 위한 것이 아니라 모든 학생을 위하여 필요한 것이고. 우리나라도 다문화 사회로 진입되고 있잖아요. … (중략) … 문화권이 다른 문화를 서로 이해하고 공감하는 교육들은 다 다문화교육에 속한다고 봐야 되죠. (연구참여자 D, 2014. 12. 15.)

다문화교육에 관심이 있는 연구참여자 D는 교내에서 다문화교육연수를 시도하였지만, 결국 무산되었다고 한다. 그 이유는 다른 교사들은 필요성을 느끼지 못하기 때문이었다. 그러나 다문화 사회에서 초래될 수 있는 사회적 문제는 학교에서 해결하지 않으면 후에 사회적 문제로 확산될 수 있다. 지금은 소수이기 때문에 눈에 띄지 않는 것들이 사회의 구조 속에서 갈등을 야기할 수 있기 때문이다. 타자와의 만남에 대한 경험이란, 나를 초월하면서 나에게 직접 말을 거는 무언가와 직면하는 것이었다. 그것은 무엇보다도 우선 나를 '환대'하는 것이다. 그것은 "나를 위한 장소를 마련하도록 장소를 비워 주는" 것이다(Uchida, 2001: 184). 나와 다른

> 타자의 다양성에 대하여 관용의 차원에서 그치는 것이 아니라 온전히 환대하는 것이 필요하다. 레비나스(Lévinas, 1991)는 타자에 대한 윤리성을 강조하면서 '무조건적 환대'가 근본적인 문제라고 하였다. 타자에 대한 환대에의 권리 구조와 이방인에 대한 관계의 구조 속에 발견되는 우위를 인지하고 환대가 윤리성과 연결되는 상황을 검토하는 것이 중요하다. 다양성을 인정하는 것은 이러한 환대에 대한 태도를 갖도록 하는 출발점이기 때문이다. 교육의 실천에서 다양성을 인정한다는 것은 문화의 개별적 특성을 지식의 차원에서 학습하는 것만을 의미하지 않는다. 호네트(Honneth, 1992)에 의하면 인정은 긍정적인 자기 인식을 가지게 하는 심리적 조건이며, 인간은 정서적 '사랑', 동등한 '권리', 그리고 사회적 '연대'라는 상호인정 관계를 통해서 공동체의 구성원이 된다고 하였다. 이러한 사랑과 권리, 그리고 연대가 형성될 때 다문화 사회에서 타자와 주체는 함께 공존할 수 있는 것이다(최승은, 2015: 114).

내러티브 탐구에서 연구자가 연구 텍스트를 구성하기 위한 전초 작업으로 다른 내러티브 탐구를 읽고 상상해 보는 과정은 우리 자신의 가능성을 여는 것이고, 지금껏 배워 왔던 형식주의적이고 환원주의적인 연구 형식에 의해 만들어졌던 폐쇄된 공간에서 벗어나는 것이다. 자신만의 탐구 과정을 만들어 내기 위하여 또 다른 탐구 과정의 재구성을 상상해 보는 것이 중요하다. 다른 사람의 탐구 과정 읽기와 상상력 있는 재구성은 우리로 하여금 또 다른 가능성을 볼 수 있도록 해 준다(Clandinin & Connelly, 2000: 289-290). 이러한 이유로 다른 연구자의 내러티브 연구 텍스트를 읽고 재구성하는 것은 자신의 연구 텍스트 구상에 도움이 된다.

4. 내러티브 탐구에서의 성찰과 전망

1) 내러티브 탐구에서의 성찰

내러티브 탐구에서 중요한 것은 연구자의 깨어있음(wakefulness)이다. 이것은 연구자로 하여금 위험, 나르시시즘, 유아론적 사고, 단순한 줄거리와 시나리오, 표면적인 인물 등과 관련된 문제들을 지속적으로 생각하도록 한다. 깨어있음은 다양성이 존중되고, 다른 가능성에 대한 호기심을 장려하는 공동체에서 가장 잘 형성된다. 즉, 내러티브 탐구는 끊임없는 반성과 성찰을 필연적으로 수반한다. 내러티브 연구자로서 무엇을 하고 있는가에 대해서 늘 고민함으로써, 내러티브 탐구를 한다는 것이 무엇을 의미하는가를 지속적으로 체득할 수 있다(Clandinin & Connelly, 2000: 320-325). 이러한 깨어있음은 연구를 하는 과정 속에서 연구자 자신을 계속해서 돌아보게 하였다. 연구를 진행하면 할수록 다양성에서 시작되었던 질문이 타자가 나와 다르지 않은 인간임을 다시금 상기하게 되었다.

또한, 연구참여자인 교사들과의 만남은 교사라는 직업인 이전의 한 인간으로서 서로가 교류하는 기회가 되었다. 연구자의 학위논문은 결국 상호문화교육과 음악교육이 만나는 지점에서 인간에 대한 고찰이었다. 인간의 존엄성과 사랑에 바탕을 둔 윤리적 실천이 교육의 현장에 필요하다. 또한, 상호주관적 관계가 성립될 때 타자와 주체는 수평적인 대화의 관계가 가능해진다.

내러티브는 연구자뿐만 아니라 연구참여자도 변화하고 성장시킨다. 현장 텍스트와 연구 텍스트를 연구참여자에게 보여 주고 피드백을 받는 과정 중에서 연구참여자로부터 받은 이메일 일부를 공유하면 다음과 같다.

> 제 얘기가 논문에 들어간다니 감사합니다. … (중략) … 생각해 보니 살아오면서 누군가에게 저의 지나온 날들을 이야기하고 교사로서의 고민을 아무런 사심 없이 털어놓은 기억이 없네요. … (중략) … 그리고 이야기를 하다 보니 지금의 나를 돌아보게 되었고, 무엇보다 처음 교사가 되었을 때의 모습이 떠올랐어요. 그때의 뜨거웠던 교육에 대한 열정과 사명감이 저에게 다시 다가오네요. 다시 한번 감사합니다. 제 얘기를 들어주셔서요. (연구참여자 B, 2015. 1. 12. e-mail 중)

자신만의 이야기가 있는 교사의 이야기를 나눌 수 있었던 것은 더 나은 교육을 위한 소중한 경험이었다. 그것이 비록 한 사람의 목소리라 할지라도 연구자가 귀를 기울인다면 더 많은 교사의 성장을 볼 수 있을 것이다. 내러티브 탐구는 연구자의 변화뿐만 아니라 연구참여자의 변화도 나타난다. 연구를 통하여 자신의 삶을 이야기하고, 이야기되어진 자신의 삶을 돌아보고, 다시 자신의 삶을 삶아가게 된다. 이때의 삶은 또 다른 나를 만들어가는 원동력이 된다.

2) 내러티브 탐구의 전망

인간은 우리가 말할 수 있는 한 삶에 대해서 이야기를 하고 살아왔다. 이러한 말하여진 삶과 이야기에 대한 말하기는 우리의 세계를 채우는 방안이며, 삶과 공동체를 만드는 방법이기도 하다. 이러한 맥락에서 사회과학 연구에서 내러티브 탐구가 출현한 것이다(Clandinin & Rosiek, 2007: 35).

내러티브 탐구는 중요한 지식과 이해의 원천인 살아 있는 경험을 존중하면서 인간의 삶을 연구하는 접근(Clandinin, 2013: 28)이라고 할 수 있다. 다양한 경험과 체험으로 살아가는 개인이 타인의 생각을 이해하고 의사소통을 하며 규칙을 유지하면서 살 수 있는 것은 이야기를 통해서 가능하다. 타인을 이해하는 과정이란 곧 개인이 타인의 생각에 동감하며 동질성을 형성하는 과정이다. 이러한 상호과정이 우리가 살고 있는 삶의 실체를 구성한다. 이것은 사회의 구성원인 개인이 지향하는 지향성(orientation)이라 할 수 있으며, 개인의 의식표현인 내러티브는 간주관성(inter-subjectivity)을 통하여 발현될 수 있다(Rosenthal & Fischer-Rosenthal, 1997: 156). 또한, 내러티브로 구성된 재생산(recapitulation)의 과정과 개인의 이론적이고 주관적인 시각은 기억과 이야기를 자신의 형상으로 발전하게 만든다(Dausien, 1996: 107).

우리는 삶을 살아가고 이야기를 통해서 우리의 삶을 돌아본다. 인간은 이야기 속에서 살아간다. 경험의 의미, 나아가 인간을 이해하기 위한 내러티브 탐구는 앞으로도 계속될 것이라고 기대한다.

생각할 문제

내러티브 탐구는 삶의 이야기를 연구한다. 그러나 이야기는 단지 텍스트만으로 이루어지는 것이 아니다. 텍스트와 침묵 사이의 상호작용이 이야기를 구성한다. "모든 텍스트에서는 불가피하게 타인의 삶을 상상하기 위한 모든 노력과 공감적 표현, 그에 동반되는 침묵이 포함된다. 이는 타인의 삶에 대해 내가 들은 이야기는 단지 텍스트의 일부분일 뿐이며, 또한 삶은 텍스트에 드러나지 않은 침묵으로 이루어진다(Neumann, 1977: 92). 이러한 맥락에서 내러티브 탐구에서 연구참여자의 침묵이 내포하고 의미를 연구 텍스트에서 어떻게 전달할 수 있는지 생각해 보아야 한다.
다른 한편으로는, 연구참여자가 이야기 중에서 어떤 시간과 장소에 대해서 이야기를 하고 싶지 않을 때 연구 텍스트에서 이 공간을 어떻게 여백으로 남길 수 있는지 생각해 볼 필요가 있다. 이야기된 삶은 개인적·사회적 차원에서 다양하고 복합적으로 나타난다. 내러티브 탐구는 끊임없는 비판적 질문과 성찰이 함께 이루어질 때 가능하다.

1. 내러티브 탐구에서 연구참여자의 이야기 중에서 침묵의 의미를 어떻게 연구에서 전달할 수 있을지 생각해 보자.

2. 연구참여자가 말하고 싶지 않은 부분에 대하여 연구자는 이를 어떻게 내러티브 탐구에서 여백으로 남길 수 있을지 생각해 보자.

CHAPTER 10

사례연구 : 경계 지어진 세계 들여다보기

정지현

연구자라면 한 번쯤은 사례라는 말을 들어본 적이 있을 것이다. 연구자가 아니더라도 TV의 다큐멘터리 프로그램이나 사사토론 등에서도 흔히 들을 수 있는 단어이다. 이 경우, 우리는 '사례'를 하나의 예시로서 제시한다는 것을 알고 있다. 그렇다면 연구방법으로서의 사례는 예시로서의 사례와 무엇이 어떻게 다를까? 이 장에서는 기초적인 수준에서 사례연구의 특성과 사례연구의 절차에 대한 이론적인 토대를 다룰 것이다. 또한, 예시 자료를 통하여 사례연구의 설계로부터 자료 수집을 위한 준비 단계와 자료 수집하기 및 자료 분석하기 등의 전반적인 사례연구 수행의 과정을 살펴볼 것이다. 이를 통해 질적 사례연구에 대한 개괄적인 이해를 목표로 한다.

1. 사례연구 특징 이해하기

1) 사례연구의 역사와 발달

질적연구의 역사는 20세기 초 시작한다. 심리학 분야에서는 빌헬름 분트(Wilhelm Wundt)가 실험적 방법과 함께 민족심리학(fork psychology)의 틀 속에서 사용하였고(Wundt, 1928), 사회과학 분야에서는 독일과 미국에서 생애사법, 사례연구에서 사용하였다. 이처럼 질적연구가 심리학 분야와 사회과학 분야에서 오랜 역사를 지니고 있었음에도 이 시기에는 실험적이며 표준화 · 계량화 지향의 접근방법이 질적 · 기술적 접근방법에 비해 우세하였다.

그런데 1960년대에 미국과 1970년대에 독일에서 표준화 · 계량화를 지향하는 사회조사에 대한 비판이 일어났다(Glaser & Strauss, 1967). 이러한 시대적 흐름에 따른 연구방법상의 요청은 '질적연구의 르네상스'로 이어졌고, 마침내 심리학 분야와 사회과학 분야에서도 질적연구의 부활을 맞이하게 되었다(Jüttemann, 1985).

> 우리는 지적 · 학문적 · 사회적인 일을 진행하는 과정에서 과도한 안정성에 구애받지 않고 예기치 않은 상황과 과제에도 적용 가능한 유연성을 가져야 한다. 그래야 앞으로의 시대에 필요한 과제에도 유연하게 대처할 수 있다. (Toulmin, 1990: 186)

툴민의 학문적 입장은 '구술적인 것으로의 회귀, 특수한 것으로의 회귀, 지엽적인 것으로의 회귀, 시간적인 것으로의 회귀'를 강조하는 것이었다. 툴민은 사람들의 표현과 행위에 입각하여 시간적 · 지엽적인 특수성 속에서 구체적인 사례를 중시하며, 그것을 실제적 맥락과 연결시키는 것이 필요하다고 보았다. 또한, 질적연구방법을 통하여 변화하는 사회에 대응할 수 있는 유연성을 가지고 인간과 관계되는 생활세계에서 일어나는 다양한 현상을 다양한 학문 분야에 적용하여 연구할 수 있다고 보았다.

사례연구는 현대 질적연구에서 가장 빈번하고도 다양한 분야에서 활용되는 연구방법이라고 할 수 있다. 현대 사회과학 사례연구의 기원은 인류학과 사회학을 통해 추적해 볼 수 있다(Hamel, Dufour, & Fortin, 1993). 인류학자인 말리노프스키의 뉴기니 인근에 위치한 트로브리안 섬에 대한 문화기술지적 사례연구(Malinowski, 1922)나 사회학자인 러플레이의 가족들에 대한 사례연구(Leplay, 1924)로 볼 수 있다.[1] 이후 사례연구는 인류학과 사회학뿐만 아니라 심리학 분야나 질병과 관련한 의학, 관례나 판례와 관련한 법학 분야, 정책의 입안과 관련한 정치학 분야뿐만 아니라 학교 현장에서도 학생집단역학, 교실행동 분석, 교육과정 분석 등과 같이 다양한 학문 분야에서 활용되고 있다.

2) 사례연구의 개념

사례는 '경계 지어진 체계' 또는 연구의 '대상'으로, 사례연구는 연구하고자 하는 특정한 사례가 시간과 장소에 의해 제한된 범위를 갖는, 경계 지어진 체계(bounded system)에 대한 연구라고 할 수 있다(Stake, 1995). 경계(boundary)란 외부 환경으로부터 대상체계(subject system)를 구분해 주는 일종의 테두리로서 가시적 혹은 비가시적인 경계로 구분된다. 체계(system)란 경계로 구분된 테두리 내에서 서로 관련을 맺고 상호작용하는 요소들의 집합체이다. 즉, 경계는 체계 내에서 이루어지는 상호 교류의 특징을 구분해 주고 체계의 독특성을 유지시켜 주며, 체계는 경계 지어진 일련의 단일 실체들의 상호작용이 가능하도록 관련을 맺고 구성하는 방식을 말한다. 이것이 경계 지어진 체계, 곧 사례이다. 따라서 질적 사례연구는 시간과 장소에 의해 경계 지어진 체계 내에서 어떤 현상이 발현하는지를 이해하거나 발현한 현상이 어떠한 과정으로 발전하는지를 규명하는 데 유용한 연구방법이다(Creswell, 2007).

사례연구는 현상(인간이 지각할 수 있는 사물의 형태나 상태)과 정황(일의 까닭 · 사정이나 일이 진행되어 가는 과정 · 상황) 사이에 경계가 명확하게 드러나지 않을 때, 실생활의 맥락 안에서 '어떻게'와 '왜'에 관한 연구문제를 통해 다루고자 하는 주제의 경계성을 명확하게 제한한다(Yin, 2005; 2009). 즉, 인터뷰할 수 있는 대상이나 관찰을 위한 시간과 장소 등 자료 수집에 대한 제한을 통해 사례로서 충분한 경계를 갖게 한다. 이를 통해 사례연구는 연구자로 하여금 경계 지어진 체계(사례)에 집중하도록 함으로써 연구하고자 하는 현상을 분명하게 볼 수 있게 한다.

이러한 사례연구는 특정적 · 기술적 · 발견적이라는 특징을 지닌다. 특정적(particularistic)이라는 것은 사례연구가 특정한 상황, 사건, 프로그램, 현상에 초점을 둠

---

1) 말리노프스키의 뉴기니 인근에 위치한 트로브리안 섬에 대한 연구는 문화기술지의 지평을 여는 연구이다. 그러나 연구의 중점을 어디에 두느냐에 따라서 이 연구는 하나의 경계를 갖는 사례연구로 분류할 수도 있다. 이는 '섬'이라는 지역적 고립성을 갖는 장소에서 이곳 주민들이 자신만의 독특한 문화를 형성하고 발전하였다는, 시공간적 '경계를 갖는 체계'로서의 특성을 갖기 때문이다.

으로써 일상생활에서 발생하는 실제적인 문제, 상황, 현상을 전체적으로 조망하고 특별한 그룹의 사람이 구체적인 과제에 어떻게 대면하는지에 관심을 가지는 것을 의미한다(Shaw, 1978: 2). 기술적(descriptive)이라는 것은 사례연구에 의한 최종 결과물은 조사된 사건, 또는 요소에 대하여 자연적 상태에서 집중적으로 묘사하고 기술하는 것을 의미한다(Smith, 1978). 이를 위해, 면담, 관찰, 문서, 보고서, 시청각 자료 등과 같은 다양한 자료원을 제시하여 입증함으로써 이미지를 이끌어 내고 상황을 분석할 수 있다(Merriam, 1988: 21; Wilson, 1979: 448). 발견적(heuristic)이라는 것은 사례연구가 현상에 대한 독자의 이해를 명백히 한다는 것을 의미한다. 연구의 결과가 독자들로 하여금 새로운 의미를 발견하고 경험을 넓혀 주기도 하며, 알고 있던 것을 확인시켜 줌으로써 현상에 대한 재사고와 통찰의 기회를 제공한다(고미영 외, 2009; Stake, 1981: 47; Yin, 1994).

3) 사례연구의 주요 쟁점과 특성

많은 사회과학자는 연구의 탐색적인 단계에서는 사례연구를 사용하고, 연구의 기술적 단계에서는 서베이와 역사연구 방법이 적절하며, 설명적 혹은 인과적 관계를 파악하는 단계에서는 실험을 해야 한다는 등 연구방법들을 정렬시키려는 관점을 가지고 있다. 이러한 위계적인 관점 때문에 일부 연구자는 사례연구가 명제를 도출하거나 검증하는 데는 사용할 수 없고, 예비 단계연구에서만 사용할 수 있는 전략으로 여기게 되었다.

그러나 모든 연구방법은 탐색, 기술, 설명이라는 세 가지 목적을 위해 사용될 수 있다. 이 세 가지 목적은 서로 고유의 특징이 있지만, 이를 수행하는 전략들 사이에는 많은 공통부분이 존재한다. 따라서 사례연구는 탐색적 사례연구, 기술적 사례연구, 설명적 사례연구 방법으로 전개될 수 있으며, 연구의 모든 단계에서 사용될 수 있다(Yin, 2009).

사례연구를 전개하는 연구자는 어떤 경계 지어진 체계(사례)를 연구할 것인지를 고려하여야 한다. 이를 위해서 연구자는 자신이 결정한 경계 지어진 그 사례가 충분히 연구할 가치가 있다는 것을 보여 주어야 한다. 그리고 연구자는 연구할 사례의 수도 고려하여야 한다.

깊이 있는 사례연구를 위해서는 연구하고자 하는 사례를 4~5개 이상 선택하지 않도록 하고 그 사례를 시간, 사건, 과정에 의해 어떻게 제한할 것인지를 숙고해야 한다(Creswell, 2011). 즉, 연구자는 사례를 둘러싸고 있는 경계를 명확하게 구축하여야 경계 지어진 사례 내에서 주요 이슈들을 깊이 있게 살필 수 있으며, 연구의 가치를 높일 수 있다.

질적연구의 궁극적인 목적은 이론을 검증하는 것이 아니라 감추어져 있던 현상 혹은 대상을 드러내어 발견하는 귀납적 속성을 가진다(Padgett, 1998: 24). 이에 더하여 사례연구 방법은 활용방법에 따라서 연역적 속성을 갖기도 하며, 이론의 일반화를 돕는 기능도 한다.

사례연구는 일시적 사실이나 사건의 기록 또는 그것들이 발생하는 순서를 알 수 있도록 기록, 설명, 묘사, 특징을 제시하여 체계화하고, 한 사례를 이용하여 특정한 이론과 가설을 검증하는 데 유용하게 활용할 수 있는 연구방법이다(Guba & Lincoln, 1981). 즉, 사례연구는 연역적으로 이론 검증을 통해 현상을 설명할 수 있다는 장점이 있을 뿐만 아니라, 인터뷰 등의 질적자료와 함께 다양한 종류의 자료 활용에 개방적이며, 특정 단일사례에 대한 심층적 연구 외에도 복합 사례연구 설계 등을 통해 사건의 보편성과 일반성을 검증할 수도 있다.

4) 사례연구의 유형

사례연구는 다양한 연구목적에 사용될 수 있으며, 연구의 목적에 따라 본질적 사례연구, 도구적 사례연구, 집합적 다중사례연구로 구분할 수 있다(Stake, 1995). 본질적 사례연구(intrinsic case study)는 특정 사례에만 초점을 가지는 것이며, 사례 그 자체가 독특한 상황을 보여 주기 때문에 사례 그 자체를 연구하는 것이다. 도구적 사례연구(instrumental case study)는 사례를 연구함으로써 어떤 다른 것을 이해하기 위한 것이며, 사례의 본질을 이해하기보다는 다른 목적을 성취하기 위한 도구로 활용하는 것이다. 집합적 다중사례연구(collective multiple case study)는 어떤 현상이 일반적이지 않거나 알려진 바가 없을 때 유용하며, 하나의 사례보다는 여러 사례를 통해 공통점을 찾기 위한 것이다.

또한, 사례연구는 기술적 사례연구, 해석적 사례연구, 평가적 사례연구로 제시할 수 있다(Guba & Lincoln, 1981). 기술적 사례연구(descriptive case study)는 역사사례연구 등과 같이 연구가 이루어지는 그 현상에 대해서 상세한 설명을 제시하는 것이다. 해석적 사례연구(interpretative case study) 또한 풍부한 기술을 포함하지만, 개념적인 범주를 개발하고 해석하고 지지하거나, 자료 수집에 앞서 세워진 이론적 가정에 도전하기 위해 사용한다. 평가적 사례연구(evaluative case study)는 기술·해석·판단을 포함한 평가 기준을 만들어 내는 최종적이고 궁극적인 행동이다.

연구의 조건에 따라서는 단일사례연구와 다중사례연구로 구분할 수 있다(Yin, 2009). 단일사례연구(single case study)의 조건은 하나의 사례가 첫째, 기존의 이론을 검증하고자 하는 경우, 둘째, 희귀하고 독특한 환경을 지니는 경우, 셋째, 대표적이고 전형적인 경우, 넷째, 과거에 과학적 관찰이 불가능하였던 현상에 새롭게 접근하는 경우, 다섯째, 종단적 연구 목적을 지니는 경우 등이다. 단일사례연구에서 분석단위는 하나 혹은 두 개 이상을 가질 수 있다. 하나의 사례가 두 개 이상의 분석단위를 가지는 경우는 주요 분석단위 이외에 그 사례에 속한 하위 단위를 분석에 포함시키는 경우이다.

다중사례연구(multiple case study)는 다음의 조건이 필요하다. 첫째, 동일한 연구 내에 두 개 이상의 사례를 포함하는 경우, 둘째, 복수실험(multiple experiment)을 행하는 것과 같이 반복연구(replication)의 논리를 따르는 경우 등이다. 다중사례연구에서 각각의 사례는 같은 결과를 예측하는지 보기 위하여 단순 반복연구를 하는 경우에 선택하거나 혹은 다른 조건하에서 상반된 결과를 예측하기 위하여 이론적 반복연구를 하는 경우에 선택하여 수행한다. 최근에는 다중사례연구가 증가하고 있는 추세이다. 사례연구의 유형은 [그림 10-1]과 같이 4가지로 설계할 수 있다.

- 유형 1. 단일사례이면서 단일한 분석단위의 설계
- 유형 2. 단일사례이면서 복합적인 분석단위의 설계
- 유형 3. 다중사례이면서 단일한 분석단위의 설계
- 유형 4. 다중사례이면서 복합적인 분석단위의 설계

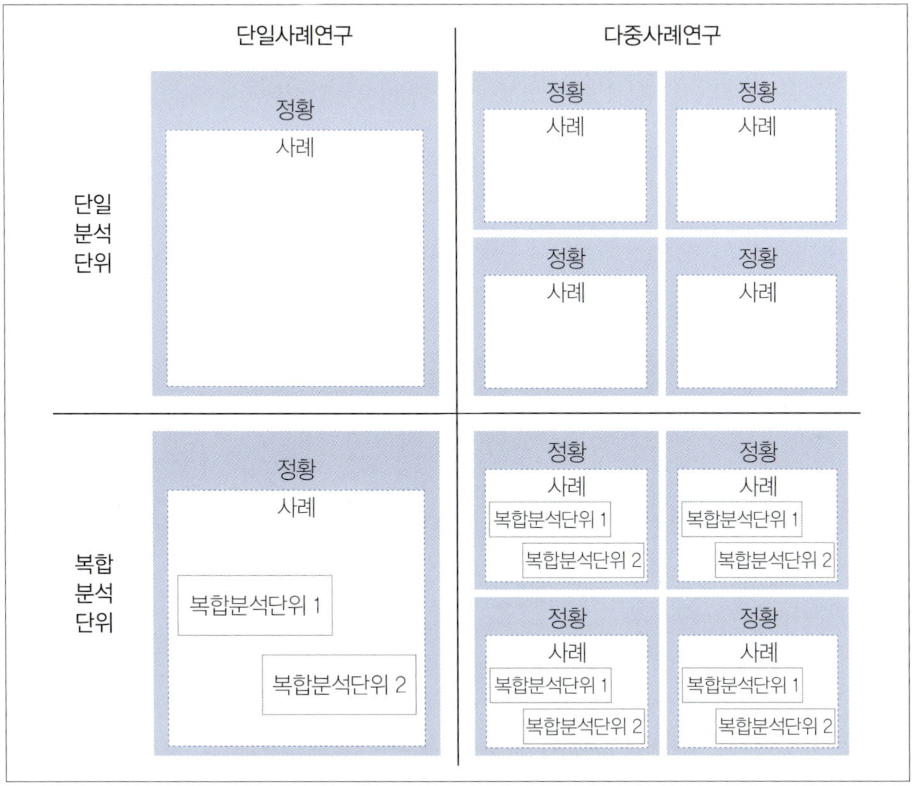

[그림 10-1] 사례연구의 설계 유형: COSMOS Corporation

출처: Yin(2009).

유형 1에서 제시한 단일사례이면서 단일한 분석단위의 설계는 하위 분석단위가 없거나 관련 이론 그 자체가 전체적인 속성을 지니고 있을 때 활용한다. 유형 2의 단일사례이면서 복합적인 분석단위의 설계는 하위 분석단위를 추가시켜 분석을 풍부하게 할 수 있다. 단, 하위 분석단위에 너무 집중하게 되면 사례에 대한 전체적인 관점이 흩어져 연구의 본질을 변화시킬 수도 있다.

유형 3의 다중사례이면서 단일한 분석단위의 설계는 연구에 적용한 이론대로 연구의 결과가 도출될 수 있는 사례를 선택하여, 왜, 어떻게 그러한 결과가 산출되었는지를 파악하고 동일한 조건의 다른 사례에도 적용되는지를 밝히는 단순 반복연구를 수행하는 것이다. 유형 4의 다중사례이면서 복합적인 분석단위의 설계는 완전히 다른 결과를 나타내는 두 개의 극단적인 사례를 선택하여 이론적 반복연구를 수행한다. 그리고 서로 다른 조건을 가진 사례 집단 각각은 최소한 두 개 이상의 사례를 하위 집단으로 가지고 있어야 하며, 각각의 하위 집단 내부에서는 단순 반복연구를 수행하는 것이다.

2. 사례연구 절차 이해하기

연구자가 실제 사례연구를 하고자 할 때, 가장 먼저 해야 할 것은 무엇인가? 본 절에서는 사례연구 설계하기, 사례연구 자료 수집하기, 사례연구 자료 분석하기, 사례연구 검증하기 등의 과정으로 이어지는 사례연구의 절차를 살펴보기로 한다.

1) 사례연구 설계하기

연구설계는 무엇을 연구할 것인가? 무엇을 조사할 것인가? 무슨 자료를 수집할 것인가? 결과를 어떻게 분석할 것인가?에 대한 문제를 다루는 것이다(Philliber, Schwab, & Samsloss, 1980). 사례연구 설계에서 강조되는 것은 연구문제의 설정과 분석단위의 선정이다.

연구방법의 선택에 영향을 주는 연구문제의 유형은 '누가', '무엇을', '어디서', '어떻게', '왜'라는 다섯 가지 질문의 형태로 분류할 수 있다. 연구문제가 '무엇'에 초점이 있다면 탐색적인 성격을 지니는 모든 연구방법의 사용이 가능하다. '어떻게'와 '왜'에 초점이 있다면 사례연구가 적절하다. 인(Yin, 1994: 9)은 동시대의 사건들을 연구자가 통제를 할 수 없거나 변수들이 상황 안에 깊숙이 관련되어 미리 규명하기 어려울 때 '어떻게'와 '왜'에 집중할 수 있는 사례연구 방법이 가장 좋은 선택이라고 한 바 있다. 연구문제가 모호하거나 너무 많으면 명확한 분석단위를 이끌어 낼 수 없기 때문에 연구문제는 매우 심사숙고하여 결정할 필요가 있다.

분석단위는 사회적 범주에 따라 개인, 집단, 조직 등이 될 수도 있고, 시간적 범주에 따라 에피소드, 사건 등이 될 수 있으며, 공간적 범주에 따라 지역, 학교, 교실 등이 될 수 있다. 분석단위가 커질수록 연구의 일반화 가능성은 높아지는 반면, 구체성이 떨어질 수 있다(조용환, 1999: 59). 한편, 엘리(Ely, 1991)는 자료를 정리하는 연구자의 사고의 틀로서 사고단위(thinking unit)를 강조하였다. 사고단위에는 관계, 역할, 에피소드, 의미, 행동 등이 있으며, 사고단위의 차이에 따라 다양한 형태로 분석이 전개될 수 있다.

2) 사례연구 자료 수집하기

사례연구 자료 수집을 시작하기 위해서는 우선 사례연구 프로토콜을 개발하고, 예비사례조사를 수행한 후, 연구참여자의 비밀 보호와 연구윤리규정 준수에 대한 확인을 받아야 한다. 사례연구 자료 수집에 관한 전문성은 실제적인 경험을 통해서만이 확보될 수 있다.

사례연구 자료 수집의 목적은 실제로 발생한 사건 및 인간 행위에 대한 자료를 모으는 것이다. 사례연구 자료 수집의 질을 향상시키기 위한 원칙으로는 다음의 네 가지가 있다.

첫째, 사례연구의 프로토콜을 따를 것: 넓은 범위의 절차와 질문이지만 도구가 아닌 사고의 틀을 의미하는 것이다. 둘째, 두 개 이상의 자료원을 사용하기: 다양한 자료 수집 방법을 사용하되 동일한 사실과 발견에 대한 증거 자료가 될 수 있도록 해야 한다. 셋째, 사례연구 데이터베이스의 구축: 공식적으로 모아 둔 자료들의 집합을 의미하는 것이다. 넷째, 자료 간의 연결고리 만들기: 연구문제, 수집된 자료, 도출된 결론 사이의 명확한 연결고리를 만드는 것을 의미한다.

사례연구는 경계 지어진 체계를 시간의 흐름에 따라 탐색하기 위해 문서정보, 기록정보, 면담, 직접관찰, 참여관찰, 물리적 인공물 등 다양한 자료원을 활용할 수 있다. 사례연구는 자료원을 사용하기 위해 서로 다른 자료 수집 절차와 각각에 대한 깊이 있는 이해가 필요하다. 사례연구에서 활용할 수 있는 다양한 종류의 자료원으로는 문서정보(미분류 기록물), 기록정보(분류 보관된 공식적 기록물), 면담, 관찰, 참여관찰, 물리적 인공물 등이 있다. 또한, 영화, 사진, 비디오테이프 등도 사용할 수 있다. 좋은 사례연구는 가능한 한 다양한 자료원을 사용하는 것이다.

(1) 문서정보

- 연구자의 연구자 노트, 현장 노트, 관찰 노트 등
- 편지, 메모, 이메일 교신, 일지, 일기 등 연구참여자의 사적 서류
- 어젠다, 발표문, 회의기록, 사건기록, 제안서, 보고서 등
- 신문 기사, 대중매체의 기사 등

(2) 기록정보

- 열람 가능한 인구조사나 통계 수치 등 공공 자료
- 지리적인 특징을 나타내는 지도나 도표 등
- 특정 장소의 주민 또는 참가자를 대상으로 수행된 서베이 자료 등

(3) 면담

연구자는 일관된 목표를 가지고 질문해야 하지만, 질문 과정의 흐름이나 내용은 경직되지 않고 부드럽게 진행해야 한다(Rubin & Rubin, 1995). 연구자는 실질적인 면담 과정에서 연구의 목적과 맞는 일관된 질문 방향을 유지해야 할 뿐만 아니라 연구자 자신의 질문이 편견 없는 방식으로 진행하여야 한다. 즉, 연구의 목적에 부합하는 질문 방향을 유지하면서 동시에 우호적이고 편안한 질문들을 제시하여 개방적이고 자유로운 형식의 대화를 진행해야 한다. 그리고 '왜'라는 질문에 대한 답변을

효과적으로 이끌어 내기 위해서는 '왜'라는 질문 대신 '어떻게'라는 질문으로 바꾸어서 하는 것(Becker, 1998: 58-60)이 좋다.

(4) 관찰

연구자는 사례가 있는 주요 현장을 방문하여 직접 사례의 특성을 관찰할 수 있다. 관찰 방법은 사례연구 프로토콜에 의한 구체적인 절차와 방식을 따르며, 특정 유형의 행위에 대한 지속 시간과 빈도를 측정하는 것이다. 관찰은 공식적인 자료 수집 활동에서부터 우발적으로 발생하는 자료 수집 행위 등을 모두 포함한다. 관찰을 통해서 수집한 자료의 신뢰성을 확보하기 위해서는 두 명 이상의 관찰자에 의한 활동을 권장한다.

(5) 참여관찰

주로 문화기술지에서 자주 사용되는 참여관찰은 사례연구에서도 활용될 수 있다. 그러나 사례연구에서 참여관찰은 직접 조사를 할 수 없는 사건이나 집단, 참여관찰을 통하지 않고는 자료를 수집할 방법이 없는 경우 등에 주로 사용한다. 이때 연구자는 문화기술지에서와 마찬가지로 단순히 수동적인 관찰자가 아니라 필요에 따라서는 다양한 역할을 능동적으로 수행하고 사건에 실제적으로 참여하게 된다.

참여관찰은 외부자적 관점이 아니라 사례연구 내부에 있는 내부자적 관점으로 현상을 인지할 수 있다는 장점이 있다. 그러나 내부자적 관점이 강조될 경우, 연구자의 편향적 판단이 이루어질 수 있다는 점이 참여관찰의 문제점으로 지적되고 있다 (Becker, 1958).[2)]

2) 연구자의 편향적 판단은 연구자가 피관찰자의 입장, 즉 내부자적 관점에서 사건을 바라보게 됨으로써 외부 관찰자보다 판단력이 흐려질 수 있다는 것, 연구자가 관찰하는 집단이나 조직의 옹호자가 되어버릴 수 있다는 것, 연구자가 관찰할 집단이나 조직이 물리적으로 너무 멀어서 사건에 참여하거나 중요한 사건을 관찰하는 데 어려움을 겪을 수 있다는 점 등을 의미한다.

(6) 물리적 인공물

물리적 인공물은 사례연구 전반에서 중요한 요소로 작용할 수 있다. 사례연구에서 주된 자료 수집 방법으로 면담을 진행할지라도 연구참여자의 현장을 방문하여 일상을 관찰하면서 연구자가 작성한 각종 노트와 연구참여자들이 제시한 각종 기록물(사진, 비디오테이프, 오디오테이프, 소지품 등)과 같은 다양한 자료원을 수집하여 분석에 반영한다.

3) 사례연구 자료 분석하기

질적연구에서 자료 분석의 단계는 수집한 자료에 일련의 질서체계와 의미를 부여하는 과정이다(Marshall & Rossman, 1989; 김영천, 2014: 526). 월코트(Wolcott)는 자료 분석을 기술, 분석, 해석으로 구분하고 있다. 기술은 연구자가 본 것을 독자가 보게(see) 하는 것으로 날 자료(raw data)로 현상을 제시하는 것이고, 분석은 과학적 체계성을 바탕으로 연구자가 안 것을 독자가 알게(know) 하기 위해 현상의 가상적인 구조를 제시하는 것이며, 해석은 학문적 전통을 공유하는 사람들 사이에서 그럴듯함을 인정받고자 연구자가 이해한 방식을 독자가 이해(understand)할 수 있도록 자료들을 활용하여 연구자가 만든 요리를 제시하는 것이다. 기술, 분석, 해석의 단계는 상호보완적이며, 분석은 기술을 구조화하고 해석에 타당성을 부여한다(Wolcott, 1994a: 412).

사례연구에서 자료 분석의 단계와 자료 수집 단계는 상호보완적이며 순환(cycle) 관계를 유지한다. 즉, 연구자는 자료를 수집하면서 분석을 시도하기도 하고 자료를 분석하면서 다시 자료 수집을 위하여 현장에 들어가기도 한다는 것이다.

자료의 분석은 세 가지 활동을 중심으로 하는 세 단계로 설명할 수 있다(Dey, 1993; Patton, 2002). 첫째, 행위가 일어나는 상황에 대한 철저하고 포괄적인, 행위자의 의도에 대한, 사회적 행위가 발전되어 가는 과정에 대해 설명하는 활동으로, 연구자가 축적한 자료를 순서 있게 정리하는 단계이다. 둘째, 자료의 범주화와 조각 자료를 주제나 코드로 변경하는 분석을 통하여 거대한 자료를 요약하여 좀 더 압

축적인 자료로 바꾸는 단계이다. 셋째, 범주화된 자료, 세분화된 자료를 재조직하여 새로운 의미를 생성하는 분류 활동으로 연구자가 자료 속에서 유형과 주제를 발견하는 단계이다. 자료 분석의 과정은 전사 작업, 분석메모, 개방코딩, 심층코딩, 주제 발견의 다섯 과정으로 이루어진다.

(1) 전사 작업(transcribing)

전사 작업은 녹음기나 비디오를 활용한 자료 수집의 마지막 단계이자 분석의 첫 단계로 자료의 기록과 저장 역할을 한다. 자료가 음성 녹음이라면 전사 작업은 녹음한 것을 들리는 대로 문서로 기록하는 것이다. 전사 작업은 녹음 혹은 비디오 촬영이 이루어진 후 현장 분위기에 대한 감각이 아직 생생할 때 하는 것을 원칙으로 한다. 전사하는 과정 자체가 자료와의 상호작용을 통한 아이디어 생성 과정이 될 수 있기 때문에 자료 분석에서 매우 중요한 역할을 한다. 전사하는 과정과 결과물은 자료를 보관할 수 있는 안정성, 연구자 자신만이 접근할 수 있는 기밀 유지성이 필요하다. 전사를 마친 전사록은 후속 분석의 과정에서 인용할 수 있는 간편성과 경제성, 필요한 부분만 사용할 수 있는 용이성을 갖추게 된다. 전사과정이 끝나면 연구자는 저장된 자료를 출력하여 오자나 띄어쓰기 등의 글자 편집, 원문에서 생략된 내용 보완 등 의사소통의 문제가 있을 수 있는 부분을 수정하여 마무리한다.

(2) 분석메모(analytic memos)

자료 수집 단계에서 연구자의 기억에 대한 보조 장치로 활용하는 메모는 분석 단계에서는 전사록에 기록된 방대한 내용을 코딩하기 전에 전체 내용에 대한 흐름을 간단하게 작성함으로써 후속으로 수행하는 코딩을 용이하게 하고, 앞으로의 연구 방향을 재설정하는 데 도움을 준다. 질적연구는 끊임없는 분석 과정이므로 연구자는 자료에서 발견한 주제, 떠오르는 생각, 또 다른 자료 수집의 필요성 등을 포함한 모든 것을 메모해야 한다. 메모의 특징은 연구의 초기에는 추상적이고 후기에는 주제화되고 구체화될 수 있다.

(3) 개방코딩(open coding)

코딩(coding)은 주제별 약호화라는 명칭으로 번역되어 사용되고 있다. 코딩은 텍스트에 담겨 있는 주요한 주제나 패턴을 찾는 것을 목적으로 하는 작업이다(Coffey & Atkinson, 1996: 26). 즉, 코딩은 수집되고 전사된 자료를 연구자가 계속 읽으면서 자료 속에 내재된 주제를 찾아 텍스트가 담고 있는 메시지와 의미를 최초로 개념화하는 작업을 의미한다.

연구자는 전사된 자료를 반복적으로 읽으면서 텍스트의 의미 있는 세그먼트를 발견하고, 그 세그먼트의 의미를 나타내기 위하여 그 내용을 가장 잘 설명해 주는 코드나 범주의 이름을 부여한다. 코딩을 통해 개발된 용어에 의하여 텍스트 내용이 갖는 의미가 주제적(thematically)으로 함축될 수 있다(Miles & Huberman, 1994).

코딩은 다음과 같은 세 가지 역할을 한다.

첫째, 코딩은 텍스트를 특정 주제나 이름으로 범주화시켜 하나의 분석단위를 생성함으로써 많은 자료 중에서 분석 대상과 그렇지 않은 자료를 구분하여 자료를 단순화시키는 역할을 한다.

둘째, 코딩은 자료 내용이나 의미를 개념화시킴으로써 텍스트를 특정한 탐구 대상으로 승화시켜 준다. 텍스트에 기술되어 있는 내용을 공통된 주제나 범주로 연결시킴으로써 많은 원자료를 의미 있는 방식으로 체계화, 배열, 조직시켜 준다(Coffey & Atkinson, 1996: 27).

셋째, 코딩은 현장 작업을 통하여 수집된 원자료와 연구자가 개념화하고자 하는 새로운 발견이나 이해를 연결하는 고리 역할을 함으로써(Seidel & Kelle, 1995: 2) 연구자의 연구문제, 연구결과, 이론적 이해를 달성할 수 있도록 기초적인 정보를 제공해 준다.

개방코딩(open coding)은 연구자가 수집한 자료로부터 함축된 의미에 맞는 주제나 용어를 직접 찾아내어 개념을 범주화하고 코드를 만들어 내는 귀납적 분석방법이다. 연구자는 전사된 자료를 읽고 추론하고 의미를 도출하는 과정에 반복적인 개념의 유형을 찾아내어 모든 자료에 포함된 단어를 표현해 줄 수 있는 한 가지 개념으로 특징화하려고 노력한다. 개방코딩은 세그먼팅과 초기 코딩의 절차로 이루어진다.

세그먼팅(segmenting)은 어떤 자료(문장, 단락, 대화, 관찰 자료 등)에서 그 자료의 의미나 요지가 잘 드러나 있는 문장 또는 추후 코딩을 위하여 괄호를 넣거나 줄을 긋는 작업을 뜻한다.

초기 코딩은 세그먼팅이 끝난 자료 중에서 최초로 코딩하는 초기 코드의 발견 작업이다. 연구자는 행간을 읽으면서 세그먼팅한 자료에서 숨겨진 의미를 찾아내고, 반복되는 내용에 최초로 이름을 부여한다. 자료의 의미를 드러낼 수 있도록 하기 위하여 가능한 한 다양하고 개방적인 주제어로 표현하며, 원자료에 나타나는 실제적이고 정확한 단어를 재이용할 수도 있다.

(4) 심층코딩

심층코딩은 개방코딩을 심화시키는 코딩으로 개방코딩에서 도출된 코드 중에서 의미 있는 코드를 주제별로 묶는 코딩 작업이다. 개방코딩에서 얻어진 범주를 바탕으로 심층적 · 맥락적 차원을 고려하여 각 범주 간의 관계를 재구성하고 정리한다. 개념화되지 않은 초기 코딩을 더욱 분석적인 형태로 변환시켜 자료의 의미를 완전하고 정확하게 전달해 주는 과정이 된다.

(5) 주제발견

주제발견은 수집된 모든 자료 중에서 그 자료가 나타내려고 하는 주요한 범주화 또는 개념화하기 위하여 연결시키거나 응축시키는 코드의 모임이다(Creswell, 2005: 239). 연구자는 이 과정에서 개방코딩과 심층코딩을 통해 나타난 코드들 중에서 서로 관련성이 있거나 유사한 코드를 비교 · 대조하여 코드 사이의 관계성과 공통점을 찾아내어 새로운 상위 코드를 생성시킨다. 주제발견은 연구자가 연구에서 가져온 이론, 자료의 의미, 참여자들이 사용한 용어, 내부자적 관점, 연구자의 창의력, 은유적 상상, 자연주의적 일반화(naturalistic generalizations) 등 복합적인 능력을 요구한다.[3] 주제발견 과정에 그 주제를 부각시키기 위하여 사용하는 은유적 상상과 자연주의적 일반화는 텍스트 자료를 해석하는 유용한 방법이 될 수 있다(Coffey & Atkinson, 1996: 85-89).

자료 분석의 유형은 사례 전체에 대한 단일한 분석단위의 총체적 분석(holistic analysis)과 사례의 구체적인 측면에 대한 복합적인 분석단위의 삽입된 분석(embedded analysis)이 있다(Yin, 2003).[4] 그리고 사례 그 자체의 독특한 상황에 대해 알게 되는 본질적 사례연구, 사례의 본질보다는 사례를 통해 사건의 이슈를 알게 되는 도구적 사례연구, 여러 사례에서 드러나는 속성, 즉 공통성과 차이성을 탐구하는 집합적 다중사례연구 등이 있다.[5] 이러한 자료 분석의 유형을 통해서 사례와 관련된 의미를 생성하고 해석하여 주장하고 적용할 수 있는 코드를 제시할 수 있다.

다중사례연구의 자료 분석은 우선 각 사례를 세부적으로 기술한다. 그리고 각 사례의 복잡성을 이해하기 위하여 사례 내 주제 분석을 통하여 주제를 제시한다. 그리고 각 사례에서 이슈들을 확인한 후, 그 사례를 초월하여 사례들 간의 유사성과 차이성을 가진 주제들을 찾기 위해 사례 간 분석을 시도한다.

다중사례연구의 사례 내 분석과 사례 간 분석에 대한 이해를 돕기 위하여 다음과 같은 연구를 가정하여 살펴보기로 한다.[6] 우선 '코피노 자녀를 둔 필리핀 여성의 삶

---

3) 자연주의적 일반화(naturalistic generalizations)는 독자가 사례로부터 배울 수 있거나 다른 사례들에 적용할 수 있다는 것이다(Stake, 1995).

4) 총체적 분석(holistic analysis)은 전체 사례를 검토하고 그 전체 사례와 관련된 기술, 주제, 해석, 주장 등을 제시하는 것이다(Yin, 2003).

5) 스테이크(Stake, 1995)에 의하면 도구적 사례연구(instrumental case study)는 사례 자체보다 특정한 하나의 이슈에 초점을 두고, 사례는 그 이슈를 이해하기 위한 수단이 되는 경우를 말한다. 이와 달리, 본질적 사례연구(intrinsic case study)는 사례 그 자체가 본질적이며 독특한 관심을 가진 사례이므로, 사례 자체에 초점을 두는 연구를 말한다.

6) 사례 내 분석(within-case analysis)은 단일사례연구 혹은 다중사례연구(집합적 사례연구)에서 주제를 찾기 위해 각 사례를 분석하는 것을 말한다. 또한, 사례 간 분석(cross-case analysis)은 다중사례연구에서 사례 내 분석에 이어서 진행되며, 모든 사례의 공통성과 차이성을 가진 주제를 식별하기 위해 사례 간의 주제를 검토하는 것이다(Stake, 1995).

에 관한 연구'가 이루어졌다고 가정한다. 사례 내 분석을 통해서 연구참여자들의 개별적인 사례에 대한 전체적인 맥락을 파악하여 요약 기술하고, 개별적인 사례 자체에 집중하면서 앞서 기술한 사례들과 비교하며 공통점과 차이점을 탐색하여 주제를 찾는다. 그리고 사례 간 분석을 위해서 사례 내 분석을 토대로 코피노 여성의 삶의 경험 전체에서 나타나는 주제들을 나열하고, 각 주제 안에서 사례들의 공통 경험과 서로 다른 경험들을 비교하거나 대조하면서 유사한 주제들을 결집하여 공통주제로 전환한다. 즉, 사례 내 분석에서 명명된 의미에서 주제를 찾고 하위범주와 상위범주를 도출한다.

다음으로 '북한이탈 부모를 둔 한국 출생 자녀의 정체성 협상에 관한 연구'가 이루어졌다고 가정하고 살펴보면, 사례 내 분석을 통해서 연구참여자들의 개별 성장 이야기를 기술하고 개별 사례들에서 주제를 탐색한다. 그리고 사례 간 분석을 위해서 연구참여자들의 학교생활 이야기에 나타나는 사례 간의 공통 경험과 서로 다른 경험들을 결집하여 공통주제를 도출할 수 있다.

다음 [그림 10-2]는 다중사례연구의 자료 분석에서 나타나는 코딩 구조를 도식화한 것이다.

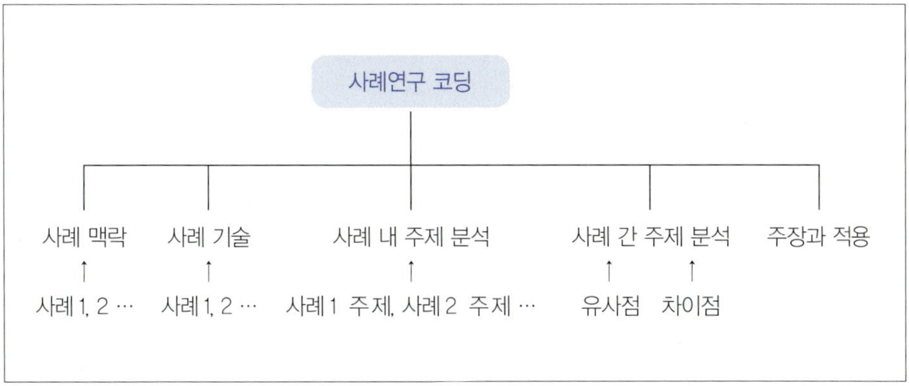

[그림 10-2] 다중사례연구의 코딩 구조

출처: Creswell(2011), 재구성.

[그림 10-2]는 각 사례에서 사례 맥락 코드와 사례 기술 코드를 만들고, 이어 각 사례에서 주제 코드를 도출하여 사례 간 분석을 통해 유사성과 차이성이 있는 주제 코드를 생성하며, 사례 간의 관련성을 주장하고 이를 적용할 수 있는 코드를 제시하는 사례연구의 코딩 구조이다.

4) 사례연구 검증하기

사례연구에 대한 검증은 연구자의 주장에 대하여 연구설계가 제대로 이루어졌는지를 객관적으로 판단할 수 있다. 인(Yin, 1994)이 제안한 사례연구 검증을 위한 네 가지 방법과 전술은 다음 〈표 10-1〉과 같다.

〈표 10-1〉 연구 검증을 위한 네 가지 방법과 전술

검증 방법	사례연구 전술	전술 적용 단계
구성 타당성 (Construct Validity)	• 다양한 자료원 사용 • 자료 사슬 사용 • 사례연구 초안을 검토할 정보제공자 확보	• 자료 수집 단계 • 자료 수집 단계 • 보고서 작성 단계
내적 타당성 (Internal Validity)	• 패턴매칭 분석기법 • 인과관계 설명 • 경쟁가설 설정 • 논리모델 사용	• 자료 분석 단계 • 자료 분석 단계 • 자료 분석 단계 • 자료 분석 단계
외적 타당성 (External Validity)	• 단일사례연구에서는 이론 사용 • 다중사례연구에서는 반복연구 논리 사용	• 연구설계 단계 • 연구설계 단계
신뢰성 (Reliability)	• 사례연구 프로토콜 사용 • 사례연구 자료베이스 개발	• 자료 수집 단계 • 자료 수집 단계

출처: Yin(1994), 재구성.

사례연구를 검증하는 판단의 기준은 구성 타당성, 내적 타당성, 외적 타당성, 신뢰성 네 가지 방법이다. 연구 검증을 위한 전술은 연구 초기 단계뿐만 아니라 연구 전반에 걸쳐서 적용되는데, 이는 자료 수집 기간이나 자료 분석 단계에서 이루어지기도 한다. 따라서 연구를 검증한다는 것은 초기 연구 설계에서부터 연구 전반에 걸쳐 지속적으로 수행되는 것을 의미한다.

크레스웰(Creswell, 2011)이 제안한 좋은 사례연구를 평가하기 위한 기준은 다음과 같다. 연구에서 사례를 명확히 확인할 수 있는지, 사례가 연구주제에 부합하는지, 사례에 대한 명확한 기술이 있는지, 사례에서 주제가 확인되는지, 사례 분석을 통해 연구자의 주장이나 적용을 위한 일반화가 형성되었는지, 연구자는 연구 속에서 자기노출을 하고 있는지 등이 평가 기준에 포함된다.

링컨과 구바(Lincoln & Guba, 1985b)는 신뢰할 수 있는 사례연구가 되기 위해서 사실적 가치(true value), 적용성(applicability), 일관성(consistency), 중립성(neutrality)을 확보할 것을 주장하였다. 사실적 가치는 연구 현장에서 자료 수집이 생생하게 이루어졌는지를 판단하는 기준으로 연구자는 연구참여자들의 삶의 경험을 잘 드러내야 한다. 적용성은 연구결과가 다른 집단에 적용될 수 있는가를 결정하기 위한 기준으로 동료나 전공교수 등이 연구결과를 읽고 본인의 경험세계에 의미 있고 적용 가능한지에 대해 동의를 얻는 과정이다. 일관성은 자료 수집과 분석을 통해 결과가 일관성 있게 나타나는지를 판단하는 기준으로 다양한 자료원을 제시하고 일관된 진술을 기록하는 것이다. 중립성은 연구과정이나 결과에 의도된 결과를 위해 자료를 조작하지 않는 것으로 연구의 모든 과정에 판단중지와 괄호치기기법을 사용하여 편향성을 배제하는 것이다.

3. 사례연구 수행하기

사례연구의 이론적인 특성과 절차를 토대로 3절에서는 사례연구를 수행하기 위한 전반적인 과정에 대한 실천적 이해를 돕고자 한다. 이를 위해 '다문화 리터러시 교육 참여 고등학생의 학습경험에 나타난 프락시스의 의미'라는 박사논문 중에서 사례연구에 부합하는 '다문화 리터러시 교육 참여 고등학생의 학습경험'에 관한 부분을 예시로 제시하고자 한다. 이 부분은 단일사례로서 개별 사례에 대한 깊이 있는 연구를 수행하였다는 점에서 의의를 지닌다.

1) 사례연구 계획하기

(1) 연구동기 숙고하기

연구자의 연구동기는 연구자가 문제를 인식하는 과정과 같은 맥락에서 이루어진다. 연구자는 한국 사회에 다문화가 '다문화'라고 명명되기 전부터 존재하였지만, 이민자를 우리 사회의 구성원으로 받아들일 준비가 되지 않은 상태에서 가속화되고 있는 다문화현상에 대해 관심을 가지게 되었다. 다문화사회에 살고 있는 다양한 구성원들은 누구나 동등하고 가치 있으며 존엄한 인간으로 인정받아야 한다. 그럼에도 불구하고, 이주근로자, 결혼이주여성, 그 자녀, 유학생, 북한이탈주민 등 2백만 명이 넘는 한국 체류 외국인 중에 많은 사람이 부정적인 고정관념, 차별적 의식, 부적응을 경험하고 있었다. 바람직한 다문화사회로의 이행을 저해하는 이 같은 요인은 과연 어디에서 기인하는 것일까? 연구자의 성찰은 우리 자신의 변화를 요구하는 것이었다.

> 한국어 학습자인 스리랑카에서 온 이주근로자 NW를 상담한 이후, 한국인 사업주들이 모두 NW가 다니는 회사의 사장님과 같은 인식을 가지고 있으면 좋겠다라는 생각을 하게 되었다. … (중략) … 얼마 후 다시 NW와 이야기할 기회가 있었는데, NW는 자신의 친구가 다니는 회사에 대하여 충격적인 이야기를 해 주었다. 주류사회의 다수자들이 다문화정책, 교육, 법 등에 침묵하고 있는 심각성을 현실적으로 알게 되었고, 특히 수적으로 가장 우위에 있는 이주근로자들은 우리 사회의 정주민이 아니기 때문에 정책적 · 교육적 관심으로부터 소외를 당하고 있다는 것도 알게 되었다. 다수자의 한 사람으로서 부끄러움에 잠을 이룰 수가 없었다. … (중략) … 연구자는 우선 이주근로자와 함께 일하고 있는 회사 내의 한국인 동료들과 한국인 사업주들에 대한 연구를 시작하였다. (정지현, 2012)

연구자는 한국어 교사로서 일상에서 이루어지는 다양한 경험에 대해 '친숙한 것을 낯설게 하기(make the familiar strange)'를 하고 있었으며, 복잡한 사회현상 속에 놓여 있는 우리 인간의 다양한 삶에 대하여 반성적 성찰을 하고 있었다. 이를 통해 연구자는 우리 사회가 다문화사회로의 지속가능한 존립을 위해서는 민주주의의 신념과 가치를 반영하는 다문화교육이 선행되어야 하며, 이를 위해 소수자인 이주민을 대상으로 하는 교육을 넘어 서서 선주민을 위한 교육적 패러다임의 전환이 필요함을 인식하게 되었다. 이러한 문제를 인식한 것이 연구의 동기가 되었으며, 다수자 교육을 위한 현장에 대한 사례를 찾는 계기가 되었다.

(2) 선행연구 탐색하기

선행연구 탐색 과정은 연구 시작 단계에서 이루어지며, 연구자가 연구계획이나 연구 방향을 설정하기 위하여 문헌을 검토하는 단계에서 이루어진다. 또한, 연구자의 이론적 렌즈를 개발하기 위하여 이론적 논의를 구축할 때에도 관여할 뿐만 아니라, 계획한 연구를 수행하는 과정 중에 수집한 자료를 분석하고 해석하는 틀을 개발할 때에도 선행연구를 기반으로 활용한다.

연구자는 선행연구를 검토하면서 연구의 저자(연도), 연구 제목을 정리하는 서지사항, 연구에서 다룬 쟁점과 질문을 정리하는 연구의 주요 주제, 연구참여자 수, 연구 현장의 범위, 자료 수집 기간 등 자료 수집 범위를 정리하는 자료 수집 방법, 연구의 주요 결과, 연구의 결론, 시사점, 제안점 등을 정리하는 저자의 생각, 연구의 강점과 약점에 대한 나의 생각을 정리하여 기록하는 선행연구 자료집을 만들었다.

연구를 시작할 때 연구자는 학술지 자료와 학위논문 자료에서 비판적 교육, 비판적 다문화교육, 다문화 리터러시 교육, 다문화교육 프로그램, 청소년 등의 이론적 키워드와 질적연구의 다양한 연구방법론의 키워드를 통해 자료를 검색하고 정리하였다. 다음 〈표 10-2〉는 선행연구 자료집에 대한 예시이다.

〈표 10-2〉 선행연구 자료집

분류	내용
서지 사항	정지현(2015). 다문화 리터러시 교육 참여 고등학생의 '세계시민 되기'. 학습자중심교과교육학회. 15(5), 323-350.
연구주제	세계시민교육
자료 수집 방법	• 연구참여자: A시의 남녀 고등학생 6명 • 연구 현장: 청소년 다문화 리터러시 프로그램을 실행하고 있는 다문화학교 • 자료 수집 기간: 2015년 2월 7일 ~ 2015년 3월 28일 (약 2개월) • 자료 수집 방법: 포커스그룹 인터뷰
연구결과	• 개인적 역량 차원: 다양함에 대한 존중과 수용 • 사회적 역량 차원: 사회와 타자에 대한 관용 • 초국적 역량: 세계와의 소통과 공존 → 연구참여자들은 다문화시민으로서의 인식뿐만 아니라 세계시민으로서의 인식의 변화를 나타내고 있었다.
연구자의 생각	다문화 리터러시 교육은 문제 제기식 교육, 현장중심 교육, 학습자중심 교육을 통해 다문화현장에 대한 지식을 재구성하고 의미화 학습, 수업에 대한 성찰학습, 미션을 해결하는 실천적 학습을 진행하였으며, 학생들이 교육을 통해 세계시민역량을 함양하고 있는 것을 알 수 있었다.
나의 생각	다문화시민역량은 세계화 시대를 살아갈 세계시민역량을 형성하기 위한 뒷받침이 될 수 있다. 결국, 세계시민 되기는 다문화 리터러시 교육을 통해 가능할 것이라는 생각에 공감한다. 앞으로 다문화 리터러시 역량에 대한 요소도 추출할 필요성이 있다고 생각한다.

(3) 연구주제 정교화하기

연구자는 선행연구 자료를 수집하여 확인함으로써 우리 사회의 변화와 요구를 더욱 깊이 있게 파악하고 선행연구에 대한 시사점을 통해 연구의 주제를 정교화하였다. 연구자는 선행연구를 통해 청소년 시기가 다문화에 대한 인식이 발달하고 개념이 형성되는 때이므로 다문화에 대한 올바른 인식과 긍정적인 태도를 가질 수 있도록 하는 교육이 어느 시기보다 강조되어야 한다는 시사점을 얻어내었다. 다음은 이러한 시사점을 가지고 연구주제를 정교화해 나가는 과정이다.

> 우리는 고등학생이 다문화에 대한 편견과 무비판적으로 수용해 온 이데올로기를 제거하고 경계 허물기를 할 수 있도록 도와주어야 한다. 즉, 교육을 통해 고등학

> 생이 스스로 사회의 변화와 흐름을 파악하고 자신을 둘러싼 지식의 근원과 사회적 현상을 비판적으로 읽어낼 수 있는 사회 구성원으로 자리매김할 수 있도록 해야 한다. 이러한 요구를 반영한 다문화 리터러시 교육이 실제적으로 고등학생에게 제공된다면 어떠한 결과로 나타날 것인가? (정지현, 2015)

연구자는 고등학생에게 다문화사회 맥락과 문화 간 차이에 대한 이해 교육뿐만 아니라 문화 간 불평등에 대해서도 인식하도록 하는 비판적 교육이 제공되어야 한다고 생각하게 되었다. 이처럼 비판적 교육이라는 연구주제의 정교화 과정을 통해 연구자는 비판적 교육학을 기반으로 하는 다문화 리터러시 교육에 대한 이론적 렌즈를 보다 초점화할 수 있었다.

(4) 연구목적 서술하기

사례연구의 목적은 특정 이슈를 연구할 필요성, 즉 이론적 근거를 제시하는 것이다. 또한, 연구참여자 혹은 현장에 대한 용어를 포함함으로써 연구를 이끌어 갈 이슈의 원천(source)을 나타낸다. 즉, 연구의 목적을 통해 기존 문헌에 추가하거나 기존 문헌에서 발견되는 부족한 점을 채움으로써 자신이 제안하는 연구가 기존의 연구와 어떻게 부합하는지 혹은 어떻게 기존 연구를 확장하는지를 보여 준다. 다음은 연구자의 연구목적 서술과 연구를 통해 주장하는 바를 살펴보았다.

> 본 연구는 비판적 교육학의 관점에서 다문화 리터러시 교육의 프로그램 사례를 분석하고, 프로그램에 참여한 고등학생의 학습경험을 탐색하는 것이다. … (중략) … 이를 통해 고등학생의 다문화 인식 개선의 교육적 통로로 작용하고 있는 다문화 리터러시 교육에 대한 관심을 환기시키고, 다문화 리터러시 교육을 청소년 교육의 다양한 측면을 넘나드는 수준 높은 교육으로 승화시켜야 함을 주장한다. (정지현, 2015: 1)

연구자는 이론적 근거를 비판적 교육학의 관점에서 다루고 있으며, 연구의 목적을 다문화 리터러시 교육의 프로그램 사례를 분석하고, 프로그램에 참여한 고등학생의 학습경험을 탐색하는 것으로 밝혔다. 또한, 연구자는 연구를 통해 다문화 리터러시 교육을 청소년 교육으로 확장시켜야 함을 주장하고 있다.

(5) 연구문제 구성하기

연구문제를 구성하는 것은 연구를 진행하는 과정에서 가장 중요한 단계이므로 연구자는 충분한 시간을 가지고 연구문제를 숙고해야 한다. 이 과정에는 관련 주제의 선행연구를 참조하여 그 연구의 연구문제와 결론 등을 세심하게 검토한 후에 연구문제를 구축할 것을 권장한다.

사례연구의 연구문제는 연구 목적을 더욱 구체적으로 진술하여 연구 전체에 대해 명확하게 접근하도록 하고 연구의 단계를 알려 주기도 하며, 자료 수집과 분석에 대한 정보도 예시한다. 따라서 연구문제는 연구에서 다루어질 가장 중요한 질문으로 구성되어야 하며, '왜'라는 단어보다는 '어떻게'와 같은 단어로 문장을 구성하여 나타낸다.

- 연구문제 1. 다문화 리터러시 교육 프로그램에 프락시스가 어떻게 나타나는가?
- 연구문제 2. 다문화 리터러시 교육에 참여한 고등학생의 학습경험에 나타난 프락시스의 의미는 어떠한가? (정지현, 2015: 1)

연구자는 연구문제에 따라 다문화 리터러시 교육을 수행하고 있는 프로그램을 먼저 탐색한 후, 프로그램에 참여한 고등학생의 경험의 변화를 드러내는 주제발견에 관심이 있음을 보여 주었다.

(6) 의도적인 표본추출하기

의도적인 표본추출은 사례연구를 수행하기 위해서 연구자가 연구에 필요한 프로그램, 사건, 과정, 활동, 개인 혹은 다수의 개인과 같은 연구의 현장을 선택하는 것을 의미한다. 표본은 연구의 문제와 연구의 중심현상에 대해 의도적으로 알려 주기 때문에 매우 중요하다. 이 과정에서 연구자는 누구를, 무엇을, 어떤 형태로, 그리고 얼마나 많은 현장을 표본으로 추출할 것인가에 대한 결정을 내려야 한다. 사례연구의 사례 수는 개별사례 내에서 주제를 드러낼 수 있게 하거나 사례 간에서 주제를 분석해 낼 수 있을 만큼 충분한 기회를 제공할 수 있도록 한다.

'다문화 리터러시 교육 참여 고등학생의 학습경험'을 연구할 수 있도록 표본을 제공해 준 사례는 '청소년 다문화 리터러시 프로그램'이었다. 이 사례는 시간(2013년 4월 20일부터 2014년 10월 25일 사이 5분기 과정 중에 자료를 수집)과 공간(하나의 프로그램)에 의해 경계 지어진 체계였다. 프로그램에 참여한 학습자들은 국제이주 배경이 없는 남녀 고등학생이었다. 연구자는 이 기간 동안 참여한 고등학생에게 연구의 취지를 설명하고 연구참여를 희망하는 16명 학습자의 학부모 동의서를 구한 후 연구참여자로 선정하였다.

2) 연구 현장에 들어가기

(1) 자료 수집하기

사례연구에서 연구자는 사례에 대하여 심층적으로 묘사하기 위하여 다양한 자료를 수집할 수 있다. '다문화 리터러시 교육 참여 고등학생의 학습경험'을 연구하기 위하여 면담, 직접관찰, 참여관찰, 물리적 인공물 등의 다양한 자료를 수집하여 분석에 활용하였다.

1 면담

면담은 개방형 면담을 수행하였고, 개방형 면담은 비형식적 면담과 형식적 면담의 두 가지 방식으로 이루어졌다. 비형식적 면담은 참여관찰 중에 연구참여자와의 대화에 의한 것으로, 모둠활동 과정 중, 학습활동 정리 과정 중, 각 분기 캠프 일정 과정 중, 최종 평가회가 끝난 다음에 자연스럽게 이루어졌다. 연구자는 연구참여자가 편안하게 대화를 나누는 가운데 정보제공자로서 반응할 수 있도록 대화의 방향을 제시하였다. 그리고 형식적 면담은 연구참여자와 명확한 시간과 장소를 정하여, 2013년도 연구참여자를 중심으로는 2013년도 일정이 종료된 다음인 2013년 12월에 이루어졌고, 2014년도 연구참여자를 중심으로는 2014년도 일정이 종료된 다음인 2014년 12월에 각각 한 차례씩 개별 또는 집단 면담으로 이루어졌다. 면담의 모든 내용은 녹음하여 기록하였다. 다음은 개방형 면담의 주요 질문에 대한 예시이다.

- 다문화 리터러시 프로그램에 어떻게 참여하게 되었는지 이야기해 주십시오.
- 다문화 리터러시 프로그램을 학교의 다문화수업 혹은 이전에 경험한 다문화교육 프로그램과 비교하여 이야기해 주십시오.
- 다문화 리터러시 프로그램을 통해 어떠한 경험을 하였는지 구체적으로 이야기해 주십시오.

2 관찰

'다문화 리터러시 교육 참여 고등학생의 학습경험'을 관찰하기 위하여 연구자는 매 차시 학습활동이 수행되는 상황에서부터 직접관찰을 시작하였다. 연구자의 관찰은 초기에는 전체적인 흐름을 살피며 주요현상을 파악하는 데 집중하였지만, 시간이 지날수록 연구문제와 관련한 주요현상의 특징과 맥락성에 중점을 두고 진행되었다.

3 참여관찰

연구자는 에믹적 관점과 에틱적 관점을 유지하면서 다문화 리터러시 프로그램을 기술하고 그 프로그램에 참여한 고등학생의 학습경험의 변화를 기술하였다. 참여관찰일지는 학습활동에 대한 기술을 사실적으로 기록하는 기술적 노트(descriptive note)와 학습활동에 대한 연구자의 반성이나 생각을 기록하는 반성적 노트(reflective note)로 구분하여 사용하였다. 연구자는 행동이나 상황에 대한 그대로의 의미에 집중하여야 하므로 반성적 노트에는 현실을 묘사하기 위하여 자신만의 표현을 지나치게 사용하거나 너무 이른 범주를 사용함으로써 자기중심적인 관점에 빠지지 않도록 해야 한다. 다음 〈표 10-3〉은 참여관찰일지의 예시이다.

〈표 10-3〉 참여관찰일지 예시

일시: 2014년 6월 21일	
기술적 노트(descriptive note)	반성적 노트(reflective note)
학습 목표: 다문화에 대한 이해	
오전 9시 40분이 되니까 A 고등학교 학생들이 다문화학교에 들어오기 시작하였다. 혼자 오는 학생들도 있었지만 대부분 같은 동네에 살거나 학교에서 서로 친한 친구끼리 만나서 들어왔다. 학생들은 자리에 앉기 전에 출석부에 자신의 이름을 찾아 체크하였다.	a 학생과 f 학생은 옆자리에 나란히 앉더니, 주말인데 늦잠을 자고 싶었지만 엄마가 깨워서 짜증이 났다고 이야기했다. 아마 스스로 선택한 일이 아닌 듯싶었다. g 학생은 오늘 아침에 여기 올 때 지나가는 사람들이 무서워서 막 뛰어왔다고 했다. 누구를 봐서 그랬을까?
출석 체크를 한 후, 학생들은 미션을 선택하기 위해 진행할 게임을 미리 연습했다. 오늘 게임은 팔각건 돌리기인데 작은 보자기처럼 생긴 사각형의 천을 손가락 끝에 올리고 가장 오래 돌리는 모둠이 이기는 게임이다. 게임에서 이기는 모둠은 미션을 먼저 선택하도록 하였다.	처음에 학생들이 잘 돌리지 못하자 C 선생님이 시범을 보여 주었다. 학생들은 시범을 본 후에 선생님의 행동을 따라서 잘 돌렸다. 게임 때문에 분위기가 좀 산만해져서 수업 시간까지 이어질까 봐 걱정되었다. 10시가 되자 몇 학생은 자기 자리에 들어가 앉았다.

4 물리적 인공물

연구자는 주된 자료 수집 방법으로 면담을 진행하였으나 연구 현장에서 연구참여자의 학습 상황을 관찰하면서 연구자가 기록한 참여관찰일지와 연구자 노트, 그리고 연구참여자가 제시한 각종 기록물 등을 다양한 자료원으로 수집하여 분석에 반영하였다. 연구자는 매 차시 학습활동이 종료되는 시점에 연구참여자들이 학습 결과물로 제출한 학습활동에 대한 기록물과 사진, 활동 후의 성찰일지 노트, 활동 동영상 등을 통해 학습에 대한 상황을 효율적으로 이해할 수 있게 되었다. [그림 10-3]은 물리적 인공물에 대한 예시이다.

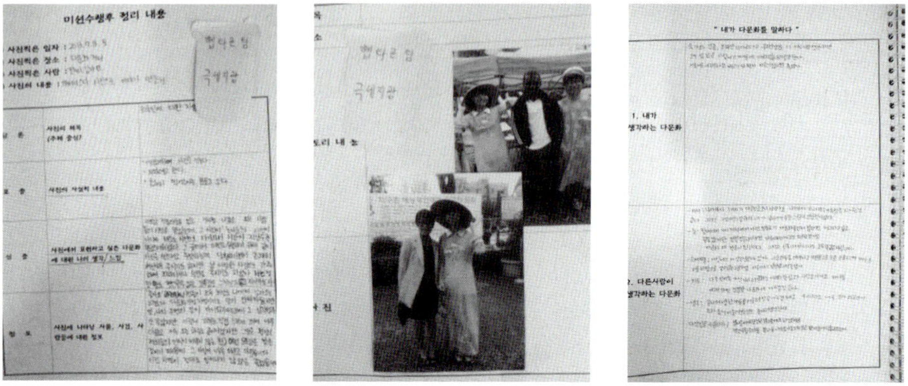

[그림 10-3] 물리적 인공물의 예시

(2) 자료 기록하기

현장 노트는 관찰한 사건이나 그날 가졌던 면담에 대한 세부적인 사항을 기억할 수 있도록 한다. 그리고 현장 노트에는 연구자 자신의 추측, 해석을 통해 연구문제에 대한 잠정적인 해결책을 제시할 수 있고 분석에 사용할 코드에 대한 예측을 시작할 수 있다. 노트 이외에 현장을 기록하기 위한 방법은 오디오테이프에 녹음하기, 비디오테이프에 녹화하기, 사진 찍기 등이 포함된다.

연구자는 현장 노트를 사용하였고, 현장 노트의 왼쪽에 화자의 이름을 기록하고, 그다음 왼쪽에는 화자의 견해를 기록하였다. 그리고 오른쪽에는 여백을 남겨 두어 나중에 연구자가 노트를 검토하는 과정에 연구자 자신의 의견이나 견해를 기록하였다. 연구자는 다음 〈표 10-4〉와 같이 A4 용지에 칸을 만들고 페이지를 넣어 출력한 후 스프링 노트로 만들어서 항상 지참하고 다니면서 사용하였다.

〈표 10-4〉 현장 노트 예시

일시: 년 월 일 요일		
화자 이름	화자의 견해	연구자의 견해

3) 자료 분석하기

'다문화 리터러시 교육 참여 고등학생의 학습경험'을 연구할 수 있도록 표본을 제공한 '청소년 다문화 리터러시 프로그램'은 여러 개의 세부 프로그램을 포함하고 있다. 따라서 연구자는 첫째, 세부 프로그램 및 연구참여자들에 대한 특성을 기술하고, 여러 개의 세부 프로그램을 학습한 연구참여자들의 실제적인 학습경험을 복합적으로 분석하여 주제를 발견하였다. 둘째, 발견한 주제를 통해 본질적인 주제를 추출하여 핵심적인 개념을 도출하였다. 자료 모으기, 자료 기술하기, 자료 분석하기, 자료 해석하기의 과정은 순환적으로 진행되었다. [그림 10-4]는 단일사례 내에서의 복합적인 자료 분석의 순환적인 과정을 나타낸 것이다.

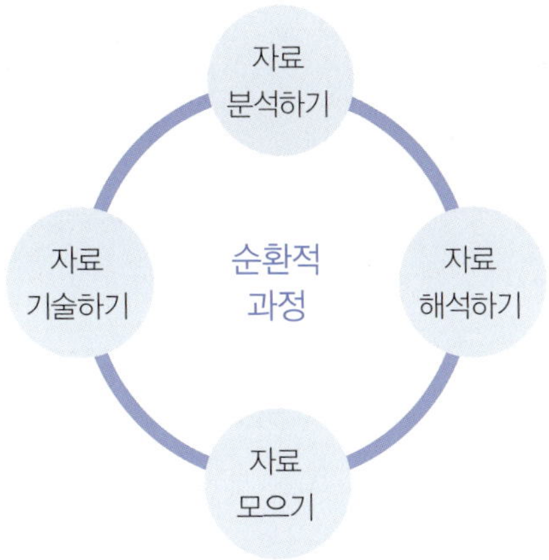

[그림 10-4] 자료 분석의 순환적 과정

[그림 10-4]에서 본 바와 같이 연구자는 첫째, 각 프로그램 및 학습경험 내의 주제를 분석하기 위하여 세부 프로그램 및 학습경험에 대한 전사록, 현장 노트, 사진, 비디오테이프 등을 정리하는 자료 모으기 과정, 듣기, 읽기, 메모하기 등 자료 기술하기 과정, 세그먼팅하기, 맥락 파악하기, 범주화하기 등의 코딩하기 과정, 주제를 발견하는 자료 해석하기 과정 등은 선형적으로 접근하지 않고 다양한 측면을 순환하

면서 분석을 시도하였다. 둘째, 각 프로그램 및 학습경험 내에서 주제 분석을 하면서 유사점과 차이점에 대하여 각 프로그램 및 학습경험 간 주제 분석도 수행하였다.

세그먼트의 시작과 끝을 명확히 하기 위하여 괄호를 넣고 쪽 번호와 일련번호를 부여하였다. 자료의 오른쪽에는 기술적인 단어나 구를 배치하였다. 연구자는 개방코딩 단계에서는 정보를 모르는 상태에서 블라인드 코딩(Blind Coding) 방식으로 진행하였으며, 개방코딩 단계에서 추출한 일차적인 자료를 바탕으로 심층코딩을 통하여 범주를 도출할 수 있었다. 심층코딩의 결과물과 원자료에 대한 정보와 원자료를 다시 분석하는 맥락적 분석을 통해 주제를 발견하였다. 다음의 [그림 10-5]는 개방코딩을 통해 도출한 다양한 코드를 심층코딩을 통해 심층코드로 만들고 주제를 발견하는 과정을 나타낸 것이다.

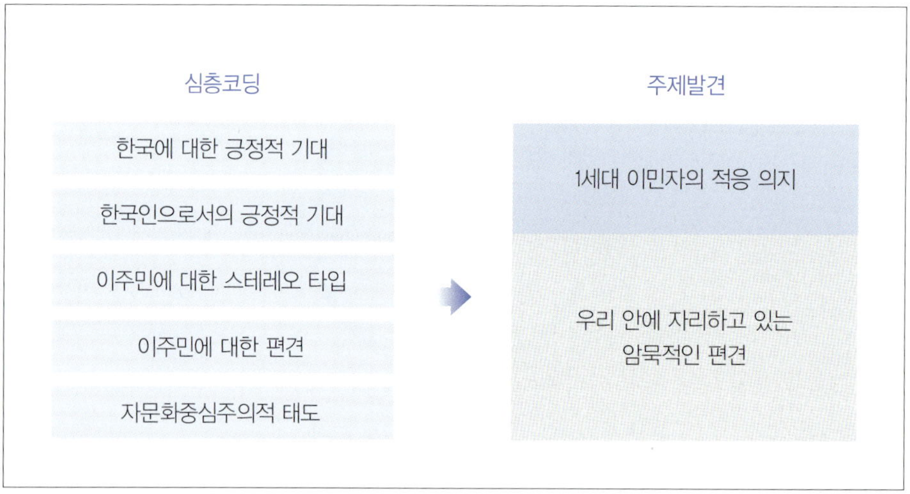

[그림 10-5] 심층코딩을 통한 주제발견의 예시

주제를 발견하는 작업에는 일련의 코드들이 어떤 관계, 어떤 특징, 어떤 공통된 메시지를 전달하고 있는지를 강조하여 그러한 주제를 부각시키기 위해서 은유적 상상을 사용한다. [그림 10-5]에서와 같이 연구자는 심층코딩을 통해 확인한 메시지를 부각하기 위하여 은유적 상상을 통하여 '적응의지'와 '암묵적 표현'이라는 주제를 찾을 수 있었다. 연구자는 또한 다문화 리터러시 교육의 세부 프로그램과 연구참여자들의 학습경험을 통해서 '세상을 바라보는 인식의 창 재구성'이라는 핵심적인 개념을 도출하였고, 이를 형성하고 있는 본질적인 주제를 추출하였다. 다음의 〈표 10-5〉는 심층코딩을 범주화한 후에 도출한 핵심적인 개념과 주제를 보여 주는 것이다.

〈표 10-5〉 핵심적인 개념과 주제

세상을 바라보는 인식의 창 재구성	
본질적 주제	하위 주제
개인적 경험 차원의 다문화 감수성 영역 : 잠자고 있는 다문화 문맹자는 바로 나	내 안에 자리하고 있는 암묵적인 편견 발견
	이데올로기의 본질에 대한 비판적 탐색
	스테레오 타입에서 열린 마음으로
	역지사지의 감정이입과 공감
	무의식적인 일상에서 발견한 타자의 목소리
사회적 경험 차원의 상호의존성 영역 : 나와 다름에 대한 타자의 가치 인식	결과물을 빛나게 만든 타자와의 시너지
초국적 경험 차원의 전 지구적 공동체 의식 영역 : 다 함께 공존하는 다문화 공동체 실현	한국 속에서 세계인의 삶을 보았다
	나도 세계 속의 이민자, 지구 공동체의 소수자
	앎의 씨앗, 성찰의 거름, 행함의 열매

핵심 개념을 형성하고 있는 본질적 주제는 3개로 압축할 수 있었는데, 이는 개인적 경험 차원의 다문화 감수성 영역에서 '잠자고 있는 다문화 문맹자는 바로 나', 사회적 경험 차원의 상호의존성 영역에서 '나와 다름에 대한 타자의 가치 인식', 초국적 경험 차원의 전 지구적 공동체 의식 영역에서 '다 함께 공존하는 다문화 공동체 실현'으로 나타났다. 그리고 3개의 본질적 주제를 형성하고 있는 하위 주제 9개를 추출하였다.

4) 연구결과 도출하기

사례연구에서 연구자는 다문화 리터러시 교육과 그 교육 프로그램에 참여한 학습자들의 구체적인 경험 내용을 공유함으로써 프로그램에 대한 통찰과 인식의 변화과정을 살피고자 하였다. 이를 통해 다문화 리터러시 교육이 학습자의 인식 변화에 기여할 수 있는 방안을 모색하고자 하였다.

이를 위한 연구문제는 다문화 리터러시 교육 프로그램에 프락시스가 어떻게 나타나는가? 다문화 리터러시 교육에 참여한 고등학생의 학습경험에 나타난 프락시스의 의미는 어떠한가?이다. 연구 질문을 결론으로 이끌어 가기 위해 비판적 교육학에 근거하여 프락시스에 대한 이론적 논의를 전개하였다. 그리고 프로그램 과정과 학습자들의 경험을 기술하여 분석하였으며, 그러한 맥락을 이론적 틀과 연결시킴으로써 해석을 제공하였다. 주제를 도출하기 위해 다양한 자료를 사용하였고, 도출된 중요한 주제들은 개인적 경험 차원의 다문화 감수성 영역, 사회적 경험 차원의 상호의존성 영역, 초국적 경험 차원의 전 지구적 공동체 의식 영역에서 살펴보았다. 마지막으로 연구참여자들의 최종 확인을 수행함으로써 사례연구를 검증하였다.

'다문화 리터러시 교육 참여 고등학생의 학습경험'에 대한 사례연구는 현실적 맥락에서 이루어진 특정 프로그램에 대한 경험적 탐구로 프로그램이 수행되는 모든 과정을 살필 수 있었다. 이를 통해 다문화 리터러시 교육이 국제이주 배경이 없는 다수 고등학생의 다문화 인식 개선에 도움을 제공하였다는 점에서 사례연구로서 교육적 의의가 있었음을 밝혔다.

> 다문화 리터러시 교육은 연구참여자들에게 잠자는 다문화에서 잠을 깨우고 침묵의 다문화에서 소통을 이끌어 내고 있으며, 문맹의 다문화에서 리터러시를 깨우치게 하는 학습활동 과정을 담고 있었다. 연구참여자들은 매 차시마다 제공되는 학습활동 과정에 프락시스를 경험하고 있었다. 다문화 리터러시 교육은 앎의 교육, 성찰의 교육, 행함의 교육의 구성적 영역의 목표와 문제 제기식 교육, 현장중심 교육, 학습자중심 교육의 실행적 영역의 교수·학습 방법이 상호 연계되어 연구참여자들의 의식의 변화를 이끌어 내는 이론적·성찰적·행동적 실천의 프락시스가 실현되고 있음을 확인할 수 있었다. (정지현, 2015: 203)

또한, 연구자는 연구참여자들이 구성적 영역의 교육과정과 실행적 영역의 교수·학습 방법을 통해 경험이 확장되어 가는 과정에 어떻게 프락시스를 경험하는지를 살펴볼 수 있었다.

> 비판적 교육학의 관점을 반영한 다문화 리터러시 교육의 사례를 통해 연구참여자들의 학습경험의 유형을 살펴보았다. 연구참여자들은 구성적 영역의 교육과정과 실행적 영역의 교수학습 방법을 통해 개인적 경험이 사회적 경험으로, 그리고 초국적 경험으로 확장되어 가는 과정에서 다문화 감수성, 사회적 상호의존성, 전지구적 공동체 의식을 발달시키면서 프락시스를 경험하였고 이러한 프락시스를 통한 의식화의 경험은 지속가능한 다문화사회를 지향하고 있었다. (정지현, 2015: 205)

비판적 교육학을 기반으로 하는 다문화 리터러시 교육은 불평등한 사회구조와 지배적인 이데올로기적 요소들을 변화시키고자 하는 사회적 요구와 다문화적 민주주의 공동체를 구성하고 유지하고자 하는 실천적 요구의 상호작용 속에서 이루어졌다. 그럼에도 불구하고 연구참여자들의 학습경험은 지속적인 학습활동 과정 중에 누적되고 확장되었지만 학습활동이 종료된 후에는 일부 연구참여자들에게서만 학습의 전이가 이루어지고 있었다. 또한, 연구참여자들은 입시경쟁 중심의 학교 교육으로 환원되는 과정에 다문화 리터러시 교육을 통한 의식의 변화가 일보 후퇴하는 모습을 나타냄으로써, 이론적 · 성찰적 · 행동적 실천의 지속적인 프락시스로 나아가는 데 한계를 갖는 것으로 해석되었다.

4. 사례연구 확장하기

자연과학적 사고는 원인과 결과의 명확한 분석, 개념의 명확한 조작, 현상의 계량적 측정, 결과의 정형화와 일반화, 보편적 타당한 법칙의 공식화 등을 목표로 한다. 이러한 방법론적 통제에도 불구하고 인간과 관계되는 생활세계에서 의미 있는 중요한 문제를 다룰 때에는 연구와 관련된 사회문화적 배경이 연구과정에 영향을 미칠 수밖에 없다. 따라서 우리는 사회와 관련한 삶의 문제와 복잡한 이슈를 연구할 때, 기존의 개념이나 이론에서 시작하여 계량화 · 단순화 · 일반화 · 객관화하려는 연역적 방법의 사고에서 탈피하여 현실 상황의 맥락을 담은 실증적 자료에서 새로운 이론을 만들어 나가는 귀납적 방법의 질적연구방법이 필요하다.

질적연구는 사회와 인간의 문제를 탐색하는 연구방법론(Creswell, 2005)이다. 현대사회가 급속하게 변화하면서 인간과 관계되는 생활세계는 다원화된 사회현상의 맥락과 조건의 영향을 받아 더욱 다양화되고 있다. 이에 따라 사건의 맥락이나 흐름을 심층적으로 분석하거나 현상 이면에 내재한 가치체계, 신념체계, 행위나 전략 등 구체적인 맥락에 대한 이해를 요구하게 되었다.

사례연구는 개인, 프로그램, 사건, 집단, 공동체, 현장, 맥락 등과 같은 경계 지어진 체계에 대하여 집중적으로 묘사하고 분석하는 경험적 탐구로서 특정 현상에 대한 메커니즘을 밝히는 동시에 자연주의적 일반화를 통해 문제 해결에 교훈을 얻을 수 있는 연구접근이다(Stake, 2005). 사례연구의 확산은 현대사회가 갖는 문제나 이슈가 그만큼 더 다양하게 나타나고 있다는 사실을 반영하는 것이며, 이는 인간과 관계되는 생활세계는 다원화된 사회현상의 구체적인 맥락에 대한 이해를 요구하는 것이기도 하다.

사례연구는 과거의 사건을 다루는 역사연구나 제한된 응답자의 설문을 이용하는 서베이와 차별성을 가진다. 사례연구는 우리의 생활세계와 현장의 맥락이 분리될 수 없는 상황에서 시간과 공간의 경계 지어진 여러 체계(사례)를 탐색하고 다양한 정보 원천(면담, 관찰, 문서, 보고서, 시청각 자료 등)을 통해 자료를 심층적으로 수집하여 사례를 기술하고 주제를 찾고자 하는 것이다. 사례연구는 연구 현장의 이야기를 직접 들음으로써 연구자가 발견하기를 기대하는 것을 연구과정을 통해 교훈을 얻을 수 있다. 사례연구는 연구참여자들의 현실에서 일어난 사건이나 삶에 부여된 의미를 포착하여 설명하기 위하여 다양한 자료원을 사용할 수 있으며, 다양한 관점을 고려하여 기술하고 분석하고 해석할 수 있다.

한편, 사례연구는 현상과 맥락에 대하여 다양한 자료원을 수집하여 새로운 결과를 도출하기 때문에 다수의 변수가 존재할 수 있다.[7] 그러므로 현상에 대한 다수의

7) 다양한 자료원(multiple sources of information): 틴(Tin, 2003)은 사례에 대한 깊이를 제공하기 위하여 여섯 가지 이상의 상이한 자료, 즉 다양한 자료원의 사용을 권장한다.

변수를 다루기 위해서는 자료 수집과 분석의 기반이 될 수 있는 이론적 명제를 개발해야 한다(Yin, 2003).

또한, 사례연구는 사례의 쟁점을 통해 사례의 복잡성을 이해하고 그 쟁점에 대하여 연구자의 주장을 제시하는 것이므로 보고서나 논문 작성에 있어서 일반적인 형식이 존재하지 않는다(Stake, 1995). 이러한 이유로 인해 사례연구를 수행하는 연구자는 자료 수집에서 결과에 이르기까지 일어날 수 있는 무한한 변수를 인식하고 있어야 한다.

사례연구는 우리의 생활세계와 현장의 맥락을 다루기 때문에 프로토콜에 맞춰 구조화된 계획을 그대로 진행한다고 해도 상황의 변화에 맞게 유연성을 동시에 가지고 총체적인 현상을 바라볼 수 있어야 한다. 연구자는 직접 해 봄으로써 학습하기(learning by doing), 복잡하고 총체적인 현상을 최대한 있는 그대로 보기, 친숙한 것을 낯설게 하기(make the familiar strange), 낯선 것을 친숙하게 하기(make the strange familiar) 등의 원칙을 가지고 연구에 대한 주관적인 관점에서 벗어나서 성찰을 통해 해석과 평가를 할 수 있어야 한다.

스테이크(Stake, 2005)는 연구자는 자신이 연구하는 사례가 그 자체로 고유한 사례이거나 특정한 상황에만 해당하는 사례일지라도 자신의 연구를 정당화하거나 가치가 있는 것으로 옹호할 수 있다(본질적 사례연구). 한편, 사례가 특정한 상황을 대표하거나 다른 상황이나 사례에 정보를 제공하기 위한 것으로 자신의 연구를 주장할 수 있다(도구적 사례연구)고 하였다.

이러한 사례연구는 경계 지어진 체계에 대한 연구이지만 그 체계에 영향을 미치고 있는 인간의 존재를 간과해서는 안 된다. 또한, 연구의 신뢰성 및 타당성에 대한 비판을 극복하고 특정 사례의 가치를 인정받기 위해서는 연구절차를 세심히 확인하여 연구를 수행해야 할 것이다. 즉, 사례에 대한 명확한 확인, 기술, 분석, 해석의 과정에서 연구주제를 반영하고 있는지 동료검증, 연구참여자 확인, 외부 감사 등을 통해 합리적인 검토가 이루어져야 한다.

사례연구는 양적연구의 통계적 일반화가 아니라 여타의 질적연구방법론에 비해 분석적 · 자연주의적 일반화를 도출할 수 있다는 장점이 있다. 따라서 사례연구는 앞으로 학문적으로 정립되지 않은 분야에 통찰력을 제공하거나 복잡한 사회와 관련한 인간 삶의 문제에 대한 실증적 · 귀납적 연구로서 특정한 개인이나 집단 및 사회적 상황을 밝히기 위해 혹은 유사 사례들과의 공통성과 차이성을 규명하거나 보편화를 시도하기 위해 폭넓게 사용될 전망이다.

생각할 문제

1. 5장에서 학습한 문화기술지 현장을 사례로 선택하고 사례연구를 위해 자료를 수집한 후, 자료 수집 과정의 경험을 이야기해 보자.
2. 자신이 수집한 사례연구 자료를 전사하고 전사 과정의 경험을 이야기해 보자.
3. 전사 자료에 대한 세그먼팅, 코딩, 범주화, 주제화 등 분석 작업을 경험해 보자.

PART 3.

응용 질적연구 행하기

CHAPTER 11

근거이론 : 광산에서 보석 캐기

오세경

여러분은 자신의 연구가 기존 이론의 테두리에 한정되길 원하는가? 흔히 사회 연구에서 이론 생성은 기존 이론에 대한 검증과 연결되어 있으나 우리는 이론을 생성하는 과정에 참여하지 않는다. 근거이론은 연구자가 '현장 자료'에 근거를 두고 이론을 생성하는 연구방법론이다. 근거이론을 준비하는 연구자는 자신이 스스로 이론을 생성할 수 있음에 놀라게 될 것이다.

연구자는 '광산'이라는 '현장 속'에서 '자신만의 보석'을 만들기 위해 광물을 수집하고 가공한다. 연구자가 발견한 원석을 기존의 다른 보석들과 비교하며, 자신만의 보석으로 만들어 가는 과정은 곧, 근거이론의 과정이라 할 수 있다. 이처럼 근거이론은 많은 연구자에게 이론 생성의 임무와 즐거움을 줄 수 있는 연구방법이다. 근거이론에 대해 알아가는 이 순간, 여러분은 이제 이론 생성 과정의 첫발을 내딛고 있다. 이 글을 통해 여러분이 근거이론 연구방법(론)에 대한 본질적인 이해를 하고, 자신만의 보석을 만들어 가기를 고대한다.

1. 근거이론의 시작

1) 근거이론의 개념

많은 질적연구가 개인적인 행동과 사회현상의 새로운 의미를 발견하고 발전시키기 위해 다양한 노력을 하고 있다. 그러나 복잡하고 다변화된 현대사회에서 특정한 현상과 관계 맺는 변인들의 파악은 더욱 어려워지고 있으므로 여러 현상을 기존의 단일 이론으로 정리하는 것은 불가능하다(김영천, 2013). 따라서 학계는 행위와 현상에 대한 개념 간의 관계를 연관시키는 것에 대해 관심을 갖게 되었고, 이에 따라 근거이론이 주목받게 되었다. 근거이론은 1967년 글레이저(Barney Glaser)와 스트라우스(Anselm Strauss)에 의해 개발되었으며, 지속적인 후속 연구를 통해 발전하였다(Charmaz, 2006; Clarke, 2005). 근거이론은 연구하고자 하는 현상이 어떠한 과정을 거쳐 의미가 생성되는지에 대한 근거를 탐구하는 연구방법이다(Glaser & Strauss, 1967). 여기서 말하는 근거는 자료가 실제적이고 현실적인 개인 혹은 경험에 기반을 두는 것을 의미한다(Smith, 2005).

근거이론의 목적은 어떤 현상에 대해 어떻게 행동하고 반응하는가를 연구하여 추상적이고 분석적 도식으로 이론을 생성하거나 발견하는 데 있다. 즉, 근거이론은 미리 발견된 이론이나 기존의 사회구조를 거부하고 체계적으로 수집된 자료(근거)들로부터 추상화된 범주를 도출해 나가는 체계화된 과정을 통한 이론 형성에 초점을 둔다(Glaser & Strauss, 1967).

이 시점에서 연구자는 '근거이론을 언제 사용할 수 있을까?'라는 질문을 던질 것이다. 근거이론은 첫째, 현상에 적합한 개념이 아직 확인되지 않았거나 개념 간의 관계에 대한 이해가 부족할 때, 둘째, 어떤 상황에서 적합한 변인과 적합하지 않은 변인들의 구분이 구체화되지 않았을 경우, 셋째, 기존의 이론적 기반이 구축되지 않은 분야, 넷째, 기존 이론은 있으나 수정이 필요하거나 체계를 구축하기 위한 분야에서 활용될 수 있다(Strauss & Corbin, 1998b). 이처럼 근거이론은 사람들이 살아가면서 발생하는 현상과 상황을 어떻게 다루는가를 이론적으로 밝히기 위해 생성되었다.

2) 근거이론의 특성

근거이론은 사회학적 이론에 대한 비판적 조류에서 출발하였지만, 간호학, 경영학, 심리학, 교육학 등 다양한 연구 영역에서 널리 활용되고 있다. 그 이유는 다른 질적연구방법과 구분되는 근거이론만의 고유한 특성이 있기 때문이다. 근거이론은 사례연구(case study)보다 자료의 범위가 넓으며, 개별 사례 간의 비교와 대조를 통한 이론 구성에 주안점이 있다. 또한, 연구대상자의 인식과 설명을 중시하는 문화기술지(ethnography)에 비해 연구자의 이론화를 강조한다는 점이 다르다. 이처럼 근거이론은 수집된 자료로부터 개념과 범주를 발견하고 이론을 개발한다는 특징이 있다(조성진, 2013).

근거이론의 특징은 첫째, 과정(process)과 궤도(trajectory)에 초점이 있으며, 둘째, 추상적인 개념화와 이론화를 시도하는 것으로, 셋째, 행동과 변화를 나타내는 동명사를 사용한다. 넷째, 핵심 변수나 범주, 기본적인 사회 · 심리적 과정을 포함하며, 이론의 단계에 대한 의미 있는 통찰을 제공한다. 다섯째, 연구자에게 어떤 현상을 설명할 수 있는 창조성과 자유를 허용하고, 여섯째, 연구자의 변화를 적극적으로 유도한다(Morse, 1997). 따라서 근거이론의 핵심적인 본질은 자료 수집과 분석활동이 동시에 이루어지고, 논리적으로 연역화된 가설이 아닌 자료로부터 분석적 코드와 범주를 구성하여 이론을 개발하는 데 있다(Glaser & Strauss, 1967).

이와 같은 관점에서 근거이론의 방법적인 특성에 관해 살펴보자. 근거이론을 실행하기 전에 반드시 이해해야 할 주요 특성은 '지속적인 비교', '이론적 민감성', '이론적 표집', '문헌 사용', '메모하기'이다.

(1) 지속적인 비교

자료에서 출현한 사건과 사건을 지속적으로 비교하며 따라가다 보면, 높은 수준의 추상적인 범주를 발견해 낼 수 있다. 지속적인 비교는 범주에 해당하는 사건을 비교하거나 범주와 그 개념을 통합할 때, 이론의 범위를 설정하기 위한 단계 등 연구과정의 전 범위에서 활용할 수 있다(Glaser & Strauss, 1967).

지속적인 자료의 비교는 결국 많은 자료에서 다양성을 고려하고 자료와 밀접하게 연관된 '발전적인' 이론을 생성해 낼 수 있게 한다. 이처럼 지속적인 비교는 연구 수행 시 불분명하게 나타난 사건들의 의미를 이해할 수 있도록 도움을 주고, 다양한 사례에 대한 초점을 넓혀 주기도 한다. 또한, 기본적인 연구자의 가정, 편견과 관점을 회고할 수 있으며, 자료 분석에 대해 보다 유연하고 창의적인 관점에서 접근 가능하도록 한다는 점에서 중요하다(Strauss & Corbin, 1998b).

지속적인 비교를 위한 방법으로는 '플립플롭 기법(flip-plop technique)', '둘 이상의 현상에 대한 조직적인 비교', '원거리 비교' 등이 있다(Strauss & Corbin, 1990). 플립플롭 기법은 다른 관점을 살펴보기 위해 수행하는 기법으로 반대 혹은 극단에 위치하는 사건을 비교하는 것이며, 범주의 속성을 비교하기 위한 방법으로 활용된다. 둘 이상의 현상에 대한 조직적인 비교법은 자료 안의 한 가지 사건을 범주의 속성 내에서 서로 다른 차원을 가지는 사건과 비교하는 것이다. 또한, 원거리 비교는 동일한 상위범주로 나타날 수 있지만, 본질적 의미가 전혀 다른 먼 거리에 위치한 대상을 비교하는 방법이다. 이와 같은 지속적인 비교 방법은 이론적 민감성 기술과 이론적 표집에 유용하게 활용될 수 있다.

(2) 이론적 민감성

이론적 민감성은 개인적이고 기질적인 성향으로 연구에 대한 이론적인 통찰력을 만드는 능력을 의미한다(Glaser, 1978). 즉, 연구에 출현하는 개념에 적합한 자료를 파악하고 관련성 있는 자료를 분별하는 통찰력을 이론적 민감성이라고 한다. 연구자가 자료를 해석하고 범주를 발견해 내는 과정에서 민감하게 자료를 바라보고 통찰하는 능력은 여러 가지 요인으로 함양할 수 있다.

이론적 민감성 향상을 위한 기술로 '질문하기', '단어 · 구 · 문장의 분석', '붉은 깃발 흔들기' 등이 있다(Strauss & Corbin, 1998b). '질문하기'는 자료 수집과 분석 과정에서 관련 주제에 대한 질문을 끊임없이 제기하는 것이다. 예를 들어, '도보자의 도보여행 경험에 대한 의미'에 대해 조사할 때, '어떻게 도보여행이 경험되고 있는가? 도보여행 경험에서 겪는 어려움과 극복 방안은 무엇인가? 도보여행은 자신에게 어떤 의미로 다가오는가? 무엇 때문에 도보여행을 하게 되었는가?' 등과 같은 질문을 하는 것이다. 질문목록은 연구자의 경험과 관련 문헌으로부터 정보를 얻기도 하며, 다양한 사건, 시간, 빈도, 기간, 공간, 기술적인 질문들로 이어질 수 있다. 이는 참여자와의 면담 과정에서 자료를 보고 단서를 찾아내어 세심하게 질문을 던지는 것이다. '단어 · 구 · 문장의 분석'은 원자료에서 의미 있거나 흥미롭다고 생각되는 단어나 구문을 찾아 모든 가능한 의미 목록을 만들고, 작성된 의미 목록에서 나타나는 구체적인 사건이나 범주를 단어, 구문 등을 통해 다시 찾아보는 것이다. '붉은 깃발 흔들기'는 연구자나 참여자의 편견, 가정, 믿음이 분석에 영향을 받고 있는지를 살펴보는 것이다. '결코', '항상', '언제나'와 같은 단어나 '그건 절대 그럴 리가 없어요.', '그건 당연한 거예요.'와 같은 의미가 포함된 구와 문장이 등장할 때마다 연구자의 마음속에 붉은 깃발을 흔들어서 상황이나 참여자의 말을 당연한 것으로 받아들이지 말고 그것에 대해 자세히 살펴보고 다시 생각하고 고민하는 과정을 의미한다.

(3) 이론적 표집(theoretical sampling)

이론적 표집은 이론적 범주를 개발하기 위해 자료 수집 대상을 선정하는 방법이다. 통상적인 질적연구에서 활용되고 있는 표집 방법은 연구참여자 중심의 연구문제를 해결하기 위한 표집, 모집단 분포를 반영하는 표집, 반대 사례를 발견하기 위한 표집 등이다(Charmaz, 2006). 이러한 표집 방법은 자료를 수집하기 위한 출발점을 제공하는 것으로 최초의 표집 방법일 뿐 이론적 표집이라고 할 수 없다.

근거이론에서 최초의 표집이 연구자가 현장으로 진입하기 전에 개인, 사례, 상황 등과 관련된 표집 기준을 계획한 후 선정한 수집이라면, 이론적 표집은 의미와 범주를 발견하기 위한 연구자의 방향을 알려 준다. 즉, 이론적 표집은 연구자가 발전시키고 있는 이론을 기반으로 자료 수집과 분석 과정에서 관련 주제에 대한 연구참여자, 사건, 장소, 사례 등을 찾아 연구자가 어디로 가야 할지에 대한 방향을 설정하는 것이다(Strauss & Corbin, 1998b).

그렇다면 언제 자료 수집을 멈추어야 할까? 근거이론가들은 자료 수집을 언제, 어디서 멈춰야 하는지 명확히 밝히지 못하고 있다. 다만, 새롭게 수집된 자료가 더 이상의 새로운 이론적 범주로 발견되지 않거나 새로운 속성이 드러나지 않는 '이론적 범주의 포화' 상태에 이르렀을 때, 자료 수집을 중단할 수 있다(Charmaz, 2008).

(4) 문헌 사용

근거이론의 최초 저서에는 "연구 중인 실체영역에 대한 어떤 문헌도 검토할 필요가 없다."라고 밝히고 있다(Glaser & Strauss, 1967). 이 같은 내용은 연구자가 연구를 수행하기 전 '문헌에 대한 고찰을 배제하라는 뜻'으로 여길 수 있다. 또한, 연구자는 통상적으로 연구를 수행할 때와는 달리 근거이론을 수행할 때, 문헌을 고찰해야 하는지 하지 말아야 하는지에 대한 갈등을 경험하게 된다.

이에 대한 답은 근거이론의 개념을 통해 구체화할 수 있다. 근거이론은 기존 문헌에서 밝힌 변수들 간의 관계를 검증하기보다는 관련된 범주들과의 관계를 '발견'하기를 원한다. 그렇기 때문에 근거이론은 문헌 고찰 과정을 통해 이미 확인된 범주들을 배경지식으로 갖고 연구에 임하는 것이 오히려 기존의 틀을 벗어나지 못하는 한계를 만들게 됨으로써 새로운 이론 생성에 해로운 영향을 미친다고 보았다(Glaser, 1998). 하지만, 근거이론의 최초 저서에서도 이미 밝힌 바와 같이 연구자가 문헌에 대한 검토 없이 연구에 임한다는 것은 현실적으로 불가능하다. 대다수의 연구자는 연구 분석 과정에서나 연구계획서를 작성하기 위해 문헌을 고찰한다. 그렇기 때문에 근거이론에서의 문헌 사용은 필수불가결이라고 주장하는 학자도 많다(Briks & Mills, 2015; Charmaz, 2006).

근거이론에서 문헌은 첫째, 문헌에서 도출한 개념과 연구자가 조사한 개념을 비교할 수 있는 출처를 제공해 주고, 둘째, 자료의 이차적 출처로 사용할 수 있다. 셋째, 연구를 시작하기 전 관찰과 면담 내용을 설정하기 위해 문헌을 시용하기도 하며, 이론 전개를 마치고 발견한 사실을 확인하기 위한 부가적인 기준으로도 이용한다. 넷째, 철학적 논지와 기존 이론에 대한 지식은 자료에 접근하고 해석하는 방법을 제공하기도 한다(Strauss & Corbin, 1998b). 따라서 근거이론에서의 문헌 사용은 백지상태에서 이론을 창조해 가는 과정이 아니라 개념적으로 기존의 이론을 수정하거나 발전시켜 나가는 과정으로 인식해야 한다(Suddaby, 2006).

(5) 메모하기

근거이론에서 메모는 연구와 관련된 생각, 느낌, 통찰, 아이디어 등을 기록하는 필수 방법이다. 메모는 연구에 대한 연구자의 느낌과 가정, 철학적 입장, 읽은 문헌, 이슈, 문제, 관심사, 연구과정에 대한 성찰, 절차나 분석 과정, 코드 · 범주 · 이론에 대한 생각 등의 다양한 내용을 기록해야 한다(Briks & Mills, 2015).

메모 작성에 대한 규정화된 방법은 없으며, 연구자에게 잘 맞는 방법으로 사용하면 된다. 메모하기는 근거이론에서뿐만 아니라 다른 질적연구를 진행할 때도 반드시 필요하다. 연구자가 연구과정에서 지속적인 메모를 하면 이전 메모 내용과 현재 메모 내용 간의 차이와 간격을 비교할 수 있고, 이전 메모에 대한 틈새와 허점을 발견하여 자료를 분별하는 이론적 민감성을 높일 수 있다(Charmaz, 2008). 이처럼 메모하기는 범주를 강화시키고, 추상적인 분석 수준으로 끌어올리는 이점이 있다.

2. 근거이론의 주요 쟁점과 흐름

1) 근거이론의 주요 쟁점

근거이론은 1967년에 글레이저(Glaser)와 스트라우스(Strauss)가 죽음에 관한 환자들의 관점을 연구한 『죽어감의 인식(*Awareness of Dying*)』에서 유래한다. 글레이저와 스트라우스는 병원에서 시행한 죽음에 관한 연구 수행 중에 연구의 과정에 관해 정리할 필요를 느꼈고(Glaser, 1992), 그 연구과정을 정리한 책이 1967년 출간된 근거이론에 관한 최초 저서 『근거이론의 발견(*The Discovery of Grounded Theory: Strategies for qualitative*)』이다. 이후, 글레이저는 1978년 『이론적 민감성(*Theoretical*

Sensitivity)』을 통해 근거이론 생성을 돕기 위한 절차와 방법을 구체화하였다.

근거이론의 창안자인 글레이저와 스트라우스 사이에 분열이 생기게 된 계기는 스트라우스가 1987년에 『사회과학자를 위한 질적 분석(*Qualitative Analysis for Social Scientists)*』을 편찬하고, 코빈(Corbin)과 함께 1990년 『질적연구의 기초: 근거이론 절차와 기술(*Basics of Qualitative Research: Grounded Theory Procedures and Techniques)*』을 출간한 이후부터다. 글레이저는 1992년 『근거이론 분석의 기초(*Basics of Grounded Theory Anlalysis)*』를 통해서 스트라우스와 코빈의 근거이론방법이 자신의 방법론적 입장과 다름을 밝혔고, 이는 근거이론 학자들 사이에 글레이저와 스트라우스의 차이점에 대한 논쟁을 불러일으켰다. 이 논쟁의 핵심은 무엇이 진정한 근거이론이며, 근거이론을 사용하기 위해서 어떤 원리와 방법, 절차를 따라야 하는지에 대한 것이다. 근거이론에 대한 연구방법상의 논쟁은 최초 저서의 원칙을 벗어나지 말아야 한다는 주장(Schreiber & Stern, 2001)과 원작에 충실한 글레이저의 주장을 인정하는 입장(Kendall, 1999; Nathaniel, 2011), 스트라우스의 조직화된 절차를 인정하는 입장(Denzin & Lincoln, 1994), 그리고 양쪽의 한계와 기여를 동시에 인정하는 입장(Annells, 1997)으로 압축된다.

2) 근거이론 연구방법의 흐름

근거이론을 설명하는 논의에는 상이한 여러 가지 흐름이 있고, 각 흐름에 따라 연구의 방법도 달라질 수 있다. 따라서 근거이론을 실제 연구에 적용하기 위해서는 체계적인 검토와 이해가 필요하다. 본 절에서는 근거이론의 주요 학파인 스트라우스와 글레이저의 방법(론)을 중심으로 연구의 배경과 절차에 대해 살펴보도록 한다.

(1) 스트라우스(Strauss)와 코빈(Corbin)의 상징적 상호작용론 근거이론

스트라우스는 미국 시카고 대학에서 수학하였으며, 듀이(Dewey), 블루머(Blumer) 등의 영향을 받아 상징적 상호작용주의와 실용주의적 학풍을 지녔다. 이러한 사상을 바탕으로 스트라우스와 코빈은 상징적 상호작용론에 입각한 철학적 전제를 제시하였다(이동성 · 김영천, 2012, 재인용). 첫째, 연구자는 실제로 진행되는 것을 발견하기 위해서 현장에 나가야 하며, 둘째, 자료에 근거하여 이론의 관련성과 적절성을 검토해야 하고, 셋째, 다양한 사회적 현상과 인간 행위의 복잡성과 다양성을 고려해야 한다. 넷째, 개인은 의미에 기초하여 행동하며, 그 의미는 상호작용을 통해 정의된다. 다섯째, 사건과 과정이 전개되는 본질에 대해 민감성을 지녀야 하고, 여섯째, 연구자는 조건과 행위, 결과 사이의 상호관계를 인식해야 한다. 이처럼 상징적 상호작용론에서의 접근이란 개인이 환경 및 행위에 대해 주관적인 의미를 부여하고 이를 매개로 상호작용하는 상황을 탐색하는 것이다(오세경, 2014). 따라서 스트라우스와 코빈의 근거이론 방법은 연구자와 자료 간의 상호작용이며, 코딩을 통해 귀납적이고 연역적으로 자료를 분석하여 이론화하는 과정으로 정의된다(조성진, 2013). 이제 국내에서 가장 많이 활용되고 있는 스트라우스와 코빈의 근거이론 분석 절차에 대해 살펴보자.

다음 [그림 11-1]은 스트라우스와 코빈의 근거이론 분석 절차를 도식화한 것이다.

[그림 11-1] 스트라우스와 코빈의 근거이론 분석 절차

스트라우스와 코빈의 근거이론 방법은 개방코딩(open coding), 축코딩(axial coding), 선택코딩(selective coding)으로 구성된다.

첫째, 개방코딩 단계에서는 자료를 해체하고 개념화하기 위해 미시 분석을 제언한다. 이는 단어별로 자료를 분석하여 단어나 어휘(語彙) 속에서 의미를 찾아내는 코딩으로서, 문장이나 문단을 해체하고 각각의 사건, 아이디어에 현상을 나타내는 개념적 이름을 부여하는 것이다(김인숙, 2011). 즉, 근거 자료를 통해 개념을 추출하여 범주와 개념을 명명하고, 유사하거나 의미상 관련이 있다고 판단되는 사건 · 상황 등을 묶는 범주화 과정이다(Strauss & Corbin, 1990).

개방코딩 단계에서는 '현상 명명하기', '범주 발견하기', '범주 명명하기', '범주 발전시키기'의 과정을 거쳐 범주화가 이루어진다(김영천, 2013). '현상 명명하기'는 수집된 자료(텍스트)에서 드러난 현상을 발견하고 개념을 얻는 것이다. 예를 들어, 연구자가 바라보는 주제로 '외로움', '중독', '고통' 등과 같은 맥락에서 이해할 수 있다. '범주 발견하기'는 수집한 자료 안에서 현상을 대표하는 범주와 하위범주를 찾아보는 과정이며, '범주 명명하기'는 발견된 범주와 하위범주에 이름을 부여하는 것이다. '범주 발전시키기'는 자료 안에서 도출된 범주의 속성과 차원에 의해 발전시키는 작업이다. 속성은 하나의 범주가 나타내는 일반적 혹은 구체적인 특성이나 특질이고, 차원은 범주의 연속선상이나 범위 내에서 속성의 위치를 나타내는 것이다(Strauss & Corbin, 1998b).

둘째, 축코딩 단계는 개방코딩에서 발견되고 명명된 범주를 하위범주와 연결시키는 과정이다. 이 단계에서는 개방코딩에서 발견된 범주들 중에서 중심현상을 파악하고, 범주들을 코딩 패러다임(Coding paradigm)에 의거하여 하나의 도식으로 현상을 개념화한다(Strauss & Corbin, 1990). 코딩 패러다임은 인과적 조건(causal condition), 중심현상(phenomenon), 맥락적 조건(contextual condition), 중재적 조건(intervening condition), 작용 · 상호작용(action/interaction), 결과(consequences)로 구성된다(Strauss & Corbin, 1990). 근거이론 패러다임의 인과적 조건은 현상을 일으키거나 발전시키는 사건들이다. 맥락적 조건은 어떤 현상에 영향을 미치는 상황이나 문제를 만들어 내는 조건으로 작용 · 상호작용 전략을 다룬다. 또한, 맥락적 조건은 현상이나 상황을 조절 · 수행하여 어떤 특정한 현상에 대응하기 위한 구체적인 조건으로 작동한다. 중재적 조건은 어떤 현상에 속하는 광범위한 구조적 상황으로 주어진 상황 혹은 특정한 맥락에 취해진 작용 · 상호작용의 전략을 촉진하거나 억제하는 조건이다. 작용 · 상호작용은 특정하게 인지된 상황 아래서 현상을 다루고 조절하고 실행하고 거기에 대처하도록 고안된 목적지향적인 전략이다. 결과는 현상에 대한 작용 · 상호작용 전략의 결과를 의미한다(Strauss & Corbin, 1998b). 이러한 패러다임 모형은 자료를 조직화하고 구조를 과정과 통합시키는 개념적 분석 장치로서 도출된 범주를 발전시키고 연결시키는 과정이다.

셋째, 선택코딩 단계는 범주를 정교화하는 과정으로 분석적 차원에서 이론으로 발전시키는 과정이다(Strauss & Corbin, 1998b). 선택코딩의 첫 번째 단계는 분석 과정에서 중심주제를 결정하는 핵심범주(core category)를 도출하는 것이다. 핵심범주는 모든 범주 및 속성과 개념적으로 연결되어야 하고, 자료의 빈출 정도가 높아야 하며, 논리적이고 일관성이 있어야 한다. 또한, 일반화된 이론을 위한 함의를 지녀야 하고 범주들 사이에 이론의 깊이와 설명적 힘을 가지며, 조건이 변화하더라도 유효하고 모순적 대체적 사례도 설명할 수 있어야 한다(Strauss, 1987). 다음으로 진행되는 것은 '이야기 윤곽' 기술이다. 이야기 윤곽은 중심현상과 각 범주 간의 관계를 서술적으로 기술하고 개념화하여 제시하는 것이다. 근거이론에서 이야기 윤곽은 연구의 핵심 현상에 대한 서술적 묘사로 분석에 기여하기 위해 사용된다(Strauss & Corbin, 1990; Charmaz, 2008). 이상과 같은 근거이론 코딩 과정의 결과로서 자료에 근거한 '이론'이 생성된다. 이때 이론 생성을 위해서 축코딩 단계에서 발견된 속성과 차원 간의 가설적 관계를 살펴보고, 그 근거가 되는 자료를 지속적으로 비교하여 관계와 패턴을 유형화하는 유형 분석을 시도할 수 있다. 또한, 도출된 범주와 속성, 과정 등의 관계를 토대로 모델을 구축할 수 있다.

그 이외에도 시간의 흐름에 따라 중심현상이 어떻게 변화하는지를 분석하는 과정 분석이 있다. 과정은 중심현상에 대한 작용·상호작용의 양상을 시간의 흐름에 따라 연결하는 순차적인 진행 구조이다(오세경, 2014). 근거이론에서의 과정 분석은 추이·경과·분기(期)로 보는 단계와 비점진적 운동으로서 변화하는 상황에 반응하여 유동적이게 반응하고 변화를 일으키는 작용·상호작용으로서 과정을 개념화하는 것이다(Strauss & Corbin, 1998b). 선택코딩 단계에서는 상황모형을 제시하기도 한다. 상황모형은 주어진 현상과 관계있는 다양한 상황과 결과를 이해하는 데 도움을 주며(Strauss & Corbin, 1990), 맥락과 인간, 그들 간의 관계, 행동과 상호작용에 초점을 둔 복잡한 상황을 분석하는 데 유용하게 사용된다(Clarke, 2005).

(2) 글레이저(Glaser)의 실증주의적 근거이론

글레이저는 뉴욕 콜롬비아 대학교에서 라즈펠트(Lazerfeld) 교수와 머튼(Merton) 교수의 지도를 받아 학위를 취득하였다(Covan, 2007). 글레이저는 스승인 라즈펠트가 양적연구를 형식화했듯이 질적연구방법에서 연구 수행을 위한 전략을 명시적인 것으로 구체화하기를 원했다. 또한, 글레이저는 머튼이 제안한 중범위(middle-range) 이론의 구축을 옹호하며 자료에 근거를 두고 있는 특정한 사회현상을 추상적으로 가공시키고자 노력하였다. 글레이저는 스트라우스와 함께 병원에서 죽음에 관한 연구를 하고 있을 때, 방법론과 이론 형성에 대해 지도받은 내용을 기반으로 형식화된 방법론을 비롯하여 자료 수집, 코딩, 분석을 위한 체계적인 절차들이 필요하다는 것을 느끼고, 근거이론을 통해 충족시키고자 하였다(Glaser, 1992). 1978년에 출간된 『이론적 민감성』은 글레이저의 냉철한 실증주의, 출현된 발견의 강조, 형식화된 방법 등의 내용을 담은 초기 저서이다(Glaser, 1978). 글레이저의 근거이론에서 자료를 다루고 사고하는 방식은 자료를 끊임없이 '비교'하면서 자료에서 개념들이 '출현'되도록 하는 것이다. 출현되는 아이디어는 추상화 과정을 거쳐 개념화되고, 이 개념들의 위계화를 통해 가설적 관계를 생성해 낸다고 보았다(Glaser, 1992).

글레이저 방법의 특징은 첫째, 근거이론을 생성하는 것이 목적이지만 주제 서술이나 개념 생성을 위한 연구에서도 사용할 수 있다. 둘째, 귀납의 원리 속에 지속적인 비교가 연구의 전 과정에 포함되어야 하고, 셋째, 이론적 표집은 지속적 비교의 일부로서 코딩 분석과 함께 이루어져야 한다. 넷째, 코딩의 과정은 개방코딩, 선택코딩, 이론적 코딩으로 이루어지고, 다섯째, 코딩 분석은 사건과 사건, 사건과 개념, 개념과 개념을 비교해야 한다. 여섯째, 분석의 초기 과정에서 패턴을 찾아 개념화하는 것이고, 일곱째, 핵심범주는 반드시 하나를 선택해야 하며, 핵심범주를 중심으로 한 개념적 가설을 이론적 코드를 사용해 이끌어 내야 한다는 점이다(Glaser, 1992). 이와 같이 글레이저는 지속적 비교방법과 이론적 표집을 핵심 전략으로 두고 자료를 코딩해 가는 일련의 방법을 제시하였다. 글레이저가 제시한 근거이론 절차는 다음의 [그림 11-2]와 같다.

[그림 11-2] Glaser의 근거이론 분석 절차

출처: 김인숙 · 장혜경 역(2014), 재구성.

위의 [그림 11-2]에서 보듯이 코딩 과정은 실체적 코딩(substantive coding)과 이론적 코딩(theoretical coding)이라는 두 가지의 절차로 구분되며, 실체적 코딩은 개방코딩(open coding)과 선택코딩(selective coding)으로 구성된다. 글레이저의 자료 코딩 방법을 구체적으로 살펴보면 다음과 같다(Glaser, 1978).

먼저, 실체적 코딩에서 개방코딩은 근거이론 분석의 최초 단계로서 자료를 쪼개고 해체하는 작업을 말한다. 이 단계에서는 자료를 모든 가능한 방법으로 열어 두고 지속적인 비교방법을 사용하면서 자료로부터 범주와 속성이 출현되도록 하는 것이다. 개방코딩에서는 자료를 세심하게 들여다보면서 사건과 사건, 사건과 개념, 개념과 개념을 질문하기를 통해 비교하여 범주와 속성을 발견하고, 이들 속에서 패턴을 찾아 개념화하는 것이다. 그리고 개념화된 패턴들 안에 주제를 발견하고, 하나의 핵심범주를 선택한다. 선택된 하나의 핵심범주는 아직 확증되지 않는 범주로서 다른 범주들을 총체적으로 통합시킬 수 있는 중심범주이다.

둘째, 두 번째 코딩 과정은 실체적 코딩에 속한 선택코딩이다. 이 단계에서는 개방코딩에서 선택된 하나의 핵심범주에 대해 선택적으로 코딩하는 것이다. 연구자는 선택된 핵심범주를 중심으로 이론적 표집을 해 나가면서 이 범주와 속성들을 지속적으로 정교화하면서 이론적으로 포화시켜 나간다. 선택코딩 단계에서의 이론적 표집은 핵심범주를 중심으로 이론적 관련성을 높여 줄 수 있는 표집을 해야 하며, 이러한 이론적 포화 과정을 통해 핵심범주가 명확해진다.

셋째, 실체적 코딩 단계가 끝나면, 이론적 코딩으로 이어진다. 이론적 코딩은 실체적 코딩에서 도출된 범주들이 이론으로 통합되고 연관될 수 있는지를 개념화하는 것이다. 즉, 핵심범주와 속성들이 포화되어 정교화되면 이론적 코드를 사용해 이들을 통합하고, 이로부터 하나의 개념적 가설을 도출한다. 이 개념적 가설이 바로 이론이 되는 것이다. 이 단계에서는 경험적 패턴을 이론으로 만드는 데 활용될 수 있는 18가지 이론적 코드가 있다. 18가지 이론적 코드는 원인(causes), 맥락(contexts), 부수사건(contingencies), 결과(consequuences), 공변이(covariances), 조건(conditions), 과정(process), 정도(degree), 차원(dimension), 유형(type), 전략(srategy), 상호작용(interation), 정체성-자아(identity-self), 구분점(cutting point), 수단-목적(means-goal), 문화(cultural), 합의(consensus), 주류(mailnline), 이론(theoretical), 배열 또는 정교화(ordering or elaboration), 단위(unit), 읽기(reading), 모델(model)이다. 이후, 글레이저는 18가지 이론적 코드를 포함한 23개의 이론적 코드 목록을 추가하였고, 제시된 이론적 코드 이외에 새로운 이론적 코드를 발견할 수도 있다고 밝혔다(Glaser, 1999).

다음의 〈표 11-1〉은 스트라우스와 글레이저 근거이론 방법(론)을 비교하여 요약한 것이다.

〈표 11-1〉 글레이저와 스트라우스의 근거이론 비교

구분		글레이저	스트라우스와 코빈
방법론적 기초	존재론	소박한 실재론, 세계는 객관적 자료로 파악 가능	사회실재론: 세계는 사회적 상호작용과 결과
	인식론	경험주의, 객관주의, 귀납논리	경험주의, 객관주의(참여자의 의미에 주목), 귀납논리, 연역논리, (묵시적) 가설유도 논리
	이론구성	일관된 객관주의 존재론, 인식론	존재론과 인식론의 어그러짐
근거이론 목적		이론의 도출	연구자와 자료와의 상호작용으로서 데이터 분석
연구자와 참여자의 관계		이원론: 별개로 존재, 참여자의 목소리 중시	참여자의 자료 최우선: 연구자의 주관적 가치에 주목
(목표로 하는) 연구대상		모든 사회현상	사회 속의 상호작용
주요 연구 자료		주어진 모든 자료: 객관적으로 간주	관찰과 인터뷰 자료 중심
연구주제 선정		연구참여자의 관심 속에서 도출	다양한 출처를 통해 선정 가능
면담 질문		연구참여자의 이야기 안에 있음	~어떻게(how)와 만약 ~한다면(if)으로 구성된 질문 형식
분석방법		개방코딩, 선택코딩, 이론적 코딩(코딩 군)	개방코딩, 축코딩(패러다임 모형), 선택코딩, 과정 분석 등
개념화 방법		귀납	귀납–연역–검증

출처: 이영철(2014); 이정희(2010); 최귀순(2005), 재구성.

3. 근거이론의 경험

> 자료와 밀접한 관련성 속에서 개발되어야 할 뿐만 아니라 연구자가 자신을 근거이론을 발달시키는 도구로서 충분히 인식하면서 개발해야 한다. (Strauss, 1987)

1) 문제 인식과 연구 설계: 도전에 대한 희망과 좌절

(1) 연구문제와 목적: '설정하기'

연구의 출발은 설계다. 연구자는 연구주제의 선정에서부터 연구문제, 그리고 어떤 방법론이 내가 살펴보고자 하는 문제와 현상을 가장 잘 드러낼 수 있을지에 대하여 충분한 고민이 필요하다. 연구문제는 연구가 어떻게 진행될 것인가를 규정하는 것으로서 연구할 현상을 밝혀내는 진술이다(Strauss & Corbain, 1998b).

> 나는 박사학위논문이라는 부담감을 안고 어디에서부터 시작해야 할지, 어떤 이론과 방법을 활용해야 할지에 대한 막막함이 있었다. 수퍼바이저로부터 '길'이라는 논문 주제를 받고, 무작정 관련 자료들을 수집하였다. 논문의 키워드만 있을 뿐 어떠한 관점에서 어떻게 연구를 수행할지에 대한 연구 설계는 더디기만 했다. 책상에 앉아 기존 연구의 분석에만 치중하다 보니, 연구 방향 설정에 대한 한계를 감지했다. 그래서 나는 도보여행길을 직접 걸으면서 연구 현장에서 이루어지는 양상들에 대해 눈과 귀로 엿볼 수 있는 기회를 갖기로 했다. 현장에는 수많은 현상과 상황이 존재했으며, 구체적인 연구 방향을 정하기 위해 지속적으로 도보여행자들과 대면하고, 그들의 경험 양상을 살펴보기 시작했다. (오세경, 2014; 메모 일지에서)

위의 메모 일지에서 보듯이, 저자는 수퍼바이저로부터 제안된 '길'이라는 키워드를 가지고 관련 문헌을 고찰했지만, 연구 방향의 갈피를 잡지 못했다. 저자가 연구 설계를 초기에 하지 못했던 것은 '현장'에 대한 이해가 부족했기 때문이다. 질적연구에서의 현장성은 매우 중요함을 인지하고 있으면서도 문헌을 토대로 연구 설계를 하려고 했던 점이 연구의 방향 설정을 어렵게 만들었던 것이다. 이런 현장의 중요성을 깨닫고, 연구 현장으로 들어가 여러 길을 거닐며, 주변을 관찰하고, 걷는 사람들과 이야기도 나누는 일련의 활동을 함으로써 비로소 연구문제를 선정할 수 있었다.

> 도보여행자의 참여 동기와 경험을 심층적으로 분석하여 도보여행자의 지속가능한 가치를 실현하고 있는 과정에 대해 이해하고자 하였으며, 진정한 도보여행자로서의 도보여행 경험에 나타난 '지속가능한 여가' 구조를 탐색하고자 한다. 즉, 도보여행자의 행위 및 감정 등의 상호작용을 통한 지속가능한 여가 참여의 의미 형성과정을 통해 도보여행자의 지속가능한 여가 모델을 개발하고자 한다. 그리고 도보여행자의 도보여행 경험 분석에서 도출된 지속가능한 여가 모델을 토대로 사례 분석을 진행하여 지속가능한 여가 모델의 분석적 효용성을 검증한다. 이에 본 연구는 '도보여행자가 경험하는 지속가능한 여가는 무엇인가?'라는 연구문제를 설정하였다. (오세경, 2014; 서론에서)

연구자는 연구문제를 구체화하는 과정에서 '무엇을' '어떻게' 탐구해 갈 것인가를 끊임없이 고민해야 한다. 근거이론을 수행할 때 연구문제는 "특정 상황이나 어떤 조건하에서 상호작용으로 인해 초래된 결과 등을 설명하는 기본적인 사회 · 심리적 과정은 무엇인가?"를 기본으로 한다(Strauss & Corbin, 1990).

(2) 근거이론 연구방법을 선택하기까지: '고민하기'

'내가 발견하고자 하는 현상에 대해 잘 풀어갈 수 있는 방법론이 무엇일까?' 저자는 동료와 함께 방법론에 대한 정보를 나누고, 다양한 질적연구방법론에 관한 서적과 논문들을 검토하는 과정에서 내 분야에 적용될 수 있는 다양한 방법론 활용의 가능성을 열어 두고 끊임없이 고민해 나갔다. 저자는 초기에 근거이론 연구방법으로 학위논문을 진행하려 했지만, 수퍼바이저의 반대로 근거이론 방법을 활용하지 못할 뻔했던 순간이 있었다. 저자는 근거이론 접근방법을 매력적으로 느껴 수퍼바이저에게 근거이론 방법의 장점과 강점을 부각시켜 끊임없이 설득하였다. 이러한 설득 과정은 근거이론이라는 연구방법이 나의 연구 목적에 가장 부합하는 연구방법론이라는 확신을 갖게 하였다.

> 근거이론은 본 연구의 두 가지 특성에 기인하여 채택하게 되었다. 첫째, 근거이론이 현상에 대한 확인과 기술뿐만 아니라 주요 속성/핵심적인 사회/심리적인 과정과 변화의 궤도 내에서의 상호작용을 가능하게 하기 때문에(Morse et al., 2009: 15), 연구참여자가 진지하게 도보여행을 행하게 되는 중심적인 변화과정에 대한 이해를 가능하게 한다. 둘째, 전통 사회에 비해 현대사회에서의 현상은 관련 변인들이 다양해지고 복잡해짐에 따라 단일의 형식 혹은 이론으로 해석하는 것은 사실상 불가능한 일이 되었다(김영천, 2013: 348). 이런 맥락에서 근거이론은 사회현상 혹은 행위가 다른 관련 요소들과 어떠한 관계를 맺고 영향을 미치는지에 대해 관찰하고 분석하여 이를 이론화하는 과정을 통해 추상적인 이해를 제공하는 방법이다(Flick, 2009: 91). 따라서 새로운 발견과 해석이 가능할 것으로 판단되므로 근거이론적 분석방법은 본 연구의 현상을 분석하는 방법으로서 적합하다. (오세경, 2014; 연구방법에서)

연구자는 연구 목적을 성취하는 데 최고의 방법을 선택하기 전까지 세밀하게 검토해야 한다. 양적연구방법과 질적연구방법의 차이점을 이해해야 하고, 여러 가지 질적연구방법의 공통점과 차이점을 명확히 인지하고 있어야만 연구자가 밝히려는 현상이나 사례 등을 뚜렷하게 표현할 수 있다. 양적연구와 질적연구 모두 경험적 연구이긴 하지만, 질적연구는 양적연구와 구분되는 패러다임과 접근법을 갖는다(박성희, 2004). 질적연구는 잘 알려져 있지 않은 현상에 대해 연구하거나, 잘 알려져 있다고 간주된 현상을 새로운 각도에서 연구하기에 적합한 방법론이다. 이처럼 질적연구는 자연주의적이며, 서술적인 자료를 사용하고, 결과나 산물보다는 연구과정 자체에 대해 관심을 두는 귀납적 접근방식을 통해 현상을 전체적(holistic)으로 연구하며, 자료에 기초를 둔 의미의 파악을 중요시한다(곽영순, 2009).

(3) 문헌 고찰: '이론적 관점 취하기'

연구자는 자신의 연구 방향을 결정하고 연구결과의 해석을 돕는 이론적인 틀을 마련하기 위해 기존 문헌을 활용한다. 학위논문에서의 문헌 고찰은 대게 연구 동향, 선행연구 고찰, 여러 가지의 기존 이론 고찰 등이 대부분이다. 근거이론에서의 문헌 고찰은 다른 질적연구와 마찬가지로 진행되지만, 선행 이론을 바탕으로 한 이론적 논의는 가급적 배제되어야 한다.

근거이론은 기존 이론을 검증하는 것이 아니므로 연구자가 기존 이론을 토대로 연구자의 주관적인 논의점을 갖고 연구에 임하게 되면, 선행된 이론적인 틀에 사로잡히게 되어 근거이론의 본질적인 논리를 망각하게 된다. 단, 근거이론 방법에서 반드시 선행되어야 할 것은 이론적인 렌즈로서의 철학적 관점을 확고히 해야 하며, 이는 자료를 분석하고 해석할 때 논리적인 흐름을 유지하는 역할을 한다.

> 지속가능성과 듀이(Dewey)의 경험 개념과 원리를 토대로 도보여행 경험을 살펴보았다. 시공간적 차원에서의 도보여행 경험은 여행 대상 혹은 공간과의 교호작용을 통해 발현되는 것이며, 동시에 이전 도보여행 경험과의 연결고리로서 지속적으로 작용하고, 개별적인 도보여행 경험들이 축적되면서 그 안에서 이루어지는 경

> 험의 내 · 외부적 의식들이 성장한다. 즉, 도보여행 경험은 행위와 사고가 동시에 작동하는 활동으로서 도보여행자와 공간 혹은 대상 간의 교호작용과 계속성의 원리가 작동하면서 성장하게 된다. 개별적인 도보여행 경험들은 단일성에 그치는 것이 아닌 삶의 포괄적인 의미로서 또 다른 경험의 상황에 영향을 미칠 가능성이 내재된다. (오세경, 2014; 이론적 배경에서)

위의 인용에서 볼 수 있듯이, 저자는 연구를 시작하기 전 지속가능성과 듀이의 경험주의를 활용하여 연구에 대한 이론적 관점을 세우고 연구를 진행하였다. 물론, 문헌 고찰은 연구를 진행하고 마무리하는 과정에서도 활용하였으며, 자료 분석과 논의점 등을 기술하는 데에도 활용하여 연구의 질을 높이고자 하였다.

2) 자료 수집과 분석: '모든 자료와 친해지기'

근거이론에서는 "모든 것이 자료다"(Glaser, 1978). 근거이론은 인터뷰, 현장 노트, 참여관찰, 메모하기, 기사 자료, 미디어 등의 다양한 자료를 생성하고 수집하는 기제에 중점을 둔 '이론적 표집' 방법을 사용한다. 이론적 표집은 전개되는 이론과 이론적 관련성이 있는 개념들에 기반을 둔 표집 방법이다. 즉, 연구를 시작하기 전에 표본을 미리 결정하지 않고 수집과 분석 과정을 통해 표본을 발전시키는 것이다. 저자는 주요 자료 수집 방법으로 참여관찰과 면담을 활용하였다.

> 참여관찰은 내부자이면서 외부자로서의 경험을 동시에 가지게 되는데(Spradley, 1980:57), 연구참여자의 도보여행 상황, 도보여행의 전-중-후와 같은 시간의 흐름에 따른 전반적인 모습, 사건, 연구참여자의 순간의 감정 등을 직접 관찰하면서 그들의 경험에 대한 이해를 갖고자 하였다. 그리고 개인면담으로 총 2~3차에 나누어 비구조화된 면담과 반구조적인 면담을 병행하였다. 또한, 연구참여자들의 행위 등을 관찰하고 분석하는 과정에서 궁금한 내용이 있을 경우 연구참여자들과 함께 도보여행을 하면서 수시로 질문을 하기도 하였다. (오세경, 2014; 자료 수집 방법에서)

저자는 위의 사례에서 보듯이, 연구 현장에 직접 들어가서 참여자의 생각과 행동, 순간의 감정, 사건 등을 토대로 도보여행자의 삶을 이해하기 위해 참여관찰과 면담을 주요 자료 수집 방법으로 사용하였다. 참여관찰의 범주는 비참여관찰과 수동적 참여에서부터 완전참여에 이르기까지 점차 개입의 정도를 높여 나가는 방식으로 진행하였다.

> 본 연구자는 처음 연구 현장을 방문했을 당시에는 도보여행길을 걷는 사람들과 깊이 관련을 맺거나 함께 참여하지 않았다. 도보여행자들을 관찰하면서 '구경꾼' 혹은 '배회자'로서의 역할을 스스로에게 부여하고, 연구자의 이력과 연구 수행 여부에 대해 밝히지 않았다. 이러한 수동적 참여관찰을 통해 도보여행자의 어떠한 사건 혹은 상황이 발생하는지에 대해 관찰하고 기록할 '관찰 거점'(Spradley, 1980:59)을 찾아내고자 하였다. 이후, 연구자는 보다 능동적으로 연구참여자들과 함께 도보여행길을 걸으며, 비형식적인 면담을 진행하면서 자연스럽게 표출되는 표정, 제스처 등의 자유로운 표현과 중간에 나눈 대화 등을 기억하여 현지노트를 작성하였다. (오세경, 2014; 자료 수집 방법에서)

연구 현장에 들어가는 것은 쉽지 않은 일이다. 나는 연구 현장에 첫발을 내딛는데 어려움을 느끼며, 참여자들에게 다가가기 위한 시간이 필요했다. 그렇기 때문에 쉽게 '구경꾼 혹은 배회자'로서의 역할을 수행했는지도 모른다. 이러한 수동적 참여관찰은 연구 현장 밖에서 객관적 시각으로 참여자들을 바라볼 수 있는 이점이 있다.

> 제1, 2회 인천둘레길 아카데미에 참석하였고, 인천둘레길 정기 도보와 비정기 도보에 직접 참가하였다. 이러한 적극적인 활동으로 말미암아 제1회 인천둘레길 걷기 축제에서 자원봉사 활동과 인천둘레길 선언문을 낭독한 바 있다. 이와 같이 참여관찰은 도보여행 현장에서 실제적으로 일어난 활동, 감정 등에 주목하였으며, 구성원 간의 관계, 체험 활동 등을 기록하였다. (오세경, 2014; 자료 수집 방법에서)

저자는 비정기적인 관찰자에서 내부적 관찰자로 변화하기 위해 관련 커뮤니티에 들어갔으나 참여자들에게 다가가기란 쉬운 일이 아니었다. 낯선 참여자들에게 어디서부터 다가가야 할지, 어떻게 이야기를 나누어야 할지 등에 대한 끊임없는 되새김으로 결국 연구 현장에서 참여자들과의 라포를 형성할 수 있었다.

참여관찰에서의 초점은 매우 중요하다. 연구 현장에서 '언제, 누구를, 어디에서, 무엇을, 어떻게, 왜' 바라볼 것인가에 따라 수집되는 자료의 내용은 달라진다. 그렇기 때문에 연구자는 관찰의 초점 방향을 설정하여 발전시켜 나가야 한다.

> 관찰의 초점은 스프레들리(Spradley, 1980:73)가 제시한 서술적 관찰(descriptive observaion) 단계, 집중적 관찰(focused observation) 단계, 선별적 관찰(selective observation) 단계의 순으로 초점을 좁혀 나가며 진행되었다. 서술적 관찰 단계에서는 도보여행자들의 사회적 상황, 즉 물리적 공간, 활동, 사건, 감정 등을 거시적으로 관찰하였다. 개방화된 참여관찰일지를 작성하여 행위나 상황 등의 새로운 측면을 발견하기 위해 노력하였다. 집중적 관찰 단계에서는 서술적 관찰보다는 좁은 범위에서 연구참여자들의 행위, 감정 등을 관찰하여 구조적 패턴을 찾고자 하였다. 선별적 관찰 단계에서는 이전 관찰을 통하여 도출된 도보여행자의 지속가능한 여가 행태에 관해 초점 방향을 설정하고 적극적 관찰을 실시하였다. 도보여행의 진지한 여가참여자들과 일반 여가참여자들 간의 차이를 발견하고자 하였으며, 구조화된 참여관찰일지를 작성하여 기록하였다. (오세경, 2014; 자료 수집 방법에서)

저자는 참여관찰 이외에 도보여행자들의 면담을 실시하였다. 다음은 참여자들을 선정하기 위한 준거를 마련하였다. 저자는 연구참여자와 면담하는 과정에서 스트라우스와 코빈(Struass & Corbin, 1990)이 제안한 '어떻게(how)와 만약 ~한다면(if)'의 질문 방식을 사용하면서 글레이저(Glaser, 1992)가 우려했던 연구자의 선입견이 접목된 질문이 배제되도록 노력하였다.

> 근거이론에서의 이론적 표집은 이론을 형성하기 위한 범주와 속성을 발견하기 위한 것으로서 연구참여자의 선정 기준은 첫째, 도보여행을 진지한 여가로 활동하고 있는 개인의 경험에 맞추어 극단적인 사례, 전형적인 사례, 강도가 높은 강렬한 사례, 결정적인 사례, 민감한 사례(Flick, 2009: 135-136) 등을 경험하고, … (중략) … 넷째, 표본의 크기를 설정하기 위하여 사전에 연구참여자 규모를 한정하지 않

앉으며, 이론적 포화 상태에 이르러서야 연구참여자를 확정하였다. (오세경, 2014; 연구참여자 선정 과정에서)

연구자는 자료를 생성하고 수집하는 과정에서 개개인의 다양한 사건과 사례, 시간성을 중심으로 표본을 추출한다. 근거이론에서의 특이점은 자료 수집과 분석이 동시에 진행된다는 것이다. 이에 1차로 선정된 참여자들의 면담을 진행한 후, 바로 자료를 분석하고, 분석에서 나온 개념들과 새로운 개념 등을 도출하기 위해 다시 2차면담을 진행하였다. 이러한 지속적인 면담과 분석과정을 거쳐 더 이상의 새로운 개념이 도출되지 않았을 때(이론적 포화 상태), 비로소 자료 수집 과정이 종료되었다. 저자는 자료 생성과 수집 과정에서 획득한 참여관찰일지와 질적 면담 자료를 문서화해서 근거이론 분석방법으로 활용도가 높은 스트라우스와 코빈의 분석방법을 적용하였다. 저자 역시, 국내에서 일반적으로 사용되고 있는 스트라우스와 코빈의 분석 절차를 선택한 이유는 간단하다. 저자는 상징적 상호작용론에 입각한 듀이의 이론적 렌즈로서 연구 현장을 바라보려고 했기 때문에 스트라우스와 코빈의 분석 절차를 활용하는 것이 좋을 것으로 판단했다.

3) 연구결과: '이론 통합하기'

근거이론의 가장 기본적인 분석 과정은 '지속적 비교 분석법'과 '질문하기' 등의 방법으로 '이론적 민감성'에 중점을 둔다. 이론적 민감성은 자료에 의미를 부여하고 이해할 수 있는 자질과 역량으로서 연구자는 자료와의 계속적인 상호작용을 시도하는 것이다(Strauss & Corbin, 1990). 이 과정을 지속하면서 수행하는 것이 '코딩' 작업이다. 저자는 [그림 11-3]과 같이 스트라우스와 코빈(Strauss & Corbin, 1998b)의 분석 절차에 의거하여 코딩 분석을 진행하였다.

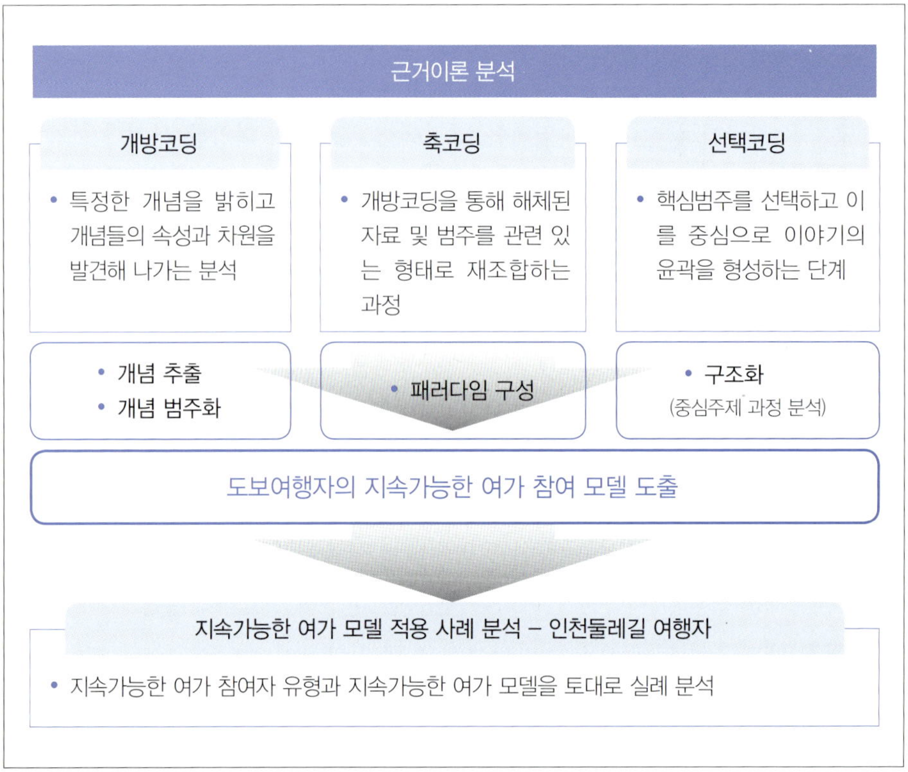

[그림 11-3] 스트라우스와 코빈(1998b)의 분석 절차 예시

저자는 먼저 개방코딩을 진행하였다. [그림 11-4]와 같이 개방코딩 분석을 위하여 우선 연구참여자와의 면담 및 심층면담을 통해 수집된 녹취 자료와 현장 노트, 참여관찰일지, 이론적 메모 등의 자료를 정독하였다. 또한, 자료를 숙독하는 과정에서 연구문제와 관련하여 의미와 가치가 있다고 판단되는 참여자 진술 내용에 밑줄을 그었다. 밑줄 그은 진술 내용의 구체적 의미를 행간마다 명칭을 부여하고 개념화하였다. 마지막으로 도출된 모든 개념을 분류 · 비교하고 관련된 항목끼리 묶는 과정을 통해 범주를 형성하였다.

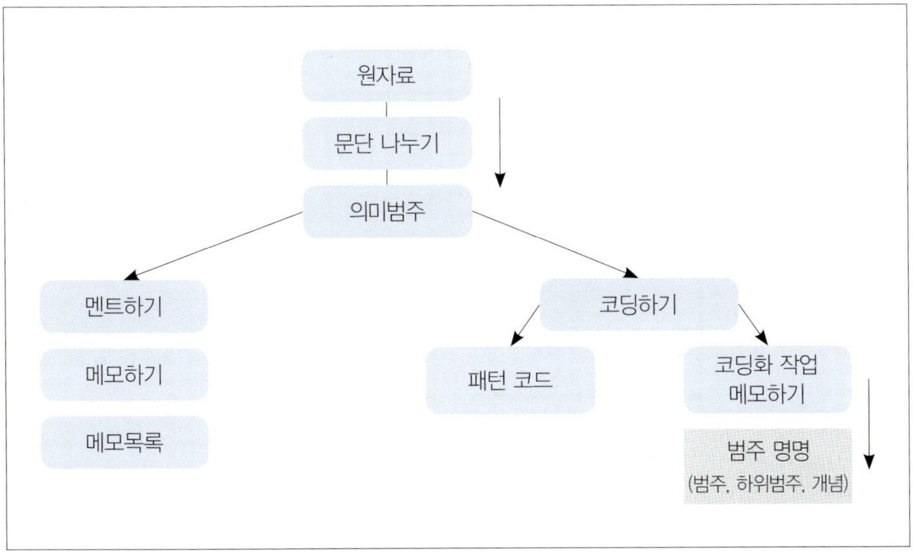

[그림 11-4] 개방코딩 분석 절차

출처: 박성희(2004: 138), 재구성.

저자가 수행한 연구에서 도보여행 경험에 관한 개방코딩 결과, 93개의 개념을 도출하였으며, 이 개념들을 개방코딩의 절차에 따라 범주 통합 과정을 거쳐 7개의 상위범주와 17개의 하위범주로 구성하였다. 특히, 상위범주와 하위범주의 범주명은 개념들의 특성을 아우를 수 있는 의미로 명명(命名)하였다.

두 번째 축코딩 단계에서는 연구참여자의 도보여행 경험 내용 분석을 통해 도출된 도보여행의 동기, 환경적 조건, 지속가능한 여가 참여, 참여촉진과 참여제약, 경험의 내재화와 질적인 삶 향유의 7개 상위범주를 바탕으로 스트라우스와 코빈(Strauss & Corbin, 1998b)의 패러다임 모형에 근거하여 상징적 상호작용주의 관점에서 분석하였다.

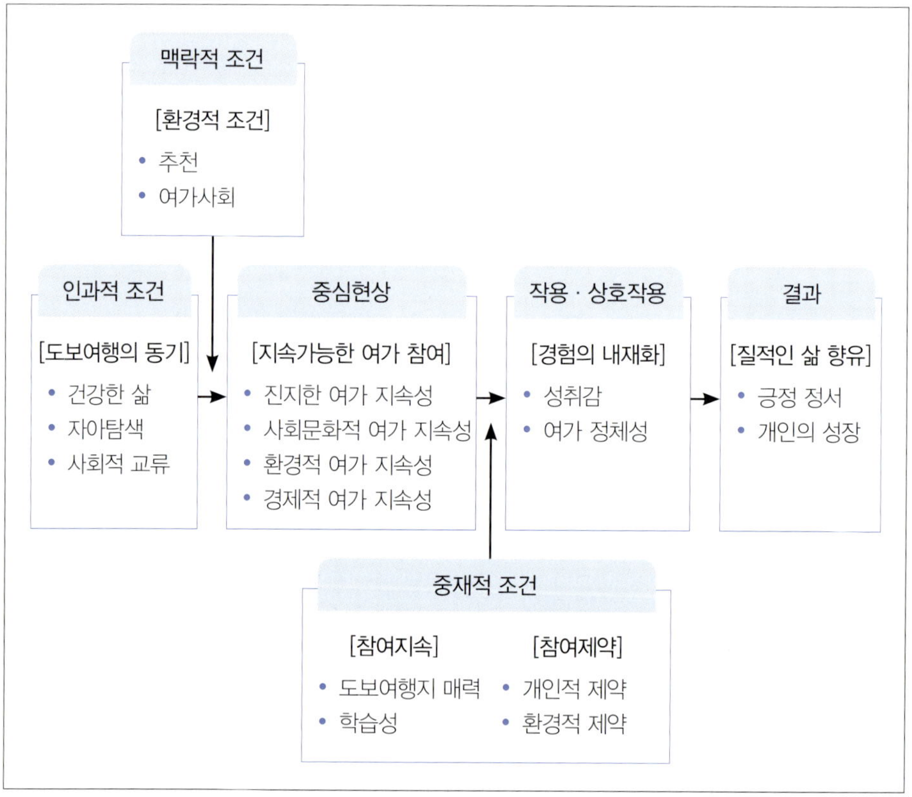

[그림 11-5] 근거이론 패러다임 모형 예시

그리고 근거이론은 패러다임 모형 이외에 각 범주 간의 속성과 차원을 발견하였다. 첫째, '진지한 여가 지속성'의 수준이 높을수록 내면적인 여가에 대한 신념, 관념, 믿음을 형성하게 되는데, 도보여행을 진지하게 여가활동으로 인식하는 경향이 나타났다. 특히, 여가와 동일시하고자 하는 태도가 뚜렷이 형성되면서 도보여행 활동을 지속적으로 행하였다. 이는 도보여행과 자신과의 관계에서 이분법적인 형태로 이루어진 양상이 아닌 일원론적인 관계를 취한 것으로 사료된다. 둘째, '사회문화적 여가 지속성'의 수준이 높을수록 관계적 소통을 추구하고 있는 것으로 파악하였다. 자신-타자, 자신-공간, 자신-사회 등을 매개할 수 있는 여가공간으로서 도보여행길을 선택하게 되었고, 새로운 관계 형성에 대한 기대감 등을 표출하면서 사회 안에서의 자신의 역할을 다시금 되새김하는 양상으로 이해할 수 있다. 이처럼 사회적 관계 형성에 대한 기대와 끊임없는 소통을 원하는 것으로 나타났다. 셋째, '환경적 여가 지속성'의 수준이 높을수록 참여자들은 친환경적인 도보여행길을 선호하였다. 또한, 환경문제의 심각성에 관해 인지하게 되면서 스스로 생태 보전을 위한 실천을 수행하고 있었다. 넷째, '경제적 여가 지속성'의 수준이 높을수록 참여자들이 방문한 도보여행길 지역을 관광하고 현지인과 소통하면서 현지 생산품에 대한 신뢰를 형성하게 되어 전통 시장, 현지 상인과의 직접 거래 등의 소비를 하고 있었다. 따라서 '경제적 여가 지속성'의 수준이 높을수록 대량생산품을 피하고 현지 물품을 주로 이용하는 것으로 해석하였다. 다음의 〈표 11-2〉는 중심현상의 속성과 차원을 도식화한 것이다.

〈표 11-2〉 중심현상의 속성과 차원 예시

중심현상	범주	속성	차원
지속가능한 여가 참여	진지한 여가 지속성	수준	강함 ——— 약함
	사회문화적 여가 지속성	정도	강함 ——— 약함
	환경적 여가 지속성	정도	강함 ——— 약함
	경제적 여가 지속성	정도	강함 ——— 약함

출처: 오세경(2014). 연구결과.

세 번째 선택코딩 단계에서는 도보여행 경험의 구조화를 구성하기 위해, 먼저 핵심범주를 설정하고, 개방코딩에 도출된 범주들을 서술하면서 개념화로 진척시키는 '이야기 윤곽'을 전개하였다. 본 연구의 핵심범주는 중심현상으로 나타난 '지속가능한 여가 참여'로 설정하였다.

> 건강한 삶을 살고자 하는 욕구가 높아지면서(인과적 조건) … (중략) … 도보여행을 통해 실현하고자 하는 개인의 가치와 개인의 내·외부적인 환경적 조건(맥락적 조건)으로 인해 지속적인 도보여행에 직·간접적인 영향을 미치게 된다. 여가시간이 증가함에 따라 여가기회가 확대되고(맥락적 조건) … (중략) … 참여자들은 도보여행을 체험하면서 지속가능한 가치에 대해 인지하게 되고(중심현상) … (중략) … 도보여행길 매력과 학습을 경험하게 되면서 지속적으로 참여한다.(중재적

> 조건) … (중략) … 반면에 시간적 여유 부족 등의 개인적 제약과 날씨의 영향, 교통의 편리성 부재, 자전거 도로와 맞물림, 화장실 취약, 공공질서 부재로 인한 환경적 제약 요인이 있다.(중재적 조건) … (중략) … 참여자는 지속적인 도보여행 활동으로 인하여 도보 행위와 자아 간의 상호작용을 통해 드러나는 생태지향적인 태도를 가지게 되었고 심신의 치유와 자유, 휴식, 쾌락, 성취 등을 느끼게 되면서 성취감을 느끼게 된다.(작용·상호작용 전략) … (중략) … 긍정정서를 느끼게 되어 개인의 질적인 삶을 향유하게 되었다고 한다.(결과) (오세경, 2014; 연구결과에서)

네 번째 단계로 저자는 과정 분석을 진행하였다. 과정 분석은 듀이(Dewey)의 경험주의를 바탕으로 도보여행자의 지속가능한 여가 참여 과정에 대해 분석하였다. 지속가능한 여가 참여 과정을 설명하기 위해 개인이 도보여행을 인식하게 된 시점부터 분석을 하였다.

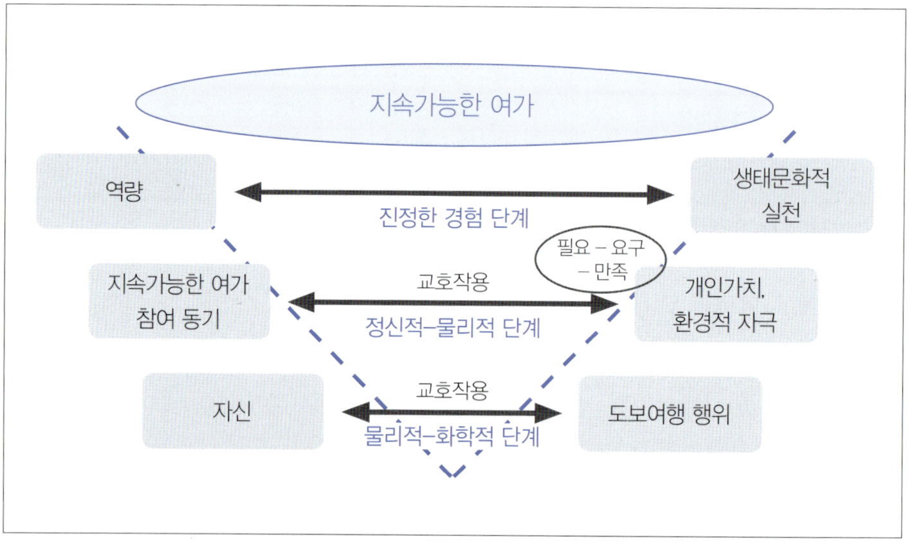

[그림 11-6] 도보여행자의 지속가능한 여가 참여에 관한 과정 분석 예시

이와 같은 스트라우스와 코빈의 코딩 분석 방법을 활용하여 도보여행자의 지속가능한 여가에 대한 개념화를 통해 지속가능한 여가 모델(LeSD: Leisure experience Sustainable Development)을 구축하였다.

> 본 연구에서는 지속가능한 여가경험 모델을 구축하기 위하여 다음과 같은 순서로 진행하였다. 첫 번째, 중심현상에서 나타난 연구참여자의 지속가능한 여가 참여의 하위범주인 진지한 여가 지속성, 사회문화적 여가 지속성, 환경적 여가 지속성, 경제적 여가 지속성에 나타난 연구참여자의 진술 내용을 바탕으로 세부 요인을 추출한 결과, 각 요인별 12개의 구성 요소가 도출되었다. 지속가능한 여가 모델(LeSD)은 개인이 도보여행에 관해 인식하게 된 시점부터 진정한 도보여행 경험에 이르는 단계까지의 성숙과정을 거치게 되면서 비로소 진정성이 있는 지속가능한 여가 참여를 통해 삶의 질적인 가치로 이끄는 행동 모델이다. (오세경, 2014; 연구결과에서)

또한, 저자는 지속가능한 여가 모델의 분석적 효용성을 검증하고 도보여행자의 입장을 밝혀 지속가능한 여가로서 도보여행을 위한 토대를 마련하기 위해 사례 분석을 추가로 실시하였다.

4) 평가하기

연구에서의 평가는 연구의 적용 능력을 높이고 가치와 질을 결정하는 과정이다. 근거이론연구의 평가 기준은 다양한 측면에서 발전해 오고 있다. 글레이저와 스트라우스(Glarser & Strauss, 1967)는 평가 기준으로 방법론의 함의 및 적용에 대한 일치성, 이해가능성, 보편성, 통제성으로 제시하였다. 글레이저(Glaser, 1992)는 연구결과에 대한 일치성, 작동성, 적절성, 수정가능성, 절약성, 시야로 평가 준거를 구체화하였고, 스트라우스와 코빈(Strauss & Corbin, 1998b)은 자료와 이론의 질, 연구과정, 경험에 근거하기로 구분하였다. 또한, 차마즈(Charmaz, 2014)는 맥락과 목적에 따라 신뢰성, 독창성, 반향성, 유용성으로, 브릭스와 밀스(Briks & Mills, 2015)는 연구자 숙련도, 방법론적 일치성, 과정의 엄밀성으로 제시하였다. 따라서 연구자는 자신이 발견한 이론의 잠재적인 활용가능성을 판단하기 위해 평가 준거에 맞는 성찰적인 자세가 필요하다. 근거이론 생성 과정에서의 평가는 윤리적인 측면에서 다양하게 구성될 수 있다. 이에 저자는 신뢰성, 전이가능성, 감사가능성, 확인가능성 등에 초점을 두고 연구를 진행하였다.

4. 근거이론가로서의 성장

근거이론은 개념에 중점을 두고 자료의 특성을 기록 · 비교 · 코딩 · 입증하면서 이론을 생성해 나간다(Mores, 2001). 이미 완성된 이론을 검증하는 것이 아닌 선입견이나 기존의 이론에서 벗어나 자유롭게 개념과 과정을 발견할 수 있다는 점에서 근거이론은 매우 유용한 방법론이다. 전 세계의 연구자들은 근거이론의 자료 생성과 수집, 분석의 경계를 지속적으로 확장하여 연구의 깊이를 한층 높이기 위한 다각적인 노력을 하고 있다(Birks & Mills, 2015; Charmaz, 2006). 이처럼 다양한 연구 영역에서 근거이론의 취지와 강점을 충분히 이해하고 담아내기 위해 노력하는 것은, 결국 이론적 · 방법론적 발전에 기여함과 동시에 사회현상을 발견하는 데 기여하는 것이다. 또한, 근거이론의 방법은 자료의 범주화 과정을 통해 다양한 관점에서 통합적이고 체계화된 이론 생성을 가능하게 하기 때문에 다학제 간 연구에 매우 유용하게 활용될 수 있다. 더 나아가 근거이론은 현장의 생생한 이야기를 관찰과 면담을 통해 수집된 자료에 근거한 이론 생성이기 때문에 학술 이론과 실제 현상 사이의 괴리를 좁히는 데 유용하다(김준현, 2010). 따라서 연구자가 근거이론의 가능성을 충분히 이해한다면, 근거이론은 언제든지 도전 가능한 방법론으로 자리매김 될 수 있을 것이다.

저자는 근거이론방법론을 적용하고자 하는 연구자를 위하여 세 가지를 제언하고자 한다. 첫째, 근거이론을 수행하기 전에 핵심 개념들과 수행 과정에 대한 학파별 이해가 필요하다. 국내에서 가장 활발히 활용되고 있는 스트라우스와 코빈 학파의 견해를 일방적으로 따르는 것보다는 연구자의 연구 방향에 맞는 입장을 따라야 한다. 둘째, 근거이론을 통해 발견해 낸 개념과 범주를 명확하게 하려면 기존 연구에서 통용되고 있는 관점과 일치하는지에 대한 여부를 검토해야 하며, 개념과 범주의 혼돈을 막기 위해 필요시에는 동일한 명칭을 사용함으로써 이론 생성을 위한 논의를 풍부히 해야 한다(김준현, 2010). 셋째, 연구자는 연구 현장에 대해 진정한 관심을 가져야 한다. 현장에서의 진정한 관심은 현장 자체에 대한 관심과 이를 이론적으로 해석하고 설명하기 위한 관심을 포함한다. 질적연구의 중심은 현장에 있으며, 연구자의 태도는 연구의 전 과정에 영향을 미치므로 이론적 민감성을 항시 염두하고 바라보아야 한다.

근거이론가는 마치 흰 도화지에 그림을 그리는 것과 같다. 화가가 그림을 그릴 때처럼 흰 도화지에 스케치(연구설계)를 하고, 스케치한 내용에 색을 칠하기 위해 다양한 도구(연구방법)를 사용하게 된다. 그림에서의 스케치는 정해진 틀이 아닌 유동적인 것이며, 그리고자 하는 내용의 밑바탕이 된다. 근거이론에서도 자신의 연구 분야에 대한 연구 설계는 자유롭고 유동적이며, 방법 역시 개방된 특성을 지닌다. 연구자가 근거이론 연구방법을 이해하고 연습을 통해 학문적으로 성숙하게 된다면 자신만의 신념에 따라 설계와 방법을 자유롭게 변용시킬 수 있는 역량을 지니게 될 것이다.

근거이론가의 역량은 기본적인 자질이 충족되었을 때 가능하다. 근거이론연구가는 연구자의 삶 자체가 질적이 되어야 한다. 당신의 일상생활에서조차 현상과 상황에 대해 의구심과 호기심을 갖고 사회를 바라보는 질적인 습관을 길러야 한다. 그럼에도 불구하고 연구자는 학문적인 연구를 하고 있다는 사실을 반드시 인식하고 있어야 한다. 학문적 지식을 배경으로 인간의 삶에 대해 관찰하고 내면을 드려다 볼 수 있는 통찰력과 창의성이 발휘될 때 진정한 해석을 도출할 수 있기 때문이다. 따라서 근거이론연구가는 전문가적 입장에서 유연함과 성숙한 전문가적 태도를 유지하도록 노력해야 한다.

생각할 문제

1. 근거이론과 다른 질적연구방법 중 한 가지 연구방법을 선택하여 이들의 주요 특성에 대해 서술하고, 근거이론과 자신이 선택한 질적연구방법의 공통점과 차이점을 찾아보자.

2. 근거이론에서의 연구참여자 선정방법과 기준에 대해 논의해 보자.

3. 근거이론 특성과 절차에 맞는 연구계획서를 작성해 보자.

CHAPTER 12

실행연구
: 현실에 안주하지 않는 자의 연구

김창아

당신은 현재 당신이 있는 곳에서 만족하고 있는가? 만약, 그렇다면 당신은 더 이상 다음 페이지를 넘길 이유가 없다. 실행연구는 다양한 삶의 현장 속에서 문제를 발견하고 그 문제를 해결하고자 하는 연구이기 때문이다. 하지만, 만약 당신이 살아가고 있는 사회와 현실의 불완전성을 인정하고 보다 나은 것으로 바꾸고자 한다면, 당신은 이 장을 주의 깊게 살펴봐야 할 것이다. 이 장에서는 당신이 몸담고 있는 현실이 정의와 평등, 그 밖에 당신이 꿈꾸는 이상을 실현하기 위한 아이디어를 발전시켜 나갈 수 있는 방법에 대해 안내한다. 또한, 당신의 아이디어와 실천이 당신이 살아갈 사회와 학계의 발전에 기여하기 위한 방법을 제시하고자 한다.

1. 실행연구의 이해

1) 실행연구의 발달과 세계적 동향

(1) 실행연구의 개념과 발달

실행연구는 연구와 실행을 함께 하는 연구방법이다. 실행연구라는 용어는 1930년대 중반 미국의 사회심리학자 쿠르트 레빈(Kurt Lewin)에 의해서 사용되기 시작한 것으로 '현장 개선'을 연구의 주요 목적으로 한다. 그러나 이 용어는 1970년대 이전까지 현장연구(field research)와 혼용되어 사용되었다.

실행연구는 주로 현장 실천가인 연구자가 연구참여자로서 활동하며, 순환적인 연구과정에서 '성찰과 적용'이라는 실제적 개입을 하는 연구방법이다(Williamson, Bellman & Webster, 2013). 또한, 실행연구는 이론과 실천의 간극을 최소화할 수 있으며, 현장 적합성이 높은 이론을 생성할 수도 있다는 장점이 있다.

실행연구의 요건에 대해 '산업 · 정부 · 고등교육에서의 실행연구를 위한 제1회 국제심포지엄'에서는 첫째, 연구자를 둘러싼 상황을 개선하거나 성찰하는 활동, 둘째, 연구자의 반복적 성찰과 실행, 셋째, 연구결과의 공유를 제시하였다(성열관, 2005, 재인용).

현장 활동을 강조하는 실행연구가 응용학문 분야에서 특히 주목받는 것은 기존의 '사회적 변화를 추구하는 연구들이 현장의 실천에 영향을 주는 데 실패'하였기 때문이다(Kennedy, 1997a). 학술연구 결과의 현장적용성은 특히 '교육, 농업, 보건, 공장의 작업환경, 벽지의 지역 사회' 등과 같이 변화와 개발 그리고 혁신이 요구되는 부분에서 그 필요성이 높다(Mills, 2005).

교육과 관련하여서도 학술연구의 현장적용 실패라는 문제는 재현되고 있다. 이에 대해 밀스(Mills, 2005: 39)는 실행연구가 교육 현장에 대해 설득력과 권위를 갖고, 현실적으로 적용이 가능하며, 현장 활용도가 높은 지속적인 연구 활동이라고 말한다. 더욱이 실행연구의 계획-실행-반성-평가라는 과정은 교육 집단이 일상적으로 실천하는 교육의 과정과도 매우 유사하다.

단순히 결과적으로 학교 현장에서의 교육활동 개선을 위한 실행연구는 이미 20세기 중반부터 스페인에서 시작되었다(Gómez, 2009). 그러나 질적연구를 표방하는 과정 중심의 실행연구는 레빈으로부터 시작되었다고 볼 수 있는데, 미국과 영국 그리고 호주에서 다음과 같이 발달하였다(Mills, 2005).

> 초기 실행연구자의 수많은 후계자가 다양한 학파의 실행연구 사상을 따르게 되었는데, 그중 미국의 실행연구 집단은 진보주의 교육운동-특히 듀이(Dewey)의 저작에 그 뿌리를 두고 있다(Noffke, 1994). 영국에서는 교육과정 개혁과 교직의 전문화에 더 비중을 두고 있으며(Elliot, 1991), 호주에서는 협동 교육과정 계획을 위한 운동으로 폭넓게 이루어지고 있다(Kemmis, 1982). (Mills, 2005: 30에서 인용)

미국, 영국, 호주에서 나타나는 실행연구의 특징은 세 가지 차원-전문적 차원, 개인적 차원, 정치적 차원으로 설명되기도 한다(Noffke, 1997: 2009). 실행연구의 전문적(professional) 차원은 수업의 변화, 실행연구의 개인적(personal) 차원은 교사의 변화, 실행연구의 정치적(political) 차원은 교직사회의 변화를 의미한다. 그러나 이러한 특징들을 각각의 개별 차원으로 한정 지어 생각할 수 있을까? 이와 관련하여 조용환(2015)은 '다차원적이고 중층적'이라는 표현을 통하여 실행연구의 특징을 말한다. 예를 들어, 교육에 있어서 수업은 교과와 학습자 발달에 대한 전문성이 필요하다. 이때 전문성을 갖춰야 할 주체는 바로 교사 개인이며, 교사의 전문성과 교육역량이 발휘될 수 있도록 교직사회의 변화가 함께 요구된다.

따라서 각 나라에서 나타나는 실행연구의 특징은 다른 차원에 비해서 특정 차원을 강조하는 것이지 다른 차원을 배제하는 것으로 이해해서는 안 될 것이다. 특히, 다원론적 인식론의 패러다임 속에서 교육은 지식의 전수-전달이 아니라 개별 존재로서의 학생과 그들의 삶의 향상에 목적을 두고 있다. 이러한 교육적 패러다임 속에서, 교육목적을 달성하기 위해서는 보다 적극적으로 교사 개인과 교직 사회의 유기적인 변화가 함께 요구된다는 측면에서 세 가지 차원의 상호역동성은 더욱 주목받는다.

2) 실행연구의 특징

(1) 이론적 토대

실행연구는 비판이론과 포스트모더니즘을 이론적 토대로 한다(김명섭 · 신혜숙, 2009; Mills, 2005). 비판이론은 개혁을 위한 민주주의의 과정을 지향한다는 점에 영향을 주었다. 또한, 포스트모더니즘은 실행연구에서 결과가 아닌 지식 형성의 과정과 '해체와 재검토'를 통하여 현재의 삶을 구성하는 기본 가정에 의문의 제기하며, 기존의 전통이나 관습 혹은 관료제로부터 개인의 해방을 추구한다. 즉, 포스트모더니즘은 평범하고 일상적이며 당연시되는 활동과 방식을 제삼자의 눈으로 보는 '낯설게 하기(defamiliarization)'를 통해 재검토함으로써 '보다 더 나은 삶'의 원동력이 된다. 이와 관련하여 케미스와 맥타갓(Kemmis & McTaggart, 2000)은 실행연구를 연구자와 교육주체가 동등한 입장에서 자신의 개인적 · 사회적 삶을 탐구하여 지속적으로 개선시키려는 과정 지향적 탐구 패러다임이자 민주적 연구절차로 설명한다.

(2) 연구방법으로서의 특징

연구방법으로서 실행연구가 갖는 특징은 순환성, 반복성, 개방성 그리고 현장성과 협동성에 있다. 순환성, 반복성, 개방성은 실행연구의 프로세스와 관련되며, 현장성과 협동성은 연구자와 연구참여자의 관계성 또는 입장을 나타낸다. 실행연구의 프로세스에서 나타나는 특징은 고전적 연구방법에서 나타나는 선형성과 폐쇄성에 대치되는 질적연구방법의 특징이다. 고전적 연구에서는 기존의 이론을 통한 가설 설정과 문제에 대해 연구결과가 도출되면 그것으로 연구는 종료된다. 그러나 실행연구에서 도출된 결과는 다음 연구문제로 환원되어 다시 일련의 과정을 통해 연구를 이어감으로써 순환성, 반복성, 개방성이라는 특징을 갖는다(김명섭 · 신혜숙, 2009; 이명숙, 2001). 또한, 실행연구는 현장에서 현장 구성원에 의해 이루어지는 연구이며, 연구자와 참여자가 현장 개선을 위해 함께 노력한다는 현장성과 협동성의 특징이 있다(조용환, 2015).

이와 같이 실행연구는 이론적 토대와 연구방법으로서의 특징에 의해 다음과 같은 특성이 있다. 첫째, 비판이론과 포스트모더니즘이라는 이론적 토대로부터 실행연구는 연구 활동에 대한 과정의 강조와 해방, 민주주의적 참여, 현실 개선을 목적으로 한다. 둘째, 실행연구는 연구 패러다임의 변화와 함께 발달한 연구방법으로서 질적연구가 갖는 순환성, 반복성, 개방성을 갖는다. 따라서 실행연구는 현장적합성이 높은 연구방법임과 동시에 이를 바탕으로 새로운 지식을 생성하는 연구라고 할 수 있다.

2. 실행연구의 주요 쟁점과 절차

실행연구는 사회과학 전반에 걸쳐서 다양하게 사용되어 왔으며, 최근에는 학교현장에서 그 중요성이 더욱 확산되고 있다(Mills, 2005). 또한, 실행연구는 기존 연구가 갖는 선형적, 통제에 의한 실험과 결과라는 한계를 극복하기 위한 연구방법으로 주목받는다. 특히, 실행연구는 연구자가 참여자로서 혹은 연구참여자와 함께 연구의 과정을 이끌어 가는, 연구자와 연구참여자의 협동성을 갖는다. 그런데 실행연구가 갖는 이러한 특징은 기존의 고전적 연구 패러다임과 상충하는 가운데 연구의 주체, 범위, 절차 및 그 중점이 무엇인지에 대한 논쟁을 촉발한다.

1) 실행연구의 주요 쟁점

(1) 실행연구의 주체

흔히 '연구' 또는 '연구자'라는 말은 대학의 교수나 학자 혹은 연구소에 소속된 연구원을 떠올리게 한다. 이와 함께 실행연구에서 주요 연구자인 현장 실천가는 그 자질을 의심받기도 한다. 그러나 케네디(Kennedy, 1997a; 1997b)는 오히려 현장 실천가의 자질이 연구자로서 충분할 뿐만 아니라 오히려 그들에 의한 연구가 현장 적합성이 높다고 말한다. 다음의 〈표 12-1〉은 케네디(Kennedy, 1997a; 1997b)가 제시한 것으로, 이론가가 현장의 변화를 위해 수행한 연구결과를 현장에 적용하는 데 따른 문제를 나타낸다. 케네디(Kennedy, 1997b)가 제시한 기존 학술 연구를 실제 현장에 적용할 때 나타나는 문제점과 현장 연구의 방법적 한계는 바꿔 말하면, 현장 실천가 중심 연구의 필요성이라고도 볼 수 있다.

〈표 12-1〉 학술연구와 교육 실천의 간극 발생 원인

	원인
①	설득력과 권위(The Persuasiveness and authority of Rewearch)의 문제
②	현장 적합성(The Relevance of Research)의 문제
③	접근방식(The Accessibility of Research)의 문제
④	체제의 안정-불안정성(The Stability and Instability of the Education System)의 문제

출처: Kennedy(1997a; 1997b), 재구성.

〈표 12-1〉에서 케네디(Kennedy, 1997a; 1997b)가 제시한 네 가지 원인은 현장성의 결여라는 공통점이 있다. 각각을 살펴보면 다음과 같다. ① 현장에 근거하지 않은 자료: 이론 중심의 기존 연구는 이론을 뒷받침하기 위한 실제 자료의 부족으로 설득력이 낮다. 또한, 특정 집단의 특성과 활동과정에 대한 사항을 구체적으로 제시하지 못함으로써 권위를 유지하기 어렵다. ② 현장에서 요구하는 문제에 대한 인식 부족: 현장에서 필요로 하는 일상적인 문제를 민감하게 인식하기 어렵다. ③ 현장 사용자가 활용하기 어려운 연구결과의 제시 방식: 현장 사용자에게 익숙한 방식으로 연구결과가 제시되지 못함으로써 연구결과를 활용하기 어렵다. ④ 현장 교사의 역량에 대한 인식 부족: 교육사를 살펴보면 교육체제와 교육풍조는 끊임없이 변화하고 있으며, 이에 따라 교육목표와 지도원리의 합의가 결여되고 있다. 또한, 논쟁을 조정할 중심 권위의 부재나 모든 가능한 아이디어를 포함하였으나 중점이 결여된 교재와 이의 재생산(reformed that are running at crosspurposes) 등의 문제가 확인된다. 하지만, 이러한 역사적 현실 속에서도 현장 교사들은 자신의 관점과 철학을 가지고 교육에 임하고 있다.

주버-스케릿과 파콰르(Zuber-Skerritt & Farquhar, 2002)는 이와 관련하여 현장 실천가에 의해 수행되는 실행연구가 학술적인 연구를 현장에 적용할 때 생기는 이론과 실제의 괴리 극복을 위한 주요 방법이라고 말한다.

(2) 실행연구의 범위- 실행연구와 실행 인류학 그리고 유사 연구와의 차별성

앞서 살펴본 실행연구의 이론적 배경과 그에 따른 순환성과 개방성, 과정 중심성 등의 특징은 일면 여타의 질적연구와의 차별성을 어렵게 한다. 뿐만 아니라, 우리나라에서 실행연구는 현장연구와 동일시되기도 해왔다. 그러나 실행연구와 여타의 연구방법은 분명한 차이가 있으며, 이를 간단히 나타내면 다음 〈표 12-2〉와 같다.

〈표 12-2〉 실행연구와 기타 연구 비교

	문화기술지	기타 질적연구	실행연구	양적연구
연구 목적	특정 문화와 문화 구성원에 대한 이해	연구참여자의 경험 이해와 해석	현장 변화	일반화
연구의 주요 장면	문화 내 삶의 터전	연구참여자의 삶	현장 업무	통제된 연구실 혹은 통제된 교실
주요 자료 수집 방법	참여관찰, 면담	심층면담	참여관찰, 면담, 설문조사	설문과 통계
절차상의 특성	전체 프로세스 내에서의 순환성, 반복성	전체 프로세스 내에서의 순환성, 반복성	전체 프로세스 내에서 그리고 실행 프로세스 내에서의 순환성, 반복성	단선적
연구자와 참여자의 관계	연구자는 한계를 갖는 참여자로 활동 가능	연구자와 연구참여자의 분리	연구자이자 참여자	연구자와 연구대상
연구자의 관여 정도	외부자 & 내부자 관점 유지	비의도적 관여 가능성 있음	현장 변화를 위해 직접 개입	조건 통제 이후에는 연구자의 개입 없음

출처: 김창아 · 김영순(2013); 이명숙(2001); 이용숙 · 유창조 · 김영찬(2013); 조용환(2015); Creswell(2010), 재구성.

〈표 12-2〉에서 제시한 바와 같이 일반적으로 양적연구 또는 타 질적연구의 경우에는 집단의 동질성 때문에 연구대상 혹은 연구참여자에 대한 표집과정을 중요시한다. 그러나 양자는 비교적 명확하게 구분할 수 있다. 양적연구는 집단의 동질성뿐만 아니라 환경과 조건의 통제가 필요하지만 질적연구는 연구 현장과 연구참여자의 자연스러운 일상생활이나 진술 속에서 나타나는 삶의 모습을 수집하고 그들의 경험에서 의미를 찾고 해석하고자 한다는 점 때문이다.

한편, 실행연구와 다른 질적연구의 가장 큰 차이는 연구의 목적과 절차 그리고 연구참여자와의 관계에 있다. 실행연구는 여타의 연구와 달리 연구자의 '직접 개입'을 통해 '현장의 변화'를 목적으로 하며, '순환적 과정'을 통해 이루어진다(김창아 · 김영순, 2013; 이명숙, 2001; 이용숙, 2001; 이용숙 · 유창조 · 김영찬, 2013; Creswell, 2010). 이를 구체적으로 살펴보면 다음과 같다.

1 연구자의 직접 개입

일반적인 질적연구에서는 면담이나 현장에서 확보한 자료를 연구의 주요 원천으로 삼는데, 이때 연구자의 개입은 최소화하여야 한다. 그러나 실행연구에서는 연구자의 현장 개입이 오히려 장려된다. 실행가인 연구자가 연구 현장에 적극적으로 개입하는 것은 현장 구성원으로서의 역할 수행이라는 점에서 오히려 자연스러운 행위이기 때문이다.

2 현장의 변화

대부분의 질적연구에서 연구의 주요 목적은 경험의 이해 혹은 현상에 대한 의미 부여와 해석에 있다. 그러나 실행연구는 현장의 변화에 목적을 둔다. 이때, 현장의 변화를 보다 극대화하기 위해서는 연구자의 성찰이나 이론적 혹은 논리적 타당성에 대한 고려뿐만 아니라 현장 동료, 연구참여자, 그 외 현장의 조직 구성원들과의 긴밀한 협력이 필요하다.

3 실행연구의 순환성

실행연구는 일련의 질적연구와 마찬가지로 순환성을 갖는다. 그러나 실행연구의 '순환성'은 일련의 질적연구의 순환성과 달리 내적 순환성을 포함한다. 일반적인 질적연구에서 순환성은 일련의 계획-자료 수집-성찰-분석-해석의 단계 중 이전의 단계로 돌아가서 일련의 절차를 다시 진행하는 과정을 통해 연구문제를 해결해 가는 것을 말한다. 이때 질적연구를 통해 정립된 결과는 다음 연구를 위한 자료 혹은 하나의 이론으로 정립될 수 있다. 실행연구는 이와 같은 질적연구 프로세스 내에서 이루어진다. 다음의 [그림 12-1]은 실행연구의 프로세스를 나타낸 것으로 일반적인 질적연구와 유사하게 나선형 모델로 표현할 수 있다.

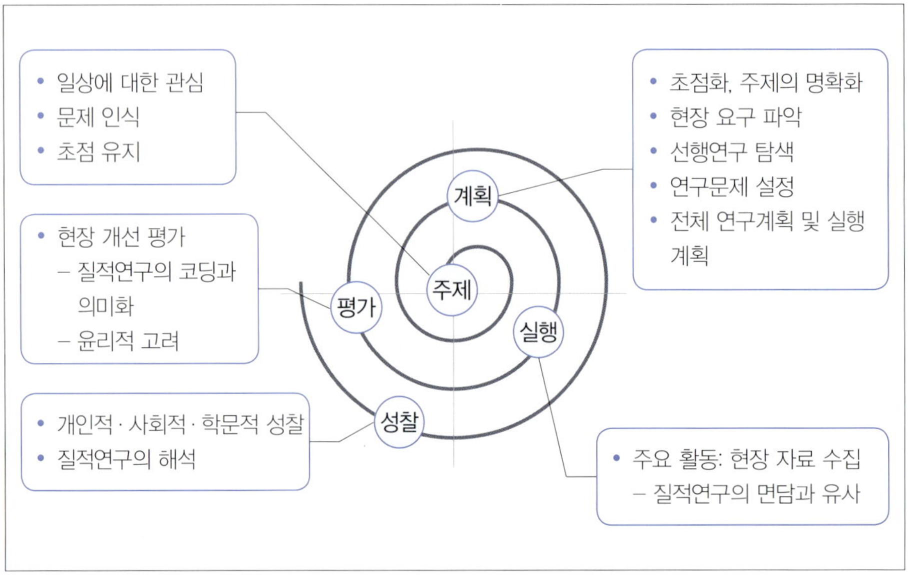

[그림 12-1] 실행연구 프로세스

[그림 12-1]에서 확인할 수 있듯이, 연구의 큰 틀은 일반적인 질적연구의 프로세스와 유사하다. 주제를 중심으로 연구를 계획하고 계획한 바를 직접 행동에 옮기며 자료를 수집한다. 그러나 실행연구는 연구자가 현장의 문제 해결을 위해 특정 기간 동안 직접 개입할 뿐만 아니라 그 과정에 대한 성찰을 바탕으로 수정된 사항을 해당 연구 수행 중 반영하여 현장에 다시 적용한다. 즉, 질적연구의 순환적 프로세스 내에서, 연구 내적 순환성의 특징을 갖는 것이다.

실행연구를 처음 접하는 사람은 흔히 학교 현장에서 교사에 의해 이루어지는 현장 연구(field-research)와 혼동하기 쉽다. 실행연구와 현장 연구는 교사에 의해서 이루어지고, 교육 현장을 기반으로 현장 개선을 목적으로 수행하는 연구이기 때문이다. 그러나 우리나라에서 이루어지고 있는 현장연구는 질적연구의 특성인 연구의 과정보다는 양적연구의 특성인 '계량'을 중심으로 이루어지며, '사전검사-사후 검사 형태의 연구보고 모형' 형태로 결과를 제시한다(조용환, 2015). 이러한 특성으로 인하여 현장연구라는 용어가 관행적으로 실행연구의 다른 이름으로 사용되지만, 같은 의미로 보기는 어렵다.

2) 실행연구의 절차-연구 과정

실행연구의 절차는 연구의 중점에 따라 다르다. 또한, 실행연구가 갖는 순환적 · 중층적 특성은 실행연구의 과정을 더욱 이해하기 어렵게 한다. 실행연구의 주요 모형을 정리하면 아래의 〈표 12-3〉과 같다.

〈표 12-3〉 실행연구의 모형

주창자(연도)	모형의 특징	단계
Lewin(1952)	나선형적 순환과정	계획–실행–검토–평가
Kemmis(1988)	나선형적 순환모형	검토–계획–최초실행–검토–반성–재고–평가
Calhoun(1994)	순환모형	관심 영역 선택–자료 수집–자료 조직–자료 분석과 해석–실행
Wells(1994)	순환모형	관찰–해석–계획 수정–실행–실천가의 개인 이론
Stringer(1996)	나선형으로 상호작용하는 순환모형	주시–숙고–실행
Sagor(2000)	반복적 순환모형	초점 선택–이론 명료화–연구문제 확정–자료 수집–자료 분석–결과 보고–정보에 근거한 실행
Creswell(2002)	역동적, 개방적 모형	연구방법 결정–연구문제 확정–자료원 파악–정보 확인–자료 수집–자료 분석–실행 계획 수립–계획 실행–효과 유무 검토
Mills(2005)	변증법적 나선형 모형	초점 영역 확정–자료 수집–자료 분석과 해석–실행 계획

출처: Mills(2005: 44–49), 재구성.

〈표 12-3〉에서 각 모형은 단선적으로 제시되고 있다. 그러나 각 모형에서 제시한 과정은 전체 실행연구의 순환과정 중 한 주기를 나타내는 것으로 이해해야 한다. 이러한 특징은 앞서 언급한 바와 같이 여타의 질적연구와의 차별점이기도 하다.

또한, 위에서 제시한 실행연구의 모형은 스트링거(Stringer, 1996)가 제시한 3단계, 크레스웰(Creswell, 2002)이 제시한 9단계와 같이 학자에 따라 각 단계의 설정에 큰 차이가 있다. 이와 같이 표면적으로 드러나는 절차상의 차이는 실행연구의 역동성과 순환성의 특성 및 유형 사이의 의미 있는 공통점을 확인하기 어렵게 한다 (Noffke, 1994). 그러나 각 모형은 실행연구의 과정에서 어디에 보다 관심을 갖고 있느냐에 따라 다른 형태로 나타난 것으로 이해해야 할 것이다. 레빈(Lewin, 1952)의 나선형적 순환과정은 실행연구의 과정을 설명한 것이지만, 케미스(Kemmis, 1988)에 의해 하나의 모형으로 정립되었다. 칼호운(Calhoun, 1994)과 웰스(Wells, 1994)의 모형은 이를 보다 단순화한 것인데, 특히 웰스의 경우 실천가의 개인 이론을 중심으로 하는 사각형 모델을 제시하였다. 스트링거(Stringer, 1996)의 모형은 레빈, 케미스의 모형과 같이 나선형으로 구성되지만 연구자의 관찰과 성찰의 유기적인 작용을 보다 강조한다는 특징이 있다. 세이거(Sagor, 2000)는 실행과정의 반복성에, 크레스웰(Creswell, 2002)은 실행연구의 결과를 다시 다음 실행의 계획을 세우는 지표로 삼는 데 중점을 둔다. 밀스는 앞서의 실행이 후속되는 실행에 영향을 주어 변화되었지만 과정상 동일하다는 점에 주목하여 변증법적 나선형 모형으로 설명한다. 따라서 〈표 12-3〉에서 제시한 실행연구의 절차 혹은 모형에서 중요한 것은 모형의 형태가 아니라 현장의 문제가 개선될 때까지 혹은 연구 현장에서 나타나는 문제의 원인이 소멸할 때까지 '반복'하여 '계획'하여 '실행'하고 이를 '반성적으로 검토'한다는 연구 내적 순환성과 반복성 그리고 이를 가능하게 하는 개방성이라 할 수 있다(김용식, 2008; 이용숙, 2005; 조용환, 2015; Mills, 2005; Sagor, 2010). 실행연구에서 연구자의 실행 과정을 간단히 나타내면 [그림 12-2]와 같다.

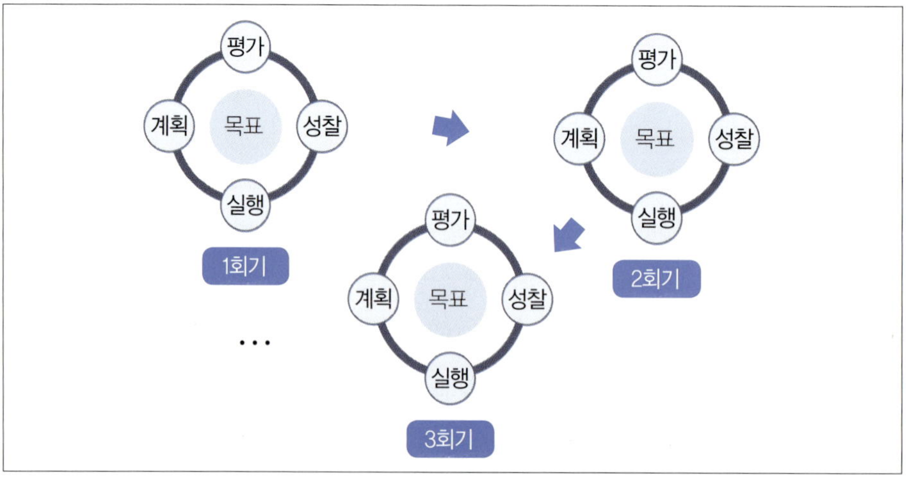

[그림 12-2] 실행연구에서의 실행 프로세스

[그림 12-2]에서 제시하는 실행 프로세스는 앞서 제시한 [그림 12-1]의 실행연구 프로세스 중 실행 과정만을 나타내지만, 전체 프로세스와 동일하게 반복적으로 순환된다는 것을 알 수 있다. 이처럼 전체 연구에서 그리고 연구과정 속에서 실천지향적인 연구를 다시 계획하고 실행하는 활동이 복합적으로 이루어진다는 특징으로 인하여 실행연구는 중층적 특성을 갖는다.

실행연구의 이러한 특징은 교육의 과정과 유사하다. 수업은 수업-검토의 과정을 따르지만 교육의 과정은 보다 포괄적으로 수업을 계획하고 실행하며 이를 평가한다. 또한, 그 결과는 다시 다음 수업을 계획하는 데 반영하는데, 이러한 전체 과정이 반복적이고 순환적으로 이루어지기 때문이다. 따라서 앞에서 제시한 〈표 12-3〉의 모형은 교육의 과정인 계획-실행-반성-평가의 순환적 과정으로 환원할 수 있다.

3. 새로운 현장에서의 교육적 변화를 위한 연구

실행연구 과정에 대한 이해를 돕기 위해 3, 4절과 5절에서 예시로 제시한 논문은 2015년에 학위를 받은 '교육연극을 통한 다문화 대안학교 초등학생의 협동학습 경험에 관한 연구'이다. 이 연구는 노프케(Noffke, 1997: 2009)가 제시한 실행연구의 세 가지 차원을 함께 확인할 수 있는 연구라는 의의가 있다. 연구의 주요 과정은 교육연극을 활용하여 우리나라 최초로 설립된 공립형 다문화대안학교 초등학생을 대상으로 실행연구의 방법을 활용하여 수업을 진행하고, 그곳에서의 교육활동 모습을 교육적 평등의 차원에서 해석하였다. 연구자는 연구의 과정에서 수업의 변화뿐만 아니라 수업의 내용과 형식에 대한 변화를 함께 고려하였다. 또한, 연구자는 현장에서 연구참여자들과의 상호작용을 통해 성찰함으로써 '초국적 이주 배경을 갖는 학습자'에 대한 이해를 증진할 수 있었다.

연구를 이끌어 가는 근원적인 질문은 '우리 교육은 초국적 이주 배경을 갖는 다문화가정 자녀에 대해 교육적 평등을 실현하고 있는가?'이다. 이러한 질문을 바탕으로 다원주의와 교육적 평등에 대한 이론적 논의를 통하여 초국적 이주 배경을 갖는 다문화 대안학교 학습자 대상의 교육이 국가가 보장하는 '개인의 특성과 잠재력을 발현하는 데 한계'를 갖는다고 보고, 양질의 교육을 통한 보완의 필요성을 말하였다. 또한, 이를 실행하기 위한 구체적인 방안으로 교육연극을 활용한 협동학습을 계획하였다.

교육연극은 교육자인 연구자의 '흥미로운 수업'에 대한 관심을 반영한 것으로, 학습자의 요구를 고려하여 다양한 방식으로 수업에 활용할 수 있는 교육활동이라는 특징이 있다. 이러한 특징은 교육연극이 형식상 넓은 스펙트럼을 갖고 간학문성과 범교과성이라는 특성이 있다는 데 기인한다. 더욱이 연극적 활동에 내포된 은유성은 교육적 과정을 통하여 이질성이 높은 학습자 집단의 활동에서 발생 가능한 여러 가지 갈등의 양상을 파악하고 함께 극복하기 위한 협동학습의 구체적인 방안으로 적합할 것으로 생각하였다. 연구자는 수업을 위해 구안한 교육연극 프로그램을 통해 ㅎ 학교에서 방과후 교사로 약 1년간 활동하며, 총 3회의 프로그램을 23번의 수업을 통해 실행하였다. 교육연극 수업의 연구참여자는 총 16명으로, 6명의 교사 참여자가 피드백을 주었고 10명의 학생 참여자와 교육연극 수업을 진행하였다. 이 과정 속에서 교육연극 수업은 단순한 재현으로부터 목적을 갖고 규칙성이 있는 학습으로서의 수업으로 변화하였다.

연구의 주요 과정은 문화기술지적 방법을 활용한 실행연구 방법으로 시행되었다. 실행연구는 문제 해결 혹은 현장 개선을 목적으로 하는 연구방법이기에 이미 존재하는 문제 혹은 개선이 필요한 현장이 전제 조건이다. 그러나 다양성이 증대되는 사회에서 발생하는 문제와 '개선이 필요한 상황'은 급증하고 있으며, 그 문제는 대부분 '과거와 다른 양상'으로 나타난다(김명섭 · 신혜숙, 2009). 따라서 기존의 학교 현장에서 수행한 연구를 바탕으로 제시한 모형은 그대로 수용되기 어려우며, 새로운 현장에 맞게 변형되어야 한다.

특히, 연구자가 주목한 ㅎ 학교는 기존의 학교와 다른 체제를 가지고 있으므로, 그곳에서 이루어지는 교육이 어떠한 것인가에 대한 탐색이 필요했다. 그러나 단지 관찰자로서 학교의 생활을 살펴보는 것은 자연스러운 현장의 모습을 아는 데 한계가 있으며, ㅎ 학교 구성원에게 오히려 피해가 될 수 있다. 따라서 ㅎ 학교에도 도움이 되고, ㅎ 학교의 모습을 자연스럽게 확인할 수 있는 참여가 필요하다. 이러한 필요성에 의해 연구자는 방과후 수업 교사라는 신분으로 ㅎ 학교의 교육활동에 참여하여 연구를 수행하였다.

1) 연구의 계획

(1) 문제의 인식

연구를 시작하기 위해서는 계획이 필요하다. 그러나 실행연구를 하는 몇몇 학자는 '계획 이전의 준비' 과정을 연구 모형에 포함함으로써 그 중요성을 강조한다. 크레스웰(Creswell, 2002)의 9단계 모형에서는 연구방법의 결정-연구문제 확정-자료원 파악-정보 확인-자료 수집-자료 분석이라는 여섯 개의 단계 이후에 계획 단계를 제시한다. 실행연구는 연구자가 현장 활동가로서 직접 활동을 하고 그 활동을 통해 현장의 변화를 이끌어 내는 것이 주요 목적이므로 계획 이전에 현장과 관련한 모습을 세밀히 파악하는 것이 필요하다. 같은 맥락에서 칼호운(Calhoun, 1994)의 관심 영역 선택-자료 수집 단계 그리고 케미스(Kemmis, 1988)의 검토 단계 등은 모두 계획을 위한 전 단계에 해당한다. 이러한 사실은 다음의 두 가지 사항을 나타낸다. 첫째, 실행연구는 연구의 계획 이전에 관심 영역의 선택(Calhoun, 1994)이나, 수집한 자료의 분석과 해석(Mills, 2005)이 이미 이루어진다. 둘째, 계획 이전의 모든 과정은 '계획'이라는 연구자의 행위를 통해 명료화된다. 이때, 계획은 전체 연구계획과 실행을 위한 활동 계획을 모두 포함한다(Kemmis, 1988; Lewin, 1952; Mills, 2005; Wells, 1994).

실행연구에서는 여타의 질적연구와 달리, 연구계획 이전에 주제와 관련한 자료의 수집과 검토를 절차상 명시적으로 요구한다. 이것이 타당한 것은 연구자가 곧 활동가로서 일상적으로 연구 현장을 접하며, 자신의 관심을 유지하기 때문이다. 아래의 예시는 현직 교사인 연구자가 평소 갖고 있던 교육적 관심을 어떻게 연구주제로 발전시키는지를 보여 준다.

> 교육활동에 대한 연구자의 실제적인 관심은 1999년 처음 교직 생활과 함께 시작되었다. 연구자가 첫 학교에 발령받았을 때, 선배 교사들은 방학이나 근무 후 시간을 통해서 자신의 전문성 함양을 위해 학업을 수행하거나 각종 연수를 이수하는 등의 노력을 하고 있었다. 또한, 이들은 보다 좋은 수업을 위해 동료 장학이나 공개수업도 하였다. 그러나 교사들의 지속적인 노력과 달리 학습자들은 학습을 어렵거나 재미없는 것으로 생각하는 듯하였다. 그것은 연구자에게 하나의 딜레마였다.… (중략) … 이 같은 고민 속에서 연구자는 2006년 서울교육대학교에서 동계 프로그램으로 진행된 교육연극 연수를 신청하였다. 이 연수를 통해 연구자는 교육연극이 교사와 학습자가 즐겁게 교육활동을 실현할 수 있는 하나의 희망이 될 수 있겠다는 생각을 하게 되었다. (김창아, 2015: 연구동기에서)

위의 인용에서 연구자는 학교 교사로서 자신의 삶의 터전과 그곳에서 일상적으로 이루어지는 개인적 경험에 대해 '낯설게 보기'를 하고 있다. 이를 통해 연구자는 현장의 '교육활동'에서 나타나는 문제를 인식한 것이다. 연구자가 일상생활에서 탐지한 교사와 학습자의 학습에 대한 생각 차이에 대한 고민은 이후 '쉽고 재미있는 교육'에 대한 탐구로 이어졌다. 이후 연구자의 관심은 초점이 유지되는 가운데 '다문화'라는 사회적 변화에 의한 새로운 장면으로 발전하면서 '공립형 다문화학교에서의 교육'은 어떠한지에 대한 생각으로 좁혀졌다.

(2) 현장의 요구 반영을 위한 선행연구 탐색과 주제의 정교화

주제의 정교화는 연구자가 '주제를 초점화하고 관련 이론을 명료화하며, 연구문제를 설정'하는 과정이다(Sagor, 2000). 실행연구에서 이 과정은 개인의 관심이 현장의 요구라는 사회적 필요성을 반영하기 위해 선행연구를 분석함으로써 학문적 발달로 이어지는 과정이기도 하다. 선행연구는 말 그대로 나보다 앞서 행해진 연구를 말한다. 따라서 연구자가 활용하는 선행연구에는 학술대회에서 발표된 자료뿐만 아니라 특정 분야의 대가로 인정받는 학자가 평생을 들여 구축한 이론도 포함된다. 선행연구 분석은 연구자가 연구 방향을 설정하거나 이론적 배경을 구축하고 연구의 계획을 개발하는 데도 관여한다. 또한, 연구자가 계획한 연구의 실행 중 수집한 자료를 분석하고 해석하는 틀도 선행연구를 기반으로 구축된다.

실행연구를 수행하는 연구자는 연구 현장의 요구를 파악하여 연구주제를 명료화하고, 선행연구 자료를 수집하여 주제와 관련한 사항을 면밀히 분석함으로써 연구에 대한 시사점을 도출하고 활용한다. 연구자는 이 과정을 통하여 연구계획을 수립할 뿐만 아니라 연구에서 요구되는 이론을 명료화하고, 세부적인 실행 계획을 구축할 수 있다. 아래의 인용에서는 교육활동 계획을 수립하기 위해 연구자가 확인한 현장의 요구가 어떻게 연구주제로 그리고 구체적인 실행 계획으로 발전하는지를 나타내고 있다.

> 학교 관리자는 한국어도 잘 못하는 아이들이 학교에 와서 하루 종일 한국어를 공부해야 하는데, "아이들이 너무 지칠 것 같다."라고 하며, '다양한 형태의 한국어 교육'에 대한 필요성을 언급하였다. (김창아, 2015: 방과후 교육연극 수업의 준비에서)

위의 인용에서 '다양한 형태의 한국어교육'은 '현장의 요구'로서 연구자에게 연구 방향을 제시한다. 이와 함께 연구자는 학교 관계자의 요구 속에서 다문화가정 자녀의 '한국어 교육'에 대한 '기본 가정'을 탐지하고 이에 대해 의문을 갖게 되었다.

> 왜냐하면, 우리나라의 문맹률은 세계적으로 낮음에도 불구하고, 공교육 이탈현상은 1990년대부터 꾸준히 이어지고 있기 때문이다(교육인적자원부, 2007; 이병환 · 김영순, 2008).… (중략) … 언어와 대화 능력에 큰 문제가 없는 다문화가정 자녀의 경우에도 학교생활에 어려움을 보이고 있다. … (중략) … 협동학습은 ㅎ 학교의 구성원과 같이 이질적 특성이 높은 집단이 갖는 긍정적인 발전 가능성을 높인다(Johnson & Johnson, 2002: 16). (김창아, 2015: 연구의 목적 및 배경에서)

많은 선행연구는 다문화가정 자녀의 학교 이탈현상의 주요 원인을 언어문제로 보고 있다. 또한, 연구 현장인 ㅎ 학교는 다문화가정 자녀의 학교 이탈현상에 대한 대안으로 설립되었다. 그러나 위의 인용에서도 나타나듯이 언어적으로 문제가 없는 비다문화가정 출신 자녀의 경우에도 학교 이탈현상은 '꾸준히' 이어지고 있다. 연구자는 선행연구 탐색을 통해 한국어 교육은 도구 교과의 차원을 넘어야 하며, '의사소통'은 '이해와 공감'을 기반으로 해야 한다는 것과 교육은 학습자에게 유의미한, 그래서 '지루하지 않고', '흥미 있는' 것이어야 한다는 생각을 하게 되었다. 또한, 처음 개교하는 상황에서 이질성이 높을 것으로 예상되는 불특정 학습자를 대상으로 교육활동을 계획해야 하므로 이에 대한 고려도 필요하다고 보았다.

연구자가 확인한 현장의 요구는 선행연구 탐구를 통하여 '교육적 평등', '의사소통', '협동학습', '교육연극' 에 대한 이론적 탐색과 명료화 과정으로 이어졌다. 아래의 인용은 교육연극에 대한 이론적 탐색 부분이다.

> 총체적 언어 교육의 측면에서 워셀(Wessels, 2008: 162)은 연극의 필수 요소를 희곡(이야기)과 표현활동으로 보았다. 연극은 원시시대부터 시작된 인류의 가장 오래된 놀이 중 하나이다(김창화, 2003: 13). 키케로는 "인생은 곧 연극"이라고 말함으로써 연극이 삶을 은유(mimesis)적으로 표현한 것임을 말하였다. 연극이 삶의 은유(mimesis)라는 말은 연극이 인간의 삶의 경험과 감성을 포함한 이야기를 극으로 표현하기 때문이다. (김창아, 2015: 이론적 논의에서)

또한, 이러한 과정을 통하여 연구자는 ㅎ 학교의 교육연극 수업에 참여한 학습자들의 변화 양상은 어떠한가?와 ㅎ 학교의 교육연극 수업에 참여한 학습자들의 협동학습 경험은 어떠한 의미를 지니는가? 라는 연구문제를 설정하였다. 이후 연구자는 현장에서의 실행을 위해 교육과정과 교과서, 학교 구성원의 의견을 수렴하여 아래와 같이 수업의 성격과 목표를 설정하게 되었다.

> ㅎ 학교에서 시행한 방과후 교육연극 수업은 일반 교과와 특성화 교과의 심화 · 보충적 성격을 갖는다. 또한, ㅎ 학교 학습자는 일반 학교 학습자에게 기대하는 국가교육과정의 목표를 함께한다는 교육적 평등의 목적을 공유한다. 교육연극 수업은 크게 오리엔테이션, 이야기하기, 연극하기로 구성하였다. 교육연극 프로그램의 주요 활동은 상호 의견교환을 통한 이야기 만들기와 연극적 표현활동이다. 또한, 전체 수업은 초등학생의 발달 수준을 고려하여 놀이-즉흥 표현-연극적 표현으로 확장될 수 있도록 구안하였다. 교육연극 프로그램의 전체 흐름은 크게 3단계로 계획하였다. 수업의 최종 목표는 함께 선정한 이야기를 대본으로 만들고, 그것을 연극으로 표현하는 것이다. (김창아, 2015에서 제시한 교육연극 수업의 주요 활동 계획)

연구자는 위의 인용을 바탕으로 아래의 〈표 12-4〉와 같이, 보다 구체적인 수업의 흐름을 세 단계로 나누어 제시하였다. 아래의 표에서는 일반적인 교육 프로그램과 달리, 단계별 소요 기간이 명시되어 있지 않다는 특징이 있다. 이러한 특징은 '처음 운영되는 학교'라는 연구 현장의 특성을 반영한 것으로 볼 수 있다.

〈표 12-4〉 교육연극 수업의 단계별 주요 활동

단계: 활동	내용
1단계: 오리엔테이션	• 놀이를 통한 마음 열기, 간단한 수업 안내, 수업의 목표 정하기
2단계: 이야기하기	• 학습자가 선정한 이야기를 함께 알기 • 학습자가 선정한 이야기 속 인물을 생각하며 내가 생각하는 이야기를 만들고 표현하기(이야기의 배경, 인물의 행동, 소품, 대본 포함) • 인물이 되어 생각하기(감정이입)
3단계: 연극하기	• 이야기 만들기 활동을 통해 만든 이야기를 연극으로 표현하기

〈표 12-4〉에서는 연구자가 이론적 탐색을 통해 명료화한 교육연극에서의 '이야기'와 삶의 은유적 표현인 '연극'을 교육적 관점에서 어떻게 활용할지에 대한 아이디어를 확인할 수 있다.

2) 현장에서 실행하기

현장에서의 실행은 현장 개선이라는 목적을 달성하거나 더 이상의 시간이 없을 때까지 이루어진다. 즉, 이를 제외한 경우, 실행연구는 몇 주기를 시행하든지 순환적으로 반복된다. 그러나 실행연구에서의 연구 현장은 환경과 연구자 그리고 참여자 간의 상호역동성에 의해 예상치 못한 변수가 발생할 수 있다는 점을 고려하여야 한다. 다음의 〈표 12-5〉에서 사례의 연구자는 '더 이상의 시간이 없을 때'라는 조건의 충족으로 연구를 종료하였다.

〈표 12-5〉 실행연구의 종료 시기

1분기(1학기): 4월 19일 ~ 6월 28일, 매주 금요일		2분기(여름방학): 7월 22일 ~ 8월 2일, 월, 화, 금요일		3분기(2학기): 9월 4일 ~ 11월 27일, 매주 수요일	
차 / 날짜	장소	차 / 날짜	장소	차 / 날짜	장소
1차 / 4. 19.	강당	1차 / 7. 22.	교실	1차 / 9. 4.	교실
2차 / 4. 26.	강당	2차 / 7. 23.	교실	2차 / 9. 11.	교실
3차 / 5. 3.	도서실	3차 / 7. 26.	교실	3차 / 9. 25.	교실
4차 / 5. 10.	도서실	4차 / 7. 29.	교실	4차 / 10. 2.	교실
5차 / 5. 24.	도서실	5차 / 7. 30.	교실	5차 / 10. 16.	교실
6차 / 6. 5.	동네 걷기	6차 / 8. 2.	교실	6차 / 10. 23.	교실
7차 / 6. 21.	도서실			7차 / 11. 13.	교실
8차 / 6. 28.	교실			8차 / 11. 20.	교실
				9차 / 11. 27.	강당
14:30 ~ 16:00 / 쉬는 시간 10분 포함		1, 2차 12:30 ~ 13:10 3, 6차 9:00 ~ 10:20 4, 5차 12:40 ~ 14:00		15:30 ~ 17:00 / 쉬는 시간 10분 포함	

출처: 김창아(2015). 연구대상과 연구참여자.

〈표 12-5〉에서도 알 수 있듯이, 연구자의 연구 현장은 일반 학교와 다르게 최대 1년간의 위탁교육 기간을 갖는다. 이에 따라 이 학교에서는 방과후 수업의 운영을 연간 4분기로 진행하는 일반 학교와 달리 3분기만 진행한다. 따라서 연구는 현장의 교육과정이 종료되는 시기와 함께 1년간 총 3회기의 교육연극 프로그램을 실행하고 종료되었다. 연구자가 실행한 수업 참여자의 특성은 아래의 인용과 같다.

> S-9와 S-1은 9살과 16살로 7살의 나이 차이가 있다. 또한, 구성원은 S-3의 추가 참여로 남자 3명, 여자 3명의 혼성이다. 이들은 언어 · 문화적 배경에서도 중국, 베트남, 태국이라는 출신국에 의해 차이가 있다. 또한, 이들은 좋아하는 과목이나 싫어하는 과목, 성격 등과 같은 개인적 취향이 모두 다를 뿐만 아니라 S-1의 경우에서 나타나듯이 좋아하는 과목과 자신 있는 과목도 다름을 알 수 있다. 특히, '한국어를 배우기 위해' 학교에 오는 S-9와 달리 S-1은 '베트남어 선생님'이 되고 싶다고 한다. S-1의 장래 희망은 S-1의 경험에 의한 것으로 '베트남어를 가르쳐 주는 사람이 없

> 어서'라는 경험에 근거하고 있음을 알 수 있다. (김창아, 2015: 협동학습 참여자 경험의 의미 중에서)

위의 인용에서는 연구자가 자료 조사와 현장 방문 및 현장 관계자와의 인터뷰 등과 같이 다양한 자료를 통해 계획한 수업에서도 예기치 못한 상황이 발생할 수 있다는 것을 알 수 있다. 연구자는 학교의 특성상 학습자들의 다양성을 예상했지만, 출신국에 따른 문화적 · 언어적 차이만을 고려하였다. 그러나 실제 현장에서 연구자가 만난 학습자들은 나이 차이가 많았으며, 이에 따른 발달상의 차이와 수업 참여에 대한 기대도 달랐다. 이는 실행연구가 고전적 연구방법과 달리 조건 통제를 하지 않기 때문에 나타나는 자연스러운 것으로, 실제 상황에서 연구자는 변화하는 상황에 유연하게 대처하는 개방적인 마음을 갖는 것이 필요하다.

3) 보다 나음을 위한 성찰(reflection)

실행연구의 주요 목적인 현장의 개선을 위해서 실행자의 성찰(reflection)은 중요하다(조용환, 2015). 실행연구를 수행하는 연구자의 계획과 노력이 항상 최선의 결과를 보장하지는 않는다. 그러나 자신의 활동에 대한 성찰은 보다 나은 다음 계획을 수립할 수 있는 가능성을 키워 준다. 따라서 실행연구에서 성찰은 모든 수업이 끝난 후뿐만이 아니라 한 회기 내의 매시간마다, 매시간이 끝난 후에도 필요하다.

앞서 사례의 연구자는 수업과 교사 자신 그리고 교육 공동체에 대해 성찰하고 이를 다음 수업에 반영하였다. 이는 노프케(Noffke, 1997: 2009)가 제시한 개인적 차원, 전문적 차원, 정치적 차원에서의 성찰에 해당한다. 아래에 제시한 인용에서 사례연구자는 연구참여자와의 상호작용을 개인적 차원의 성찰을 통하여 '자기중심적 이해'로 판단하였다.

> 공감이 배제된 채 이루어지는 의사소통은 기능을 중시하는 산업사회의 전통을 답습하는 것과 같다. 또한, 타인을 고려하지 않은 채 이루어지는 이해는 이해라고 할 수 없을 것이다. 이러한 측면에서 S-9의 그림에 대한 교사의 질문과 그에 따른 안내는 S-9를 이해하거나 공감하지 않은 채 S-9의 그림을 판단한, 교사의 자기중

심적 이해라고 할 수 있을 것이다. (김창아, 2015: 협동학습 참여자 경험의 의미 중에서)

위의 인용은 총 3분기에 걸쳐 시행된 교육연극 활동에서 2분기의 어느 수업 후 이루어진 것이다. 즉, 회기 내 성찰에 해당한다. 연구자는 참여자의 의견을 청취하지 않은 채 의견을 제시하였고, 이후 나타난 참여자의 모습에서 연구자의 의견이 적절하지 못했음을 깨닫고 이에 대한 본질적인 원인에 대해 성찰한 것이다. 이와 달리 아래의 인용은 연구자의 전문적 차원의 성찰이자, 1분기 수업 중 이루어진 성찰에 해당한다.

교육연극은 학습자의 능동성과 흥미성을 중요하게 여긴다. … (중략) … 참여자의 흥미성이 결여된 경우 능동성은 보장할 수 없다. 이러한 측면에서 교육연극 교사가 첫 수업을 위해 준비한 활동은 비록 게임 형태를 유지했으나 참여자의 흥미를 반영하지 못한 것이라 할 수 있다. (김창아, 2015: 교육연극 수업 단계별 참여 학생들의 변화 중에서)

위의 인용에서 연구자는 '흥미 있는 수업'을 계획하였지만, 수업 중 연구참여자들의 반응을 통하여 자신의 수업이 의도한 바를 달성하지 못하였음을 확인하였다. 연구자는 이에 대한 원인을 새롭고 다양한 '학습자 요구에 대한 이해 부족'으로, 즉 아동발달에 대한 전문성 부족으로 보고, 연구참여자들의 의견을 구하여 반영하였다. 아래의 인용은 3분기 수업의 계획에 해당하는데, 2분기 수업 전반에 대한 연구자의 성찰이 교직 문화의 변화와 관련한 정치적 차원으로 이어진 것을 확인할 수 있다.

무대 공연이라는 생각은 지난(2분기 수업) 수업에서 아이들이 마지막 날 연극을 할 때, 선생님들이 보러 오지 않으신 데 대해 실망했던 아이들의 모습 때문이다. 그날 S-1과 S-3은 평소와 다르게 옷차림에 꽤 신경을 썼다. 또한, S-1과 S-3이 수시로 "선생님, 언제 와요?"하고 묻던 것이 기억난다. … (중략) … 뿐만 아니라, 아래의 일지에서 나타나듯이 ㅎ 학교의 교사들과 학습자들은 연극공연에서 스태프 혹은 관객의 역할을 하였음을 알 수 있다. … (중략) … 방과후 선생님은 오늘 공연 관람은 초등학생만을 대상으로 할 것이라 말씀하심. 무대 밑에 의자가 채워지고 방

> 송 담당 선생님도 오셔서 무대 위에 스피커를 올려 주셨음. (김창아, 2015: 협동학습 참여자 경험의 의미 중에서)

위의 인용에서 연구자는 2분기 수업에서 나타났던 연구참여자들의 기대와 실망의 원인을 확인하고 이를 수용하고자 '무대 공연'을 계획하였다. 연구참여자들의 요구와 연구자의 성찰을 통하여 ㅎ 학교 초등학생과 교사가 함께하는 공연이 만들어지게 되었다. 이와 함께 위의 인용에서는 실행연구에서 각 회기의 결과가 다음 계획에 반영된다는 '개방성'을 함께 확인할 수 있다.

4) 모두가 함께하는 평가

실행연구에서 평가과정은 현장의 변화를 위한 일련의 노력이 그 목적을 달성하였는지를 확인하는 과정이다. 또한, 평가의 결과는 다음 회기에 반영된다. 전통적으로 이러한 평가는 연구자 혹은 교사에 의해 이루어졌다. 그러나 연구자와 참여자의 소통을 중시하고 연구의 과정을 상호작용적 과정으로 인식하는 실행연구에서 평가의 주체는 연구참여자와 동료를 포함한다.

사례에서 교육연극 수업의 평가는 연구참여자와 교사 참여자에 의해 이루어졌다. 평가의 주요 내용은 이야기의 현실 반영성, 의사소통의 측면, 협동학습과 관련한 것이다. 이야기의 현실 반영성은 연구참여자들이 만든 이야기가 그들의 삶의 은유로서, 그들이 이해하고 공감할 수 있는 유의미한 것인지를 확인하기 위한 것이다.

> 그럼 수업 시간에도 우리 연극 시간이랑 똑같은 거야? 하고 묻자, "사실 다 똑같아요." (김창아, 2015; 교육연극 수업 단계별 참여 학생들의 변화 중에서 학생 평가)

> 교사: … (중략) … 다음에 할 땐 이렇게 이렇게 했으면 좋겠어요~ 하는 점은 뭐가 있을까? / S-5: 원래는 원래는 이렇게, 이렇게 어.. 그... 대본을 보고 읽으면서 행동을 했으면 좋겠어요.… (중략) … / S-2: 선생님 선생님, S-6 다 그랬어요. S-6은 천에다 그림을, 아니 종이에다 그림을 그렸으면 좋겠대요. 그 천(스카프) 말고. 그리고 배경도 종이에다 더 많이 그리고 그랬으면 좋겠대요. (김창아, 2015; 교육연극 수업 단계별 참여 학생들의 변화 중에서)

위의 인용에서와같이 연구참여자에 의한 평가는 주로 비형식적인 면담을 통해 이루어졌고, 부분적으로 그룹면담을 활용하였다. 또한, 아래의 교사 참여자에 의한 평가는 평소 학생 참여자들의 일상적인 학교생활 모습과 연구 활동 내에서의 모습을 비교하기가 용이하다는 장점이 있다.

> S-10은 수업할 때보다 조금 활기가 더 있는 것 같았어요. 수업할 때 모습이 그런 모습은 아닌 것 같아요. 엎드려 있지도 않고, 손을 물어뜯지도 않고. (네, 그런 모습은 못 봤어요). 네. 손을 막 뜯는다거나 그런 행동이 자주, 자주 뭐라고 해야 하나. 그래도 저렇게 바르게 앉아 있고, 몰입해 있는 모습... 저는 잘 참여하고 있다고 느껴요. (김창아, 2015; 교육연극 수업 단계별 참여 학생들의 변화 중에서 교사 평가)

4. 실행연구에서의 자료 수집과 분석

1) 실행연구에서의 자료 수집

실행연구에서 활용하는 자료에는 연구의 전반적인 사항을 기록하는 연구자 노트와 참여관찰일지, 수업관찰기록 그리고 학교 구성원과의 형식적 · 비형식적 면담 자료가 있다. 이러한 자료 수집 방식은 문화기술지에서 흔히 사용된다(Spradley, 2006: 58). 자료는 현장에서만 수집할 수 있는 자료와 현장 밖에서도 수집할 수 있는 자료로 나눌 수 있다. 현장에서만 수집할 수 있는 자료는 대부분 실행 과정에서 나타나는 자료로서 특정 상황 · 맥락에서 나타나는 순간적이고 일회적인 특징을 가진 경우가 많다. 문화기술지에서는 주로 현장메모와 녹음 그리고 사진 촬영을 활용한다. 참여관찰 중 간략하게 작성한 현장메모는 연구 현장을 빠져나온 후에 이를 구체적으로 기술하여 참여관찰일지로 작성한다. 그러나 실행연구를 수행하는 연구자는 대부분 연구참여자와 함께 특정 목적을 달성하기 위한 행위를 하는 중에 의미 있는 자료를 접하는 경우가 많으므로 현장메모를 작성하기가 용이하지 않다. 따라서 실행연구에서 연구참여자의 행위를 있는 그대로 남기기 위해서는 비디오나 카메라,

녹음기 등을 적극적으로 활용하는 것이 필요하다.

현장에서 수집할 수 있고 누가적 혹은 반복적으로 생산되는 자료로는 연구자의 현장 활동에 대한 기록물인 수업일지와 참여자가 활동을 통해 생산하는 자료가 있다. 특히, 참여자가 활동을 통해 생산하는 자료에는 그림, 조형물, 글쓰기 작품 등이 포함된다.

현장 밖에서도 수집할 수 있는 자료는 대부분 문헌 자료에 해당한다. 그러나 많은 경우, 연구 현장과 관련한 의미 있는 문헌 자료는 현장 밖에서 수집하기가 용이하지 않다. 예를 들어, 학교라는 현장에서 학습자의 학습 수준을 알아보는 진단평가 자료는 외부에 공개하지 않는 것을 원칙으로 한다. 또한, 학교 현장에서는 쉽게 접할 수 있는 일반적인 통계 자료도 교육청에서 자료를 수집하여 발표하기 전까지는 현장 밖에서 확인하기가 어렵다. 이러한 자료는 연구계획 단계에서 현장 방문을 통해 수집하는 것이 필요하다.

학교 구성원과의 면담은 미리 약속을 통해 이루어지는 형식적 면담과 현장 활동 중에 자연스럽게 이루어지는 비형식적 면담이 있는데, 면담 대상자의 특성과 연구 상황에 따라서 달라질 수 있다. 이와 함께 아래의 사례와 같이 연구 현장과 연구의 특성에 따라 다양하고 의미 있는 자료를 수집할 수 있다.

> 본 연구에서는 학생 참여자에 대해서는 주로 참여관찰과 비형식적 면담을 통해, 교사 참여자에 대해서는 형식적 면담과 비형식적 면담을 통해 자료를 수집하였다. 연구자는 ㅎ 학교 초등학생과 함께 교육연극 활동 및 동네 걷기 활동, 간식 시간 등을 함께하며, 자연스러운 상황에서의 참여관찰과 대화 및 그룹면담을 통해 자료를 수집하였다. 참여관찰을 통해 수집한 자료에는 음성 파일, 비디오 녹화 테이프, 학교 홍보물, 학습자 활동 사진, 교사면담 자료 외에도 수업을 위한 학습지와 설문지, 활동 과정에서 만들어진 가면, 대본, 연극 배경 소품 사진 등이 있다. (김창아, 2015: 자료 수집 및 처리과정)

위의 사례에서 연구자는 아동이자 학습자라는 연구참여자의 특성을 고려하여 가급적 권력관계의 영향을 낮추고자 동네 걷기나 간식 시간과 같이 자연스럽고 익숙한 활동 장면을 제시하여 자료를 수집하였다. 또한, 수집한 자료는 '학교 현장'이라는 특성에 맞게 수업관찰기록, 연구자 일지, 참여관찰일지로 작성하였다. 연구참여자에 의해 생산된 학습지, 그림, 글쓰기 자료 등은 자료 수집의 목적에 따라 정리할 수 있다. 예를 들어, 개인의 관심과 발달과정을 파악하기 위한 자료는 연구참여자별 파일에, 연구참여자들의 전반적인 성향이나 의견 등을 알기 위한 설문 자료는 하나의 파일에 정리할 수 있다.

2) 자료의 분석

질적연구에서 수집한 자료는 대부분 1차 코딩과 2차 코딩을 한 후 이를 의미화한다. 실행연구 역시 질적연구이므로 연구의 실행과정에서 생성된 자료에 대한 코딩 과정이 필요하다. 질적연구 자료의 코딩 방식을 29가지로 요약하여 제시한 살다냐(Saldaña, 2012)는 '연구자가 처해 있는 연구맥락에 따라 적절한 도구를 선택'하기를 권한다.

다음의 인용에서 연구자는 자신이 수집한 자료를 수업관찰기록과 참여관찰일지로 작성하였다. 수업관찰기록은 문화기술지의 현장 노트에 해당하며, 일반적인 질적연구에서의 날 자료(raw data)와 유사하다. 참여관찰일지는 '극작코딩'을 적용하여 작성하였다. 극작코딩은 작가가 희곡을 집필할 때 등장인물의 변화에 집중하는 것과 유사하게 ① 참여자 행위의 목적, 행위동사 형태의 모티브(OBJ), ② 갈등이나 장애물(CON), ③ 참여자 전략(TAC), ④ 갈등에 대한 참여자의 태도(ATT), ⑤ 참여자의 감정(EMO), ⑥ 참여자의 행동에서 나타나는 생각이나 인상(SUB)을 범주화함으로써 행위 또는 목적에 대해 맥락적 인과관계를 나타내는 데 용이한 코딩방법이다. 연구자의 연구 활동과 관련한 개인적인 생각, 분석메모 등이 포함되었고 1. 현장 들어가기, 2. 수업 계획, 3. 주요 활동, 4. 관심과 반응, 5. 주요 이슈의 순서로 작성하였다. 특히, 주요 활동에는 이전 시간에 학습자와의 대화를 통해 생성된 이야기에 대한 확인 활동이 포함되어 있다. 또한, 관심과 반응 부분은 주요 수업의 진행과 관련하여 학습자 혹은 교사 참여자가 보인 관심과 반응을 기술하였다. 그리고 주요 이슈에는 수업의 내용과는 큰 상관이 없지만 수업 전후 참여자들과의 활동 중에서 유의하다고 판단되는 것을 분석메모를 통해 연구자의 반성과 함께 기술하였다. 연구자가 참여관찰일지 작성에 극작코딩을 활용한 구체적인 이유는 아래의 인용과 같다.

> 수업관찰은 수업자와 관찰자가 동일하기 때문에 발생할 수 있는 연구자의 주관성을 최소화하고자 … (중략) … 수업관찰기록과 달리 참여관찰일지에는 수업의 의도와 계획과 참여자의 활동 및 특징이 나타날 수 있도록 기록하였다. 또한, 현장에서 느끼거나 궁금하게 여긴 점들과 구성원과의 대화를 상황 맥락성이 드러나도록 … (중략) … 린드로프와 테일러(Lindlof & Taylor, 2002: 236)가 말한 바와 같이 극작코딩은 행위로서 의사소통과 관련한 연구에 적합하다. 살다냐(Saldaña, 2009: 155)는 이때의 행위가 참여자의 삶을 의미한다고도 말한다. 또한, 리스만(Riessman, 2008: 110-111)은 극작코딩이 연구 자료를 하나의 장면으로 세분할 수 있음을 말한다(Saldaña, 2009: 157, 재인용). 이러한 특성으로 인하여 극작코딩은 한국어 능력이 제한된 참여자를 대상으로 하는 연구에 적합하다. 또한, 본 연구가 연구자와 참여자의 주류사회 성인과 비주류사회 학생이라는 이중적 권력 구조 속에서 이루어짐을 고려할 때(김창아 외, 2014a), 극작코딩은 더욱 유의한 방법이다. 왜냐하면, 살다냐(Saldaña, 2009: 158)가 말했듯이 극작코딩은 개별 목적과 전술을 행동과 반응을 통한 분석을 함으로써 권력관계와 인간 삶에 대한 과정 이해를 심화시킬 수 있기 때문이다. (김창아, 2015: 자료 수집 및 처리과정)

위의 인용에서는 '한국어 능력이 제한된 참여자'라는 현장의 특성과 '주류사회 성인과 비주류사회 학습자'라는 연구자와 참여자의 관계 및 연구자의 특성과 연구맥락을 고려하여 코딩 방법을 선택하였다는 것을 알 수 있다.

5. 실행연구를 통한 또 다른 가능성

실행연구자의 연구 현장과 연구결과는 개별 특성을 갖지만, 해당 분야에서 관심을 공유하는 사람들과 연구결과를 공유하고 자료를 축적함으로써 현장적합성이 높은 이론을 새롭게 생성할 수 있다. 실행연구의 결과를 공유한다는 것은 연구의 과정과 그 결과를 이해 가능한 방식으로 표현하는 것이다. 흔히 논문 발표를 통해서 연구자는 자신이 연구한 결과를 공유하게 된다. 그런데 실행연구는 방법적 특성으로 인하여 연구가 종료되기 전까지 실행 과정을 순환적으로 반복할 뿐만 아니라 그 과정도 변증법적으로 변화한다는 특징이 있다. 따라서 연구결과를 논문으로 작성하여 제시할 때에는 연구자가 처음 실행연구를 시행하게 된 의도와 중점 그리고 시행 과정에서 무엇이, 왜, 어떻게 변화하였는지를 명확하게 인식할 수 있도록 해야 한다. 앞서 살펴보았듯이 사례로 제시한 연구의 과정은 무엇이, 왜, 어떻게 변화되었는지를 연구의 전반에 걸쳐 제시하고 있다. 또한, 논문의 서론 부문을 통하여 연구의 의도와 중점을 드러내고, 결과 부분에서는 연구자의 성찰을 함께 제시함으로써 연구 과정이 변화한 이유와 그 방향을 나타내고 있다.

이와 함께 실행연구는 질적연구의 흐름 속에서 요구되는 성찰이 함께 드러나야 한다. 아래의 인용을 살펴보면, 논문에서 연구자의 성찰은 연구결과 부분, 즉 소결과 결론을 통해 제시하고 있다는 것을 알 수 있다.

> 교육연극을 활용한 협동학습의 장점이 나타났음을 확인하였다. 하지만, 방과후 교사와 교사 참여자들과의 진중한 논의에 의한 교육적 협동은 나타나지 않았다. … (중략) … 이러한 모습을 통해서 교육활동에 대한 협력 혹은 협동적 과정에는 학습자 간의 관계뿐만 아니라 학교의 모든 구성원의 협력적 관계가 필요하다는 것을 알 수 있다. (김창아, 2015: 협동학습 참여자 경험의 의미-소결 중에서)

위의 인용에서 연구자는 연구참여자들뿐만 아니라 ㅎ 학교의 교사들 역시 교육연극 수업을 통하여 공동체 의식을 경험하였다는 사실을 알 수 있다. 또한, 연구자는 이러한 경험적 사실에 대한 기술을 넘어 자신의 성찰을 통하여 보다 깊이 있고, 지속적인 협력적 관계가 필요함을 말하고 있다. 아래의 인용에서는 ㅎ 학교 연구참여자들의 교육연극 활동에 대한 성찰이 나타나며, 이를 다시 ㅎ 학교 구성원이라는 집단, 다문화가정 자녀로 확대하여 해석하고 있다.

> 그러나 교육연극 수업이 갖는 이러한 교육적 의의에도 불구하고 본 연구에서 시행한 ㅎ 학교 교육연극 활동에서는 기회의 평등이나 과정의 평등을 온전히 보장하지는 못한 것으로 … (중략) … 이는 현재 다문화가정 자녀 교육에 대한 높은 관심과 많은 방법이 제시됨에도 불구하고, 다문화가정 자녀의 교육은 기회의 평등조차 온전히 보장받지 못하는 현실과도 유사하다. (김창아, 2015: 논의 및 제언)

또한, 위의 인용에서는 우리 사회 현실에 대한 논의를 함께 제시함으로써 '교육적 평등'이라는 사회적 주제에 대해 '보장받고 있지 못하는' 현실을 일반화하고 있다. 이러한 연구결과의 공유와 축적은 다문화교육 현장에서의 '교육적 평등'에 대한 이론과 교육 프로그램의 개발 및 발달에 초석(礎石)으로 활용된다.

6. 실행연구의 전망과 과제

많은 기성세대는 그들의 노력으로 쌓아 올린 현재의 상태를 만족스러워한다. 그리고 새로운 세대와 새로운 구성원에게 자신의 현재를 있게 해 준 체제와 현실에 적응하도록 한다. 그러나 발전은 변화를 전제로 하기에 현재에 대한 비판이나 나와 주변에 대한 성찰과 반성 없이는 기대하기 어렵다. 또한, 이러한 비판과 성찰이 단지 하나의 구호로써만이 아니라 변화된 행동으로 이어질 때, 현재와 미래의 변화 가능성은 커진다. 실행연구는 바로 비판과 성찰을 행동에 반영함으로써 우리의 현재와 미래를 보다 바람직한 상태로 만드는 데 기여할 수 있다.

실행연구가 확산된다는 것은 어떤 사회가 갖는 문제가 그만큼 더 다양하고 복잡하게 나타나고 있다는 것을 의미하지만, 다른 한편으로는 사회 구성원들이 스스로의 삶을 보다 바람직하게 개선하기 위해 노력한다는 사실을 의미한다. 따라서 복잡성과 다양성이 증대하는 현대사회가 내포하는 문제를 실행연구를 통해 해결하려는 노력은 개인이 삶의 주체로서 존재하기 위한 의지이자 실천 행위라 할 수 있다.

특히, 해외에서는 공동의 관심 혹은 공동의 문제를 해결하기 위해 함께 연구하는 '실행연구 공동체'의 활동이 활발히 이루어지고 있다(Sagor, 2010). 현대사회문제의 복잡성과 다양성을 고려할 때, 실행연구 공동체 활동을 통한 '실생활 문제의 개선과 해결 과정'은 '삶의 질 개선'과 사회통합의 측면에서 매우 유의미하다(Williamson, Bellman, & Webster, 2013).

이와 달리, 국내에서 실행연구는 주로 교육계에서 활발히 시도되고 있는 형편이며, 이마저도 현장연구와 혼용되어 이루어지고 있는 실정이다. 더욱이 교육프로그램의 개발을 위한 실행연구가 활발하지 않은 것도 큰 문제일 것이다. 실행연구가 보다 활발히 이루어지기 위해서는 다음의 네 가지 사항에 대해 숙고해야 할 것이며, 이것이 실행연구를 하기 전 연구자가 가져야 할 자세이다.

첫째, 실행연구를 하기 위해서는 연구자 자신에게 내재된 분류적 사고를 넘어서야 한다. 전통적으로, 그리고 사회적으로, 어쩌면 너무나 당연하게 우리는 현재의 생활에 익숙해져 있다. 또한, 우리는 너무나 익숙하게 나와 다른 것을 틀린 것 또는 옳지 않은 것으로 분류한다. 하지만, 실행연구자는 익숙한 자신의 일상을 되돌아보아야 한다. 연구자가 자신이 분류한 사고에 매몰된다면 실행 과정에서 나타나는 현장의 요구와 다양한 변화를 연구과정에 반영하기 어렵기 때문이다.

둘째, 실행연구는 현장 개선을 위한 연구이다. 따라서 실행연구는 연구의 수행에 앞서 연구 현장과 연구 현장의 구성원들에 대한 깊은 이해와 공감이 전제되어야 한다. 이러한 전제는 우리나라의 급속한 경제 개발 이면에 나타난 많은 문제점을 생각하면 쉽게 이해할 수 있다. 당시 최우선 과제였던 경제를 살리기 위해 1970년대와 1980년대에 대대적인 전 국토의 개발이 이루어졌다. 이는 우리에게 경제적 풍요를 주었지만, 이와 함께 경제적 가치로 환산하기 어려운 환경 파괴를 야기하였고 많은 사람들이 삶의 터전을 잃게 되었다. 즉, 현장과 현장 구성원들의 삶을 이해하지 못한 채 단지 가시적인 개선과 변화를 위해 시행한 활동은 당면한 문제를 해결할 수는 있지만 지속적일 수가 없으며, 오히려 더 큰 문제의 발단이 될 수 있다는 것이다.

셋째, 실행연구자는 자신의 실수를 인정할 용기를 가져야 한다. 국내의 여러 학자들은 우리나라에서 교육계를 중심으로 실행연구가 오랜 기간 동안 관심을 받아왔지만, 상당 부분 현장연구 상태에 머무르고 있다고 말한다. 조용환(2015)은 이에 대해 '연구 과정의 누락'을 가장 큰 이유로 말한다. 그러나 보다 본질적으로 살펴보면, 이는 연구자의 용기와 관련된다고 본다. 우리나라는 전통적으로 군사부일체라는 생각을 하고 있으며, 교사는 학생을 가르치는 데 있어서 지적 · 정서적으로 절대적인 권위를 갖는다고 생각한다. 물론, 교사에 대한 사회적 기대는 타당하다. 그러나 그러한 사회적 기대를 받는 교사 역시 인간이므로 항상 완벽할 수 없다. 진정 연구를 통해 개선을 원한다면, 그리고 자신의 연구가 학문적으로 사회적으로 가치 있는 것이 되기 위해 실행연구자는 자신의 실수에 대해 성찰을 통해 인정하고, 논문을 통해 공개할 용기를 가져야 한다.

넷째, 실행연구자의 연구는 개인적 차원뿐만 아니라 전문가적 차원과 정치적 차원을 포괄적으로 다루어야 한다. 실행연구자가 개선하고자 하는 연구 현장은 작게는 소규모 집단으로부터 마을이나 학교 및 병원과 같이 대규모 집단뿐만 아니라 한 국가사회까지 그 범위를 확대할 수 있다. 그러나 소규모 집단도 국가사회에 그 영향력을 미치며, 소규모 집단의 다양한 성격이 모여 다시 국가의 특성을 만든다. 즉, 현대사회를 구성하는 개별 집단들은 서로 유기적인 관계를 맺고 있으며, 이 관계는 여러 차원에서 다층적으로 나타난다. 따라서 실행연구자가 진정 자신의 연구 현장을 개선하기 위해서는 개인적 혹은 전문가적 차원뿐만 아니라 정치적 차원에 대한 고려를 함께 함으로써 보다 본질적인 문제의 원인과 해결에 대한 방향을 제시하는 것이 필요하다.

이러한 실행연구 방법에 대한 논의는 교육 분야나 사회복지 분야 그리고 의료서비스 등과 같이 인간의 행복 및 삶의 질과 관련한 분야에서 더욱 활발히 연구될 가능성이 크다. 많은 연구자가 다양한 현장에서 다양한 방식으로 실행연구를 수행함으로써 보다 나은 사회, 보다 나은 삶을 만들어 가기를 기대한다.

생각할 문제

실행연구는 현장 개선을 주요 목적으로 하는 질적연구방법으로서 반복성, 순환성, 개방성 그리고 현장성과 협동성을 갖는다. 특히, 실행연구는 여타의 질적연구와 달리 연구과정 속에서 실행을 위한 계획과 실행 및 성찰과 평가가 반복적으로 이루어진다는 차별성이 있다.

1. 당신이 속한 업무 분야에서 변화가 필요하다고 생각하는 부분은 무엇이고 그 이유는 무엇인지 기술해 보라.

2. 당신이 위에서 생각한 '현장 개선'을 실현하기 위해 구체적으로 어떠한 준비가 필요하고, 누구와의 협동이 필요할지 생각하고 설명해 보라.

CHAPTER 13

핵심집단면담과 델파이 조사 : 질적연구에서 전문가 활용하기

김민규

사회문제를 해결하고 싶은가?
사회를 변화시키고 싶은가?
미래를 예측하고 싶은가?
그렇다면 전문가에게 물어라!

질적연구에서 전문가를 활용한 대표적인 방법은 핵심집단면담(focus group interview: 이하 FGI)방법과 델파이 조사이다. FGI는 복잡한 사회문제를 해결하고자 할 때 진행자의 통제 및 진행에 따라 전문가 집단토의를 통하여 의견을 수집 · 수렴하는 도구로 이용되고 있으며, 직접 대면(face to face)을 통한 상호작용을 강조한다. 델파이 조사는 적절한 예측 방법을 찾을 수 없을 때 전문가의 직관과 경험 등을 바탕으로 미래를 예측하는 방법으로서, 미래 변화에 대응하기 위해 향후 실현될 중요 과제의 실현 시기, 중요도 등에 대한 전문가 집단의 의견을 수집 · 수렴하는 도구로 이용되고 있다. 델파이 조사는 익명 집단(anonymous)을 메일이나 전화 등으로 상호작용하여 수행한다.

이 장을 통해 질적연구에서 전문가를 활용하는 방법인 FGI와 델파이 조사의 특징과 차이점을 명확하게 이해하고, 연구내용에 맞게 각 연구방법을 활용하기 바란다.

1. 전문가를 활용하는 FGI와 델파이 조사의 특징

질적연구에서 전문가를 활용하는 대표적인 연구방법은 FGI와 델파이 조사가 있다. 양자는 전문가 집단의 의견을 수집 · 수렴한다는 점에서 유사하다. 이러한 연구방법은 주로 사회문제를 해결하는 연구에서 중심연구 방법을 위한 선행적 방법이나 보완하는 방법으로 채택해 활용하게 된다.

FGI는 1940년대 로버트 머튼(Robert Merton)이 조사(survey) 연구방법에 의존한 인간과 사회에 대한 연구를 보완하기 위해 고안한 질적연구방법이다. 즉, 실증적으로 표집한 조사 대상의 일반적 연구결과에 전문가의 지식과 경험에 근거한 특수한 상황에 대한 구체적 진술을 보완하여 보다 완결성 높은 연구결과를 생산하기 위해 개발 · 활용되어 왔다(Morrison, 1998). FGI는 단일방법론보다는 중심연구 방법을 위한 선행적 방법 또는 보완적인 방법으로 활용되어 왔고, 일반화할 수 있는 연구결과를 보다 입체적으로 설명할 수 있는 구체적 사례를 보완하는 관점에서 발달되어 왔다(김우룡 · 강남준 · 이상식 외, 2008). 이와 같이 FGI는 실증적 연구에서의 결과에 전문가의 지식과 경험을 취합하여 그 결과에 해석적 의미를 부여하는 매우 유용한 질적연구방법론이다.

델파이 조사는 과거 기술 중심의 미래 예측을 위해 미국의 랜드연구소(Rand corporation)에서 1950년대에 최초로 개발 · 활용되었고, 이후 미국 · 일본 · 독일 · 한국 등에서 국가 기술 분야의 미래 예측에 주로 활용되었다. 미래 예측에 관한 연구는 연구문제에 대한 계량화와 양적인 전제가 불가능할 가능성이 커지는 등 논리성에 문제가 제기된다. 델파이 조사는 실증주의자에 의한 요인 분석의 단점을 보완하기 위한 대안으로 질적연구방법을 통한 전문가 협의의 구조화 수단으로 개발되었다. 즉, 자료 수집의 한 과정이다. 델파이 조사는 문제에 관한 정확한 정보가 없을 때 '두 사람의 의견이 한 사람의 의견보다 정확하다'는 계량적 객관의 원리와 '다수의 판단이 소수의 판단보다 정확하다'는 민주적 의사결정의 원리에 논리적 근거를 두고 있다. 이에 델파이 조사는 전문가의 의견을 의사결정 자료로 이용하며, 이는 의견의 적절성을 전제로 한다.

델파이 조사는 사회문제를 해결하기 위해 전문가가 예견하는 가장 적합한 추론을 도출하는 연구방법이지만 그 과정에서 상대적 중요도에 관한 결과를 도출하지 못한다는 뚜렷한 단점이 있는 연구방법이다. 또한, 델파이 조사는 통합연구 방법 중 탐색적 설계 방법에서 복잡한 사회문제현상에 대한 분류기준(taxonomy) 개발, 척도 개발 시 새로운 이론 개발을 실시할 때 활용된다.[1] 이와 같이 델파이 조사는 단일연구 방법론보다 중심연구 방법을 위한 선행적 방법으로 주로 활용되어 왔다. 하지만, 델파이 조사는 양적연구방법만으로 접근하기 어려운 미래 예측을 전문가의 지식과 경험을 통해 미래에 대한 가장 근사치의 예측값을 도출하는 데 매우 유용하다.

2. FGI와 델파이 조사의 차이

FGI는 질적연구 형태로서 초점이 반드시 있는 전문가 집단토의(혹은 회의)를 통하여 연구 자료를 수집하는 연구방법이다. 이 연구방법은 규모, 구성, 과정에 있어서 특수한 형태의 그룹이며(김성재 · 김후자 · 이경자 · 이선옥, 2000), 전문가 간의 상호작용을 통해 사고가 활성화되고, 언어적 표현이 자극되고, 주제에 대한 풍부한 자료가 도출될 수 있는 방법이다. FGI는 초기 단계에서의 문제 확인, 새로운 프로그램 개발 계획, 수행과정에서의 조정, 변화에 대한 평가의 목적이 있다. 또한, ① 새로운 영역에 대한 방향 설정, ② 정보제공자의 통찰력에 근거한 가설 형성, ③ 연구대상이나 영역에 대한 다양한 평가, ④ 선행연구의 결과에 대한 참여자의 해석을 얻고자 할 때 유용하다. 또한, 연구자가 새로운 영역을 시도하거나 집단 상호작용으로부터 자료를 선택하고자 할 때 유용한 방법이다. FGI의 과정은 연구의 대상과 주제의

1) 통합연구 방법 중 탐색적 설계는 연구문제와 관련된 측정도구나 검사도구가 개발되지 않은 경우에 많이 활용되는 방법이다. 척도(도구)개발모형과 요인 추출, 새로운 이론 개발, 모형 및 이론 검증 작업, 복잡한 현상에 대한 분류 기준을 개발할 때 활용하는 분류법 개발모형이 있다.

명확한 설정, FGI 전문가 선정, 반구조화된 질문의 구성, FGI 실시, 자료 분석 순으로 진행된다.

델파이 조사 절차는 일반적인 여론조사법과 협의회법의 장점을 결합시킨 방법이다. 이종성(2001)에 따르면 델파이 조사에서 자문위원은 델파이 회차가 진행되는 동안 선행회차의 보고서를 참고하여 차기 회차에 자기 판단을 보완할 수 있다는 점에서 일반 조사와 다르다. 또한, 델베크 외(Delbecq et al., 1975)에 따르면 델파이 조사방법은 사전응답에서 얻은 의견으로부터 요약된 정보와 계획적인 질문지를 통해 특정 주제에 대하여 체계적이고 최종적인 판단을 이끌어 내는 방법이다. 특히, 이들은 델파이 조사방법이 대면접촉을 하지 않고 의견의 일치를 이끌어 냄으로써 전문가 그룹의 의견을 수렴하는 데 유용한 방법으로 쓰인다.

FGI와 델파이 조사는 전문가 집단의 의견을 수집·수렴한다는 점에서 비슷하다고 생각할 수 있다. 그러나 두 방법론에는 익명성 보장과 면대면 토의 형식이라는 자료 수집 방식에서 명확한 차이가 존재하며, 이에 따른 장단점은 다음과 같다.

FGI는 조사진행자의 역량에 따라 그룹의 상호작용 촉진을 통한 시너지 효과를 극대화할 수 있는 장점이 있는 반면에 델파이 조사는 FGI에 비해 상호작용 촉진을 통한 시너지 효과는 다소 부족하다. 그러나 델파이 조사는 FGI의 상호작용이 갖는 복합적인 문제를 효과적으로 취급할 수 있도록 의사소통과정을 구조화할 수 있다. 특히, 델파이 조사는 회차의 반복에 따른 통제된 피드백이 제공됨으로써, 전문가가 제시했던 자신의 의견을 다른 전문가의 의견과 비교함으로써 또 다른 통찰력을 이끌어 낼 수 있다. 또한, 2회차부터 제공되는 자문위원의 통계적 집단반응에 대한 익명성으로 인하여 특정 분야에서 영향력을 행사하는 권위에 의한 영향력을 최소화할 수 있다는 장점이 있다. 전문가가 직접 모이지 않고 이메일이나 우편으로 자료를 수집하는 델파이 조사는 익명성에 근거하여 보다 자유로운 의견 개진이 가능한 반면에 면대면 토의 형식인 FGI는 민감한 이슈에 대해서는 전문가의 자기방어기제가 작동할 수 있다. 또한, 델파이 조사는 전문가의 물리적 제약이 거의 없는 반면에 FGI는 전문가 동원에 어려움을 겪을 수 있다. FGI는 면대면 토의를 위해 거리적 제약을 감수하면서 전문가가 한자리에 모여야 하며, 이 과정에서 충분한 자격이 있는 전문가라도 참여에 제약을 받을 수 있다. 따라서 부수적으로 요건을 갖춘 전문가를 수적으로 충분히 확보하기 어렵다. 그러나 FGI는 일단 한 장소에 전문가 집단을 구성하여 진행하기 때문에 시간적으로 신속하고 편리한 장점이 있는 반면에 델파이 조사는 전문가의 회신이 없는 경우 연구 진행에 있어 매우 곤란 상황에 처해질 수 있다.

그러나 신속성과 편의성이 보장된 FGI에 관해서 우리 학계의 관행에 따른 문제도 함께 짚고 넘어가야 할 것이 있다. 이는 특정 분야의 전문가 인력풀 자체가 매우 협소하다는 것이다. FGI는 원칙적으로 특정한 유대관계를 갖는 집단의 구성을 배제하지만, 우리의 연구 현장에서 전문가 집단을 구성하고 보면 스승과 제자 또는 동문수학한 선배와 후배 사이인 경우가 있다. 이 경우 토의의 중심 흐름은 권위 있는 한 사람의 발언에 영향을 받을 수밖에 없다. 그리고 이해관계가 있는 집단이 다수 참여할 경우, 소수의 의견이 무시되거나 사전조율에 의한 집단 역학의 단점이 있다. 또한, 전문가가 한번 취한 입장을 끝까지 고수하는 경우도 있다.

〈표 13-1〉 FGI와 델파이 조사 비교

구분	FGI	델파이 조사
장점	• 신속성 • 편의성 • 그룹의 상호작용(시너지 효과)	• 통제된 피드백 • 자문위원의 의견에 대한 익명성 • 통계적 집단반응의 절차

3. 질적연구방법으로서의 가치

FGI와 델파이 조사는 주관적 견해에 의존하는 직관적 · 질적인 문제 해결 과정을 거치는 질적연구방법 중 하나이다. 질적연구방법의 자료 수집과 결과의 기술은 설문조사나 실험연구를 통해서 수집되는 양적자료를 통계적으로 처리하지 않고 언어적 형태로 제시되는 자료를 분석하는 것, 그리고 언어적 형태의 자료를 관통하고 있는 내포된 의미를 해석하는 시도를 질적연구로 파악하는 경우가 일반적이다(유기웅 · 정종원 · 김영석 · 김한별, 2012). 이러한 특성에 따라 FGI와 델파이 조사가 질적연구로서 갖는 가치는 인식론의 변화과정과 연구방법적 측면 등으로 설명할 수 있다.

첫째, 질적연구에 대한 연구들의 인식론 변화과정에 따라 질적연구의 방법론은 극적인 변화를 이루어 왔는데 흔히, 제1단계 전통의 시기(Traditional), 제2단계 근대의 시기(Modernist), 제3단계 장르가 모호해진 시기(Blurred genres), 제4단계 표현의 위기 시기(Crisis in representation), 제5단계 5번째 시기(Fifth moment)로 구분할 수 있다(Denzin & Lincoln, 1998). FGI와 델파이 조사의 시작은 제2단계인 근대의 시기에 나왔다. 질적연구가 활성화되던 시기로서 반실증주의 인식론이 우세했다. 반실증주의 패러다임은 실증주의와 대립되는 견해로서 사회현상은 인간의 주관적 의미가 부여되어야 한다는 것에서 기초한다. 반실증주의는 보편적인 지식이 중요한 것이 아니라 그 사람들에게 어떤 의미가 있는지 주관적 판단이 중요하다는 것이다.

둘째, 연구방법적 측면에서 FGI와 델파이 조사는 사회문제 해결, 미래 예측, 체제모델 구조의 통합, 잠재적인 의사결정, 정책 선택에 관련된 찬반 의견 파악, 사회적 · 문화적 · 경제적 현상에 대한 인과관계 탐색 등과 관련하여 폭넓게 활용되고 있다(Turoff, 1971). FGI와 델파이 조사가 적용 가능한 연구영역은 일반적으로 질적연구 범주에 포함하게 된다. 그리고 FGI와 델파이 조사는 개방형 질문 형태로 실시하는데, 그 목적은 자문위원의 발산적 사고를 위해서이다. 발산적 사고는 인지된 정보로부터 새롭고, 모호하고, 신기하고, 다양하고, 관습에서 벗어난 획기적인 해결책을 생성하는 생산적인 사고를 말한다. 2차 델파이 조사 이후에는 선행회차의 집단반응과 소수 의견을 반영하여 차기 회차의 판단을 수정 · 보완할 수 있다. 그리고 차수별 자료 분석 및 차기 회차 질문지 개발 시 문헌 고찰과 전문가 협의를 실시하게 되는데 이러한 과정에서 수집된 언어적 형태 자료는 단순한 순위에 불과한 질적 확률로부터 자료가 생성된다.

이와 같은 질적연구에 대한 인식론의 변화과정과 연구방법론적 측면 등을 볼 때, 델파이 조사는 과학적 · 수학적으로 사회적 · 문화적 현상을 해결하는 실증주의 인식론의 영향을 받은 연구방법이라기보다 인간의 주관적 의미를 반영한 질적연구방법임을 알 수 있다. 또한, FGI와 델파이 조사는 발산적 사고를 중심으로 문제를 해결하기 위한 연구방법으로 전 회차에 걸쳐 질적자료를 생산하는 질적연구방법이다.

4. FGI의 주요 쟁점과 절차

1) FGI의 주요 쟁점

FGI는 전문가의 지식과 경험에 의해서 자료를 수집한다. 집단적 상호작용을 통해 자료를 수집한다는 점에서 델파이 조사와 유사하지만, FGI는 전문가 집단의 대면적 물리 화합을 필요로 한다는 점에서 차이가 있다. FGI는 전문가 집단 구성원 간의 토의와 상호작용을 강조하는데 그 과정에서 어떤 논의가 진행되는지 등을 파악하는 것이 중요한 자료가 된다. 심지어는 그러한 상호작용의 집단 역학에 관한 것조차도 자료 수집과 분석의 대상이 된다.

FGI를 활용한 연구를 진행할 시 연구자는 일반적으로 진행자(moderator)를 병행하게 되는데, FGI 참여 전문가 집단은 이러한 진행자에 의해 선발 · 조합된 집단으로 연구과제의 토픽에 대해 지식과 경험을 바탕으로 토의하고 코멘트하기 위한 집단이다. 따라서 전문가를 활용한 연구방법 중 하나인 FGI는 전문가 집단 선정을 결정하는 진행자의 역할이 매우 중요하다.

FGI 진행자는 사전에 전문가 집단의 선발과 사전 면접 가이드로 명명되는 선행연구조사 등을 진행해야 하며, 동일한 연구문제에 대해 복수의 FGI를 진행할 경우 사전 면접 가이드를 수정하는 역할 등을 해야 한다. 이를 위해 진행자는 해당 주제의 배경지식과 대인적 기술 등을 갖추고 있어야 한다.

진행자는 FGI 진행 초기 단계에서 연구의 목적을 명확히 설명하고, 전문가가 편안함을 느낄 수 있게 해야 한다. 이후 개방형 질문과 도전적 질문을 통해 토론을 진작시키고, 연구 관련 주제에 관한 다양한 범위의 의미를 제공하기도 한다. 이와 같은 과정에서 전문가 간의 견해 차이를 자극하기도 하고, 전문가의 발언이 논점에서 벗어나지 않도록 조정하는 등 전문가 간의 상호작용 촉진에 힘써야 한다. 특히, 특정 전문가에 의해 지나치게 적극적으로 발언을 피력하여 단일 방향으로 토론이 진행될 시 적절히 통제하여야 한다. 마지막으로 진행자는 전문가 전원이 발언할 수 있도록 기회를 적절하게 보장해야 하며, 전문가 의견에 명확한 찬성이나 반대 의사를 표현하지 않아야 한다.

또한, FGI와 유사한 또 다른 연구방법으로 집단면접이 있다. 집단면접은 다수의 연구참여자를 면접하는 것으로, 면접자인 연구자와 연구참여자 간에 상호작용이 발생하는 반면, FGI는 전문가 간에 집단적 토의를 통해 상호작용이 발생한다. 이러한 과정을 통해 FGI 진행자는 주관자가 아닌 매개자, 관찰자의 역할을 수행하게 된다.

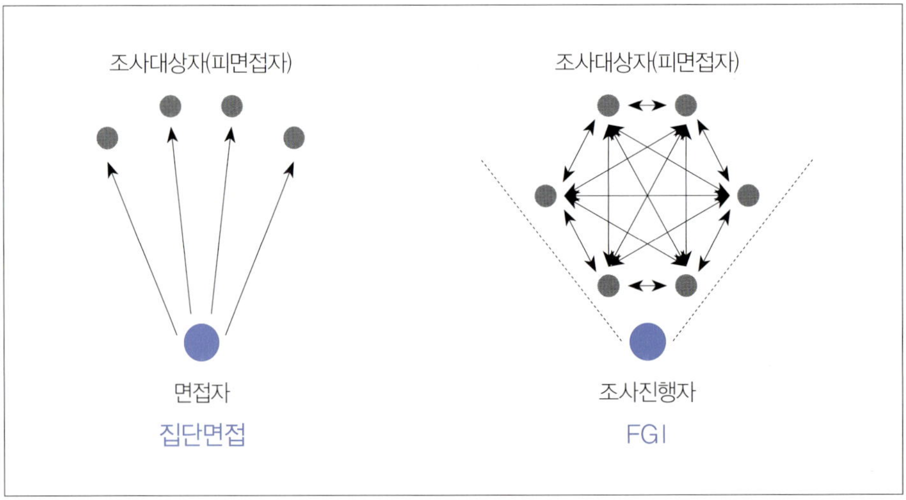

[그림 13-1] 집단면접과 FGI의 차이

출처: 김영종(2007), 재구성.

2) FGI의 절차

(1) 연구의 대상과 명확한 주제 설정

해당 연구문제에 대한 대상과 주제를 분명하게 선정해야 한다. 명확하게 정의된 연구목적을 바탕으로 연구문제를 도출하고, FGI를 통해 얻고자 하는 자료의 성격을 분명히 하여, 이에 따라 연구의 대상과 주제를 선정해야 한다. 연구주제는 FGI 전문가 집단을 통해 해결하기 원하는 사회적 문제가 무엇인지를 확인하는 것이다. 연구문제가 설정되면 이와 연관된 구체적인 자료 수집 목표를 만들어 낸다. 이때 목표설정이 모호하면 FGI 진행 시 초점이 흐려지기 때문에 유용한 자료 수집이 어렵기 때문이다.

(2) FGI 전문가 선정

연구의 대상과 주제가 선정되었다면 FGI를 위한 연구 그룹을 선정 · 결정하여야 한다. 가장 먼저 FGI 전문가 선정은 주제에 대해서 이해관계를 가지며 이와 관련하여 적절한 견해를 제공해 줄 수 있다고 판단되는 전문가가 포함되어야 한다. 전문가는 동일한 배경을 가졌지만 친분관계가 없는 이들로 선정해야 하는데, 이를 동질적 이방인이라고 한다.

FGI에서 전문가의 전문성은 델파이 조사와 유사한 반면, 전문가의 구성은 다소 상이하다. FGI를 위한 전문가의 구성은 일반적으로 복잡한 사회문제에 대해서는 7명 이상으로 구성하지 않거나(Krueger, 1994), 6명에서 10명 내외로 구성하는 것이 적절하다(Morgan, 2007). 이는 이보다 많은 FGI 전문가 집단을 선정할 경우, 앞서 언급한 대로 단일 방향의 토론 진행 및 전문가 집단 구성원의 발언권 제약 등의 문제가 발생할 수 있기 때문이다. 따라서 연구주제가 많은 수의 전문가를 요구할 경우 전문가 집단을 소그룹화하여 여러 회기의 FGI를 진행한다. 충분한 수의 전문가 집단 선정이 어려운 경우, 그 분야의 전문가로 인정받는 사람을 지목하여 해당 분야의 전문가 및 동료 집단을 소개받는 스노우볼 표집법(snowball sampling)을 통해 구성할 수 있다.

(3) 반구조화된 질문의 구성

FGI를 진행하기 위해서는 연구목적과 주제를 통해 도출된 반구조화된 질문을 만들고, 연구주제에 따라 세부질문들로 구성된 사전 면접 가이드를 개발한다. FGI의 반구조화된 설문지는 형식적 · 구조적으로 구성하지 않고, 델파이 조사처럼 전문가들의 발산적 사고에 용이하도록 개방형 질문을 원칙으로 한다.

FGI의 전반적인 방향을 제시하는 일련의 질문들을 개발할 시 질문은 가급적 구체적으로 단순 명료하게 구성한다. 반구조화된 질문은 일반적인 것에서 구체적인 순으로, 비편향적으로, 현실적으로 구성한다. 또한, 사전 면접 가이드는 각 단계별 예상되는 답변과 전문가의 토의 방향에 대해서 대략적으로 예상해서 구성해야 한다. 이는 FGI를 위한 가이드이며, 활발한 진행에 도움이 되기 때문이다.

(4) FGI 실시

의존가능성(dependability)과 신빙성(credibility)이 확보된 FGI를 실시하기 위해서는 몇 가지 외부적 환경을 고려해야 한다.[2] FGI 실시 공간은 조용하고, 외부의 영향이 거의 없는 공간을 배정한다. 또한, 전문가 테이블은 전문가의 서열이나 후광효과가 드러나지 않고, 올바른 상호작용 촉진을 위해 서로를 바라볼 수 있게 배치한다. 이외에 라포 형성을 위한 적절한 다과 등과 FGI 참여 사례를 준비하는 것도 좋은 방법이다. FGI 실시 전, 전문가의 동의하에 FGI 중에는 녹취 또는 녹화를 실시한다. 이는 FGI의 모든 자료는 언어적 형태로 수집되기 때문이다.

FGI 진행자의 적절한 개입은 FGI의 효율적인 진행에 도움이 될 것이다. 그러나 FGI가 진행됨에 따라 활발하게 토의가 진행되지 않는 등 의외의 문제가 도출할 수도 있다. 특히, 준비된 사전 면담 가이드에 있는 다른 주제로 이동하기 위해 전문가들의 토의에서 드러난 내용을 활용하는 것은 토의를 더욱 활발하게 재개하도록 하는 데 유용하다.

---

2) 질적연구방법론 용어로서 의존가능성은 양적연구방법론에서의 신뢰도(reliability)를 의미하며, 신빙성은 양적연구방법론에서의 내적 타당도(internal validity)를 의미한다.

FGI의 종결은 일반적인 타 질적연구방법에서 활용하는 자료의 포화 상태일 때도 가능하다. 그러나 연구계획을 치밀하게 구성하여 사전에 준비한 면담 가이드를 활용하는 것이 좋다. 사전 면담 가이드는 예상 답변과 토의 방향에 대한 예상을 통해 구성하는데, 사전 면담 가이드의 체크리스트를 모두 체크하면 면담을 종결한다. 각 전문가에게 마지막 정리 발언을 부탁하여 보다 자연스러운 종결을 유도한다. 마지막 정리 발언은 상대 전문가가 반론을 제기하거나, 본인의 시간이 방해되지 않을 것이라는 기대로 인해 정제된 의견 개진이 가능해진다. 또한, 토의에 참여를 자제했던 전문가도 자연스럽게 기회를 제공받는 효과와 같이 마지막 발언 기회는 FGI 자료 수집에 큰 기여를 한다.

(5) 자료 분석

FGI를 종료한 후에는 녹취된 자료를 가능한 한 즉시 전사처리한다. 이는 FGI 현장의 대화의 내용과 톤, 침묵, 행동 등에 관한 맥락적 자료가 생생한 정보가 오역 없이 문서화될 수 있기 때문이다. 전사된 원문을 반복해서 검토하면서 주요 단어나 개념, 술어 등을 찾아낸다. 이를 주요 단어(word)나 구(phrase)를 몇 개 범주로 묶어 나가는 범주화 전략인 귀납적 범주 분석을 실시한다. 이는 언어적 자료를 분해하고, 이들 자료를 비교가 용이하게 범주를 만들도록 재정리하여 연구문제를 더 잘 이해할 수 있게 한다. 전문가들의 토의 내용은 하나 이상의 범주에 속해야 하며, 이는 복수의 범주에 포함될 수도 있음을 의미한다.

이러한 과정 중에 정리된 범주들 사이에 상호연관성을 포함한 일관된 전체 '텍스트' 맥락 속에서 언어적 자료를 해석하는 맥락화 전략을 실시한다. 이러한 기법은 상호연관된 언어적 자료 사이에 패턴을 찾아내는 것을 포함한다. 범주화 전략과 맥락화 전략 간 차이는 근본적인 것이다. 맥락화한 자료는 근접한 정보에 기초하여 이해되는 반면, 범주화된 자료는 유사성에 기초하여 다시 제자리로 돌아간다. 또한, 연구의 진실성을 높이기 위해 전문가 협의, 동료연구자 검토, 연구참여자의 검토 등의 다각도 분석법을 활용한다.

5. 델파이 조사의 주요 쟁점과 절차

1) 델파이 조사의 주요 쟁점

타 질적연구는 주로 심층면담을 활용하여 연구참여자의 경험에 대한 자료를 수집하는 반면, 델파이 조사는 주로 조사 질문지를 활용하여 전문가의 학문적 지식과 경험에 의한 자료를 수집한다. 따라서 델파이 조사를 위한 전문가 집단의 구성은 매우 중요하며, 이를 위해 두 가지 사항을 고려해야 한다. 첫째, 전문가의 전문성에 관한 부분이며 둘째, 전문가의 구성에 관한 부분이다.

(1) 전문가의 전문성

델파이 조사는 다양한 목적의 연구에서 활용할 수 있으며, 각 목적별로 참여자에게 요구되는 전문성은 조금씩 차이가 있다. 일반적인 목적의 연구는 관련 연구주제에 대한 충분한 이해를 바탕으로 대학에서 수년간 교수하였거나, 학위논문 혹은 학회지 논문을 통하여 연구주제의 필요성을 강조한 학자 위주로 선발한다. 정책 개발 목적의 경우는 일반적인 학계 전문가를 포함하여 연구결과를 검증 가능한 전문가 집단, 실제적 실행담당자 및 행정가로서 사회 시스템에 대해 전문적 식견을 제시할 수 있는 현장전문가 집단을 추가로 구성한다. 자문위원 선정을 위한 전문성의 양적인 기준으로는 학력, 직위, 관련 선행연구 논문 인용 비율, 게재 논문, 학술대회 발표 등이 있다.

(2) 전문가의 구성

델파이 조사에서 연구참여자는 전문가인 동시에 연구의 자문위원에 해당한다. 델파이 조사 자문위원의 수는 최소한 10명 이상(Murry & Hammons, 1995), 또는 10명에서 15명이면 충분하다(Delbecq et al., 1975)고 한다. 이때 델파이 전문가 그룹이란 앞서 제시한 전문성 요건을 충족하는 연구자들을 말한다. 연구자가 자문위원을 모두 선정하기 어려운 경우에는 FGI와 마찬가지로 스노우볼 표집법을 통해 구성할 수 있다.

2) 델파이 조사의 절차

(1) 1차 델파이 조사

델파이 조사는 반복적인 의견 개진을 통해 전문가 집단의 견해를 합의적인 방식으로 도출하는 방식이다. 델파이 조사는 보통 3~5회 차에 걸쳐 실시하는데 가장 일반적인 형태의 절차는 다음과 같다. 1차 델파이 조사의 질문지는 구안 단계로서, 해결하려는 연구문제를 개방형 질문으로 제시한다. 이는 자문위원들이 보다 자유롭게 의견을 제시할 수 있게 구성하여 대표적 견해가 무엇인지 알아보기 위함이다. 개방형 질문은 참여하는 자문위원들의 발산적 사고(divergent thinking)에 용이한 것으로 알려져 있다. 이때 자문위원의 이해를 돕기 위해 선행연구를 동시에 제공한다. 1차 델파이 조사의 자료 분석은 응답된 단어의 빈도가 2회 이상인 경우 전문가 협의를 거쳐 귀납적 범주 분석을 실시한다.

(2) 2차 이상의 델파이 조사

2차 델파이 조사의 질문지는 타당성 평가를 위한 단계로서, 비체계적인 개방형 응답을 문헌연구와 함께 분석하여 폐쇄형 질문으로 구조화한다. 델파이 조사 2차 이상의 자료 수집 단계에서의 질문 응답은 리커트 척도(Likert scale)를 주로 활용한다. 일반적으로 5점 척도를 많이 활용하지만 연구문제에 따라 3점, 7점, 9점 등의 응답체계를 활용하기도 한다. 또한, 자문위원들이 자신의 의견을 수정 · 삭제 · 추가하기 용이하도록 개방형 질문란을 함께 제시한다. 이때 제시되는 자문위원들의 의견은 문헌 고찰 및 전문가 협의를 통해 다음 차수 조사 질문지에 반영 여부를 결정한다. 이와 같은 과정은 델파이 조사가 질적연구방법론으로서의 가치 중 가장 큰 부분이기도 하다.

3차 이상의 델파이 조사 질문지는 종결을 위한 단계로서, 선행 차시의 결과를 제공하며, 2차 델파이 조사의 질문지와 같이 폐쇄형 질문으로 구성한다. 2차 이상의 델파이 조사 자료 분석은 평균(mean), 표준편차(standard deviation)를 활용한 기술통계치와 중위수(median), 최빈값(mode), 사분위 범위(interquartile range: 이하 IQR)를 활용한 집중경향치를 활용한다.[3] 또한, 타당성 평가 4 이상의 유효 퍼센트를 활용한 내용타당도 지수(content validity index: 이하 CVI)와 상대적인 산포도 측정으로서 표준편차를 평균으로 나눈 값인 변이계수(coefficient of variation: 이하 CV) 등의 긍정률을 활용한다(김민규 · 박수정, 2014).[4] 델파이 종결의 근거로는 일반적으로 평균 4.0 이상, IQR 1.00 이하(이경석 · 이태희 · 신영근 외, 2011), CVI .750(75%) 이상(Hasson, Keeney & McKenna, 2000; Lynn, 1986), CV .500 미만의 기준을 활용한다.

그러나 델파이 종결 조사를 통해 도출된 수용 수준 내의 결과도 자문위원들이 제시한 수정지시사항을 전문가 협의를 통해 수렴하여 수정 · 보완한다. 이와 같은 과정을 거쳐 도출된 결과는 반복적인 자문위원의 집단합의와 차수별 연구결과가 도출될 때마다 진행하게 되는 전문가 협의를 통해 의존가능성과 신빙성을 확보하는 것이 필요하다. 이와 함께 각 차수에서 도출된 모든 결과는 문헌 고찰을 통해서 의존가능성과 신빙성을 확보해야 한다.

2차 이상의 델파이 조사부터는 일반적인 양적연구의 자료 수집 방법인 설문조사와 유사한 방법으로 혼동하는 경우도 있다. 이는 2차 이상 델파이 조사의 자료 수집

---

3) 평균은 각 문항별 자문위원 응답의 합을 자문위원 명수로 나눈 값을 의미한다. 표준편차는 산포도의 일종으로 자문위원의 응답이 평균을 중심으로부터 분산 정도를 나타내는 수치이며, 각 문항별 편차의 제곱으로 구한 값을 의미한다. 중위수는 각 문항별 자문위원의 응답을 순서대로 늘어놓았을 때, 가장 중앙에 위치한 값을 의미한다. 최빈값은 각 문항별 자문위원의 응답 중 가장 많이 응답된 도수 값을 의미한다. 사분위 범위는 삼사분위수(75% quartile) - 일사분위수(25% quartile)를 의미한다.

4) 내용타당도지수는 각 문항별 자문위원의 응답 중 4 이상 응답(긍정률)의 유효 퍼센트를 의미한다. 변이계수는 산포도의 일종으로 자문위원 응답의 상대적 분산 정도를 나타내며, 표준편차를 평균으로 나눈 값을 의미한다.

단계부터 활용하는 용어의 유사성 때문이다. 그러나 2차 이상의 델파이 조사에서 활용되는 용어의 원리 및 구성을 살펴보면 양적연구방법이 아닌 질적연구임을 알 수 있을 것이다.

2차 이상의 델파이 조사에서 활용되는 폐쇄형 문항의 답변은 자문위원들의 반응을 편리하게 통계적으로 산출하기 위한 것이다. 이를 위해 델파이 조사에서 일반적으로 활용되는 리커트 척도는 척도의 4가지 유형 중 순서척도이다.[5] 순서척도는 본래 질적 내용을 지닌 여러 속성을 수량적 변수로 바꾸어 놓은 것으로, 순서는 있으나 크기는 없으며, 대소관계를 유지하는 한 다른 숫자를 사용해도 무관한 것이 특징이다. 순서척도에서는 자료를 계량화하여 표시할 수 있으나 이때 의미 있는 것은 순서(order)이지 그 크기(size)가 아니다.

이는 델파이 조사에 참여하는 자문위원, 즉 전문가들의 질적 의견을 임의로 수량적 변수로 바꾸어 다시 물어보는 형태인 것이다. 즉, 이러한 순서척도를 활용한 자료 분석 시 제시되는 평균과 중위수, 최빈값은 자문위원 의견의 중간값을, 표준편차와 사분위범위, 변위계수는 자문위원 의견 간의 범위를, 내용타당도지수는 자문위원의 긍정적인 의견을 제시해 주는 역할을 하는 것이다.

또한, 차기 회차 자료 수집 시 제공되는 선행회차의 평균, 표준편차, 중위수, 최빈값, 사분위범위, 내용타당도지수, 변이계수 등은 자문위원들의 집단반응과 소수의견을 제공하여 차기 회차의 자기판단을 수정 · 보완할 수 있게 한다. 이는 질적연구자가 맞닥뜨릴 수 있는 연구자의 주관성 논란을 극복하는 데 도움이 된다. 또한, 질적연구방법에서 충분한 자료 수집을 위해 자료가 포화 상태가 될 때까지 수집하라는 등의 다소 모호하게 제시되었던 자료 수집 종결의 근거를 더욱 명쾌하게 제시하는 데 도움이 된다.

---

5) 척도의 4가지 유형은 명목척도(nominal scale), 서열척도(ordinal scale), 등간척도(interval scale), 비율척도(ratio scale) 등으로 분류할 수 있다. 명목척도는 특성을 분류하기 위해 숫자를 부여하지만 이 경우 숫자는 크기를 가지는 것이 아닌 단순한 구분기호를 말한다. 서열척도는 측정대상 간의 순서를 매기기 위해 사용된다. 등간척도는 측정대상의 순서뿐만 아니라 순서 사이의 간격을 알 수 있다. 비율척도는 명명, 순서, 등간척도의 여러 원리를 다 만족한다.

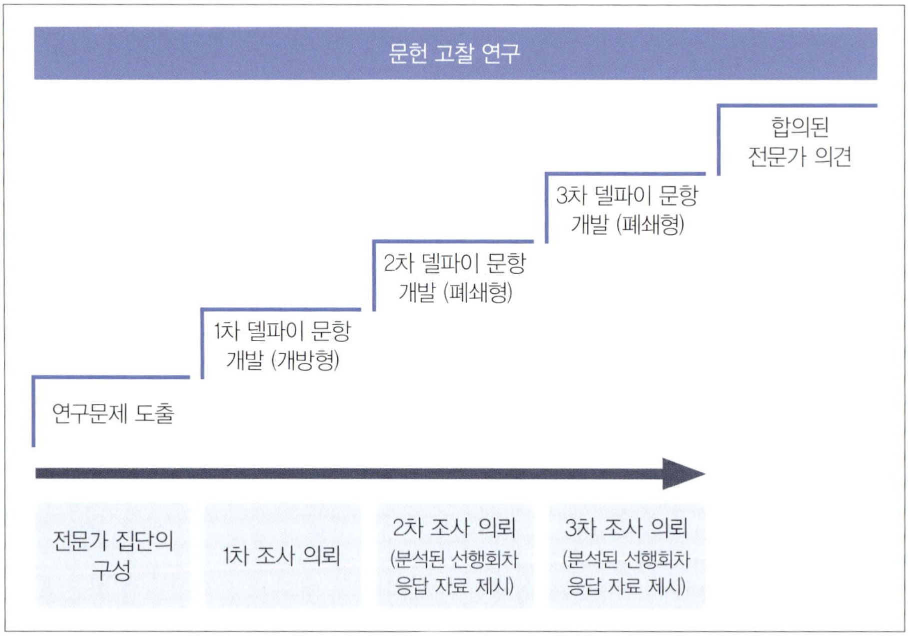

[그림 13-2] 델파이 조사 과정

6. 전문가를 활용한 델파이 조사 연구 실제

이 절에서는 전문가를 활용한 질적연구의 실제적 접근을 위해 사회현상에 대한 개념화 연구를 진행한 사례를 중심으로 설명하고자 한다. 이를 위하여 채택한 연구 논문은 김민규(2014)의 박사학위논문인 「한국형 여가중독 개념화를 통한 척도 개발」이다. 이 연구는 한국사회에서 문제가 되고 있는 여가중독의 역기능을 규명하고, 객관적으로 측정하여 문제 사례에 대한 효과적인 개입전략을 마련 · 시행하기 위해 여가중독 척도를 개발하고자 하였다. 이를 위해 연구자는 여가중독 개념화를 위해 델파이 조사 방법과 FGI는 물론 문헌 고찰, 개방형 설문 등의 질적연구방법과 이를 토대로 척도개발의 수량적 검증 등의 양적연구방법을 순차적으로 진행한 통합연구 방법론을 활용하였다. 이 절에서는 한국형 여가중독 개념화를 위한 델파이 조사 방법만을 설명하도록 하겠다.

1) 연구문제 도출 과정 및 연구방법 선택

연구문제의 도출은 질적·양적연구를 망라하여 선행연구부터 고찰하는 것이 원칙이다. 이 연구에서도 문헌연구를 통해 문제점을 도출하고, 적합한 연구방법을 선택하고자 하였다. 아래의 예시는 문헌연구를 통해 사회적으로 이슈화 단계를 넘어 사회 전반에 심각한 부정적 영향을 미치는 여가중독을 순차적으로 해결하기 위한 연구주제 선정 과정이다.

> 현대사회는 여가중심사회이다. 여가의 긍정적 영향이 강조됨에 따라 여가참여에 대한 시간적·물리적 투자가 늘어나면서 여가가 삶의 중심으로 변화되었다(우경진, 2009; 이승민, 2008). 그러나 여가중심사회로의 변화가 긍정적인 부분만 존재하는 것은 아니다. 최근 사회에서 나타나는 많은 문제는 개인의 여가행동과 관련이 깊으며, 이는 여가행동의 심리적 기제 측면에서 볼 때 여가행동은 그 자체가 강제와 의무를 벗어난 자발적 선택과 즉각적 체험의 내재적 보상을 추구하는 행위(김광득, 2011)이기 때문에 많은 문제를 유발할 수 있는 구조를 지니고 있다(고동우·김상욱, 2008). 대부분의 여가참여는 일상 탈출이 전제이며, 여가행동 참여는 이를 추구하는 심리적 현상이다. 그러나 현대사회는 일상에서 규칙성, 합리성, 친사회성을 종용하고 있다. 따라서 여가행동은 반사회적이고 탈규범적인 경험으로 이루어질 가능성이 크며, 경우에 따라 여가경험은 자유의지가 아닌 불가항력의 범위로 고착될 수도 있다. 또한, 여가행동 종류에 따라 반사회적일 뿐만 아니라 자기파괴적인 방향으로 이루어지기도 하며, 대표적인 현상은 여가중독이다(고동우, 2007; Gossop, 1989; Stebbins, 2010; Wu, Scott, & Yang, 2013). 문제적 여가참여 행태인 여가중독은 현대사회에서 이슈화를 넘어 사회 전반에 심각한 영향을 미치는 것으로 나타났다(윤명숙, 2010).
>
> 그러나 많은 선행연구에서 여가가 개인의 삶을 통제하고 생활의 다른 선택권을 제거시키는 여가중독적 성향이 발현(김옥태·이연주·정근화, 2009; Stebbins, 1981; 1992; 2010)될 수 있는 가능성을 제기할 뿐 개념 자체도 합일되지 않았다. 그 이유는 두 가지로 볼 수 있는데, 첫째, 여가중독은 새로운 사회현상으로, 단순히 하나의 요인에 의해서 발생되는 현상이 아닌 복합적 요인 간의 구성을 통해 나타나는 현상이기 때문에 개념화가 어렵다는 것이다.

> 둘째, 여가중독 관련 국내외 선행연구에서는 에믹(emic)과 에틱(etic)을 고려하지 않고 진행해 왔다. 그러나 중독은 국가 또는 사회적인 가치관, 문화적인 규범 등에 따라 다르게 나타나는 차이가 있기 때문에 에믹을 고려하지 않은 연구과정에서 도출된 결과는 우리나라의 사회와 문화에 적합하지 않아 논리적 · 방법적 한계를 가지고 있다. (김민규, 2014)

연구자는 이와 같은 한계를 극복하기 위해서 에믹과 에틱[6]을 고려한 한국형 여가중독의 요소를 탐색하고, 내재된 구조적 개념을 확인함으로써, 우리나라의 사회적 · 문화적 실정에 맞는 여가중독 개념을 정립하고자 하였다. 이는 하나의 문화현상으로서 여가중독을 이해하게 되면 기존의 여가 관련 개인적 문제를 넘어 사회적 문제 해결에 관한 분석이 가능할 것으로 생각되었기 때문이다. 이와 같은 과정을 통해 도출된 연구문제를 해결하기 위해 선택한 연구방법론은 델파이 조사 방법이었다. 지금까지 언급한 대로 델파이 조사 방법은 선행연구가 부족한 상황에서 한국사회에서 일어나는 여가중독의 특성에 대한 내용과 경계를 명확하게 하고, 여가중독의 정의 및 구성요인, 세분화된 구성요인의 정의 등의 연구를 실시하는 데 적합하다는 판단에서 선택하게 되었다.

2) 연구 진행 과정

(1) 자문위원

델파이 조사의 자문위원 선정을 위해 전문가 집단의 전문성과 구성을 고려하였고, 이 연구에서는 여가학 전문가 8명, 심리학 전문가 3명, 중독학 전문가 1명으로 총 12명의 최종 자문위원을 선정하였다.

---

6) 김병준과 오수학(2004)에 따르면 에믹(emic)과 에틱(etic)은 '어떤 하나의 언어에만 존재하는 소리'라는 의미인 phonemic 단어와 '모든 언어에 존재하는 소리'라는 의미인 phonetics 단어의 음절에서 나왔다. 즉, 에믹은 문화에 따라 고유하게 나타나는 생각, 행동, 개념을 의미한다. 반면, 에틱은 모든 문화권에서 일반적으로 발견되는 생각, 행동, 개념을 말한다. 따라서 에믹은 문화적으로 고유한 현상, 즉 토착적인 현상을, 그리고 에틱은 문화적으로 일반성이 있는 현상, 즉 보편적인 현상이다(Banville, Desrosiers, & Gent- Volet, 2000).

〈표 13-2〉 한국형 여가중독 개념화를 위한 델파이 조사 자문위원의 일반현황

ID	전공	직위	학위	관심 연구 분야	연구 분야 관심 기간
1	여가학	A 교수	박사	여가사회심리학	약 20년
2	여가사회학	B 교수	박사	치료레크리에이션	약 15년
3	심리학	C 교수	박사	여가행동	약 10년
4	여가학	D 교수	박사	여가교육	약 20년
5	여가학	E 교수	박사	여가사회심리	약 12년
⋮	⋮	⋮	⋮	⋮	⋮

(2) 자료 수집

이 연구를 위하여 제작된 델파이 질문지는 각 차시별로 이메일을 통해 전문자문위원들에게 배포 · 수거하였다. 1차 델파이 조사 자문위원은 24명으로 선정 자료를 배포하였고, 수거율은 75%였다. 이후 2차 델파이 조사 자문위원은 18명으로 자료 배포 후 수거율은 77.8%였다. 3차 델파이 조사 자문위원은 14명으로 최종 확정된 자문위원은 12명 수거율 85.7%이다.

〈표 13-3〉 자료 수집 현황

전공영역	1차		2차		3차	
	배포	수거	배포	수거	배포	수거
여가학	15	11	11	9	9	8
심리학	6	5	5	4	4	3
중독학	3	2	2	1	1	1
합계	24	18	18	14	14	12
응답률(%)	75		77.8		85.7	

델파이 조사 방법을 활용한 연구 진행 과정에서 가장 어려운 부분이 자료 수집 단계이다. 델파이 조사 방법을 실시하기 전에 그들의 전문성과 전공의 구성에 관해 교수와 박사들로 이루어진 전문가 협의를 거치면서 자문위원을 선정하게 된다. 선정

된 자문위원에게 전화 또는 이메일로 미리 승낙을 받고, 1차 델파이 질문지를 배포한다. 그러나 질문지가 100% 수거되기를 바라는 것은 욕심이다. 〈표 13-3〉과 같이 70~80%만 수거가 돼도 성공이라 할 수 있다.

(3) 질문지 개발 및 자료 분석, 연구결과

일반적으로 학위논문의 구성은 연구방법과 연구결과를 나누어 작성한다. 연구의 저자 역시 학위논문에서는 연구방법과 연구결과를 나누어 작성하였으나, 여기에서는 일련의 과정 제시를 통해 독자의 이해를 돕고자 한다. 또한, 연구 저자의 박사학위논문에서의 1차 조사지 문항은 여가중독의 정의와 여가중독의 구성요인 등으로 나뉘지만, 여기에서는 여가중독의 정의 도출 과정만으로 진행하고자 한다.

1 1차 델파이 질문지

델파이 조사 질문지의 개발은 '델파이의 꽃'이라고 할 수 있다. 특히, 1차 델파이 질문지 개발은 전체적인 연구의 성공 여부를 결정하는 단계라고도 할 수 있다. 질문지의 구성은 위촉승낙서, 인적사항, 연구개요 및 필요성, 용어의 해설, 응답방식 등을 포함한다.

1차 조사는 구안 단계의 특성으로 개방형 질문 형태를 갖는다. 이는 자문위원들이 자유롭게 의견을 제시할 수 있다는 장점이 있다. 세부 문항으로는 '자문위원님께서 생각하시는 한국형 여가중독의 정의를 진술 부탁드립니다.'이다. 앞서 언급한 대로 델파이 조사 방법은 선행연구가 부족한 상황에서 활용되는 방법이기 때문에 질문 응답에 있어 자문위원의 이해를 돕기 위해 선행연구 자료를 제시하였다. 제시되는 선행연구는 문헌연구를 통해 이론적으로 근거가 있는 자료만 제시해야 하며, 연구자명, 년도 등을 포함하고 선행연구의 오류를 방지하기 위해 원문 그대로 사용하는 것을 원칙으로 하였다.

이 연구에서는 세계적으로 통용되는 정신장애 분류체계, 즉 세계보건기구(이하 WHO)의 건강 및 질병 관련 문제의 국제 통계 분류 10차 개정판(ICD-10, 1992)과 미국정신의학회(이하 APA)의 정신장애의 진단 및 통계 편람 4차 개정판(DSM-IV

-TR, 2008), 5차 개정판(DSM-5, 2013)을 준거로 활용한 선행연구를 〈표 13-4〉와 같이 자료로 제시하였다. 1차 조사 의뢰에 앞서 질문지의 의존가능성과 신빙성 검토를 위해 자문위원과 비슷한 자격을 가졌지만, 자문위원이 아닌 2인에게 사전검토를 실시하였다.

〈표 13-4〉 1차 델파이 조사를 위한 선행연구 제시

학자	관련 범주	여가중독 관련 정의 및 개념
조근호 외 19 (2011)	행위중독	최근 행동 조절이 안 되는 경우를 행위중독이라고 부른다. 행위중독 역시 내성, 금단증상, 갈망, 조절력 상실 등의 부정적인 결과에도 불구하고 중독성 행동이 반복 혹은 지속되는 등의 특징을 보인다.
Black(2007)	Compulsive buying disorder	Compulsive buying disorder is characterized by excessive shopping cognitions and buying behavior that leads to distress or impairment.
조근호 외 19 (2011)	쇼핑중독	쇼핑에 대한 과도하거나 조절되지 않는 집착, 충동 그리고 쇼핑 행위로 주관적인 고통이나 기능의 장애를 일으키는 경우
⋮	⋮	⋮

출처: 김민규(2014). 1차 델파이 질문지.

1차 조사에서 수거된 결과를 한국형 여가중독의 원인, 결과, 목적어, 술어 등으로 나눠서 귀납적 범주 분석을 실시하였다. 이와 같은 과정에서 여가중독의 원인과 결과 등에서 적합한 이론적 근거를 뒷받침하기 위해 문헌연구와 전문가 협의를 실시하였다. 아래의 예시는 1차 델파이 조사 결과 분석을 위해 귀납적 범주 분석과 문헌연구, 전문가 협의를 실시하는 과정이다.

> 1차 델파이 조사결과 한국형 여가중독의 정의는 '특정 또는 다수의 여가활동에 과도한 몰입 및 집착, 강박으로 인한 신체적 · 정신적 · 심리적 · 사회적 문제를 야기해 대인관계 및 일상생활에 문제를 유발하는 상태'로 초안이 도출되었다. (김민규, 2014)

1차 델파이 조사를 통한 전문가들의 한국형 여가중독 정의 응답결과는 〈표 13-5〉와 같다.

〈표 13-5〉 한국형 여가중독 정의 1차 델파이 조사 응답결과 및 결과도출

주어	~에/~의/ ~에 대한	~에 따른/ ~으로 인한	~하는/~할 수 있는/~할 수 없는	술어
여가중독이란	• 어떤 구체적인 종류의 여가활동에 • 특정 여가활동에 대하여 • 특정 또는 다수의 여가활동 참여 및 지속에 대해 • 일상과 분리된 여가활동의 • 자유시간에 • 특정한 시간 혹은 규칙적인 시간에 여가의 한 유형 혹은 특정 유형의 여가활동	• 지나친 몰입과정에 따른 • 과도한 집착으로 인한 • 몰입에 따른 • 지나치게 몰두하여 • 과도한 집착 증세에 따른 • 극도로 몰입하여 • 충실히 행해야만 한다는 강박관념에 따른	• 일상 및 올바른 여가활동의 부정적 영향을 주게 되는 • 개인적 · 사회적 피해를 야기할 수 있는 • 장 · 단기적으로 심리적 혹은 신체적인 건강에 폐해를 야기하며, 이로 인해 다른 일상생활을 정상적으로 수행할 수 없는 • 중요한 인간관계(가족, 대인관계)에 문제가 되는 • 일상생활에 장애가 발생하는 • 집착적 성향과 내성을 보이는 • 심리적 불안, 긴장, 강박증 등을 야기시켜 정신적 · 신체적 그리고 심리적인 문제를 유발시킬 수 있는 • 대인관계 및 일상생활의 기능적 장애와 심리적 문제를 초래하는 • 여가활동을 하지 않을 경우 나타나는 불안감, 강박감, 신경과민 등을 보이는 • 실행하지 못할 경우 금단증세를 보이는 • 일상생활 및 직장생활을 벗어나 불규칙하고 불안한 활동 범주를 제어할 수 없는 • 심리적 혹은 신체적으로 이상이 오거나 현실 생활(일, 업무)에 지장을 초래하는	• 심신의 부적응현상 • 개연성이 있는 상태 • 경우 • 행위 • 병리현상 • 상태
	■ 특정 또는 다수의 여가활동에	■ 과도한 몰입 및 집착, 강박으로 인한	■ 신체적 · 정신적 · 심리적 · 사회적 문제를 야기해 (대인관계 및) 일상생활에 문제를 유발하는	■ 상태
	→ 여가중독은 특정 또는 다수의 여가활동에 과도한 몰입 및 집착, 강박으로 인한 신체적 · 정신적 · 심리적 · 사회적 문제를 야기해 (대인관계 및) 일상생활에 문제를 유발하는 상태			

1차 조사 결과 분석에서 내용 분석을 위한 귀납적 분석과정은 여가중독의 정의가 문장으로 구성되어야 했기 때문에 주어, 술어를 기준으로 주어와 술어 사이에 포함되는 내용을 귀납적 범주 분류화를 통해 결과를 도출하였고, 2차 델파이 조사 도구로 활용하였다. 1차 조사에서 수합된 자료 중 반복되는 단어 및 표현을 제거한 후 재분류하였다. 이후 해당 영역을 총체적으로 포함할 수 있는 단어와 표현을 여가학 교수 1인과 박사 2인으로 구성된 전문가 협의를 통해 재정의하였다.

첫째, 대상은 '특정 또는 다수의 여가활동에'를 선택하였다. 이는 1차 조사 결과 어떤 구체적인 종류의 여가활동, 특정 여가활동, 여가활동, 특정 또는 다수의 여가활동 참여 및 지속 등으로 분류되었고, 귀납적 범주 분류에 의해 '특정 또는 다수의 여가활동'으로 도출하였다.

둘째, 여가중독의 원인으로는 '과도한 몰입 및 집착, 강박으로 인한'을 선택하였다. 이는 1차 조사 결과 지나친 몰입과정에 따른, 과도한 집착으로 인한, 충실히 행해야만 한다는 강박관념에 따른 등으로 분류되었고, 귀납적 범주 분류에 의해 '과도한 몰입 및 집착, 강박으로 인한'으로 도출되었다.

셋째, 여가중독의 결과로는 '신체적 · 정신적 · 심리적 · 사회적 문제를 야기해 대인관계 및 일상생활에 문제를 유발하는'을 선택하였다. 이는 1차 조사결과 일상 및 올바른 여가활동의 부정적 영향을 주게 되는, 장 · 단기적으로 심리적 혹은 신체적인 건강에 폐해를 야기하며 이로 인해 다른 일상생활을 정상적으로 수행할 수 없는, 중요한 인간관계(가족, 대인관계)에 문제가 되는 등으로 분류되었고, 귀납적 범주 분류에 의해 '신체적 · 정신적 · 심리적 · 사회적 문제를 야기해 대인관계 및 일상생활에 문제를 유발하는'으로 도출하였다.

넷째, 술어로는 '상태'를 선택하였다. 이는 심신의 부적응현상, 경우, 행위, 병리현상, 상태 등으로 분류되었고, 귀납적 범주 분류에 의해 '상태'로 도출하였다. 이는 여가중독은 아직 연구 초기 단계이며, 아직 이론적으로 정립이 되지 않은 시기에서 병리현상 등의 용어를 사용하기엔 무리가 있다는 의견이 제시되었고, 전문가 협의를 통해 여가중독의 술어를 '상태'로 선택하였다.

이상에서 살펴본 바와 같이 여가중독 정의를 구안하기 위한 1차 델파이 조사 결과 '특정 또는 다수의 여가활동에 과도한 몰입 및 집착, 강박으로 인한 신체적 · 정신적 · 심리적 · 사회적 문제를 야기해 (대인관계 및) 일상생활에 문제를 유발하는 상태'라는 여가중독 정의 초안이 도출되었다. (김민규, 2014)

이와 같이 1차 델파이 조사 결과 분석을 위해서는 귀납적 범주 분석과 문헌연구, 전문가 협의 등을 동시에 진행해야 한다. 이와 같은 과정을 통해 질적연구방법인 델파이 조사 방법에서의 의존가능성, 신빙성, 확인가능성 등을 확보할 수 있다.[7]

2 2차 델파이 질문지

1차 델파이 조사 결과를 바탕으로 2차 델파이 질문지를 개발한다. 2차 델파이 조사에서는 1차 델파이 조사를 통해 도출된 여가중독 정의를 제시하고 타당도 평정을 위해 리커트(Likert) 5점 척도를 제시한다. 이때 선행회차에서 분석된 응답 자료(표 13-5 참조), 즉 통제된 피드백을 제시하면서 수정, 삭제, 추가에 관한 의견을 〈표 13-6〉과 같이 제시한다. 2차 델파이 조사는 전문가 의견 합의를 도출하는 과정으로 진행한다.

〈표 13-6〉 2차 델파이 질문지 문항 예시

한국형 여가중독 정의	전혀 타당하지 않음	별로 타당하지 않음	보통임	약간 타당함	매우 타당함
여가중독이란 특정 또는 다수의 여가활동에 과도한 몰입 및 집착, 강박으로 인한 신체적·정신적·심리적·사회적 문제를 야기해 (대인관계 및) 일상생활에 문제를 유발하는 상태를 말한다.	1	2	3	4	5
⇨ 수정( ), 삭제( ), 추가( ) • 의견:					

2차 델파이 조사에서 수거된 한국형 여가중독 정의에 대한 자문위원, 즉 전문가의 의견을 평균, 표준편차, 중위수, 최빈값, IQR, CVI, CV 등을 산출하여 〈표 13-7〉과 같이 제시하였다. 이 표에 제시된 평균과 중위수, 최빈값을 통해 자문위원 의견의 중간값이 매우 높음을 알 수 있다. 또한, 표준편차와 사분위범위, 변이계수를 통해

7) 확인가능성은 질적연구방법론 용어로서 양적연구방법론에서의 객관도(objective)를 의미한다.

자문위원 의견 간의 간극이 넓지 않음을 알 수 있는 것이다. 마지막으로 내용타당도 지수를 통해 자문위원의 긍정적인 의견 비율이 매우 높음을 알 수 있었다. 이를 통해 자문위원들은 본인의 의견이 전문가 집단 내에서 어느 정도에 위치하는지 알 수 있고, 이와 같은 정보를 참고하여 익명성이 보장된 상태에서 본인의 의견을 수정·보완할 수 있다.

〈표 13-7〉 한국형 여가중독의 정의 타당성 2차 델파이 조사 응답결과

한국형 여가중독의 정의	2차 델파이 조사 결과						
	기술통계치		집중경향치			긍정률	
	mean	SD	median	mode	IQR	CVI	CV
특정 또는 다수의 여가활동에 과도한 몰입 및 집착, 강박으로 인한 신체적·정신적·심리적·사회적 문제를 야기해 (대인관계 및) 일상생활에 문제를 유발하는 상태	4.33	.887	4.5	5.0	1.00	.917	.205

또한, 괄호 안 '대인관계 및'의 삭제 여부를 전문가에게 자문을 구하였고, 대인관계의 용어 '삭제가 타당하다.'에 9명의 전문가가 응답하였다. 빈도에 따른 결과는 〈표 13-8〉과 같다.

〈표 13-8〉 여가중독의 정의 중 괄호 내용 삭제 여부

내용	빈도	
	삭제가 타당하다	삭제가 타당하지 않다
위의 여가중독의 정의 중 괄호 안의 (대인관계 및) 삭제 여부	9	3

이와 같은 1차 델파이 조사결과를 분석하기 위해 전문가 협의를 실시한 결과, 사회적 관계 및 일상생활에 대인관계가 포함된다는 의견이 제시되었고, 이를 검토 후 삭제하였다. 이 연구에서 한국형 여가중독의 정의는 2차 조사에서 종결수용 수준 내

의 결과를 얻었지만, 자문위원의 다양한 의견을 수렴하고자 하였고, 복수의 동일한 항목에서 제안된 수정지시사항은 〈표 13-9〉와 같다. 이와 같은 수정지시사항을 문헌연구와 전문가 협의를 통해 수정 · 보완하였다.

〈표 13-9〉 여가중독의 정의 수정지시사항

수정지시사항	내용
내용 및 용어 수정	• 일부 중첩된 내용(정신과 심리 등) 및 용어 제외 • 서술의 형태 수정

위와 같이 중첩된 내용 및 용어를 제외하고, 서술의 형태를 수정하라는 수정지시사항이 있었고, 전문가 협의를 통해 수정하였다. 이에 최종 여가중독의 정의를 '특정 또는 다수의 여가활동에 대한 과도한 집착이나 강박행동으로 인해 일상생활에 신체 · 심리 · 사회적 문제를 유발하는 상태'로 정의하였다.

한국형 여가중독의 정의는 2차 델파이 조사 단계에서 이미 모든 수용 수준 이상의 값을 보여 3차 델파이 조사를 실시하지 않고 종결하였다. 이 연구에서는 한국형 여가중독의 구성요인을 개념화하기 위해 총 3차 델파이 조사를 실시한 결과 〈표 13-10〉과 같이 최종 결과를 도출하였다.

〈표 13-10〉 한국형 여가중독 개념화 최종 결과

구분		정의
한국형 여가중독		특정 또는 다수의 여가활동에 대한 과도한 집착이나 강박행동으로 인해 일상생활에 신체·심리·사회적 문제를 유발하는 상태
요인	금단	특정 또는 다수의 여가활동을 중단하거나 조절하려고 시도했을 때 심리적 초조함, 불안감 등을 느끼며, 신체적으로 증세가 표출되는 현상
	내성	기존의 여가활동 참여 정도로는 종전과 같은 만족감을 얻지 못해 참여 정도를 증가시켜야 하는 현상
	일상생활 장애	특정 또는 다수의 여가활동에 지속적으로 참여함으로써 대인관계 및 학업, 업무, 경제적 손실 등 일상생활의 지장을 초래하는 현상
	의존	특정 또는 다수의 여가활동을 생각하거나 참여하기 위해 많은 시간을 보내는 성향으로 인해 부정적 결과를 초래함에도 계속적으로 참여하고자 하는 현상
	집착	특정 또는 다수의 여가활동에 과도한 애착을 가지는 현상
	여가동반 의존	본인 또는 지인 중 한 명이 여가활동에 중독되었을 때, 구성원이 동일한 활동에 중독되는 형태
	여가중복 중독	복수의 여가활동에 동시 중독되는 현상

7. FGI와 델파이 조사의 전망

FGI와 델파이 조사는 그간의 주요 적용 분야였던 국가 기술 분야 발전, 미래 예측, 사회적 합의가 필요한 정책 요인 탐색 및 정책개발, 정책평가준거 개발, 사회문제 해결을 위한 모형 개발, 사회문제 해결을 위한 정책사업 개발뿐만 아니라 교육과정 개발, 사회심리요인 척도 개발 등과 같이 교육학, 보건학, 여가학, 사회복지학 등 다양한 분야의 연구에서 활용되고 있다.

그러나 FGI와 델파이 조사가 연구방법론으로서 발전하는 과정에서 몇 가지 한계점을 보이고 있다. FGI와 델파이 조사는 전문가 집단의 의견을 합의 도출하더라도 그 의견의 중요도 및 가중치가 설정되지 않아 어느 의견부터 실행해야 할지 또다시 의견이 갈리는 것이 그 예이다. 또한, 전문가의 의견이 형성되어도 어떠한 요인에 의해 의견의 변화를 가져오는지에 대해 알 수 없다는 한계점이 있다. FGI와 델파이 조사 방법의 이러한 한계점 극복과 적용 가능 영역의 확대에 따라 많은 연구자가 양적연구방법 또는 질적연구방법과의 통합연구 방법을 병행하는 등 선행적 방법이나 보완적 기능으로 활용되고 있다.

FGI 방법의 한계점을 극복하기 위한 연구 사례는 강순화와 김동주(2014)의 「사회적 기업가 양성 교육프로그램 개발에 대한 연구」이다. 이 연구는 노동시장 통합형 장애인 사회적 기업에 대한 논의를 진척 · 육성하기 위한 이론적 토대를 제시하고자, 사회적 기업가에게 설문조사를 실시하는 양적연구와 FGI를 병행하는 통합연구 방법을 활용하였고, 이와 같은 과정을 통해 관련 유관 기관의 교과과정 운영방안을 제시하였다. 이 사례는 설문조사와 FGI를 동시에 활용하여 사회적 기업가들의 심층적인 인식과 함께 그러한 인식과 의견을 형성하는 과정에 대해 다각도적인 측면이 가능하게 하였다. 설문조사와 FGI를 병행한 통합연구 방법을 활용하게 되면 표면에 드러나지 않고 이면에 숨겨져 있는 풍부하고 상세한 내용을 발견하는 설명적 기능과 새로운 아이디어나 연구주제를 발견하는 탐색적 기능, 다양한 자료와 증거를 통한 결과를 확인하는 검증 등 다양한 기능으로 활용할 수 있다.

델파이 조사 방법의 한계점을 극복하기 위한 연구 사례는 김민규 · 박수정 · 박병권(2015)의 「아웃레저스포츠 이벤트 활성화를 위한 정책요인 탐색」과 김민규 · 박수정 · 박병권(2016)의 「아웃레저스포츠 이벤트 활성화를 위한 정책요인의 우선순위 산정」이다. 개인적 기능과 국가 · 산업적 측면에서 긍정적인 효과가 있는 아웃레저스포츠 이벤트는 제도적 접근이 기반되어 전반적인 현황, 발전 방향 등 정책연구가 활발히 진행되어야 함에도 불구하고 그 관련 연구는 미비하였던 선행연구의 문제를 해결하고자 김민규 외(2015)는 아웃레저스포츠 활성화를 위한 정책요인을 델파이 조사 방법을 활용하여 탐색하였다. 도출된 아웃레저스포츠 활성화를 위한 정책요인들은 정책개발, 정책사업의 요인으로 매우 높은 가치와 의의를 가지고 있다. 그러나 이 정책요인들은 델파이 조사 방법을 활용하여 도출되었기 때문에 그 범위가 매우 광범위하다. 이를 정책화하기 위해서 김민규 외(2016)는 상대적 중요도에 대한 연구를 병행하였다. 이는 한정된 재화와 용역, 인적 자원을 분배하는 과정으로서, 계층화 분석(Analytic Hierarchy Process: 이하 AHP)을 실시한 사례이며, 결과적으로 아웃레저스포츠 이벤트 활성화에 관한 문제를 효과적으로 해결하는 데 있어 정책적 시사점을 얻을 수 있었다. 이 사례는 델파이 조사를 통해 도출된 전문가의 합의된 의견 중 어느 요인부터 실행해야 하는지에 대한 한계점을 극복한 예시이다.

FGI와 델파이 같은 전문가 활용 연구방법에 대한 한계는 분명 있지만, 그 장점 또한 무시할 수 없다. 따라서 현재 논의되는 한계에 대해 앞서 제시한 예시와 같이 고민하고 극복하는 것은 연구자로서의 즐거움이자 도전과제라고 할 수 있다. 보다 완성도 높은 연구를 위하여 전문가 활용 연구방법의 한계와 새로운 극복 방안을 생각해 보자.

생각할 문제

질적연구에서 전문가를 활용하는 대표적인 연구방법은 FGI와 델파이 조사가 있다. 이는 전문가 집단의 의견을 수집 · 수렴한다는 점에서 유사점이 있다. 이러한 전문가를 활용하는 질적연구의 특성에 따라 교육학, 의학, 여가학, 사회복지학 등 다양한 분야의 연구에서 활용되고 있다.

1. FGI는 전문가 집단 구성원 간의 토의와 상호작용을 통해 전문가의 경험적 지식을 통해 문제를 해결하는 일련의 절차이다.
   1-1. 나의 전공영역에서 FGI를 활용할 수 있는 연구문제를 생각해 보자.
   1-2. 도출된 연구문제를 해결하기 위한 FGI 전문가 선정 기준을 생각해 보자.
   1-3. FGI의 절차에 대해서 이야기해 보자.

2. 델파이 조사는 전문가의 경험적 지식을 통해 문제를 해결하고 미래를 예측하는 일련의 절차이다.
   2-1. 나의 전공영역에서 델파이 조사를 활용할 수 있는 연구문제를 생각해 보자.
   2-2. 도출된 연구문제를 해결하기 위한 델파이 자문위원 선정 기준을 생각해 보자.
   2-3. 델파이 조사의 절차에 대해서 이야기해 보자.

CHAPTER 14

합의적 질적연구 : 협력과 객관성의 이중주

김기화

“당신이 수행한 질적연구의 결과를 얼마나 신뢰할 수 있나요?” 질적연구자라면 이러한 질문을 한 번쯤은 들어 보았을 것이다. 타인에게 듣지 않더라도 질적연구를 수행하면서 우리는 연구자로서 연구결과의 ‘불확실성’에 대해 진지하게 고민해 보았을 것이다. 연구자의 이러한 고민은 질적연구자가 취해야 할 당연하고도 진실한 태도이기도 하다. 연구자가 스스로에게 던진 질문 아니 다른 연구방법론자에게 끊임없이 들었던 비판적 질문인 “질적연구의 결과는 과연 신뢰로운가?”의 대안을 찾고 싶다면 합의적 질적연구(CQR: Consensual Qualitative Research)를 만나기 바란다.

1. 합의적 질적연구의 배경

1) 합의적 질적연구의 개관

합의적 질적연구는 1997년에 힐(Hill), 톰슨(Thomson)과 윌리엄스(Williams)에 의해 고안된 것으로 연구자와 연구참여자 그리고 자문가가 팀을 이루어 논의를 통해 연구결과를 도출하는 연구방법이다(Hill, Thomson & Williams, 1997). 이 연구방법은 질적연구에서의 객관성과 신뢰성 확보를 위해 연구자들 간의 논쟁을 통해 연구의 과정을 이끌어 가는 것이 주요 특징이다. 특히, 합의적 질적연구에서는 연구자를 포함한 3명 이상의 평정자와 자문가가 전 과정에 참여하며, 논의를 통해 견해차를 좁히고 연구자들의 분석과 해석 과정을 검토한다(김동민, 2009). 특히, 연구과정과 결과에 대해 논의를 통해 견해차를 좁히는 과정은 연구참여자와의 관계에서도 이어진다.

우리가 '연구를 한다'라는 이야기를 할 때 '연구'는 연구행위만 의미하는 것이 아니다. 연구는 연구목적 설정부터 연구결과를 도출하여 학술대회에서의 논문 발표 그리고 그 내용을 논문으로 출간하는 일련의 학문적 행위의 전 과정을 의미한다. 앞서 제1장에서 학문에 관한 정의를 할 때 학문의 대상과 그 학문이 지니는 연구방법이 존재해야 특정한 분과학문이 된다고 이야기한 것을 기억해 보자. 그리고 연구자가 선택한 연구방법이 왜 질적연구이어야 하는가에 관한 내용도 회상해 보자. 그렇다면 '연구를 한다'라고 할 때 연구방법을 결정하고 그 방법을 연구수행에 포함하는 것의 중요성에 대해서는 더 이상 설명이 필요 없음을 알 수 있을 것이다.

지금까지 알려진 대표적인 질적연구의 전통은 내러티브 연구, 현상학적 연구, 근거이론 연구, 문화기술지 연구, 사례연구이다. 그러나 질적연구는 개방적인 특징을 지닌 만큼 상당히 분화되거나 융합되는 경향을 보여 왔다. 이를테면, 주관성 연구, FGI 연구기법, 델파이 기법, 근거이론, 실행연구, 합의적 질적연구(CQR) 등이 있다. 이런 연구방법들은 유사 혹은 상이한 질적연구 간 최근 융합 및 분화된 예이다. 그런데 이렇게 질적연구가 융합 및 분화를 거쳐 진보되는 이유는 무엇일까? 그것은 바로 질적연구가 가지고 있는 연구의 객관성 확보라는 연구행위의 자기방어 기제에서 비롯되지 않았을까 진단해 본다.

질적연구에 대해 비판적인 연구자들은 질적연구 수행 과정과 이로 인해 얻어낸 결과에 대해 '신뢰스럽지 못하다'라는 평을 한다. 이는 자료의 양이나 자료 수집 방법 그리고 연구자의 해석 등에서 수학적, 통계학적으로 까다로운 검증을 거치는 양적연구와 비교해서 생각하기 때문일 것이다. 질적연구는 세상을 바라보는 관점과 현상을 이해하는 데 있어 양적연구와는 다른 특성이 있다. 이렇게 철학적인 배경과 학문적인 태생은 다르지만 연구 수행에 있어서 객관성 혹은 신뢰성 확보에 대한 욕구나 책임감은 다르지 않을 것이다. 그래서 질적연구를 행하는 연구자나 연구그룹에서 객관성 및 신뢰성 확보를 위한 수단으로 여러 진보된 방법이 고안되거나 개발된 것은 사실이다. 그중 하나가 바로 합의적 질적연구이다.

2) 합의적 질적연구의 철학적 배경과 특성

그렇다면 이러한 합의적 질적연구는 어떤 철학적 배경 속에서 탄생하였는가? 힐(Hill) 외는 "합의적 질적연구는 후기 실증주의적 요소를 포함하면서도 구조주의적 요소를 중요시하는 연구법"이라고 기술한다(Hill et al., 2005). 주지하다시피 근대 실험과학의 정신적 원동력인 실증주의는 19세기 말과 20세기 초에 철학을 거의 지배하다시피 하였다. 이들의 기본입장은 철학과 과학의 통합이었다. 후기 실증주의는 빈 논리 학파와 베를린 경험철학회에서 활동했던 베를린 학파, 그리고 20세기 중반 중요한 변화를 겪은 논리경험주의의 후기 실증주의까지를 총칭한다. 후기 실증주의자들은 철학을 문장의 유의미성의 한계 안으로 끄집어냈다. 즉, 논리실증주의가 갖는 의도의 출발점은 언어의 논리적 분석을 통한 형이상학의 배제와 과학의 통일이었다. 이렇듯 후기 실증주의는 언어적 전환을 가져왔으며, 그들은 철학의 문장이 명제들의 집합으로 환원될 것을 요구하였다. 따라서 이들의 대체적인 경향은 언어 분석의 방법과 과학론의 구조 분석을 통해 추상적이고 공허한 종합체적 형이상학적 주장들의 무의미성을 밝히는 데 있었다. 합의적 질적연구는 현상을 이해하는 데 있어서 연구참여자들의 언어적 발화 및 그런 발화가 가능한 상황에 중점을 두는 등 언어적 맥락을 중요시하고 연구자는 엄밀한 조사와 명확성을 기초로 하여 연구참여자와 상호작용한다. 따라서 다음과 같은 특징을 갖는다.

첫째, 합의적 질적연구를 존재론적 측면에서 보자면 연구자가 연구참여자들 간의 경험의 공통성을 추구하는 한편 그 경험의 독특성을 인정하는 측면을 보인다. 둘째, 존재론적으로 합의적 질적연구에서는 다양한 관점을 통합해 가면서 충실하게 자료를 수집하고 제시하는 것을 추구하고 연구참여자들과 자문진이 합의하는 것을 목표로 한다. 셋째, 이런 성격으로 보자면 형이상학에 대한 거부에서 비롯된 후기 실증주의적 관점을 견지한다. 넷째, 합의에 이르는 연구의 전반적인 과정에서 모든 연구자는 자료가 최상의 기능을 발휘할 수 있어야 한다는 데 의견을 일치시키기 때문에 자료를 독립적으로 수집하고 검토하지만 서로의 생각을 제시하고 논의하는 데 협력한다(Hill, Thompson, & Williams, 1997). 다섯째, 합의를 이루는 과정에서는 팀 구성원 개개인의 관점을 존중한다.

즉, 합의적 질적연구에서는 연구자와 연구참여자 그리고 자문진이 연구주제를 탐색하는 하나의 팀으로 볼 수 있다. 팀을 기본으로 하는 연구가 긍정적으로 작용하기 위해서는 합의 팀의 상호존중과 동등한 참여, 동등한 권력 분배가 요구된다(Hill et al., 2005).

2. 합의적 질적연구의 절차

합의적 질적연구의 절차는 연구를 수행하는 목적에 따라 다소 상이할 수 있으나 일반적으로 크게 5단계(연구팀 구성 단계, 연구계획서 작성 단계, 현장에서의 자료 수집 단계, 협의를 통한 자료 분석 단계, 연구결과 작성 및 발표 단계)로 나눌 수 있다.

1) 제1단계: 연구팀 구성하기

앞에서 강조했듯이 합의적 질적연구가 타당성을 확보하기 위한 전략으로써 유용한 방법이 될 수 있는 이유는 연구팀의 역할과 기능 때문이다. 일반 질적연구 수행과의 차이점은 연구수행 과정에서 연구팀 구성이 가장 먼저 이루어진다는 것과 팀 구성이 연구의 성과를 좌우할 만큼 중요하다는 것이다. 연구팀은 수행하려는 연구 성격에 따라 다르게 구성될 수 있는데 기본적인 팀, 역할을 교환하는 팀, 다양한 학술논문이나 학위논문을 도출하는 팀 등으로 구분된다. 여기에서는 가장 전형적인 기본 팀에 대해 소개하고자 한다. 기본 팀은 보통 연구자 3명 정도가 연구의 시작부터 마지막 단계(자료 수집과 분석 과정)까지 함께 연구를 수행하며, 외부 자문으로 1~2명을 두기도 한다. 또 다른 기본 팀의 유형은 연구가 1~2명이 자료를 수집하고 다른 연구자와 자문들과 함께 수집된 자료를 분석하는 작업을 한다. 이 연구방법은 주제와 패턴을 탐색하고 결과를 도출해 내기 위해 연구팀 내의 합의를 위한 '논쟁하기'가 핵심이 된다. 그러므로 연구팀 내의 권위의 차이가 이러한 것을 방해한다면 팀원을 선택할 때 비슷한 권위 수준에서 팀원을 구성하는 것이 바람직하다(Hill, 2016: 76).

2) 제2단계: 연구계획서 작성하기

제2단계는 IRB(Institutional Review Board)[1] 승인을 위한 연구계획서 작성부터 시작한다. IRB란 영어 'Institutional Review Board'의 약자로 기관생명윤리위원회를 말한다. 인간을 대상으로 하는 임상시험에서 피시험자의 안전과 권리를 보호하기 위해 의료기관 내에 독립적으로 설치한 상설위원회이다. 위원회의 구성은 식약청의 의약품 임상시험관리 기준에 설치 근거를 두고 있으며, 경험과 자격을 갖춘 5인 이상으로 한다. 질적연구는 연구 현장인 장소, 연구 현장에 존재하는 연구참여자인 행위자 그리고 행위자들 간의 상호작용을 연구하므로 학위논문이든 학술지 소논문 작성이든 혹은 연구보고서든 가능한 IRB의 승인을 받아야 한다. 그러기 위해서는 연구계획서에 연구목적 및 필요성, 연구방법 및 절차, 추진일정, 기대효과 등을 적어야 한다. 아울러 연구참여자 확보를 위한 연구 설명문과 연구참여동의서를 작성해야 한다. 특히, 연구계획서 작성에 있어서 연구방법 부분은 연구 현장에서 직접 연구참여자와 밀접한 접촉을 하면서 자료를 수집해야 하기 때문에 구체적인 연구과정 진술이 필요하다.

연구계획서 작성 시 연구의 필요성 및 목적은 연구자와 연구참여자가 속한 사회의 변화를 유도할 수 있는 방향에서 기술되어야 한다. 특정 연구주제를 선정한 것은

1) IRB에 대한 보다 자세한 사항은 제4장에서 다룬다.

사회문화현상에 대한 진단과 처방을 내놓고 관련 정책을 제안하는 것이거나 혹은 새로운 접근법을 모색하는 것과 관련이 있다. 이 때문에 수행하려는 연구와 관련해 어떤 연구가 이루어졌는지 선행연구를 폭넓게 정리하면서 선행연구의 문제점과 시사점을 찾아내야 한다. 이런 문제와 시사점을 바탕으로 연구목적이 설정되고, 연구목적을 달성하기 위한 접근법인 연구방법이 구성되는 것이다.

특히, 연구방법 기술 시 우선 연구목적을 달성하기 위해 왜 질적연구, 그중에서도 합의적 질적연구를 활용해야 하는지를 명백하게 설명해야 한다. 다시 말해 합의적 질적연구방법을 선택한 것에 대해 연구의 목적과 필요성 그리고 연구 질문과의 논리적인 인과관계가 구성되어야 한다.

또한, 연구자와 연구참여자들 간의 관계에 대해 제시한다. 만약, 이중적 관계(예를 들어, 연구자와 상담자, 치료자, 서비스 제공자 등)에 놓여 있다면, 그로 인한 발생할 수 있는 윤리적 문제나 연구타당성 문제를 해결할 수 있는 방안이 제시되어야 한다. 뿐만 아니라, 연구주제가 사적이거나 민감한 주제일 경우 연구참여자가 나타내는 정서적 반응을 민감하게 다루어야 하며, 예상되는 위험이나 손해에 대해서도 기술해야 한다.

연구계획서가 IRB 승인을 받기 위해서는 최소한 연구 개시 6개월 이전에 작성되어야 한다. 합의적 질적연구인만큼 여타 질적연구와 달리 연구계획서 작성부터 연구팀 구성원 간의 합의가 필요할 것이다. 연구의 내용 분담, 연구에서의 지위 및 역할에 따른 위계가 구성되어 연구계획서상 책임관계가 명시되어 주연구자, 즉 연구책임자, 교신연구자, 공동연구자가 명시되어 합의의 위계가 형식적으로 기술되어야 한다. 이렇게 구성된 연구계획서가 IRB에서 통과되면 실질적인 연구가 시작된다.

3) 제3단계: 현장에서 자료 수집하기

합의적 질적연구의 다음 단계는 연구계획서에 의해 실행되는 본 연구 단계이다. 제3단계는 실제 현장에 투입되어 진행되는 현장연구 단계라고 보면 된다. 이미 연구계획서 단계에서 익명의 연구참여자에 관한 정보가 기술되지만 실제 현장연구에서 연구참여자는 다음과 같은 기준을 갖추어야 한다. 연구참여자의 표집은 목적적 표본추출 방법을 사용한다. 이것은 특정한 기준, 즉 연구목적에 부합되는 사람을 연구참여자로 선정하는 것을 말한다. 연구참여자는 연구하려는 현상을 경험했으며 그것을 적절히 언어적 발화로 표현할 수 있는 사람이어야 한다. 또한, 연구팀은 연구참여자 준거에 있어 연구현상에 대한 경험이 적어도 3개월 이내로 최근이어야 한다는 내적 기준을 정할 수도 있다. 중요한 점은 연구참여자는 연구팀이 설정한 질문에 대해 진솔하게 대답해 줄 수 있는 사람이어야 한다. 물론, 질적연구에서 일반화의 가능성은 그리 중요한 이슈가 아니지만 연구참여자의 대표성 혹은 전형성은 연구의 타당성이나 일반화 가능성을 높일 수 있다.

연구팀은 연구참여자가 자유롭고 개방된 분위기에서 연구주제와 관련된 경험을 자유롭게 이야기할 수 있도록 열린 방식으로 자료를 수집한다. 물론, 합의적 질적연구에서의 자료 수집은 연구참여자와의 면담, 참여관찰, 설문지 또는 이메일을 통해서 수집할 수 있다. 뿐만 아니라, 연구참여자의 언어적 기록물이라고 할 수 있는 사진, 편지, 일기, 리포트 등도 질적자료로 수집될 수 있다. 그렇지만 합의적 질적연구에서는 다양한 자료 수집과 더불어 근본적인 수집 방식으로서 개방형 질문을 사용한 심층인터뷰 방식을 선호한다. 질문 내용은 어떤 현상과 관련된 경험을 바탕으로 이루어지며, 보통 8개에서 10개의 질문을 사용하게 된다. 이렇게 수집된 자료는 연구팀 내에서의 분석을 위해 녹취하도록 한다. 연구팀은 정리된 자료를 연구참여자에게 진실 여부를 확인하는 절차를 거쳐야 하며, 그들이 수정 및 보완을 바란다면 면담에서 얻은 일차적 자료를 수정해야 한다.

4) 제4단계: 협의를 통해 자료 분석하기

제3단계에서 수집한 현장연구의 자료들은 연구팀으로 모아져야 협의적 질적연구 제4단계가 수행될 수 있다. 연구팀 내의 연구자들은 수집한 개별 자료를 각자 분석하기 시작한다. 우선 주제영역(domain)으로 자료를 분류하고 연구팀은 함께 모여 일치와 불일치를 논의하고 합의하는 과정을 거친다. 주제를 도출할 때도 자료에서 도출된 다양한 생각에 대해 함께 논의를 이루는데, 이런 활동을 통해 최초 자료를 분류한다.

일단 현장연구에서 수집한 질적자료를 영역별로 조직화하고, 연구참여자들이 각 영역에서 무엇을 말했는지를 요약한다. 이런 요약은 '핵심 개념(core ideas)'이라고 하는데 이는 연구참여자가 발화한 말의 핵심을 발췌한 것이다. 이 과정에서도 역시 연구팀원들은 각자 중심 개념을 도출한 후, 함께 모여 핵심 개념의 일치와 불일치를 확인하는데 원자료를 함께 검토하는 과정으로 합의를 이끌어 낸다.

이러한 일련의 자료 수집 및 분석과정에서 연구자들은 타당성을 훼손할 수 있는 요소들을 제거하는 데 최선의 노력을 해야 한다. 연구 설계 단계에서 타당성 위협요소를 통제하는 양적연구와 달리, 질적연구에서 결과의 타당성과 관련된 가장 중요한 문제는 자료로부터 도출된 연구결과(연구자의 해석, 설명, 도출한 패턴 등)와는 다른 대안적인 가설들을 어떻게 배제시킬 것인가이다. 연구자는 우선 데이터를 분석하여 결론을 도출한 후, 도출된 결론을 반증하는 데이터가 있는지를 면밀히 재검토해야 하는 과정을 거쳐야 한다. 합의적 질적연구에서 이러한 작업은 연구자, 공동평정자 그리고 감사의 공동과업이기도 하다.

이러한 연구자 간 협의가 끝나면서 만들어진 각 사례의 영역과 핵심 개념은 자문진으로부터 검토를 받는다. 이후 자문진의 의견에 따라 영역과 핵심 개념을 수정한다. 지금까지의 과정을 합의적 질적연구에서는 '사례 내 분석(within-case analysis)'이라고 명명한다. 이러한 사례 내 분석 이후에 수행되는 과정이 '교차 분석(cross analysis)'이다.

교차 분석 단계에서는 각 영역 내에서 연구참여자들의 언어적 발화가 기본이 된 자료를 통해 같은 의미가 반복되는 패턴과 주제를 발견해 낸다. 교차 분석은 바로 주제를 찾아내기 위해 실시한다. 합의적 질적연구 시 자료 분석의 결과로 도출된 주제나 범주는 특정 이론에 따라 규정하기보다는 연구자들에 의해 자료로부터에서 도출할 수 있다. 중요한 점은 이 모든 분석과정에서 도출된 주제는 합의에 의해 이루어진다는 것이다. 구체적으로 중심 개념을 범주화하고, 각 사례에서 나타난 빈도를 확인한다. 이때 빈도 구분은 대부분의 사례에서 나타나는 경우를 '일반적(general)'

으로, 과반수 이상의 사례에서 나타나는 경우를 '전형적(typical)', 과반수 이하의 사례에서 나타나는 경우를 '변동적(variant)'으로 표시한다(Hill, 2016).

5) 마지막 단계: 연구결과 작성 및 발표하기

"구슬이 서 말이라도 꿰어야 보배"라는 한국 속담이 있다. 이는 아무리 과정이 잘 이루어졌다고 하더라도 목표를 충족시키는 결과가 중요하다는 이야기로 받아들여질 수 있다. 어떤 연구이든 결과가 집약적으로 정리되어 학문적 성과물이 되어야 연구행위 일련의 과정이 마무리되었다고 볼 수 있다. 합의적 질적연구도 역시 연구결과 작성 및 발표 단계가 필요하다.

이미 두 번째 과정인 연구계획서 작성 단계에서 언급했다시피 연구수행에 있어서 역할분담뿐만 아니라 연구결과 작성을 위한 글쓰기의 역할분담도 필요하다. 연구팀 내에서 한 단위의 연구가 시작될 때 원고의 어떤 부분을 누가 쓸 것인지를 포함하는 역할과 책임감 부여가 중요하다. 사실, 이러한 역할 규정과 책임감에 따라 연구결과를 집필해야 할 부분과 집필 양이 각기 구분 지어 분배될 수 있다. 집필의 초고가 끝나거나 특정 학술지에 투고하기 이전의 관련 학회에서의 발표는 원고를 수정할 수 있는 기회를 갖게 되는 것이다. 이는 단지 원고를 수정한다는 차원을 넘어 연구결과를 기술하는 데 있어서의 방식 차이를 같은 학문계의 동료 학자들로부터 검증을 받거나 인정을 받는 단계라고 볼 수 있다. 이런 발표 과정을 거쳐 원고를 보완할 수 있는 계기가 된다. 합의적 질적연구에서 결과를 나타낼 때는 표를 이용하는 것이 결과분석의 빈도를 시각적으로 나타낼 수 있다.

우리는 이번 절에서 합의적 질적연구의 연구절차에 대해 개략적으로 살펴보았다. 합의적 질적연구에서의 장애요소는 연구 현장의 확보나 연구참여자의 참여 정도보다도 연구팀 내 연구원들 간의 협동 관계이다. 그래서 연구팀을 조직할 때 역할과 지위에 따른 책임감 부여를 고려하는 것이 중요하다. 뿐만 아니라, 연구자의 편견이 합의적 질적연구의 타당성을 위협하는 가장 큰 문제라는 점을 인식해야 한다. 연구자들, 자문진인 공동 평정자와 감사는 연구하려는 현상 혹은 연구참여자들에 대한 각자의 이론이나 선입관을 충분히 인지해야 한다. 유용한 방법으로 자료 분석 전 메모를 활용하여 편견들을 적고 함께 논의할 수 있는 장치를 마련해도 좋다. 연구자가 연구참여자에게 미치는 영향인 반응성에 대해서도 고려해야 한다. 질적연구에서는 연구자가 연구참여자에게 미치는 영향을 최소화하려는 노력 대신, 이를 이해하고 생산적으로 활용하는 것이 중요하다. 이를테면, 연구문제가 사회적 혹은 도덕적으로 민감한 문제라면 면접 수행보다는 질문지 활용이 더 나을 수 있다.

3. 합의적 질적연구 사례

이번 절에서는 실제 필자가 합의적 질적연구방법을 활용해 수행한 연구 논문 중 특히 연구방법 기술 방식을 예시로 들어 합의적 질적연구방법이 어떻게 적용했는가를 설명하고자 한다. 다음 내용은 연구수행에 있어 합의적 질적연구방법을 활용한 이유에 대해 기술한 부분이다.

연구방법에서는 왜 연구자가 해당 연구방법을 선택했는지 논리적인 근거 제시가 기술되어야 한다. 연구방법 선택 기준은 우선 연구목적을 달성하기에 적절해야 하며, 자료 수집과 분석에 있어 그 현상을 설명하기에 타당함이 제시된다. 아래 연구에서 연구자가 합의적 질적연구방법을 선택한 이유는 분석과정에서 좀 더 명확하고 구체적인 과정을 거쳐 독자에게 결과의 타당성을 제공하기 위해서이다.

> 본 연구에서는 아동양육시설에 종사하고 있는 생활복지사의 직무경험을 심층적으로 탐색하기 위해 질적연구방법 중 하나인 CQR(Consensual Qualitative Research) 방법을 활용하였다. CQR은 양적연구와 질적연구방법 각각의 장점을 채택한 것으로 질적연구 분석과정에서 객관성 확보의 문제점을 보완할 수 있다. 합의 과정을 통해 사례를 종합하여 수치화할 수 있어서 전체적인 패턴과 개인 사례에 대한 특수성을 파악하는 것이 가능하기 때문이다. CQR의 핵심 단계는 개방형 자료를 수집하고, 자료를 넓은 영역으로 분류하고, 핵심 개념을 찾고, 교차 분석을 이룬다. 교차 분석은 연구의 기초가 되는 원자료를 팀원이 각각 살펴보고 분석함으

> 로써 편견 없이 자료를 분석할 수 있는 기회를 제공하여 다른 질적연구가 갖는 연구자의 편향과 같은 문제점을 극복할 수 있다. 즉, 연구가 수행되는 동안 연구자 개인은 자료를 독립적으로 검토, 분석하고 서로의 생각을 수차례 논의하는데(Hill, Thompson, & Williams, 1997), 자료에 대한 최선의 설명이라고 동의할 때까지 검토가 이루어진다. 자료 분석 과정에서 여러 사람의 판단이 필요한데 다양한 관점은 자료에 대해 새로운 방식으로 생각할 기회를 제공하기 때문이다. (김기화 · 양성은, 2017)

다음은 합의적 질적연구에서 연구참여자의 특성을 기술한 부분이다. 질적연구에서 적절한 연구참여자 수의 뚜렷한 기준을 제시하기는 어렵다. 어떤 질적연구방법인지, 연구주제가 무엇인지에 따라 다르게 적용될 수 있기 때문이다. 연구참여자 수는 자료 수집과 관련되는데 더 이상 새로운 자료가 생성되지 않을 때, 즉 자료가 포화된 상태에 이르면 연구자는 자료 수집을 멈춘다. 합의적 질적연구 역시 다른 질적연구와 마찬가지로 위와 같은 기준이 적용되며, 같은 현상을 경험한 동질성을 확보한다면 적은 수의 참여자 확보가 가능하다. 힐(Hill, 2016)은 합의적 질적연구방법 활용 시 연구참여자의 경험이 비교적 동질적이라면 2~15명이 적절하다고 강조하였다. 아래 연구에서 "본 연구의 참여자들은 모두 아동양육시설에 종사하는 생활복지사로서 직무수행의 유사성이 높고, 시설에서 생활하는 아동들과 밀접한 상호작용을 통해 복지서비스를 직접 제공하는 당사자들이다. 이들은 아동양육시설의 현장성을 전달하는 데 적합하다"라는 설명으로 참여자 동질성과 준거기준의 타당성을 제시하였다. 한편, 연구참여자에 관한 정보 제공은 기본적인 사회인구학적 정보 및 연구주제와 관련된 내용 정도가 바람직하다. 아래 사례는 아동양육시설에 종사하는 사회복지사의 직무를 분석한 연구로, 연구참여자의 아동양육시설 근무 경력과 직무와 관련된 자격사항 정보를 제공하였다.

> 본 연구의 참여자는 양육시설에서 종사하고 있는 생활복지사 6명이다. 힐(Hill, 2016)은 CQR 연구방법 활용 시 연구참여자의 경험이 비교적 동질적이라면 2~15명이 적절한 규모의 표본이라고 주장하였다. 본 연구의 참여자들은 모두 아동양육시설에 종사하는 생활복지사로서 직무수행의 유사성이 높고, 시설에서 생활하는

> 아동들과 밀접한 상호작용을 통해 복지서비스를 직접 제공하는 당사자들이다. 이들은 아동양육시설의 현장성을 전달하는 데 적합하며, 이들이 사회복지 전문가로서 보고한 직무경험은 요보호아동 정책 수립 시 반영되어야 할 실질적 정보를 제공할 것으로 판단하였다.
>
> 연구참여자들이 종사하고 있는 아동양육시설의 규모는 정원 40명이 3명, 60명이 1명, 70명이 2명이다. 연구참여자의 사회인구학적 특성을 살펴보면, 연령은 20대 2명, 30대 2명, 40대 1명, 50대 1명이며, 기혼 3명과 미혼 3명이다. 학력은 대졸 4명, 대학원 졸 2명이다. 사회복지자격 사항은 사회복지사 1급 3명, 2급 3명이다. 타 사회복지 분야의 경력을 제외한 아동양육시설에서의 직무경력은 평균 6.3년으로 나타났다. (김기화 · 양성은, 2017)

연구참여자의 특성에 대한 정보는 아래의 〈표 14-1〉과 같이 보다 구체적으로 제시한다.

〈표 14-1〉 연구참여자의 특성

No.	성	나이	자격	아동양육 시설경력	월소득	학력	결혼
1	여	43	사회복지사 1급	12년	250만 원	대학원 졸업	미혼
2	여	27	사회복지사 2급	2년 7개월	180만 원	대학교 졸업	미혼
3	여	52	사회복지사 2급	6년	270만 원	대학교 졸업	기혼
4	여	25	사회복지사 2급	1년 4개월	180만 원	대학교 졸업	미혼
5	남	36	사회복지사 1급	4년	250만 원	대학교 졸업	기혼
6	남	35	사회복지사 1급	10년	250만 원	대학원 졸업	기혼

자료 수집 과정에 있어 합의적 질적연구는 일반 질적연구와 큰 차이를 보이지 않는다. 연구참여자의 이야기, 즉 발화된 언어를 분석하기 때문에 주로 개별심층면접 방법을 더 선호하게 된다. 물론, 상담기록지, 일기, 보고서 등 다양한 자료가 추가로 활용되기도 한다. 연구 질문은 개방형 질문을 사용하되 연구주제에서 벗어나지 않도록 한다. 이때 질문의 수가 너무 많거나 혹은 너무 적을 경우 자료 수집의 일관성을 저해하거나 충분한 내용을 확보하지 못하게 된다. 면접이 진행되는 동안 연구참

여자는 자신의 경험을 탐색하고 의미를 부여해 나가는 과정을 반복하게 된다. 면접자는 연구참여자가 보이는 표정, 태도, 침묵 등의 의미를 잘 파악하고 섬세하게 다룰 줄 알아야 한다. 또, 가끔 연구참여자는 연구영역을 벗어나 질문과 관계없는 이야기를 장황하게 하는 경우가 있는데 연구자는 어떻게 대처해야 할지 몰라 곤란함을 느끼게 된다. 노련한 연구자는 연구참여자의 이야기를 잘 들어 주고 적절한 시기에 자연스럽게 다시 핵심 질문으로 들어간다.

아래 연구의 사례는 아동양육시설에 종사하고 있는 사회복지사의 직무경험을 심층적으로 탐색하고, 이를 바탕으로 향후 요보호 아동에 대한 정책수립 시 필요한 실질적인 자료를 제공하는 목적을 두고 수행되었다. 이에 핵심 질문은 사회복지사가 자신의 역할을 어떻게 규정하고 있는지, 시설생활이 아동에게 미치는 긍정성과 부정성은 무엇인지, 사회복지사로서의 보람과 소진 요인은 무엇인지, 양육시설의 개선점은 무엇인지와 같은 개방형 질문을 사용하였고, 연구참여자의 반응에 따라 부가질문 4~5개 정도를 더 사용하였다. 면접내용이 직무와 직접적으로 관련되어 있어 근무 시간이 종료된 이후에 면접이 이루어졌다.

> 자료 수집 기간은 2015년 12월부터 2016년 2월까지로 총 3개월이다. 본 연구에서는 개별 심층면접(in-depth interview) 방법을 활용해 자료를 수집하였다. CQR에서 면접의 주요 목표는 첫째, 연구참여자와 라포를 형성하는 것이다. 면접 시작 부분에서 연구자의 사회복지 현장경험 이야기로 라포를 형성한 후 연구주제와 관련된 가벼운 질문부터 시작하였다. 둘째, 일관되게 정보를 모으는 것이다. 관심 주제에 초점을 맞추기 위해 주요 면접 질문은 8~10개가 적절한데 그 이유는 중요한 영역을 충분히 조사할 수 있고, 일관된 정보를 수집할 수 있기 때문이다. 본 연구의 주요 질문 내용은 다음과 같다. 1) 양육시설에 종사하는 생활복지사의 역할이 무엇이라고 생각하는가? 2) 양육시설에서의 생활이 아동에게 어떠한 영향을 미치는가? 3) 양육시설에서 생활하고 있는 아동의 특성은 무엇인가? 4) 직무수행 과정에서 보람과 소진은 무엇인가? 5) 양육시설이 앞으로 어떻게 개선되어야 하는가? 이다. 주요 질문 후 연구참여자의 반응에 따라 4~5개의 부가질문을 사용하였다. 면접 시간은 사례에 따라 차이가 있었지만 평균 2시간 정도 소요되었다. 면접 장소는 연구참여자가 원하는 장소에서 이루어졌는데, 주로 근무지인 시설이나 카페에서 이루어

졌다. 연구참여자가 시설로 방문해 줄 것을 원한 경우 자유롭게 이야기할 수 있도록 근무를 마친 퇴근 시간 이후에 면접을 실시하였다. (김기화 · 양성은, 2017)

다음은 자료 분석 과정에 대한 설명이다. 합의적 질적연구방법이 다른 질적연구와 다른 차별성을 갖는다면 그 핵심은 자료 분석 과정에서 수행되는 타당화 전략이라고 할 수 있다. 그 이유는 첫째, 자료 분석 단계에서 타당성 확보를 위해 양적연구에서 사용하는 수치화된 방법을 이용하는 점이다. 둘째, 연구팀 간의 지속적 합의과정에서 다양한 관점을 반영하여 연구자 개인의 주관적 편향을 해소하고자 노력한다. 셋째, 자료 분석의 모든 과정(영역분류, 중심주제 구성, 교차 분석)에서 연구팀 간의 일치와 불일치를 지속적으로 확인하고 합의적 연구결과를 도출한다. 아래 사례는 자료 분석 과정에서 연구팀 간의 상호 역할을 통해 주제를 도출한 과정이다.

CQR의 세부 자료 분석은 영역분류, 중심주제 구성, 교차 분석의 과정으로 이루어진다. 우선, 영역분류는 전사된 원자료를 반복하여 읽으며 유사한 주제들을 묶어 분류하는 과정이다. 연구팀은 각자 영역별 주제를 분류한 후 일치되는 영역과 불일치되는 부분에 대한 논의를 하였다. 다음은 핵심 개념 구성으로 연구자들은 각자 전사본을 바탕으로 적은 개수의 핵심 단어를 포착하였다. 마지막은 교차 분석으로 자료의 유사성을 비교 · 분석하였다. 영역에 대한 중심주제를 범주화시키는 과정으로 지속적인 수정을 거쳐 원자료가 의미하는 가장 적합한 범주로 분류하였다. 범주화 과정은 핵심 개념을 갖고 있는 연구참여자 숫자에 기초하게 된다. 모든 참여자 또는 1명만을 제외한 참여자로 구성되었을 때 '일반적'이라고 하며, 절반 이상의 참여자에게서 나온 자료로 구성된 범주는 '전형적'이며, 2명 이상에서 절반에 이르는 참여자들에게서 나온 자료들로 구성된 범주는 '일반적이지 않은'이다. (김기화 · 양성은, 2017)

마지막으로 연구결과에 대한 설명이다. 합의적 질적연구에서 연구결과는 주로 표로 제시한다. 일반 질적연구에서도 연구결과를 표나 그림으로 보여 주기도 하지만 반드시 그럴 필요는 없다. 일반 질적연구에서 중심주제 분석법을 사용하여 자료를 분석하게 되는데, 여기까지는 합의적 질적연구도 같은 방법을 활용한다.

> 본 연구의 주요결과는 5개의 주제영역과 12개의 소주제, 24개의 핵심 개념으로 도출되었다. 5개의 주요 영역은 구체적으로 1) 생활복지사의 역할, 2) 시설생활이 아동에게 미치는 긍정성, 3) 시설생활이 아동에게 미치는 부정성, 4) 생활복지사의 소진 요인, 5) 양육시설의 변화 방향으로 나타났다. 본 연구참여자 생활복지사들은 자신의 역할을 '양육자'와 '롤 모델'로 규정하고 있었으며, 시설생활이 아동에게 미치는 긍정성으로 '또래관계 형성'과 '다양한 서비스 이용'이, 부정성으로는 '사회적 낙인', '대리양육자와의 애착형성 문제', '집단생활로 인한 수동적 태도'로 드러났다. 한편, 직무수행 과정에서 '아동과의 갈등'과 '열악한 처우'는 소진에 영향을 미치고 있었다. 마지막으로 아동양육시설의 변화 방향으로 '입소아동의 구분', '가족기능 회복 지원', '자립준비 지원 강화', '전문가로서의 역량 함양'이 도출되었다. (김기화 · 양성은, 2017)

합의적 질적연구에서 결과를 표로 제시하는 이유는 양적연구의 결과 분석에서 사용하는 빈도를 측정하기 때문이다. 즉, 핵심 개념 영역에서 빈도 분석이 이루어지는데, 총사례 수에서 핵심 개념이 나타난 사례의 수를 반영하게 된다. 이때 빈도 구분은 대부분의 사례에서 나타나는 경우를 '일반적(general)'으로, 과반수 이상의 사례에서 나타나는 경우를 '전형적(typical)', 과반수 이하의 사례에서 나타나는 경우를 '변동적(variant)'으로 표시한다.

〈표 14-2〉 아동양육시설에 종사하는 생활복지사의 직무경험

주제(영역)	소주제	핵심 개념(단어, 구)	유형	빈도
생활복지사의 역할	양육자, 롤모델	• 대리양육자의 역할 • 영향을 미치는 롤모델	일반적	6
시설생활이 아동에게 미치는 긍정성	또래관계 형성	• 또래문화의 긍정적 영향 • 사회성 형성에 도움	전형적	3
	다양한 서비스	• 프로그램 이용 • 교육 혜택	전형적	3
	사회적 낙인	• 시설생활을 숨김 • 창피함	일반적	5
	대리양육자와의 애착형성 문제	• 생활복지사 간의 상이한 양육방식 • 잦은 이직으로 인한 불신	일반적	5
시설생활이 아동에게 미치는 부정성	집단생활로 인한 수동적 태도	• 낮은 의지력 • 성취욕구의 결여	전형적	3
	아동과의 갈등	• 아동과의 대립 • 양육자로 인정받지 못함	전형적	4
생활복지사의 소진요인	열악한 처우	• 급여 인상의 어려움 • 휴가 사용의 제한	전형적	3
	입소아동의 구분	• 장애아동의 입소 증가 • 장애아동의 부적응 및 서비스 부재	일반적	5
	가족기능 회복 지원	• 가정에 대한 사후 관리 • 가족프로그램 개발	전형적	4
	자립준비 지원 강화	• 자격증 취득에 필요한 자원 부족 • 미흡한 정부의 지원	일반적	5

위의 사례에서 제시한 연구결과표를 바탕으로 유형과 빈도 분석에 대해 다시 설명하고자 한다. 범주화 과정은 핵심 개념을 갖고 있는 연구참여자 숫자에 기초하게 된다. 따라서 위의 연구에서는 모든 참여자(6명) 또는 1명만을 제외한 참여자(5명)로 구성되었을 때 '일반적'이라고 기록하였으며, 절반 이상(3명)의 참여자에게서 나온 자료로 구성된 범주는 '전형적'이며, 과반수 이하의 사례는 '변동적'이라고 기록하였다. 이렇게 유형을 표시하고, 빈도를 숫자로 기록하면 된다. 연구결과표를 보면 얼마나 많은 사례가 각각의 핵심 개념 영역에 포함되는지 명확하게 알 수 있다. 독

자는 합의적 연구의 결과표를 보면 주제영역을 포함한 소주제, 핵심 개념의 분석 과정을 이해할 수 있게 된다.

4. 합의적 질적연구의 현재와 전망

앞서 살펴보았듯이 합의적 질적연구는 꾸준히 질적연구에 제기되었던 연구방법으로서의 객관성과 신뢰성을 확보하기 위한 질적연구방법 자체의 융합과 분화의 과정을 통해 탄생되었다. 최근 들어 한국의 학계에서도 합의적 질적연구로 수행된 연구가 증가하기 시작했다. 학술정보 검색사이트에서 '합의적 질적연구'를 키워드로 검색하면 DBPia의 경우 2001년부터 현재까지 76편의 학술지 게재 논문이 있는 것으로 확인되며, 한국학술정보(KISS)의 경우는 89건으로 기록되어 있다. 그리고 RISS4U의 경우는 학술지 169편, 학위논문 107건으로 검색되지만 자세히 보면 질적연구란 키워드를 교집합으로 하고 있기에 정확한 숫자는 아니다. DBPia에서 제공한 데이터의 경우 연도별, 분과학문별로 구체적으로 나와 있다. 이를 살펴보면 2001년부터 2010년까지 14편이었던 소논문이 2011년부터 2017년 현재까지 62편을 기록한다. 이러한 증가는 질적연구가 전반적으로 확산되고 있음과 아울러 합의적 질적연구가 연구자들 사이에서 선호되고 있음을 알 수 있다. 특이한 점은 특정 학문 분야 학술지에 합의적 질적연구 논문이 집중적으로 발표되었던 점이다. 이 학술지는 한국심리학회에서 발행하는 〈한국심리학회지: 상담 및 심리치료〉에 19편, 〈한국심리학회 학술대회 자료집〉에 8편, 〈한국심리학회지: 일반〉에 5편이 게재되어 있다. 또한, 서울대학교 교육연구소에서 발간하는 〈아시아교육연구〉에 4편, 한국교육심리학회에서 발간하는 〈교육심리연구〉에 3편, 기타 학술지 각 1편씩이 수록되어 있다. 이러한 사실은 바로 심리 및 상담학 분야에서 합의적 질적연구방법이 빈번하게 활용되고 있음을 알 수 있는 바로미터이다. 그러나 우리는 현재 확인한 합의적 질적연구가 심리 및 상담학 분야에 편중되어 있다는 사실 자체를 심리 및 상담학 분야가 가지고 있는 학문 현장의 특성으로만 평가하면 안 된다. 합의적 질적연구가 신뢰성 및 객관성 확보에 장점을 갖는다고 한다면 다른 사회과학 분야에도 확대될 가능성을 열어야 할 것이다.

생각할 문제

1. 연구수행에 있어 일반적인 질적연구방법과 합의적 질적연구방법을 활용할 때의 차이점은 무엇인가?
2. 합의적 질적연구의 장점은 무엇이고, 이러한 장점을 더 발전시킬 수 있는 구체적인 방법은 무엇인가?

CHAPTER 15

혼합연구 : 두 마리 토끼 잡기

임한나

여러분은 퓨전(fusion)을 좋아하는가? 흔히 음식을 먹거나 드라마를 볼 때 우리는 퓨전을 이야기한다. 퓨전은 라틴어의 fuse(섞다)에서 유래된 말로 다른 성격을 가진 것들의 조합을 의미한다. 혼합연구는 양적연구와 질적연구를 조화롭게 사용하는 것으로 연구방법의 퓨전이라 할 수 있다.

필자는 질적연구의 대가인 교수님께 지도를 받으며 '질적연구자의 탈을 쓴 양적연구자'라는 이야기를 종종 듣곤 했다. 그만큼 혼합연구는 질적연구자와 양적연구자 모두에게 비판의 대상이 되기도 하지만, 매력적이고 실용적인 연구방법인 것은 틀림이 없다. 또한, 이것이 혼합연구자의 정체성이며, 연구의 정체성 역시 퓨전이라고 해석할 수 있을 것이다.

1. 혼합연구의 개념 및 특성

혼합연구 방법은 양적연구방법 또는 질적연구방법만을 고수(固守)하지 않고 연구의 주제와 문제에 가장 적절한 연구방법을 찾을 수 있도록 두 가지 연구방법을 함께 사용함으로써 단일접근에 따른 연구결과와 비교했을 때, 더 나은 이해를 창출할 수 있다는 핵심 가치를 반영한다. 다시 말하면 혼합연구 방법론은 양적연구방법과 질적연구방법의 강점을 활용하는 실용주의적 입장을 취하고 있는 제3의 연구방법론인 것이다(최명민, 2007).

1) 혼합연구의 개념

타샤코리와 테드리(Tashakkori & Teddlie, 2003)는 혼합연구 방법을 연구문제, 연구방법, 자료 수집, 분석 절차 및 도출 과정에서 질적 접근과 양적 접근을 함께 사용하는 것으로 정의하였으며, 타샤코리와 크레스웰(Tashakkori & Creswell, 2007)은 단일연구 또는 조사 프로그램에서 자료 수집 분석, 결과 통합, 결론 도출을 위하여 질적 · 양적연구방법을 모두 취하는 것으로 말하였다.

또한, 혼합연구 방법은 연구의 여러 과정에서 양적 접근과 질적 접근을 활용하여 통합적으로 자료를 수집하고 분석과정을 거치는 철학적 틀을 겸비한 연구설계로 정의(Creswell & Plano Clark, 2007)하고 있으며, 연구자가 단일연구 안에서 양적연구기법과 질적연구기법에 대한 방법, 접근, 개념, 용어를 통합하거나 혼합하여 수행하는 연구라고 할 수 있다(Johnson & Onwuegbuzie, 2004).

머튼스(Mertens, 2005)는 혼합연구를 포괄적인 개념을 이해하여 교육 및 사회문제가 발생하는 수많은 복잡한 흐름 속에서 연구자에 의하여 수행되는 통합적 연구과정으로 그 의미를 확장시켰다. 마지막으로 콜린스(Collins et al., 2006)는 연구목적에서부터 연구문제에 이르기까지 혼합연구 방법에 대한 개념을 명확히 하는 작업을 진행하기도 하였다.

이상으로 볼 때, 혼합연구 방법이란 단일연구 안에서 양적연구방법과 질적연구방법을 함께 사용하는 것이며, 두 방법론을 동시에 활용함으로써 실용주의적 태도를 함양하는 것이다. 따라서 혼합연구 방법은 양적연구방법과 질적연구방법이 가지고 있는 각각의 장점을 살리고 단점을 서로 보완하여 연구문제 해결을 위한 명확한 해석을 제시할 수 있는 연구방법이다.

그린(Greene, 2007)은 〈표 15-1〉과 같이 혼합연구 방법을 다섯 가지 관점으로 정리하였는데 그 내용은 다음과 같다. 첫째, 초기의 혼합연구 방법이 적용된 연구는 어느 특정 영역에 치우쳐 진행된 것이 아니라 방법의 통합을 통해 도출된 의미들을 활용한 것이다. 둘째, 혼합연구 방법은 하나의 방법이 다른 방법을 발전시키거나 확장시키는 측면으로 발전하므로 두 가지 접근의 동시적 시도와 접근의 가능성을 형성하고 있다. 셋째, 혼합연구 방법의 초기 아이디어와 발전은 혼합연구 방법을 통해 연구영역과 주제의 정교화를 추구하였다. 넷째, 양적자료와 질적자료를 어떻게 통합하고 분석할 것인가에 대한 고민과 발전을 이루게 하였다. 다섯째, 혼합연구 방법론의 패러다임 이슈에 대한 논의는 혼합연구 방법의 발달과 발전을 이끌었다.

〈표 15-1〉 혼합연구 방법의 정의 및 개념

연구자	정의 및 개념
Tashakkori & Teddlie (2009)	연구문제, 연구방법, 자료 수집, 분석 절차 및 도출에서 질적 접근과 양적 접근을 취하는 연구설계
Tashakkori & Creswell (2007)	단일연구 혹은 조사 프로그램에서 자료 수집 분석, 결과통합 및 도출을 위해 질적 측면과 양적 측면을 모두 활용하는 것
Creswell & Plano Clark (2007)	연구의 다층적 과정에서 양적·질적 접근의 통합적 자료 수집과 분석의 과정을 이끄는 철학적 틀을 겸비한 연구설계
Johnson & Onwuegbuzie (2004)	연구자가 단일연구 내에서 양적·질적연구기법, 방법, 접근, 개념, 용어를 통합 혹은 혼합하여 이루어지는 연구
Mertens (2005)	교육 및 사회문제가 발생하는 다양하고 복잡한 맥락 내에서 연구자에 의해 수행되는 통합적 과업
Collins et al. (2006)	연구목적의 설정에서부터 글쓰기 및 연구문제의 재구성에 이르는 13가지의 과정을 통해 혼합연구 방법을 개념화

출처: 이현철 외(2014).

2) 혼합연구의 유형

혼합연구 방법에는 다양한 모형이 있다. 이 모형들은 양적연구와 질적연구의 방법들을 어떻게 구조화시키고 순서화시킬 것인지를 체계화시켜 놓은 것인데 대표적으로 모스 모형, 크레스웰과 플라노 클라크 모형, 타샤코리와 테드리 모형을 꼽을 수 있다.

(1) 모스 모형(Morse Model)

모스 모형은 우선적 측면(priority)과 순차적 측면(sequence)을 중심으로 네 가지 접근모형을 제시(양적연구 중심 설계, 질적연구 중심 설계, 양적 → 질적 순차적 설계, 질적 → 양적 순차적 설계)하고 있다(Mores, 1991). 우선적 측면의 경우 통합적 접근에 있어 양적연구와 질적연구 각각의 측면에서 주요하게 활용될 접근방식을 결정하고, 결정된 방법을 중심으로 자료 수집과 같은 연구절차를 진행하는 방법이다. 반면, 순차적 측면은 양적연구 및 질적연구 자료 활용에 있어 일련의 순서 혹은 차례에 집중한다는 것으로 철학적 배경이 명확하게 차이가 나는 두 가지 방법을 동시에 활용할 때 발생할 수 있는 다양한 어려움을 극복하기 위하여 순차적으로 이를 적용한다는 것이다(이현철 외, 2014).

(2) 크레스웰과 플라노 클라크 모형(Creswell & Plano Clark Model)

크레스웰과 플라노 클라크 모형은 질적연구 및 양적연구 접근의 특징을 고려하여 삼각화설계(triangulation design), 포함설계(embedded design), 설명설계(explanatory design), 탐색설계(exploratory design)의 네 가지 설계모형으로 영역이 구분되어 있다. 첫째, 삼각화 설계(triangulation design)는 양적연구 및 질적연구의 자료를 동시에 수집하여 함께 분석하며, 두 자료의 비중을 같게 두는 연구방법이다. 둘째, 포함설계(embedded design)는 1차 질문에 대한 어떤 유형의 자료를 수집하되 또 다른 유형의 자료가 전체 설계에 포함되어 있는 것이다. 셋째, 설명설계(explanatory design)는 두 단계로 구분하여 1단계에서 양적자료를 수집하고, 2단계에서 1단계 수집 자료를 설명해 줄 수 있는 질적자료를 활용하는 설계이다. 넷째, 탐색설계(exploratory design)는 앞선 설명설계에서와같이 두 단계로 구분되며, 1단계에서 질적자료를 수집하고 2단계에서 이를 수량적 자료와 연관 짓는 설계이다(이현철, 2009; Creswell & Plano Clark, 2007).

(3) 타샤코리와 테드리 모형(Tashakkori & Teddlie Model)

타샤코리와 테드리 모형은 연구 현장에서 연구자가 결정해야 할 기본적인 연구 설계를 단일방법설계(monomethod designs)와 통합방법설계(mixed methods designs)로 정의한다. 단일방법설계(monomethod designs)는 연구 전반에 걸쳐 오직 양적방법 혹은 질적방법으로만 진행되는 연구방법이며, 통합방법설계(mixed methods designs)는 연구 전반에 걸쳐 양적방법과 질적방법이 통합되어 진행되는 전략으로 정의한다(Tashakkori & Teddlie, 2009).

3) 혼합연구의 특성

혼합연구 방법의 장단점을 이야기한다면, 혼합연구의 특성을 더욱 자세히 확인할 수 있을 것이다. 먼저, 혼합연구 방법의 장점부터 살펴보겠다. 혼합연구는 한 연구에서 질적방법과 양적방법의 개념, 기술, 언어를 같이 사용함으로써 한 가지 연구의 약점을 극복하여 연구결과의 수렴이나 보충증거를 통해 보다 결론에 대한 강력한 증거를 제시할 수 있다. 또한, 한 가지 연구방법을 통해 놓칠 수 있는 이해나 통찰을 첨가할 수 있으며, 연구결과의 일반성을 향상시킬 수 있고 양적연구와 질적연구가 이론과 실천에 대한 보다 완전한 지식을 산출하는 데 도움을 준다.

또한, 혼합연구 방법의 경우 양적연구방법과 질적연구방법의 장점을 모두 활용하여 연구에 활용할 수 있다. 양적연구방법의 장점은 연구결과가 질적연구에 비해 일반화가 용이하며, 연구결과에 영향을 줄 수 있는 다양한 변수를 제공하고, 신뢰도 확보 및 통계적 유의도와 다양한 통계 프로그램을 활용할 수 있다는 것이다. 반면에 질적연구의 경우 연구참여자의 이해를 바탕으로 연구문제에 접근할 수 있고, 희귀하고 제한적인 연구문제와 주제를 연구하기에 적합할 뿐만 아니라 복잡한 사회현상을 분석할 수 있다(이현철 외, 2014).

반면에 혼합연구 방법은 단일연구 방법과 비교했을 때 시간과 비용이 많이 요구된다는 단점이 있다. 혼합연구 방법은 단일연구 방법만을 사용하는 연구에 비하여 연구기간이 길어질 수밖에 없다. 그리고 양적연구방법과 질적연구방법을 모두 사용하기 위해서 연구자는 다양한 연구방법을 습득하기 위해 노력해야 한다. 두 가지 연구방법을 통해 포괄적이고 완전한 연구결과를 이끌어 내야 하기 때문에 연구자는 양적연구와 질적연구의 전문가가 되어야 한다. 다시 말해, 다양한 연구방법을 통하여 두 마리 토끼를 잡으려다가 두 마리 토끼를 모두 잡지 못하게 되는 불상사가 생기지 않도록 철저한 준비가 필요하다.

2. 혼합연구의 실제

2절에서는 혼합연구의 사례를 심층적으로 살펴봄으로써 혼합연구에 대한 이해를 돕고자 한다. 이를 위하여 사례로 제시한 논문은 임한나(2016)의 「청소년지도사의 다문화 인식 증진 방안에 관한 통합연구」이다. 위의 연구는 다문화 인식이 다문화 감수성 및 다문화 교수효능감으로 구성된다고 가정하고 청소년지도사의 다문화 인식을 확인하기 위해 혼합연구 방법을 사용하였다.[1] 청소년의 학교 밖, 즉 지역사회 차원의 전인교육을 담당하는 청소년지도사에 관한 다문화 인식 연구의 당위성을 위하여 본 연구에서는 다음과 같은 두 가지의 연구문제를 설정하였다.

- 연구문제 1. 청소년지도사의 다문화에 대한 인식 수준은 어느 정도인가?
  - 1-1. 청소년지도사의 다문화 인식에 관한 인구통계학적 차이는 어떠한가?
  - 1-2. 청소년지도사의 다문화 감수성은 어떠한가?
  - 1-3. 청소년지도사의 다문화 교수효능감은 어떠한가?
  - 1-4. 주요 변인 간의 상관관계는 어떠한가?

1) 다문화 감수성은 문화적 차이를 인지하고 타문화를 존중할 수 있는 능력으로서 청소년지도사의 내적 다문화 인식을 알아보는 척도이다. 또한, 다문화 교수효능감은 청소년지도사가 청소년을 대상으로 긍정적인 결과를 도출해낼 수 있는 능력으로서 청소년지도사가 청소년 활동을 운영할 때 필요한 다문화 인식 관련 외적 자신감을 알아볼 수 있는 척도이다.

- 연구문제 2. 청소년지도사의 다문화에 대한 인식을 증진시킬 수 있는 방안은 무엇인가?
    - 2-1. 청소년지도사의 교수법 강화를 위한 전문가의 의견은 어떠한가?
    - 2-2. 청소년지도사의 긍정적인 상호의존관계 형성에 대한 전문가의 분석은 어떠한가?
    - 2-3. 청소년지도사의 주관적 경험학습을 위한 전문가의 방안은 무엇인가?
    - 2-4. 전문가는 청소년지도사의 지속가능한 다문화 청소년 활동 지원 방안을 무엇이라 생각하는가?

연구문제 1에서는 청소년지도사의 다문화 인식에 관한 인구통계학적 차이를 살펴보고, 다문화 감수성과 다문화 교수효능감을 통하여 청소년지도사의 다문화에 대한 인식 수준 정도를 살펴보고자 한다. 연구문제 1에서 살펴본 청소년지도사의 다문화 인식 실태를 토대로 연구문제 2에서는 청소년지도사의 다문화에 대한 인식을 증진시킬 수 있는 방안을 제시하기 위하여 전문가와의 심층면담을 실시하였다.

본 연구에서는 전국의 청소년지도사를 대상으로 다문화 감수성 및 다문화 교수효능감에 대한 설문조사를 실시함으로써 다문화 인식을 살펴보았다. 또한, 청소년 전문가와의 심층면담을 통하여 청소년지도사의 다문화 인식 증진 방안을 제안하였다. 이를 위하여 각 장에서 다루어진 내용은 다음과 같다.

1) 연구의 구성

제 I 장에서는 연구의 필요성 및 목적, 연구내용에 대해 살펴보았으며, '청소년지도사의 다문화 인식'과 '청소년 활동과 다문화교육' 관련 연구 동향을 분석하고, 기존 선행연구의 흐름 및 시사점을 제시하였다. 또한, 이 연구를 시작하게 된 동기를 기술하였다.

제 II 장에서는 이론적 논의를 통해 다문화현상과 청소년 활동에 대해 짚어 보고,

청소년지도사의 역할과 다문화교육에 대해 소개하였다. 이어서 구성주의 교수·학습론과 청소년지도사의 교수역량에 관해 기술하였는데, 먼저 구성주의의 개념을 설명하고, 구성주의의 유형에 대한 차이점과 공통점을 살펴보았다. 또한, 이를 바탕으로 구성주의와 청소년지도사의 교수역량의 관계를 기술하였다.

제Ⅲ장에서는 연구방법을 제시하였다. 먼저, 혼합연구 모형에 대한 소개와 본 연구가 혼합연구 방법으로 진행된 동기 및 설계과정에 대해 설명하였다. 또한, 연구대상 및 연구참여자를 선정하게 된 배경을 나열하고, 양적 연구설계와 질적 연구설계에 대한 자료 수집 및 자료 분석 방법과 연구윤리 및 신뢰성에 대해 살펴보았다. 양적자료 수집은 설문지를 통하여 진행되었으며, 전국 청소년지도사를 대상으로 46문항을 질문하여 얻은 결과를 Ⅳ장에 정리하였다. 질적자료 수집과 관련된 내용은 심층면담 절차와 질문지 소개 및 면담에 관한 일련의 과정을 소개하고 그 결과를 Ⅴ장에 기록하였다.

제Ⅳ장에서는 청소년지도사의 다문화 인식 실태와 관련된 결과를 도출하였다. 먼저, 조사개요를 통해 조사방법 및 과정을 소개하고 인구통계학적 특성에 따른 결과를 작성하였다. 또한, 청소년지도사의 다문화 감수성, 청소년지도사의 다문화 교수효능감에 대한 청소년지도사의 의견을 종합하여 결과를 분석하였으며, 다문화 감수성과 다문화 교수효능감 간의 상관관계를 살펴보았다.

제Ⅴ장에서는 청소년 시설·단체장 및 청소년학 관련 연구원 및 교수 등으로 활동하고 있는 청소년 전문가 다섯 명의 의견을 심층면담을 통해 분석하였으며, 이를 바탕으로 청소년지도사의 다문화 인식 증진 방안을 모색하였다.

제Ⅵ장에서는 설문조사와 심층면담을 통해 도출된 청소년지도사의 다문화 인식 실태 및 다문화 인식 증진 방안의 연구결과를 논의하였으며, 연구결과에 따른 연구제언을 기술하였다.

장	구분	내용
Ⅰ장	서론	연구의 필요성 및 목적
		연구의 내용과 연구 동향 분석
		연구동기
Ⅱ장	이론적 배경	다문화현상과 청소년 활동
		청소년지도사와 다문화교육
		구성주의 교수학습론과 청소년지도사의 교수역량
Ⅲ장	연구 방법	연구설계
		자료 수집 및 분석
		연구윤리와 신뢰성
Ⅳ장	설문 조사	설문 대상자 선정 및 배포 계획 수립
		전국 단위 청소년지도사 대상 설문지 배포
		설문지 수거 및 통계 패키지를 통한 분석
Ⅴ장	심층 면담	심층면담 대상자 선정 및 연구동의 수락
		이메일 면담 1회, 방문면담 1회 실시
		심층면담 내용 코딩 및 분석
Ⅵ장	결론 제언	설문조사 및 심층면담 내용 종합분석
		분석 자료를 통한 연구의 결론 제시
		연구의 시사점 및 앞으로의 방향성 제언

[그림 15-1] 혼합연구의 틀

2) 연구설계

본 연구는 혼합연구 방법을 활용하여 연구문제를 해결하였다. 이를 위해 청소년지도사의 다문화 인식을 살펴보고자 청소년지도사에게 설문조사를 시행하고, 그에 따른 증진 방안을 마련하기 위하여 전문가를 대상으로 심층면담을 병행하였다.

따라서 본 연구는 양적연구방법과 질적연구방법을 활용하여 설계하였으며, 양적연구방법인 설문조사를 먼저 실시하여 도출한 결과를 바탕으로 질적연구방법인 전문가 인터뷰를 시행하였다. 이러한 연구설계를 가리켜 크레스웰과 플라노 클라크(Creswell & Plano Clark, 2007) 모형 중 설명설계(explanatory design) 모형이라고 한다. 설명설계(explanatory design) 방법은 양적연구에서 나온 결과를 질적연구로 다시 확인하여 연구문제를 해결하는 자료로 활용할 때 사용된다.

1단계 과정으로서 양적자료를 수집하기 위해 설문조사를 실시하였으며, 청소년지도사의 다문화 인식 실태를 알아보기 위하여 청소년지도사를 대상으로 진행되었다. 2단계 과정에서는 질적연구를 위한 심층면담을 실시하였다. 심층면담 대상은 청소년학 관련 교수, 다문화 청소년 활동 전문가 및 시설·단체장 등이다. 이들에게 양적연구에서 도출한 결과를 바탕으로 청소년지도사의 다문화 인식 증진 방안에 대해 질문하였으며, 심층면담은 개별면담으로 진행되었다.

본 연구는 양적연구에서 나온 결과를 전문가 집단에 설명하고, 전문가와의 심층면담을 통하여 결과의 개선방안을 도출하는 방식으로 진행되었다. 혼합연구 모형을 단계별로 제시하면 [그림 15-2]와 같다.

[그림 15-2] 혼합연구 모형

3) 자료 수집

(1) 양적연구

연구문제를 해결하기 위해 자격검정에 합격하고 연수기관에서 실시하는 연수과정을 마친 1급, 2급, 3급의 국가자격증을 소지하고 있는 전문가로서 전국 청소년시설, 청소년단체, 청소년 관련 기관 등에서 청소년육성 및 지도 업무에 종사하고 있는 청소년지도사를 대상으로 설문조사를 실시하였다.

본 연구의 양적자료는 2014년 9월 24일부터 2015년 2월 10일까지 수집된 설문조사 자료이다. 2014년 9월 24일부터 25일에 운영되었던 제10회 대한민국 청소년박람회를 통하여 100부를 배포 · 수거하였으며, 그 외의 설문지는 이메일 수신 및 우편

발송 등의 방법을 활용하여 배포하고 수집하였다.

설문대상의 표집 방법은 비확률표집 방법 중에 임의표집 방법을 활용하였으며, 유의 수준은 95%이다. 청소년지도사가 설문에 응하였을 경우, 미리 준비한 기념품을 제공하여 보답하였으며, 설문에 응한 청소년지도사의 신변을 보호하기 위해 익명으로 작성하였다. 또한, 설문을 도와준 전국의 청소년시설, 청소년단체, 청소년 관련 기관도 익명으로 처리하였다. 총 278개의 설문지가 회수되었으며, 이 중 조사대상자가 아니거나 설문에 불성실하게 응한 경우를 제외하고 265부를 최종 분석하였다.

설문지는 청소년지도사의 일반적 특성, 청소년지도사의 다문화 감수성, 청소년지도사의 다문화 교수효능감 등 총 3개의 세부영역으로 구성하였다. 43개의 설문 문항과 3개의 개방형 질문(청소년지도사의 관점에서 다문화 청소년 정책의 문제점, 다문화 청소년 정책 문제점의 개선방안, 청소년지도사로서 교육받고 싶은 다문화 관련 연수과정 등)이 첨가되어 총 46개 문항으로 설문이 이루어졌다.

본 연구에서는 청소년지도사의 다문화 감수성을 측정하기 위하여 첸과 스타로스타(Chen & Starosta, 2000)가 개발하고 김옥순(2008)이 번안한 '다문화 감수성 척도(Intercultural Sensitivity Scale)'를 연구목적에 맞게 재구성하였다.

또한, 청소년지도사의 다문화 교수효능감을 측정하기 위하여 가이튼과 웨스케(Guyton & Wesche, 2005)가 개발하고 최충옥과 모경환(2007)이 번안하여 사용한 '다문화 효능감 척도(Multicultural Efficacy Scale: MES)'를 연구목적에 알맞게 재구성하였다.

(2) 질적연구

질적연구의 연구문제인 '청소년지도사의 다문화에 대한 인식을 증진시킬 수 있는 방안은 무엇인가?'에 대한 문제 해결을 위하여 청소년학 관련 교수, 다문화 청소년 활동 전문가 및 시설 · 단체장 등을 대상으로 심층면담을 실시하였으며, 다음과 같이 연구를 진행하였다. 첫째, 청소년지도사를 대상으로 그들의 다문화 인식을 설문

조사를 통하여 살펴보고, 그 결과를 분석하여 주제를 설정하였다. 둘째, 인터뷰 참여자가 분석된 결과를 숙지하고 질문에 응할 수 있도록 정보를 제공하였다. 셋째, 질문 내용을 선정하였다. 넷째, 인터뷰를 실시하였다. 인터뷰 시, 인터뷰 대상자의 동의를 얻어 내용을 녹취하였다. 다섯째, 인터뷰 내용을 전사하여 분석하고 확증하는 단계를 거쳤다. 여섯째, 청소년지도사의 다문화 인식 증진 방안을 분석하였다.

본 연구에서는 구조화된 면담을 중심으로 반구조화된 면담기법을 혼용하여 사용하였다. 따라서 양적연구에서 분석한 결과를 바탕으로 질문지를 미리 준비하여 명확한 대답을 도출함과 동시에 연구대상자의 경험과 의견을 연구에 반영하였다. 예를 들어, '다문화 청소년 지도경험에 따른 분석'을 통해 다문화 청소년을 지도한 경험이 있는 청소년지도사는 다문화 교수효능감에서 유의미한 차이를 보이는 것을 알 수 있었다. 이러한 양적연구의 결과를 바탕으로 전문가 심층면담 시, '다문화 청소년을 지도한 경험이 다문화 교수효능감에 미치는 영향은 어떠한가?'라는 질문을 하였다. 이에, 전문가들은 다문화 청소년과의 활동 경험이 청소년지도사의 다문화 교수효능감에 영향을 미친다고 보았으며, 청소년지도사의 다문화 인식을 향상시키기 위하여 청소년지도사의 교수법이 강화되고, 긍정적인 상호협력관계가 형성되어야 한다는 의견을 제시하였다.

〈표 15-2〉 연구참여자 현황

구분	성별	코드	연령	경력	학력	기관 구분	직위
A	남	전문가 A	50대	16년	박사	ㅇㅇ연구원	연구위원
B	남	전문가 B	50대	18년	박사	ㅇㅇ연구원	연구원
C	남	전문가 C	40대	15년	박사	ㅇㅇ대학교	교수
D	남	전문가 D	40대	16년	박사과정	ㅇㅇ문화의집	관장
E	남	전문가 E	50대	30년	박사	ㅇㅇ협회	이사장

연구참여자는 청소년 관련 경력이 15년 이상인 자로 박사학위를 소지하거나 현재 박사과정에 있는 전문가를 대상으로 심층면접을 진행하였다. 또한, 연구기관 및 대학교에 재직하는 전문가 3명, 청소년시설 · 단체 등의 기관장 2명을 연구참여자로

선정하였다.

연구참여자 A는 청소년 관련 연구원의 연구위원으로서 다문화 청소년 연구를 진행하고 있으며, 연구참여자 B는 청소년 관련 연구기관에서 연구원으로 활동하고 있다. 연구참여자 C는 국제적인 청소년단체에서 청소년 활동 및 교류를 다년간 총괄해 왔으며, 그 이후에 청소년 관련학과 교수로 재직 중이다. 연구참여자 D는 다문화 청소년 활동 경험이 있는 청소년지도사로서 청소년 관련 학과 강사로 활동하고 있으며, 현재 청소년문화의집 관장을 역임하고 있다. 마지막으로 연구참여자 E는 30년 동안 청소년 재단 및 공공기관 등에서 중추적인 역할을 담당해 왔으며, 현재 다문화 청소년 관련 협회 이사장으로 재직하고 있다.

4) 자료 분석

(1) 양적연구

양적연구 자료에 대한 분석은 유효한 설문지 265부를 대상으로 SPSS ver. 20의 통계 패키지를 활용하여 빈도와 백분율, 카이제곱 검정(Chisq-Test), 상관관계 분석(Pearson's Correlation), T-test, ANOVA를 실시하였다.

인구통계학적 특성에 따른 분석은 평균과 표준편차, ANOVA, T-test를 활용하여 분석하였다. 또한, 다문화 감수성과 다문화 교수효능감을 살펴보기 위해 빈도와 백분율을 사용하였으며, 주요 변인 간의 상관관계를 알아보기 위하여 상관관계 분석(Pearson's Correlation)을 활용하였다.

본 연구를 위하여 청소년지도사의 다문화 감수성, 다문화 교수효능감, 개방형 질문을 측정변인으로 사용하였다.

(2) 질적연구

질적연구 자료 분석은 다음과 같은 단계로 진행하였다. 먼저, 심층인터뷰의 자료는 전사한 내용을 코딩하여 주제를 도출하는 전형적인 내용 분석으로 하였다. 이를 위해 인터뷰 내용을 연구의 목적과 내용에 맞게 분류하고 분석하는 작업을 통하여 의미를 도출하였다. 그리고 도출된 의미의 주제 부여가 맞는지 확인하기 위해 전문가들에게 분석 내용을 확인하여 구성원 간 검토를 수행하였다. 그리고 다문화교육을 전공하고 있는 동료와의 세미나 및 본 연구주제의 수시 발표를 통해 동료 간 협의로 검증과정을 거쳤다. 이러한 자료 분석의 단계별 과정은 다음 [그림 15-3]과 같다.

1단계	2단계	3단계	4단계
전사 및 코딩 연구자 부호화 ➡	내용 분석 의미 및 주제 도출 ➡	구성원 간 검토 동료 간 협의 ➡	최종 주제 확정

[그림 15-3] 질적자료의 분석 과정

5) 연구결과

(1) 양적연구

앞서 연구의 구성에서 설명한 바와 같이 양적연구의 결과는 제 Ⅳ장에서 '청소년지도사의 다문화 인식 실태'라는 제목으로 정리되었으며, 양적연구의 분석내용은 제 Ⅴ장에서 '청소년지도사의 다문화 인식 증진 방안'을 모색할 때 참고 자료로 사용되었다.

양적연구의 결과도출 순서는 다음과 같다. 인구통계학적 특성에 대한 분석을 시작으로 인구통계학적 특성에 따른 분석(성별, 연령, 자격급수, 지도 경력, 최종 학력, 다문화 청소년 지도경험, 교육 경험에 따른 분석 등)을 각각 시행하여 평균과 표준편차를 구했으며 이에 따른 유의미성에 대한 분석을 하였다. 또한, 위에서 제시한 측정도구를 활용하여 다문화 감수성 영역과 다문화 교수효능감 영역에 대한 연구결과를 제시하였다. 다문화 감수성에 대한 설문 내용으로는 상호작용 참여도 5문항, 문화차이 존중도 5문항, 상호작용 자신도 4문항, 상호작용 향유도 3문항, 상호작용 주의도 3문항 등 20가지 질문으로 구성되었다. 그리고 청소년지도사의 다문화 교수효능감에 대한 설문 내용으로는 일반생활 교수효능감 5문항, 수업기능 교수효능감 5문항, 인간관계 교수효능감 4문항 등 14가지 질문으로 구성되었으며, 그 외에 다문화 청소년 정책의 문제점, 개선방안 및 교육받고 싶은 교육과정 등 3가지 질문을 추가 설문 내용으로 포함시켰다. 마지막으로 주요 변인 간의 상관관계를 분석함으로써 연구내용에 대한 타당성과 신뢰성의 자료로 활용하였다.

청소년지도사의 다문화 인식 실태를 알아보기 위해 다문화 감수성 및 다문화 교수효능감을 중심으로 설문을 실시한 결과, 다음과 같은 결론을 도출하였다. 먼저, 인구통계학적 특성을 살펴보면 다음과 같다.

설문에 응한 청소년지도사는 여성보다 남성이 5명 많았으며, 연령층은 20대가 45.7%로 가장 많았다. 수도권에서 활동하고 있는 청소년지도사가 응답자의 41.9%를 차지하였고, 66.8%의 청소년지도사가 청소년 활동시설(수련관, 수련원, 문화의 집, 특화시설, 야영장, 유스호스텔, 이용시설 등)에서 근무하고 있었다. 설문대상자는 대부분 2급 청소년지도사 자격(78.9%)을 가지고 있었으며, 93.5%가 4년제 대학교 이상의 학력을 보유하였다.

설문대상자의 27.5%만이 다문화 청소년을 지도한 경험이 있다고 응답하였고, 지도경험의 횟수를 묻는 질문에서는 '1회'가 36.5%로 가장 많았다. 지도한 다문화 청소년의 엄마(또는 아빠)의 출신국은 중국이 압도적이었으며, 다문화 청소년의 연령층은 9~12세(초등)가 63.5%로 많은 비중을 차지하고 있었다.

청소년지도사의 다문화 관련 연수 및 교육 수료 경험을 묻는 질문에서는 91.3%의 청소년지도사가 경험이 없다고 대답하였으며, 8.7%의 연수(교육) 경험자의 79.2%는 일회성 및 단발성으로 교육에 참가하였다고 응답하였다.

다음으로 인구통계학적 특성에 따른 분석을 토대로, 청소년지도사는 다문화 교수효능감(평균 2.56)에 비하여 다문화 감수성(평균 2.89)에 민감한 반응을 보였으며, 성별, 지도 경력, 최종 학력, 교육(연수) 경험에 따른 차이는 없는 것으로 조사되었다. 특히, 교육(연수) 경험에 따른 차이가 나타나지 않는 것은 대부분의 청소년지도사(91.3%)가 다문화교육(연수) 경험이 없기 때문이다.

다문화 감수성의 경우, 20대에서 유의미한 차이를 보였는데, 이는 30~40대에 비하여 20대가 타문화에 대한 개방적 시각에 노출되었기 때문인 것으로 분석된다. 자격급수에 따라 다문화 교수효능감에서 차이를 나타냈는데, 1급 청소년지도사에게서 다문화교육 이해와 태도가 매우 높은 것으로 조사되었다. 1급 청소년지도사는 2급 청소년지도사 자격 취득 후 청소년육성업무 종사 경력이 3년 이상인 자로 필기시험에 합격해야 취득할 수 있는 자격증이다. 따라서 2급 또는 3급 청소년지도사와 비교하였을 때, 1급 청소년지도사가 경력 및 전문성이 뛰어나다는 결론을 유추할 수 있다.

마지막으로 다문화 청소년을 지도한 경험이 있는 청소년지도사는 다문화 교수효능감에서 유의미한 차이를 보이는 것으로 나타났다. 다문화 교수효능감은 청소년지도사가 다양한 문화적 배경을 가진 청소년을 잘 가르칠 수 있다는 자신감과 그들의 발달을 효율적으로 이끌어 낼 수 있다는 신념(최충옥 · 모경환, 2007)으로서 지도경험이 이에 영향을 미친다는 것을 알 수 있다.

청소년지도사의 다문화 감수성을 상호작용 참여도, 문화차이 존중도, 상호작용 자신도, 상호작용 향유도, 상호작용 주의도로 나누어 살펴보았다. 위의 5개 영역 총 20문항을 조사한 결과, 청소년지도사는 대체로 높은 수준의 다문화 감수성을 가지고 있는 것으로 분석되었다. 하지만, 몇 가지의 항목에서 상이한 결과가 도출되었다.

상호작용 자신도에 따른 다문화 감수성을 묻는 질문 중, 타문화권의 사람들과의 대화 시 방법적인 기술에 대해서 상대적으로 낮은 자신감을 보였으므로 이를 개선하기 위한 교육 및 연수 등의 기능향상 노력이 필요할 것이다.

또한 상호작용 주의도에 따른 다문화 감수성을 물어보았는데, 청소년지도사는 타문화 사람들과 교류할 때 주의 깊게 그들을 관찰하고 많은 정보를 얻으려고 노력하는 반면, 교류 도중 그들이 보여 주는 미세한 표현에 대해 상대적으로 민감하게 반응하지 못한다는 것을 알 수 있었다. 교류 도중 그들이 보여 주는 미세한 표현에 민감하게 반응할 수 있는 능력은 교육을 통해 학습되는 것이기 때문에 청소년지도사의 상호작용 주의도에 따른 다문화 감수성 배양을 위한 교육 및 정책이 선행되어야 할 것이다.

다문화 교수효능감은 일반생활 교수효능감, 수업기능 교수효능감, 인간관계 교수효능감으로 분류하여 분석하였다.

일반생활 교수효능감에 따른 다문화 교수효능감은 대체로 높은 수준을 보였다. 청소년지도사는 청소년이 그들의 생활세계에서 직면한 여러 가지 문제(교육적 · 가정적 · 사회적 · 직업적 · 신체적 · 정서적 문제 등)를 해결할 수 있도록 적극적으로 개입하고 지원하며, 청소년의 잠재력(인지적 · 사회적 · 정서적 · 신체적 영역 등)이 바람직하고(positive), 건전하며(healthy), 온전한(optimal) 상태로 성장할 수 있도록 조력하는 역할(한국청소년개발원, 2010)을 하므로 이들의 일반생활 교수효능감에 따른 다문화 교수효능감이 높게 형성되어 있음을 연구결과를 통해 알 수 있다.

또한, 청소년지도사의 인간관계 교수효능감에 따른 다문화 교수효능감도 매우 높은 수준이었다. 청소년지도사는 청소년의 사회성 계발을 독려하고 감정조절 능력을 신장시켜 주며, 공감 능력 및 의사소통 능력을 배양하여 원활한 인간관계를 형성할 수 있도록 지도하는 교육자(김영인 · 김민, 2008)이므로 인간관계 교수효능감에 따른 다문화 교수효능감이 높게 나타난 것으로 분석된다.

위에서 살펴본 일반생활 교수효능감과 인간관계 교수효능감과는 달리 수업기능 교수효능감은 낮은 수준의 연구결과가 도출되었다. 청소년지도사의 수업기능 교수효능감에 따른 다문화 교수효능감을 알아보기 위해 구성된 총 5개의 문항을 분석해 본 결과, 각각의 문항의 세부내용 중 '보통이다'라고 응답한 청소년지도사가 가장 많은 수를 차지하고 있었다.

특히, 청소년지도사는 다문화교육에 적합한 청소년 활동 자료 개발을 어려워하고 있었으며, 청소년이 다문화에 관련된 질문을 할 때 적절하고 정확하게 대답하는 것을 어려워하였다. 또한, 다문화교육을 청소년의 연령 단계에 맞게 효과적으로 가르치는 것이 힘들다고 응답하였다. 따라서 청소년지도사의 수업기능 교수효능감 증진을 위한 대책이 매우 시급한 것으로 드러났다.

청소년지도사의 다문화 감수성과 다문화 교수효능감 간의 상관관계를 분석한 결과 유의미한 상관성을 보이지 않았다. 따라서 다문화 감수성이 풍부한 청소년지도사일지라도 다문화 교수효능감을 증진시키기 위해서는 별도의 노력이 필요하다. 앞서 기술한 연구결과를 통하여 청소년지도사는 다문화 감수성에 비하여 다문화 교수효능감이 상대적으로 낮다는 것을 알 수 있다. 따라서 청소년지도사가 청소년 활동을 운영할 때 필요한 다문화 인식 관련 외적 자신감인 다문화 교수효능감 증진을 위하여 제도적 지원 및 다양한 방안이 모색되어야 한다.

(2) 질적연구

질적연구를 통하여 청소년학 관련 교수, 다문화 청소년 활동 전문가 및 시설·단체장과의 심층면담을 실시하여 청소년지도사의 다문화 인식 증진 방안을 살펴보았다. 전문가들은 청소년지도사의 다문화 인식 증진을 위하여 '청소년지도사의 교수법 강화, 긍정적인 상호협력관계, 주관적 경험학습, 지속가능한 다문화 청소년 활동 지원' 등 총 4가지의 방안을 제시하였다. 전문가들의 답변에 대한 분석결과를 소개하면 다음과 같다.

첫째, 전문가들은 청소년지도사의 다문화 인식을 증진하기 위하여 청소년지도사의 교수법을 강화해야 한다고 생각하였다. 청소년지도사의 교수법 강화 세부 방안에 대하여 〈표 15-3〉과 같이 답변하였다.

〈표 15-3〉 청소년지도사의 교수법 강화를 위한 전문가 분석 결과

구분	청소년지도사의 교수법 강화
1	다문화 인식에 대한 기본 이해 교육 실시
2	교육과정에 다문화 관련 과목 포함
3	통합관리 매뉴얼 개발 및 보급
4	다문화교육 관련 연구(자료) 개발 및 현장적용

전문가 B와 D는 청소년지도사를 대상으로 하는 다문화 인식 관련 기본 교육이 반드시 필요하다고 강조하였으며, 전문가 E는 다문화 청소년이 어떤 배경을 가지고 있는지에 대해 청소년지도사가 관심을 가지기 위해서는 교육이 필요하다고 생각하

였다. 또한, 전문가들은 교육과정에 다문화 관련 과목을 추가해야 한다고 생각했는데, 청소년 관련 학과에 교과목으로 다문화 관련 과목을 개설하거나 청소년지도사 보수 교육 및 전문 연수를 활용하는 방안을 이야기하였다. 다음으로 통합관리 매뉴얼을 개발할 때, 활동이나 체험을 통한 교육방법이 포함되어야 하며, 구체적인 활동 방법이 함께 제시되어야 한다고 생각하였다. 전문가들은 다문화교육 관련 연구(자료)개발의 필요성에 대해서도 이야기하였는데, 개발된 교육 활동의 현장적용 가능 여부를 시범 사업, 지역화 사업을 거쳐 검증하고 최종적으로는 일반화될 수 있도록 운영하는 것이 중요하며, 실태조사를 함께 진행하여 다문화 청소년이 원하는 활동을 개발해야 한다고 생각하였다.

둘째, 전문가는 청소년지도사의 다문화 인식을 증진하기 위하여 긍정적인 상호협력관계가 성립되어야 한다고 이야기하였다. 긍정적인 상호협력관계 관련 내용을 정리하면 〈표 15-4〉와 같다.

〈표 15-4〉 긍정적인 상호협력관계를 위한 전문가 분석 결과

구분	긍정적인 상호협력관계
1	다문화 관련 콘텐츠 제작 · 보급
2	각 나라별 커뮤니티 활용

전문가들은 청소년지도사와 다문화 청소년의 활동 경험이 청소년지도사의 다문화 인식에 영향을 미친다고 생각하였다. 따라서 다문화와 관련된 다양한 콘텐츠를 제작 · 보급하여 청소년지도사와 다문화 청소년의 청소년 활동 범위를 넓힌다면 긍정적인 상호협력관계에 도움이 될 것이라고 이야기하였다. 또한, 콘텐츠를 개발하고 운영하는 과정을 통하여 청소년지도사는 노하우를 쌓게 되며, 축적된 노하우를 통하여 다문화 청소년과의 관계를 돈독하게 형성할 수 있을 것으로 기대하였다.

다음으로 각 나라별 커뮤니티를 활용하는 방안을 제시하였는데, 전문가들은 긍정적인 상호협력관계를 청소년지도사와 청소년의 관계에서 청소년지도사와 다문화 청소년 가족과의 관계로 확장하여 해석하였다. 이를 통하여 다문화 가족 단위의 청

소년 활동이 활성화될 수 있을 것이며, 다문화 청소년의 가족과 가족을 둘러싸고 있는 외부 환경에 대한 깊이 있는 이해와 성찰이 이루어짐으로써 청소년지도사의 다문화 인식 또한 증진될 것으로 생각하였다.

셋째, 전문가들은 청소년지도사의 다문화 인식을 증진하기 위하여 주관적 경험학습이 필요하다고 생각하였다. 주관적 경험학습에 대한 세부내용은 〈표 15-5〉와 같다.

〈표 15-5〉 주관적 경험학습을 위한 전문가 분석 결과

구분	주관적 경험학습
1	다문화 청소년의 욕구파악
2	협동학습의 기회 제공

또한, 전문가들은 청소년지도사의 주관적 경험학습을 위하여 다문화 청소년에 대한 욕구파악이 필요하다고 생각하였다. 즉, 다문화 청소년의 욕구파악이 선행되어야 그 결과를 바탕으로 주관적 경험학습거리가 생산될 수 있으며, 학습을 통하여 다문화 청소년을 위한 활동이 개발될 수 있다고 주장하였다.

청소년지도사에게 협동학습의 기회를 제공함으로써 주관적 경험학습방법을 몸소 체험하게 하는 것이 청소년지도사가 다문화 청소년을 대상으로 활동을 기획하고 운영하는 데 도움이 될 뿐만 아니라, 청소년지도사의 다문화 인식 증진에도 기여할 것으로 전문가들은 분석하였다.

또한, 청소년지도사가 협동학습을 통하여 청소년 활동에 필요한 자원을 창출하고, 그것을 활동에 반영함으로써 청소년에게 적합한 환경과 기회를 제공할 수 있다고 설명하였다.

존슨과 존슨(Johnson & Johnson, 2002)은 협동학습의 의의를 지속적인 실행을 위한 구성주의 학습 환경의 기초를 놓는 것이라고 말하면서 협동학습에 대하여 다음과 같이 정의하였다. 첫째, 협동학습에서 모든 학습자는 의미 있고 역동적인 참여를 한다. 둘째, 협동학습은 학습자가 자신의 잠재력을 성취하고 심리적 성취감을 경

험하게 한다. 셋째, 협동학습의 체계적인 활동은 학습자에게 관심과 노력을 쏟아부을 수 있는 관계성을 발전시킨다. 넷째, 협동적인 모둠은 다른 학습자와 함께 효과적인 과제 수행에 필요한 상호작용과 모둠활동 기술을 발전시킬 수 있는 기회를 마련해 준다. 다섯째, 협동적인 모둠은 문제를 공유하고 해결함에 있어 토론의 장을 마련해 준다. 여섯째, 협동적인 그룹은 높은 자존감, 의미를 찾는 감각을 촉진함으로써 학습을 위한 도움을 주고받거나 질적인 삶이 되도록 서로 기여한다. 일곱째, 협동학습의 체계적인 활용은 구성주의 방법으로 갈등을 해결할 수 있도록 실마리를 제공해 준다.

넷째, 전문가들은 청소년지도사의 다문화 인식을 증진하기 위하여 지속가능한 다문화 청소년 활동을 지원해야 한다고 주장하였다. 청소년지도사의 지속가능한 다문화 청소년 활동 지원 방법에 대하여 〈표 15-6〉과 같이 답변하였다.

〈표 15-6〉 지속가능한 다문화 청소년 활동 지원 전문가 분석 결과

구분	지속가능한 다문화 청소년 활동 지원
1	통합 청소년 활동 개발 및 보급
2	일회성·이벤트성 활동 지양
3	지식 습득 및 성찰과정을 통한 실천방법 모색

전문가들은 다문화 청소년과 일반 청소년이 더불어 살아가는 사회를 실현하기 위해서 통합 활동이 활발히 운영되어야 하며, 통합 활동이 활성화될 때 다문화에 대한 국민적 관심이 높아져 지속적인 예산 확보와 지원이 가능하다고 이야기하였다. 예산 확보와 지원은 청소년지도사에게도 다문화 인식을 증진할 수 있는 더 많은 기회를 제공해 줄 것으로 전문가들은 생각하였다. 또한, 일회성 · 이벤트성 활동을 지양해야 한다고 설명하면서 활동의 근본적인 방향을 설정하여 지속적으로 활동을 추진해 나가는 것이 중요하다고 강조하였다. 마지막으로 지식 습득 및 성찰과정을 통한 실천방법 모색방안으로 청소년지도사의 노력이 선행되어야 한다고 설명하였다. 전문가들은 청소년지도사의 끊임없는 지식에 대한 열정과 자기성찰이야말로 다문화

인식을 증진시킬 수 있는 도구가 될 수 있으며, 이러한 과정을 통하여 발전적인 실천 방법을 찾아 나갈 수 있을 것이라고 설명하였다.

3. 좌충우돌 혼합연구 경험담

저자는 양적연구방법을 활용하여 연구결과를 도출하는 것에 익숙한 연구자였다. 또한, 그것이 공정하고 신뢰도 높은 연구에 적합한 방법이라고 생각했었다. 하지만, 질적연구방법의 대가인 슈퍼바이저를 만나게 되면서부터 나의 연구인생이 송두리째 변화되기 시작하였다. 그리고 마침내 필자가 가지고 있던 연구 가치관과 지도교수님의 연구 가치관을 접목할 수 있는 혼합연구에 눈을 뜨기 시작하였다.

혼합연구 방법으로 여러 편의 소논문을 발표할 때뿐만 아니라 박사학위논문을 혼합연구로 시작할 때에도 지도교수님을 설득하기까지 많은 노력이 필요했지만, 다양성을 존중하는 지도교수님의 교육철학 덕분에 필자가 가지고 있는 연구 가치관을 학위논문에 반영시킬 수 있었다.

'두 마리 토끼를 다 잡을 수 있다.'라는 야심 찬 포부를 가지고 시작한 혼합연구는 연구과정에서 연구자에게 때때로 큰 시련을 안겨 주기도 했다. 두 가지 연구방법에 대한 끝없는 지식 습득의 과정을 이겨내야만 했고, 양적연구 비판자와 질적연구 비판자 사이에서 접합점을 찾아야 하는 풀리지 않는 숙제가 머릿속을 맴돌았다. 특히, 박사학위 심사를 받을 때에 각각의 심사위원이 가지고 있는 연구방법에 대한 생각을 만족시켜야 한다는 강박관념에 늘 시달려야 했다.

질적연구방법을 선호하는 심사위원은 양적연구의 현란한 통계기술의 필요성에 대해 지적하였고, 양적연구를 선호하는 심사위원은 두 연구방법의 연결성에 초점을 두고 끝없는 이야기를 해 주셨다. 결론적으로 말하자면 그분들이 계셨기에 필자의 박사학위논문이 세상의 빛을 볼 수 있었지만, 그 과정 속에서 겪었던 마음고생은 쉽게 잊혀지지 않을 것이다.

박사학위논문을 완성하기까지 개인적인 어려움도 만만치 않았다. 양적연구를 위해 설문지를 한창 돌리고 있을 때, 임신했다는 사실을 알게 되었다. 필자는 양적연구와 질적연구 사이에서 두 마리 토끼를 잡기 위해 부단히 노력함과 동시에, 논문작성과 태교 사이에서도 두 마리 토끼를 잡으려고 안간힘을 써야 했다. 또한, 직장생활을 하면서 공부를 병행하고 있었기 때문에 논문을 마무리하기 위해서는 새벽까지 책상에 앉아 있어야 했다. 이러한 일련의 과정들을 거쳐 논문도 통과되고, 건강한 아이를 출산하는 행복도 누렸지만, 너무 힘든 기간이었기에 다시 돌아가고 싶지는 않다.

누구나 논문을 쓸 때, 어려움에 봉착한다. 그것이 연구방법에 관한 어려움이든지, 개인적인 어려움이든지 간에 우리는 이 모든 상황을 이겨낼 수 있는 힘을 가졌고, 그 과정을 통과했을 때 찾아오는 성취감을 맛볼 자격이 있다. 논문을 준비하며 어려움이 닥쳤을 때, 조언을 아끼지 않는 선후배들의 말에 귀를 기울이고, 지도 교수님과 학문적 논의를 끊임없이 해 나간다면 분명 좋은 결과가 여러분 앞에 찾아올 것이다.

연구자는 끝없이 새로운 것에 도전하고, 그것을 성취했을 때에 누릴 수 있는 기쁨을 생각하며 연구에 매진한다. 비록, 그 결과가 타인에게 비판의 대상이 된다 하더라도 우리의 자리가 세상을 향해 화두를 던질 수 있는 연구자라는 사실에 감사하자. 또한, 연구자는 당연히 비판받아야 하고, '비판을 통해서 발전한다.'는 것을 수용하는 것 자체가 혼합연구자가 가져야 하는 바람직한 자세라고 생각한다. 혼합연구는 타 연구방법과 비교했을 때, 더 많은 공격의 대상이 될 수 있지만, 그만큼 매력적이고 실용적인 연구방법이라는 사실을 잊지 말기를 바란다.

생각할 문제

1. 혼합연구에 적합한 연구주제에 대해 고민해 보고, 왜 그렇게 생각하는지 이야기해 보자.

2. 1번의 질문에서 언급한 연구주제를 대상으로 혼합연구를 한다고 가정하고, 연구주제에 맞는 연구설계 방법과 자료 수집 및 자료 분석 과정에 대해 논해 보자.

3. 혼합연구의 매력에 대해 설명하고, 혼합연구가 발전하기 위해서 필요한 연구수행 과정의 핵심 가치에 대해 설명해 보자.

참고문헌

강순화 · 김동주 (2014). 사회적기업가 양성 교육 프로그램 개발에 대한 연구. 사회적 경제와 정책연구, 3(2), 1-37.

강진숙 (2008). 한국 비판언론학의 질적연구방법 적용사례 연구. 한국언론정보학보, 43(3), 81-113.

강진숙 (2016). 커뮤니케이션과 미디어교육 연구의 주사위: 질적연구방법론. 서울: 지금.

경북신문 2016.04.04일자 기사: "대구 중구 도심문화재단, 생애사 쓰기 아카데미 개강"

고동우 (2007). 여가학의 이해. 서울: 세림출판.

고동우 · 김상욱 (2008). 여가활동유형과 내재적 보상이 여가정체성 지각에 미치는 영향. 호텔관광연구, 10(4), 38-51.

고미영 (2012). 초보자를 위한 질적연구방법. 서울:청목출판사.

고미영 · 하경희 · 박정임 (2009). 정신장애인 사회복귀시설에서의 임파워먼트 실천경험에 대한 질적사례연구. 정신보건과 사회사업, 31(1), 63-99.

교육부 · 한국연구재단 · 국가과학기술인력개발원 (2013). 연구자를 위한 저작권 매뉴얼. 연구윤리정보센터.

교육부 (2015). 교육부 훈령 제153호(2015. 11. 3). 제12조, 제13조.

곽영순 (2009). 질적연구: 철학과 예술 그리고 교육. 서울:교육과학사.

권태환 · 설동훈 · 홍두승 (2009). 사회학의 이해. 경기: 다산출판사.

김광득 (2011). 여가와 인간행동 (개정증보2쇄). 서울: 백산출판사.

김기화 · 양성은 (2017). 아동양육시설 생활복지사의 역할 및 직무경험 분석. 대한가정학회, 55(6), 581-591.

김동민(2009). 집단 수퍼비전에서 수퍼바이지가 지각하는 수치심, 애착유형, 자기효능감, 정서적 유대, 평가불안 간의 관계. 한국음악치료학회지, 11(1), 60-85.

김명섭 · 신혜숙 (2009). 뇌교육 실행연구의 가능성 탐색, 뇌교육연구, 3(3), 29-54.

김민규 (2014). 한국형 여가중독 개념화를 통한 척도 개발. 미간행 박사학위논문. 인하대학교.

김민규 · 박수정 (2014). 한국형 여가중독 개념화 연구. 한국여가레크리에이션학회지, 38(1), 1-16.

김민규 · 박수정 · 박병권 (2015). 아웃레저스포츠 이벤트 활성화를 위한 정책요인 탐색. 한국여성체육학회지, 29(3), 57-75.

________________ (2016). 아웃레저스포츠 활성화를 위한 정책요인 우선순위 산정. 한국체육학회지, 55(5), 559-573.

김민정 (2006). 교사의 실천적 지식탐색: 연구 동향 및 교육과정 연구에의 시사점. 교육연구논총, 27(2), 89-108.

김병준 · 오수학 (2004). 체육학 연구방법. 서울: 무지개사.

김성재 · 김후자 · 이경자 · 이선옥 (2000). 포커스 그룹 연구방법. 서울: 현문사.

김수열 (2017). 물에서 온 편지. 서울: 도서출판 삶창.

김승섭 (2017). 아픔이 길이 되려면- 정의로운 건강을 찾아 질병의 사회적 책임을 묻다. 서울: 동아시아.

김애령 (2001). 이야기로 구성된 인간의 시간: 리쾨르의 서사 이론. 철학과 현상학연구, 18, 269-290.

김영순 · 박한준 · 오장근 · 오영훈 · 정미강 (2011). 지역문화콘텐츠와 스토리텔링: 검단의 기억과 이야기. 서울: 북코리아.

김영인 · 김민 (2008). 청소년지도방법론. 서울: 한국방송통신대학교출판부.

김영종 (2007). 사회복지조사론 2판. 서울: 학지사.

김영천 (2013). 질적연구방법론 II: Methods. 경기: 아카데미프레스.

______ (2014). 질적연구방법론 I: Bricoleur. 2판. 경기: 아카데미프레스.

______ (2016). 질적연구방법론 I: Bricoleur. 1판, 경기: 아카데미프레스.

김영천 · 이희용 (2008). 질적연구에서의 글쓰기: 문학적 표현양식들의 이해. 중등교육연구, 56(3), 187-222.

김영천 · 조재식 (2004). 교과교육과 수업에서의 질적연구. 서울: 문음사.

김영천 · 한광웅 (2012). 질적연구방법으로 생애사연구의 성격과 의의. 교육문화연구, 18(3), 5-43.

김옥태 · 이연주 · 정근화 (2009). 인간과 여가. 경기: 한국학술정보(주).

김용식 (2008). 실행연구에 관한 고찰. 경인교육대학교 교육논총, 28(31), 133-167.

김우룡 · 강남준 · 이상식 · 강형철 · 황근 · 박정의 · 심미선 · 김국진 · 김홍규 · 정인숙 · 마동훈 · 원종원 · 최영 · 이수범 · 안임준 · 김영찬 · 박성희 · 김유경 · 정윤식 · 유승관 · 성동규 · 김춘식 · 이유나 · 이현숙 · 이희복 (2008). 커뮤니케이션 연구와 방법. 경기: 나남출판.

김인숙 (2011). 근거이론의 분기: Glaser와 Strauss의 차이를 중심으로. 사회복지연구, 42(2), 351-380.

김자영 · 김정효 (2003). 교사의 실천적 지식에 대한 이론적 탐색. 한국교원교육연구, 20(2), 77-96.

김준현 (2010). 행정사례연구 접근방법으로서 근거이론의 전망과 한계. 한국사회와 행정연구, 21(2), 321-341.

김진희 · 김영순 · 김지영 (2015). 질적 연구 여행. 서울: 북코리아.

김창아 (2015). 교육연극을 통한 다문화 대안학교 초등학생의 협동학습 경험에 관한 연구. 박사학위논문. 인하대학교.

김창아 · 김영순 (2013). 교육연극을 활용한 다문화 대안학교의 한국어교육 프로그램 실행연구. 교육과학연구, 44(3), 241-269.

김철원 · 윤혜진 (2009). 관광현상 규명을 위한 질적연구방법의 고찰과 적용. 관광학연구, 33(1), 11-30.

김태형(2017). 트라우마 한국사회. 경기: 서해문집.

김현정 (2007). 문화기술지적 무용연구에 대한 비판적 성찰. 대한무용학회, 64, 55-85.

김형숙 · 문지원 (2012). 미술 창의성 연구를 위한 생애사 방법론 고찰. 조형교육, 44, 65-94.

나미수 (2005). 커뮤니케이션학의 방법론적 쟁점: 민속지학적 수용자 연구에 대한 비판적 성찰: 국내 연구 사례에 대한 분석과 평가. 커뮤니케이션 이론, 1(2), 68-105.

나장함 (2006). 질적 연구의 다양한 타당성에 대한 비교 분석 연구. 교육평가연구, 19(1), 265-283.

노승영 역 (2012). 동물과 인간이 공존해야 하는 합당한 이유들- 피터싱어의 동물해방 두 번째 이야기. (Singer, P. 저). 서울: 시대의 창. (원저 2005년 출판).

메트로 2015.07.07일자 기사: "퇴직교사의 '교육생애사' 온라인자료관으로 구축"

박기우 · 이정우 · 유희숙 · 문성균 · 박혜상 역 (2013). 사회 연구 조사 방법론-질적 연구와 양적연구방법 (7판). (Neuman, W. L. 저). 서울: 이엔비플러스. (원저 2010년 출판).

박상표 · 최규진 · 조홍준 (2014). 담배 회사 내부문건 속 한국인 과학자 분석. 대한금연학회지, 5(1), 1-9.

박성희 (2004). 질적연구방법의 이해. 서울: 원미사.

______ (2008). 생애사연구와 노인교육의 의의. 한국교육인류학회-노년교육연구회, 1-21.

______ (2011). 생애사에 기초한 질적연구방법. 서울: 원미사.

박완규 · 김병일 · 박홍식 · 이인재 · 정재식 · 이성도 · 김이교 (2014). 국책연구기관의 연구자를 위한 가이드 연구란 무엇인가?. 경제 · 인문사회연구회.

생명윤리 및 안전에 관한 법률(2013. 3.), 제3조, 제15조, 제16조.

성백효 (2010). 논어집주 현토완 역. 동양고전국역총서 1. 서울: 전통문화연구회.

성열관 (2005). 반성적 교사교육을 위한 교육과정 실천연구. 교육과정연구, 23(1), 261-282.

______ (2016). 수업 시간에 자는 학생들에 대한 교사들의 딜레마와 대응 유형. 교육학연구, 54(2), 115-136.

손민호 · 조현영 (2014). 민속방법론. 서울: 학지사.

____________ (2017). 경험은 어떻게 맥락적으로 학습되는가. 교육인류학연구, 20(1), 25-58.

신경림 · 고명숙 · 공병혜 · 김경선 · 김미영 · 김은하 · 노승욱 · 노영희 · 양진향 · 조명옥 (2004). 질적연구방법론. 서울: 이화여자대학교 출판부.

심준석 · 김진희 (2014). 교사의 수업비평 경험 과정에 대한 자기연구. 한국스포츠교육학회지, 21(4), 31-54.

오세경 (2014). 지속가능한 여가로서 도보여행자의 경험에 관한 연구, 박사학위논문. 인하대학교.

우경진 (2009). 현대여가와 관광. 서울: 비앤엠북스.

원용진 · 이동연 · 노명우 (2006). 청소년주의와 세대신화. 한국언론정보학보, 36, 324-347.

유기웅 · 정종원 · 김영석 · 김한별 (2012). 질적연구방법의 이해. 서울: (주)박영사.

유철인 (1996). 어쩔 수 없이 미군과 결혼하게 되었다: 생애이야기의 주제와 서술전략. 한국문화인류학, 29(2), 397-419.

______ (1998). 생애사연구 방법: 자료의 수집과 텍스트의 해석. 간호학탐구, 9(1), 186-195.

윤경원 (2004). 청소년 연구에서 민속지학의 활용: 문화연구에서 경향을 중심으로. 청소년학연구, 11(2), 261-278.

윤명숙 (2010). 우리나라 중독문제 현황과 통합적 중독 서비스전달체계 구축을 위한 정책과제. 정신보건과 사회사업, 35, 234-266.

이경석 · 이태희 · 신영근 · 김태형 · 한승우 (2011). 델파이 기법을 이용한 정성적 공법 선정 요인의 정량적 평가 분석. 한국건축시공학회지, 11(2), 136-144.

이남인 (2005). 현상학과 질적연구방법. 철학과 현상학 연구, 24, 91-121.

이동성 (2012). 질적 연구와 자문화기술지. 경기: 아카데미프레스.

_____ (2015). 생애사연구. 경기: 아카데미프레스.

이동성 · 김영천 (2012). 질적연구방법으로서 근거이론의 철학적 배경과 방법론적 특성에 대한 고찰. 열린교육연구, 20(2), 1-26.

이명숙 (2001). 실행연구를 통한 교육 실제의 개선. 대구교육대학교초등교육연구논총, 17(2), 381-408.

이승민 (2008). 한국적 여가교육을 위한 지식체계 및 실행활성화 요인 탐색. 미간행 박사학위논문. 이화여자대학교 대학원.

이영철 (2014). 근거이론의 근거에 대한 음미: 방법론과 방법. 한국정책과학학회보, 18(1), 187-214.

이용숙 (1989). 문화 기술적 수업 연구방법. 한국교육, 16(1). 41-79.

_____ (2001). 대학교 수업의 개선을 위한 문화기술적 연구. 교육인류학연구, 4(3), 227-253.

_____ (2005). 연구목적에 따른 실행인류학 연구설계. 한국문화인류학, 38(1), 125-163.

이용숙 · 유창조 · 김영찬 (2013). 대학 신규 교과목 개발을 위한 실행연구: 신제품마케팅 에스노그라피. 교육인류학연구, 16(1), 65-100.

이인재 (2015). 연구윤리의 이해와 실천. 서울: 동문사.

_____ (2016). 연구윤리 질의응답집. 대전: 한국연구재단.

이정희 (2010). 근거이론방법론의 행정학 적용에 관한 연구. 한국국정관리학회 학술대회논문집, 2010(1), 35-56.

이종성 (2001). 델파이 방법. 서울: 교육과학사.

이현철 (2009). 교육 과정연구에서 Mixed Approach의 적용. 한국교육학회 추계학술대회 work-shop 자료집.

이현철 · 김영천 · 김경식 (2014). 통합연구 방법론 질적연구+양적연구. 경기: 아카데미프레스.

인하대학교 기관생명윤리위원회(IRB). https://irb.inha.ac.kr/login/login.aspx

임한나 (2016). 청소년지도사의 다문화 인식 증진 방안에 관한 통합연구. 박사학위논문. 인하대학교.

정경희 (2016). 대안학교장의 실천적 지식 형성과정과 표출양식에 관한 생애사. 박사학위논문. 인하대학교.

정소민(2014). 시민적 '프락시스'로서의 대학생 봉사활동 경험에 관한 문화연구적 해석. 박사학위논문. 인하대학교.

정재철 (1997). 민속지학적 수용자연구(Ethnographic Audience Research)의 방법론적 과제와 전망: 문학연구에서의 연구전통을 중심으로. 한국방송학보, 9, 103-144.

정지현 (2012). 생산직 이주근로자 고용 한국 회사 내 한국인 근로자의 다문화 감수성에 관한 연구. 교육문화연구, 18(4), 139-162.

______ (2015). 다문화 리터러시 교육 참여 고등학생의 '세계시민 되기'. 학습자중심교과교육학회, 15(5), 323-350.

______ (2015). 다문화 리터러시 교육 참여 고등학생의 학습경험에 나타난 프락시스의 의미. 박사학위논문. 인하대학교.

조성진 (2013). 코칭 연구를 위한 근거이론방법론 적용에 관한 탐색적 연구. 코칭능력개발지, 15(3), 247-259.

조옥라 (1995). 가족연구에 있어서의 질적연구방법. 간호학탐구, 4(2), 216-225.

조용환 (1999). 질적연구 -방법과 사례-. 서울: 교육과학사.

______ (2015). 현장연구와 실행연구. 교육인류학연구, 18(4), 1-49.

______ (2016). 질적연구방법과 사례. 서울:교육과학사.

조진경 (2016). 중국계 중도입국청소년의 방과후 영어수업 참여경험에 나타난 정체성 협상. 박사학위논문. 인하대학교.

조항제 · 김영찬 · 이기형 외 지음, 한국언론정보학회 엮음 (2015). 미디어 문화연구의 질적방법론. 서울: 컬처룩.

조현영 (2014). 문제해결의 상황성, 그리고 그 과정의 일상성. 교육인류학연구, 17(2), 203-230.

______ (2016). 학습을 위한 상황에서 상황에 대한 학습으로: 학습 디자인은 어떻게 달라질 수 있는가. 교육문화연구, 22(3), 99-120.

주형일 역 (2011). 합의의 시대를 평론하다. (Rancière, J. 저). 서울: 인간사랑. (원저 2005년 출판).

주형일 (2015). 문화연구와 나. 영남: 영남대학교출판부.

최귀순 (2005). Strauss와 Glaser의 근거이론방법론 비교. 정신간호학회, 14(1), 82-90.

최명민 (2007). 질적 · 양적연구방법론의 혼합에 의한 의료사회복지사의 소진탄력성 및 소진 위험성 척도개발 연구. 한국 사회복지학, 59(4), 245-272.

최승은 (2015). 상호문화교육의 관점에서 본 초등교사의 음악교육 경험에 관한 연구, 박사학위논문, 인하대학교.

최인혁 · 이영학 (2015). 생애사연구에 기반을 둔 개인 기록화 연구. 한국기록관리학회지, 15(4), 49-76.

최재천 역 (2017). 공감의 시대. (Frans de Waal 저). 서울: 김영사. (원저 2010년 출판).

최충옥 · 모경환 (2007). 경기도 초 · 중등 교사들의 다문화적 효능감에 대한 조사 연구. 시민교육연구, 39(4), 163-182.

한경혜 (2005). 생애사연구를 통해 본 남성의 삶. 한국가정관리학회 학술발표대회 자료집, 1-30.

한국연구재단 (2016). 연구윤리 질의응답집. 한국연구재단.

한국청소년개발원 (2010). 청소년지도방법론. 서울: 교육과학사.

홍성하 (2011). 간호학에서의 '돌봄'(caring) 에 대한 현상학적 연구. 철학과 현상학 연구, 50, 213-241.

Adelman, C. (1993). Kurt Lewin and the origins of action research. *Educational Action Researcher*,

9(1), 7-25.

American Psychiatric Association (2008). 간편 정신장애진단통계편람 DSM-IV. (강진령 역) 서울: 학지사. (원저 2000년 출판).

______________________ (2013). *Diagnostic and statistical manual of mental disorders* (5th Eds). Washington, DC: Author.

Annells, M. (1997). Grounded theory method, part II: Options for users of the method. *Nursing Inquiry*, *4*(3), 176-180.

Atkinson, P. A., Coffey, A., & Delamont. S. (1999). Ethnography: Post, past and present. *Journal of Contemporary Ethnography*, *28*(5), 460-471.

Banville, D., Desrosiers, P., & Gent-Volet, Y. (2000). Translating questionnaires and inventories using a cross-cultural translation technique. *Journal of Teaching in Physical Education*, *19*(3), 374-387.

Barkway, P. (2001). Michael Crotty and nursing phenomenology: Criticism or critique? *Nursing Inquiry*, *8*(3), 191-195.

Barthes, R. & Duisit, L. (1975). An introduction to the structural analysis of narrative. *New Literary History*, *6*(2), 237-272.

Becker, H. S. (1958). Problems of inference and proof in participant observation. *American Sociological Review*, *23*(6), 652-660.

__________ (1970). Problems of inference and proof in participant observation. In Becker, H. S. (Eds. 1970). Sociological work: Method and substance. Chicago: Aldine. (Reprinted from *American Sociological Review*, *23*(6), 652-660, 1958).

__________ (1998). *Tricks of the trade: How to think about your research while you're doing it*. Chicago: University of Chicago Press.

Benedict, R. (2010). 그림으로 읽는 국화와 칼. (김진근 역). 경기: (주)봄풀출판. (원저 1946년 출판).

Berry, K. & Warren, J. T. (2009). Cultural studies and the politics of representation: Experience ↔ Subjectivity ↔ Research. *Cultural Studies ↔ Critical Methodologies*, *9*(5), 597-607.

Berry, K. (2006). Implicated audience member seeks understanding: Reexamining the "Gift" of autoethnography. *International Journal of Qualitative Methods*. *5*(3). Article 9. Retrieved June 7, 2007, from http://www.ualberta.ca/ ~iiqm/backissues/5_3/HTML/berry.htm.

Bertaux, D. (1981). *Biography and society: The life history approach in social sciences*. CA: Sage.

Birks, M. & Mills, J. (2015). *Grounded theory: A practical guide*. CA: Sage.

Bogdan, R. C. & Biklen, S. K. (2011). 교육의 초보연구자를 위한 질적연구방법론의 기초 (제5판) pp. 65-70. [Qualitative research for education: An introduction to theories and method (5th ed.)]. (조정수 역). 서울: 경문사. (원저 2007년 출판).

Bruner, J. (1991). The narrative construction of reality. *Critical Inquiry*, *18*(1), 1-21.

Calhoun, E. F. (1994). *How to use action research in the self-renewing school*. VA: ASCD.

Callero, P. L. (2003). The sociology of the self. *Annual Review of Sociology*, *29*. 115-133

Charmaz, K. (2006). *Constructing grounded theory: A practical guide through qualitative analysis*. London: Sage.

__________ (2008). Constructionism and the grounded theory method. *Handbook of constructionist research*, 397-412.

__________ (2008). Constructionism and the grounded theory method. In J. A. Holstein & J. F. Gubrium (Eds.). *Handbook of constructionist research* (pp. 397-412). NY: The Guilford Press.

Chase, S. (2005). Narrative inquiry: Multiple lenses, approaches, voices. In N. K. Denzin & Y. S. Lincoln (Eds.) *The sage handbook of qualitative research*. London: Sage.

Church, K. (1996). *Forbidden narratives: Critical autobiography as social science*. London: Routledge.

Clandinin, D. J. & Connelly, F. M. (2000). *Narrative inquiry: Experience and story in qualitative research*. San Francisco: Jossey_Bass.

Clandinin, D. J. & Rosiek, G. (2007). Mapping a landscape of narrative inquiry: Borderland, spaces and tensions. In. Clandinin, D. J. (Eds.). *Handbook of narrative inquiry: Mapping a methodology*. Sage Publications, Inc.

Clandinin, D. J. (2007). *Handbook of narrative inquiry: Mapping a methodology*. CA: Sage.

___________. (2013). *Engaging in narrative inquiry*. CA: Left Coast Press, Inc.

Clarke, A. (2005). *Situational analysis: Grounded theory after the postmodern turn*. CA: Sage.

Coffey, A. & Atkinson, P. (1996). *Making sense of qualitative date*. CA: Sage.

Cohen, M. Z., & Omery, A. (1994). Schools of phenomenology. In J. M. Morse (Eds.). *Critical issues in qualitative research* (pp. 136-156). CA: Sage.

Cole, A. L. & Knowles, J. G. (2001). *Lives in context: The art of life history research*. NY: Altamira Press.

Collins, K. M., Onwuesbuzie, A., & Sutton, I. L. (2006). A model incorporating the rationale and purpose for conducting mixed methods research in special education and beyond. *Learning Disabilities: A Contemporary Journal*, *4*, 67-100.

Conroy, S. A. (2003). A pathway for interpretive phenomenology. *International Journal of Qualitative Methods*, *2*(3), 36-62.

Covan, E. K. (2007). The discovery of grounded theory in practice: The legacy of multiple mentors (pp. 58-72). *The Sage handbook of grounded theory*.

Creswell, J. W. (1994). *Research design: Qualitative and quantitative approaches*. CA: Sage.

___________ (2002). *Educational research: Planning, conducting, and evaluating quantitative and qualitative research*. MA: Pearson Education.

___________ (2002). 질적연구방법론: 다섯 가지 전통. (조흥식·정선욱·김진숙·권지성 역). 서울: 학지사. (원저 1997년 출판).

____________ (2005). *Educational research: Planning, conducting, and evaluating quantitative and qualitative research*. (2nd.). NJ: Pearson Education.

____________ (2007). *Qualitative inquiry and research design*. CA: Sage.

____________ (2015). 질적연구방법론: 다섯 가지 접근. (조흥식·정선욱·김진숙·권지성 역). 서울: 학지사. (원저 2013년 출판).

____________ (2017). 질적연구의 30가지 노하우. (한유리 역). 서울: 박영스토리. (원저 2015년 출판).

Creswell, J. W. & Plano Clark, V. L. (2007). *Designing and conducting mixed methods research*. CA: Sage.

Crotty, M. (2001). 현상학적 연구. (신경림·공병혜 역). 서울: 현문사. (원저 1996년 출판).

Dausien, B. (1996). Biographie und geschlecht: zur biographischen konstruktion sozialer wirklichkeit in frauenlebensgeschichten, Donat.

Delbecq, A. L., Van de Ven, A. H., & Gustafson, D. H. (1975). *Group techniques for program planning: A guide to nominal group and delphi processes*. IL: Scott, Foreman and Co.

Denzin, N. K. (1989a). *The research act* (3rd eds.). NJ: Prentice Hall.

____________ (1989b). *Interpretive biography*. CA: Sage.

Denzin, N. K. & Lincoln, Y. S. (1994). *Handbook of qualitative research*. CA: Sage.

__________________________ (1998). *The landscape of qualitative research: Theories and issues*. CA: Sage.

__________________________ (2005). *Handbook of qualitative research* (3rd eds.). CA: Sage.

__________________________ (4rd eds. 2011). *Handbook of qualitative research*. CA: Sage.

__________________________ (2017). *The SAGE Handbook of Qualitative Research* (5th Ed.). CA: Sage.

Dewey, J. (1916). *Democracy and education. The middle works* (vol. 9.). Carbondale and Edwardsville: The Southern Illinois University Press.

________ (1934). *Art as experience*. (2005). NY: Penguin Books.

Dey, I. (1993). *Qualitative date analysis*. London: Routledge.

Dhunpath, R. (2000). Life history methodology: 'Narradigm' regained. *Qualitative Studies in Education*, *13*(5), 543-551.

Eder, D. & Fingerson, L.(2001). Interviewing children and adolescents, Jaber Gubrium and James Holstein(Eds.). *Handbook of Interview Research: Context and method* (pp. 181-201). London: Sage.

Elliott, J. (1991). *Action research for educational change*. PA: Open University press.

________ (2005). *Using narrative in social research: Qualitative and Quantitative approaches*. London: Sage Publications.

Ellis, C. & Bochner, A. P. (2000). Autoethnography, personal narrative, reflexivity in Denzin, N. K.

& Lincoln, Y. S. (Eds.). *Handbook of qualitative research*. CA: Sage.

__________ (2006). Analyzing analytic autoethnography: An autopsy. *Journal of Contemporary Ethnography*, *35*(4), 429-449.

Ellis, C. (1997). Evocative autoethnography: Writing emotionally about our lives. In W. G. Tierney & Y. S. Lincoln (Eds.). *Representation and the text*. NY: State University of New York Press.

______ (2002). Being real: Moving inward toward social change. *Qualitative Studies in Education*, *15*(4), 399-406.

______ (2004). *The ethnographic Ⅰ: A methodological novel about autoethnography*. NY: Altamira Press.

Ellis, C. & Bochner, A. P. (2000). Autoethnography, personal narrative, reflexivity in Denzin, N. K. & Lincoln, Y. S. (Eds.). *Handbook of qualitative research*. CA: Sage.

Ely, M. (1991). *Doing qualitative research: Circles within circles*. London: The Falmer Press.

Erickson, F. (1986). Qualitative methods in research on teaching. In M. C. Wittrock (Eds.). *Handbook of research on reaching* (3rd ed.). New York: Simon & Problems.

Fetterman, D. (1991). A walk through wilderness find your way. In Shaffir & Stebbins(Eds.). *Experiencing fieldwork*, CA: Sage.

Feyerabend, P. (1975). *Against method: Outline of an anarchistic theory of knowledge*. London: New Left Books.

Fischer, M. J. (1986). Ethnicity and the Post-Modern Arts of Memory. Clifford, J. & Marcus G. E. (Eds.). *Writing culture: The poetic and politics of ethnography*. Los Angeles: University of California Press.

Fischer-Rosenthal, W. & Rosenthal, G. (1997). *Narration analyse biographischer selbstpräsentation*. In Sozialwissenschaftliche Hermeneutik. VS Verlag für Sozialwissenschaften.

Foucault, M. (1966). *Les mots et les choses: Une archéologie des sciences humaines*. Paris: Gallimard.

Freire, P. (2007). 자유의 교육학. (사람대사람 역). 서울: 아침이슬. (원저 1998년 출판).

Friedman, N. L. (1990). Autobiographical Sociology. *American Sociologist*, *21*(1), 60-66.

Fu, D. (1995). *My trouble is my english*. NH: Boynton/Cook Publishers, Inc.

Garfinkel, H. (1967). *Studies in ethnomethodology*. Cambridge: Polity Press.

Garfinkel, H. & Sacks, H. (1970). On formal structure of practical actions. In J. C. McKinney & E. A. Tiryakian (eds.). *Theoretical sociology: Perspectives and developments*. NY: Appleton-Century-Crafts.

Geanellos, R. (2000). Exploring Ricoeur's hermeneutic theory of interpretation as a method of analyzing research texts. *Nursing Inquiry*, *7*(2), 112-119.

Geertz. C. (2012). 문화의 해석. (문옥표 옮김). 서울: 까치. (원저 1973년 출판).

Gelder, B.(2006). Towards the neurobiology of emotional body language. *Nature Reviews Neurosci-*

ence, 7, 242-249.

Giorgi, A. (2000a). The status of Husserlian phenomenology in caring research. *Scandinavian Journal of Caring Sciences*, *14*(1), 3-10.

________ (2000b). Concerning the application of phenomenology to caring research. *Scandinavian Journal of Caring Sciences*, *14*(1), 11-15.

Glaser, B. G. (1978). *Theoretical sensitivity: Advances in the methodology of grounded theory*. CA: Sociology Press.

__________ (1992). *Emergence vs forcing: Basics of grounded theory analysis*. CA: Sociology Press.

__________ (1999). The future of grounded theory. *Qualitative health research*, *9*(6), 836-845.

__________ (2014). 근거이론 분석의 기초: 글레이저의 방법. (김인숙·장혜경 역). 서울: 학지사. (원저 1992년 출판).

Glaser. B. G. & Strauss, A. L. (1967). *The Discovery of Groundry theory: Strategies for qualitative research*. NY: Aldine.

________________________ (2009). *The discovery of grounded theory: Strategies for qualitative research*. Transaction publishers.

________________________ (2011). 근거이론의 발견: 질적 연구 전략. (이병식·박상욱·김사훈 공역). 서울: 학지사. (원저 1967년 출판).

Glaser, J. & Laudel, G. (2012). 전문가 인터뷰와 질적 내용분석. (우상수·정수정 역) 서울: 커뮤니케이션북스(주). (원저 2009년 출판).

Gobo, G. (2011). *Ethnography, in qualitative research: Issues of theory, method and practice* (3rd ed.). London: Sage.

Goetz, Judith P. & Margaret D. LeCompte (1981). *Ethnography and qualitative design in educational research*. Orlando: Academic Press, Inc.

Gómez, A. I. P. et al. (2009). The impact of action research in the spanish schools in the post-franco era. In S. E. Noffke & B. Somekh. (Eds.). *The SAGE handbook of educational action research* (pp. 481-494). London: Sage.

Gordon, R. L. (1975). *Interviewing: Strategies, techniques and tactics*. IL: The Dorsey Press.

Gossop, M. (1989). *Relapse and addiction behaviors. The adoring audience*. London: Routledge.

Greene, J. C. (2007). *Mixed methods in social inquiry*. CA: JohnWiley&SonsInc.

Greene, M. (2000). *Releasing the imagination: Essay on education, the arts, and social change*. CA: Jossey-Bass.

Guba, E. G. & Lincoln, Y. S. (1981). *Effective evaluation*. San Francisco: Jossey Bass.

Habermas, J. (1968). Technik und Wissenschaft als Ideologie. Frankfurt am Main: Suhrkamp Verlag. Ladmiral, J. R. (1973). *La technique et la science comme "idéologie"*. Paris: Editions Gallimard.

Haglund, K. (2004). Conducting life history research with adolescents. *Qualitative Health Research, 14*(9), 1-13.

Hasson, F., Keeney, S., & McKenna, H. (2000). Research guideline for the delphi survey technique. *Journal of Advanced Nursing. 32*(4), 1008-1015.

Hayano, D. (1979). Auto ethnography: Paradigms, problems and prospects. *Human Organization, 38*(1), 99-104.

Heidegger, M. (1962). *Being and time* (J. Macquarrie & E. Robinson, trans.). NY: Harper & Row.

Hill, C. E. (2016). 합의적 질적 연구: 사회과학 현상 탐구의 실질적 접근. (주은선 역). 서울: 학지사. (원저 2012년 출판).

Hill, C. E., Thompson, B. J., & Williams, E. N. (1997). A guide to conducting consensual qualitative research. *The Counselling Psychologist, 25*(4), 517-572.

Hill, C. E., Sarah, K., Thompson, B. J., Williams, E. N., Hess, S. A., & Ladany, N. (2005). Consensual qualitative research: an update. *Journal of Counselling Psychology, 52*, 196-205.

Honneth. A. (2011). 인정투쟁: 사회적 갈등의 도덕적 형식론. (문성훈·이현재 역). 서울: 사월의 책. (원저 1992년 출판).

Huberman, M. (1993). *The lives of teacher*. NY: Teachers College Press.

Husserl, E. (1970). *The crisis of European sciences and transcendental phenomenology: An introduction to phenomenological philosophy*. Ill: Northwestern Univ. Press.

Jacob, E. (1987). Qualitative research traditions: A review. *Review of Educational Research, 57*, 1-50.

Johnson, D. W. & Johnson, R. T. (2010). 다문화교육과 인간관계. (김영순·이미정·강현미·김선미·신승연·김민영·심옥령·김민정·안준상·강성아·황인수·문현진 역). 경기: 교육과학사 (원저 2007년 출판).

Johnson, R. & Onwuegbuzie, A. (2004). Mixed methods research: A research paradigm whose time gas come. *Educational Researcher, 33*(7), 14-26.

Jones, S. H. (2002). The way we were, are, and might be: Torch singing as Autoethnography. In Bochner, A. & Ellis, C. (Eds.). *Ethnographically speaking: Autoethnography, literature, and aesthetics*. NY: AltaMira.

Jüttemann, G. (1985). *Qualitative forschung in der psychologie*. Weinheim: Beltz.

Kamiske, G. F. & Brauer, J. P. (1995). *Qualitätsmanagment von A bis Z: Erläuterungen moderner begriffe des Qualitätsmanagment* (2nd ed.). Munich: Carl Hanser Verlag. 2nd edn.

Kelchtermans, G. (1993). Getting the story, understanding the lives: From career stories to teachers' professional development. *Teaching and Teacher Education, 9*(5), 443-456.

Kemmis, S. & McTaggart, R. (2000). Participatory action research. In N. Denzin & Y. S. Lincoln (Eds.). *Handbook of Qualitative Research* (2nd ed.) (pp. 567-605). London: Sage.

Kemmis, S. (1982). Action research in retrospect and prospect. In S. Kemmis & R. McTaggart

(Eds.) *The action research reader*. Geelong, Victoria, Australia: Deakin University Press.

_________ (1988). Action research. In J. P. Keeves (Eds.). *Educational research, methodology, and measurement: An international handbook* (pp. 42-49). Oxford: Pergamon Press.

Kendall, J. (1999). Axial coding and the grounded theory controversy. *Western Journal of Nursing Research*, *21*(6), 743-757.

Kennedy, M. M. (1997a). How teachers connect research and practice. *Midwestern Educational Researcher*, *10*(1), 25-29.

___________. (1997b). The connect between research and practice. *Educational Researcher*, *26*(7), 4-12.

Koch, T. (1995). Interpretive approaches in nursing research: The influence of Husserl and Heidegger. *Journal of Advanced Nursing*, *21*(5), 827-836.

Kouritzin, S. G. (2000). Bringing life to research: Life history and ESL. *Tesl Canada Journal/Review Tesl Du Canada*, *17*(1), 1-35.

Krueger, R. A. (1994). *Focus groups: A practical guide for applied research* (2nd ed.). CA: Sage.

Kvale, S. (2009). 인터뷰. (신경림 역). 하나의학사. (원저 1998년 출판)

Lancy, D. F. (1993). *Qualitative research in education: An introduction to the major traditions*. NY: Longman.

Lindolf, Th. R. (1995). *Qualitative communication research methods*. CA: Sage.

Leonard. V. W. (1994). A Heideggerian phenomenological perspective on the concept of person. In P. Benner (Eds.). *Interpretive phenomenology: Embodiment, caring, and ethics in health and illness* (pp. 43-63). CA: Sage Publications.

Leplay, F. (1924). *Norwegian studies: Being notes, and records of observations made in connection with the Leplay House visit to Norway*. Westminster: Leplay House Press.

Lévinas, E. (2005). 윤리와 무한. (양명수 역). 서울: 다산글방. (원저 1991년 출판).

Levi-Strauss, C. (1998). 슬픈 열대. (박옥줄 역). 서울: 한길사. (원저 1955년 출판).

Lewin, K. (1952). Group decision and social change. In G. E. Swanson, T. M. Newcomb, & E. L. Hartley (Eds.) *Readings in social psychology*. NY: Holt.

Lewis, D. (2008). Using life histories in social policy research: The case of third sector/public sector boundary crossing. Jnl Soc. Pol., 3794), 559-578.

Lieblich, A., Truval-Mashiach, R., & Zilber, T. (1998). *Narrative research: Reading, analysis and interpretation*. CA: Sage Publications.

Lincoln, Y. S. & Guba, E. G. (1985a). *Naturalistic inquiry*. CA: Sage.

______________________ (1985b). Establishing trustworthiness. *Naturalistic Inquiry*, 289-331.

Lionnet, F. (1989). *Autobiographical voices: Race, gender, self-portraiture*. Ithaca: Cornell University Press.

Lopez, K. A. & Willis, D. G. (2004). Descriptive versus interpretive phenomenology: Their contributions to nursing knowledge. *Qualitative Health Research, 14*(5), 726-735.

Lynch, M. (1993). *Scientific practice and ordinary action: Ethnomethodology and social studies of science*. Cambridge: Cambridge University Press.

Lynn, M. R. (1986). Determination and quantification of content validity. *Nursing Research, 35*(6), 382-385.

Mackey, S. (2005). Phenomenological nursing research: methodological insights derived from Heidegger's interpretive phenomenology. *International Journal of Nursing Studies, 42*(2), 179-86.

Malinowski, B. (2013). 서태평양의 항해자들. (최협 역). 광주: 전남대학교 출판부. (원저 1922년 출판)

Marcus, G. & Fisher, M. (1986). *Anthropology as cultural critique*. Chicago: University of Chicago Press.

Marshall, C. & Rossman, G. B. (1995). *Designing qualitative research* (2nd ed.). CA: Sage.

__________________________ (1989). *Designing qualitative research*. CA: Sage.

Merriam, S. B. (1988). *Case study research in education: A qualitative approach*. San Francisco: Jossey-Bass.

Mertens, D. M. (2005). *Research and evaluation in education and psychology: Integrating diversity with quantitative, and mixed methods* (2nd ed.). CA: Sage Publication.

Miles, M. B. & Huberman, A. M. (1994). *Qualitative data analysis: A source book of new methods* (2nd ed.). CA: Sage.

Miller, R. L. (2000). *Researching life stories and family histories*. CA: Sage.

Milliken P. & Schreiber R. (2001). Can you "do" grounded theory without symbolic interactionism? In Schreiber R., Stern P. (Eds.). Using grounded theory in nursing (pp. 177-190). NY: Springer.

Mills, G. E. (2005). 교사를 위한 실행연구. (강성우·부경순·심영택·양갑렬·오세규·이경화·이혁규·임진영·허영식 역). 서울: 우리교육. (원저 2003년 출판).

Mores, J. M. (1991). Approaches to qualitative-quantitative methodological triangulation. *Nursing Research, 40*(2), 120-123.

Morgan. D. L. (2007) 질적 연구로서의 포커스 그룹. (김성재·오상은·은영·손행미·이명선 역). 서울: 군자출판사. (원저 1996년 출판).

Morrison, D. (1998). *The search for a method: Focus groups and the development of mass communication research*. Luton: University of Luton Press.

Morse, J. M. (1994). Designing funded qualitative research. In N. K. Denzin & Y. S. Lincoln (Eds.). *Handbook of qualitative research* (pp. 220-235). CA: Sage.

___________ (1997). Considering theory derived form qualitative research, In J. Morse (Eds.). *Completing a qualitative project: Details and dialogue*, 163-188, CA: Sage.

Morse, J. M. (2001). *Situating grounded theory within qualitative inquiry*. Using grounded theory in nursing, 1-15.

Moustakas, C. (1994). *Phenomenological research methods*. CA: Sage.

Murry, J. W. Jr. & Hammons, J. O. (1995). Delphi: A versatile methodology for conducting qualitative research. *Review of Higher Education*, *18*, 423-436.

Muzzin L. (2005). The brave new world of professional education. In: Tripp P, Muzzin L, (eds.). *Teaching as activism: Equity meets environmentalism*. Montreal and Kingston: McGill-Queen's University Press, 2005:149-166.

Natanson, M. (1973). *Edmund Husserl: Philosophy of infinite tasks*. IL: Northwestern University Press.

Nathaniel, A. (2011). An integrated philosophical framework that fits grounded theory. Grounded theory: The philosophy, method and work of Barney Glaser, 187-200.

Neruda, P. (2017). 충만한 힘. (정현종 역). 서울: 문학동네. (원저 1962년 출판).

NEWSIS 2017.01.18일자 기사: "6·25 부산 피란민 삶과 기억 담은 '구술생애사' 화제"

Nieto, S. (2002). *Language, culture and teaching: Critical perspectives*. London: Lawrence Erlbaum Associates.

_______ (2016). 언어, 문화 그리고 비판적 다문화교육. (김영순·오영훈·이미정·윤희진·강현민·최승은·임지혜·정소민·김창아·박순덕 옮김). 서울: 북코리아. (원저 2009년 출판).

_________ (1994). Action research: Towards the next generation. *Educational Action Researcher*, *2*(1), 9-18.

_________ (1997). Professional, personal, and political dimensions of action research. *Review of Research in Education*, *22*, 305-343.

_________ (2009). Revisiting the professional, personal, and political dimensions of action research. In S. Noffke & B. Somekh (Eds.). *The Sage handbook of educational action research* (6-23). London: Sage.

Ojermark, A. (2007). *Presenting life histories: A literature review and annotated bibliography*. Chronic Poverty Research Center, CPRC working paper 101.

Padgett, D. K. (1998). *Qualitative methods in social work research: challenges and rewards*. London: Sage.

Paley, J. (1997). Husserl, phenomenology and nursing. *Journal of Advanced Nursing*, *26*, 187-193.

_______ (1998). Misinterpretive phenomenology: Heidegger, ontology and nursing research. *Journal of Advanced Nursing*, *27*(4), 817-824.

Patton, M. Q. (2002). *Qualitative research and evaluation methods* (3rd ed.). CA: Sage.

Pêcheux, M. (1982 [1975]). *Language, semantics and ideology*. (H. C. Nagpal, Trans.). NY: St. Martin's Press.

Pelias, R. J. (2002). For father and son: An ethnodrama with no catharsis. In Bochner, A. & Ellis, C. (Eds.). *Ethnographically speaking: Autoethnography, literature, and aesthetics*. NY: Altamira.

Philliber, S. G., Schwab, M. R., & Samsloss, G. (1980). *Social research: Guides to a decision making process*. IL: Peacock.

Pike, K. L. (1954). *Language in relation to a unified theory of the structure of human behavior Part II* (Chapters 8-10) Preliminary Edition.

Pinnegar, S. & Daynes, J. G (2007). *Handbook of narrative inquiry: Mapping a methodology*. CA: Sage.

Plummer, K. (1983). *Documents of life: An introduction to the problems and literature of a humanistic method*. Hemel Hempstead: George Allen & Unwin.

Polkinghorne, D. (2001). 사회과학방법론. (김승현 외 역). 서울: 일신사. (원저 1983년 출판).

Polkinghorne, D. (2009). 내러티브, 인문과학을 만나다. (강현석 역). 서울: 학지사. (원저 1988년 출판).

Pratt, M. L. (1992). *Imperial eyes: Travel writing and transculturation*. London & New York: Routledge.

Putnam, R. T. & Borko, H. (2000), What do new views of knowledge and thinking have to say about research on teacher learning?, *Educational Researcher*, *29*(1), 4-15.

Rancière, J. (2008). 무지한 스승. (양창렬 역). 서울: 궁리. (원저 1987 출판).

Reed-Danahay, D. E. (Eds. 1997). *Auto/ethnography: Rewriting the self and the social*. Oxford and New York: Berg.

Reeves, S., Albert, M., Kuper, A., & David H. B. (2008). Why use theories in qualitative research? Practice Qualitative Research. BMJ 2008; 337 doi: http://dx.doi.org.offcampus.lib.washington.edu/10.1136/bmj.a949 (Published 07 August 2008) Cite this as: BMJ 2008;337:a949.

Richardson, L. (1990). Narrative and sociology. *Journal of Contemporary Ethnography*, *19*(1), 116-135.

__________ (2000). New writing practices in qualitative research. *Sociology of Sport Journal*. *17*(1). 5-20.

Richardson. L. & St. Pierre, E. A. (2005). Writing: A method of inquiry. In Denzin, N. K. & Lincoln, Y. S. (Eds.). *The SAGE handbook of qualitative research*. CA: Sage.

Ricoeur, P. (1981). Narrative time. In W. J. T. Mitchell (Eds.) On narrative. Chicago: University of Chicago Press.

__________ (2002). Entre la mémoire et l'histoire. Transit online, N. 22/2002. http://www.iwm.at/index.php?option=com_content&task=view&id=283&Itemid=461

Riessman, C. K. (2005). 내러티브 분석. (대한질적간호학회 역). 서울: 군자출판사. (원저 1993년 출판).

__________ (2008). *Narrative methods for the human sciences*. CA: Sage.

Ritchie, J., Spencer, L., & O'Connor, W. (2003). Carrying out qualitative analysis. In J. Ritchie & J. Lewis (Eds.). (2003). *Qualitative research practice: A guide for social science students and researchers* (pp. 219-262). CA: Sage.

Roberts, B. (2002). *Biographical research*. Buckingham & Philadelphia: Open University Press.

Rubin, H. J. & Rubin, I. S. (1995). *Qualitative interviewing: The art of hearing data*. CA: Sage.

Sagor, R. (2000). *Guiding school improvement with action research*. Virginia: ASCD.

________ (2010). *The action research guidebook: A four-stage process for educators and school teams* (2nd ed.). CA: Corwin Press.

Saldaña, J. (2012). 질적연구자를 위한 부호화 지침서. (박종원·오영림 역). 서울: 신정. (원저 2009년 출판).

________ (2009). *The coding manual for qualitative researchers*. CA: Sage.

Sartre, J. P. (1993). Freedom and responsibility. In W. Baskin (Eds.). *Essays in existentialism* (pp. 63-68). NY: Kensington.

Schegloff, E. & Sacks, H. (1973). Opening up closings. *Semiotica*, *7*, 289-327.

Schreiber, R. S. & Stern, P. N. (Eds.) (2001). *Using grounded theory in nursing*. NY: Springer Publishing Company.

Schutz, A. (1962). *Collected Papers*, 1, The Hague: Martinus Nijhoff.

Schütze, F. (1992). Pressure and guilt: War experiences of a young German soldier and their biographical implications (part 1). *International Sociology*, *7*(2), 187-208.

Scott, J. B. (2004). Rearticulating civic engagement through cultural studies and Service-learning. *Technical Communication Quarterly*, *13*(3), 289-306.

Seidel, J. & Kelle, U. (1995). Different functions of coding in the Analysis of textual data. In U. Kelle (Eds.). *Computer-aided qualitative data analysis: theory, methods, nethods, and practice*. London: Sage.

Seidman, I. (2009). 질적연구방법으로서의 면담-교육학과 사회과학 분야의 연구자들을 위한 안내서. (이승연·박혜준 역). 학지사. (원저 2006년 출판).

Shaw, K. E. (1978). Understanding the curriculum: The approach thtough case studies. *Journal of Curriculum Studies*. *10*(1), 1-17.

Sikes, P. (2010). The ethics of writing life history and narratives in educational research. Bathmaker, A. & Harnett, P. (Eds). *Exploring learning, identity and power through life history and narrative research* (pp. 11-24). NY: Routledge.

Slife, B. D. & Williams, R. N. (1995). *What's behind the research? Discovering hidden assumptions in the behavioral sciences*. CA: Sage.

Smith, D. E. (1987). *The everyday world as problematic: A feminist sociology*. Boston: Northwestern University Press.

Smith, D. E. (2005). *Institutional ethnography: A sociology for people*. Maryland: Rowman & Littlefield Pub.

Smith, L. M. (1978). An evolving logic of participant observation, educational ethnography and other case studies. In L. Shulman (Eds.). *Review of Research in Education*. Ill.: Peacock.

Smythe, E. A., Ironside, P. M., Sims, S. L., Swenson, M. M., & Spence, D. G. (2008). Doing Heideggerian hermeneutic research: A discussion paper. *International Journal of Nursing Studies*, *45*(9), 1389-1397.

Spencer, L., Richie, J., & O'Conner, W. (2003). *Qualitative research practice: A guide for social science students and researchers*. London: Sage Publicaton.

Spielgelberg, H. (1976). *Doing phenomenology*. The Hague: Martinus Nijhoff.

Spradley, J. P. (1979). *The ethnographic interview*. NY: Holt, Rinehart and Winston.

__________ (1980). *Participant observation*. NY: Holt, Rinehart and Winston.

__________ (2003). 문화기술적 면접법. (박종흡 역). 서울: 시그마프레스. (원저 1979년 출판).

__________ (2009). 참여관찰법. (신재영 역). 서울: 센게이지러닝코리아(주). (원저 1980년 출판).

__________ (2006). 참여관찰법. (신재영 역). 서울: 시그마프레스. (원저 1997년 출판).

Spry, T. (2001). Performing autoethnography: An embodied methodological praxis. *Qualitative Inquiry*, *7*(6), 706-732.

Stake, R. E. (1981). Case study methodology: An epistemological advocacy. In W. W. Welsh (Eds.). *Case study methodology in educational evaluation*. Proceedings of the 1981 Minnesota Evaluation Conference. Minneapolis: Minnesota Research and Evaluation Center.

__________ (1995). *The art of case study research*. CA: Sage.

__________ (2005). Qualitative case studies. In N. K. Denzin & Y. S. Lincoln (Eds.). *The SAGE handbook of qualitative research*. London: Sage.

Stebbins, R. A. (1981). Science amateurs? Rewards and costs in amateur astronomy and archaeology. *Journal of Leisure Research*, *13*(4), 289-304.

__________ (1992). *Amateurs, professionals, and serious leisure*. Quebec: McGill-Queen's University Press.

__________ (2010). Addiction to leisure activities: Is it possible? *LSA News Letter*, *86*, 19-22.

Strauss, A. L. (1987). Qualitative analysis for social scientists. NY: Cambridge University Press.

Strauss, A. L. & Corbin, J. (1990). *Basics of qualitative research: Grounded theory procedures and techniques*. CA: Sage.

__________ (1994). Grounded theory methodology: An overview. In N. K. Denzin & Y. S. Lincoln (Eds.). *Handbook of qualitative research* (pp. 273-285). CA: Sage.

__________ (1998a). *Basics of qualitative research: Grounded theory procedures and techniques* (2nd ed.). CA: Sage Publicaton.

__________ (1998b). *Basics of qualitative research: Techniques and procedures for developing grounded theory*. CA: Sage Publicaton.

Strauss, A. & Corbin, J. (2001). 근거이론의 단계. (신경림 역). 서울: 현문사. (원저 1990년 출판).

Stringer, E. T. (1996). *Action research: A handbook for practitioners*. CA: Sage .

Suddaby, R. (2006). From the Editors: What Grounded Theory is Not. *Academy of Management Journal*, *49*(4), 633-642.

Tashakkori, A. & Creswell, J. W. (2007). Editorial: Exploring the nature of research questions in mixed methods research. *Journal of Mixed Methods Research*, *1*(3), 207-211.

Tashakkori, A. & Teddlie, C. (2003). *Handbook of mixed methods*. CA: Sage Publicaton.

____________________ (2009). *Foundation of mixed methods: Integrating quantitative and quantitative approaches in the social and behavioral sciences*. CA: Sage Publication.

Thompson, P. R. (1988). *The voice of the past: Oral history*. Oxford: Oxford University Press.

Tierney, W. & Dilley, P. (2001). Interviewing in Education in, Jaber Gubrium and James Holstein(eds.) *Handbook of interview research: Context and method*. CA: Sage.

Toulmin, S. (1990). *Cosmopolis: The hidden agenda of modernity*. NY: The Free Press.

Tuchman, G. (1995). 메이킹 뉴스: 현대 사회와 현실의 재구성 연구. (박홍수 역). 서울: 나남. (원저 1978 출판).

Turoff, M. (1971). *Delphi and its potential impact on information system*. Paper presented at Joint Computer Conference, Las Vegas, NV: Proceedings of the Joint Computer Conference.

Tyler, S. A. (1986). Post-modern ethnography: From document of the occult to occult document. in Clifford, J. & Marcus G. E. (Eds.). *Writing culture: The poetic and politics of ethnography*. Los Angeles: University of California Press.

Uchida, Tatsuru (2013). 레비나스와 사랑의 현상학. (이수정 역). 서울: 갈라파고스. (원저 2001년 출판).

van Dijk, T. A. (1983). Discourse analysis: Its development and application to the structure of news. *Journal of Communication*, *33*(2), 20-43.

van Manen, M. (1944). Practicing phenomenological writing. *UA Libraries Site Administrator Test Journal 2*, *2*(1), 36-69.

Van Manen, M. (1990). *Researching lived experiences*. Albany: State University of New York Press.

Wang, J., & Yan, Y. (2012). The Interview Question. In J. F. Gubrium et al (Eds.). *The SAGE handbook of interview research: The complexity of the craft* (2nd ed.)(pp. 231-242). Los Angeles: Sage.

Wells, G. (1994). *Changing schools from within: Creating communities of inquiry*. Ontario: OISE Press.

Williamson, G. R., Bellman, L., & Webster, J. (2013). 간호와 보건의료에서의 실행연구. (장금성·김희영·김은아 역). 서울: 현문사. (원저 2011년 출판).

Wilson, S. (1979). Explorations of the usefulness of case study evaluations. *Evaluation Quarterly*. *3*, 446-459.

Wodak, R. & Meyer, M. (2001). Critical discourse analysis: History, agenda, theory and methodology. In R. Wodak & M. Meyer (Eds.). *Methods of critical discourse analysis*. London: Sage.

Wohlleben, P.(2015). Das geheime Leben der Baume. Ludwig Verlag. 장혜경 옮김(2016). 나무수업. 고양: 이마.

Wolcott, H. F. (1992). Posturing in qualitative inquiry. In M. D. LeCompte, W. L. Millroy, and J. Preissle (Eds.). *The handbook of qualitative research in education*. Fla.: Academic Press.

__________ (1994a). *Transforming qualitative data: Description, analysis, and interpretation*. London: Sage.

World Health Organization (2008). ICD-10 정신 및 행태장애: 임상기술과 진단지침. (이부영 역). 서울: 일조각. (원저 1992년 출판).

Wu, T. C., Scott, D., & Yang, C. C. (2013). Advanced or addicted? Exploring the relationship of recreation specialization to flow experiences and online game addiction. *Leisure Sciences*, *35*, 203-217.

Wundt, W. (1928). *Element of folk psychology*. London: Allen and Unwin.

Yin, R. K. (1994). Discovering the future of the case study method in evaluation research. *Evaluation Practice*, *15*, 283-290.

________ (2003). *Case study research: Design and method* (3rd ed.). CA: Sage.

________ (2005). *Introducing the world of education: A case study reader*. CA: Sage.

________ (2009). *Case study research: Design and methods* (4th ed.). Thousand Oaks, CA: Sage.

Zuber-Skerritt, O. & Farquhar, M. (2002). Action learning, action research and process management (ALARPM): A personal history. *The Learning Organization*, *9*(3), 102-113.

저자소개

김영순 kimysoon@inha.ac.kr

현재 전국 대학원생 질적연구방법론 캠프 촌장으로 활동하고 있다. 독일 베를린자유대에서 문화변동 연구로 박사학위를 취득하고, 현재 인하대학교 사회교육과 교수로 재직하고 있다. 또한, 인하대 아시아다문화화융합연구소 소장, BK21+ 다문화교육 전문인력 양성 사업단장직을 수행하고 있으며, 저서로는 문화기술지 활용『베트남 문화의 오디세이』,『지역문화 콘텐츠와 스토리텔링』,『스토리텔링의 사회문화적 확장과 변용』,『질적연구 여행』 등이 있다.

김진희 jkim@anu.ac.kr

경북대학교에서 박사학위를 받고 오스트레일리아 Edith Cowan대학교에서 박사후 연수를 하였다. 현재 안동대학교 문화산업전문대학원 교수로 재직하며 질적연구방법론을 강의한다. BK21+ 지역문화 코디네이터 단장을 맡고 있다. 질적연구가 지금, 여기 삶의 문제를 찾아 묻는 것이라 믿고 현장을 찾는다. 연구자인 나를 드러내는 자유변경의 텍스트 만들기를 주장하며 질적연구자의 역할을 찾고 있다. 저서로는『질적연구: 우리나라의 걸작선』,『질적연구방법론』,『질적연구 여행』 등이 있다.

강진숙 jskang1@cau.ac.kr

독일 라이프치히대학교에서 미디어커뮤니케이션학 박사학위를 받았다. 현재 중앙대학교 미디어커뮤니케이션학부 교수이다. 단독 저서로는『커뮤니케이션과 미디어교육 연구의 주사위: 질적연구방법론』이 있고, 공저로는『미디어교육』,『미디어교육과 교과과정』,『영상미디어교육의 이해』,『디지털, 테크놀로지, 문화』 등이 있다.

정경희 jungkh414@naver.com

인하대학교 사회교육학 전공으로 교육학박사 학위를 받았으며, 현재 동국대학교 교육정책연구소 연구원으로 재직 중이다. 질적연구 활용 현장연구 프로젝트인 '초국적 사회관계망을 활용한 멘토링의 융합연구' 등에 참여하였다. 박사학위논문은「대안학교장의 실천적 지식의 형성과정과 표출양식에 관한 생애사」이다.

정소민 4uuuuu@hanmail.net

인하대학교 사회교육학 전공에서 교육학박사 학위를 받았다. 인천광역시 초등교사로 근무하였으며, 이태리 로마대학교 한국학과에서 초빙교수를 역임했다. 다문화교육 및 민주시민교육을 주제로 다수의 질적연구 논문을 발표하였고, 공역서로는 『언어, 문화 그리고 비판적 다문화교육』이 있고, 공저로는 『사회과 창의 · 인성 수업의 이론과 실제』, 『다문화교육연구의 경향과 쟁점』, 『처음 만나는 다문화교육』 등이 있다.

조진경 smile304@hanmail.net

미국 테네시 대학에서 ESL을 전공으로 석사 학위를 취득하였다. 이후 인하대학교 대학원 영어교육과 영어교육전공에서 중국계 중도입국 청소년의 방과후 영어수업 참여경험에 나타난 정체성 협상을 주제로 현장연구를 하여 박사학위를 받았다. 이후 인하대학교 아시아다문화융합연구소 외래연구원으로서 사할린 한인 생애사연구에 집중하고 있으며, 현재 인천해원고등학교에서 영어교사로 근무 중이다.

조현영 hycho@inha.ac.kr

인하대학교 대학원에서 교육과정을 전공으로 교육학박사 학위를 받았다. 한국연구재단의 박사 후 연구원을 거쳐 현재 인하대학교 교육대학원 조교수로 재직 중이다. 관심 분야는 상황학습과 현상학적 사회학의 질적연구로서 민속방법론 등이다. 민속방법론을 활용한 질적 사례연구로 「'학습을 위한 상황'에서 '상황에 대한 학습'으로, 학습 디자인은 어떻게 달라질 수 있는가」가 있다. 질적연구와 관련된 주요 저서로는 『민속방법론』, 『컨텍스트 경험과 학습의 디자인』이 있다.

최승은 lindenduft@hanmail.net

오스트리아 빈 대학교 및 음악원을 졸업하고 최고연주자과정 디플롬을 취득하였다. 인하대학교 대학원 다문화학과 다문화교육 전공에서 「상호문화교육의 관점에서 본 초등교사의 음악교육 경험에 관한 연구」로 교육학 박사학위를 받았다. 나사렛대학교 외래교수를 역임하였으며, 현재는 경인교육대학교와 목원대학교 그리고 인하대학교 강사로 활동 중이다. 공저로는 『처음 만나는 다문화교육』이 있으며, 공역서로는 『언어, 문화 그리고 비판적 다문화교육』 등이 있다.

정지현 oxy59j@hanmail.net

인하대학교 대학원 다문화학과에서 안산 국경없는마을의 다문화리러시 프로그램 참여 청소년 다문화감수성 경험에 관한 질적 사례연구로 박사학위를 취득하였다. 인하대학교 언어교육원 주임강사를 거쳐 현재 인하대학교 아시아다문화융합연구소 연구교수로 다문화 생활세계 구성원의 에스노그래피 연구를 수행 중이다. 공저로는 『다문화교육 용어사전』, 『다문화교육의 이론과 적용』, 『처음 만나는 다문화교육』 등이 있다.

오세경 pang0425@naver.com

인하대학교 대학원에서 문화경영 전공에서 인천 둘레길을 중심으로 지속가능한 여가로서 도보여행자의 경험에 관한 연구 수행을 통해 박사학위를 받았다. 아시아다문화융합연구소 연구교수를 거쳐 현재 동대학 대학교육혁신단 교육혁신팀 전임연구원으로 재직 중이다. 주요 질적연구 논문으로는 「도보여행자의 진지한 여가 체험에 관한 연구」, 「외국인 유학생의 문화적응을 위한 여가경험의 의미」, 「다문화 멘토링에 참여한 멘토의 상호문화역량 탐색」 등이 있다.

김창아 73nabi@daum.net

인하대학교 다문화학과에서 공립다문화대안학교인 인천 한누리 학교의 현지 연구를 통해 교육학박사를 받았다. 현재 서울시교육청 교사로 근무 중이다. 질적연구 활용 단독저서로는 『교육연극을 통한 다문화대안학교 초등학생의 협동학습』이 있으며, 공역서로는 『언어, 문화 그리고 비판적 다문화교육』이 있고, 공저로는 『사회과 창의 · 인성 수업』, 『다문화교육연구의 경향과 쟁점』, 『다문화교육 용어사전』, 『창의적 체험활동 교육 프로그램의 운영과 실제』, 『처음 만나는 다문화교육』 등이 있다.

김민규 loisir@inha.ac.kr

인하대학교 대학원 체육학과에서 여가연구를 주제로 체육학 박사학위를 취득하였다. 이후 한국연구재단 박사후 국내연수과정에 선정되어 연세대학교에서 연수를 하였고, 현재 인하대학교 교육대학원에서 강의교수로 재직하고 있다. 주로 한국형 사회문제 개념화 및 척도개발, 국가사회적 접근이 용이한 정책 개발, 정책사업(프로그램과 교육과정) 개발 등의 연구주제에 관심이 있다. 특히, 델파이조사방법, 근거이론적 접근 등의 질적연구방법 및 통합연구 방법론에 관심이 있다.

김기화 217094@inha.ac.kr

이화여자대학교 사회복지학 석사학위, 인하대학교 아동복지학 박사학위를 받았다. 현재 인하대학교 교육대학원 강의교수이다. 인천가정법원 가족상담 위원, 학업중단다수발생학교 전문 컨설팅, 사회서비스 평가위원으로 활동하고 있다. 주요 논문으로는 「An Ethnographic Research on a Shelter for Victims of Domestic Violence in Korea」, 「가정어린이집 보육교사들의 권리실제에 관한 연구」, 「교사의 학업중단 위기 청소년 지도경험과 학교 내 예방체계 구축 방안」 등이 있다.

임한나 fenster2014@daum.net

중앙대학교 청소년학 전공으로 문학석사, 인하대학교 다문화교육 전공으로 교육학박사를 취득하였다. 문화관광부 청소년정책과, 국가청소년위원회를 거쳐 현재 여성가족부 산하 준정부기관인 한국청소년활동진흥원 전임연구원으로 재직 중이다. 또한, 백석대학교 사회복지학부에서 강의를 하였으며, 한국다문화청소년협회 연구위원으로도 활동하고 있다. 공저로는 『다문화교육 용어사전』, 『다문화교육연구의 경향과 쟁점』 등이 있으며, 다문화청소년 및 청소년지도사의 다문화교육과 관련된 다수의 논문이 있다.

질적연구의 즐거움

초판 1쇄 인쇄 2018년 1월 26일
초판 1쇄 발행 2018년 1월 31일

지 은 이 | 김영순 · 김진희 · 강진숙 · 정경희 · 정소민 · 조진경 · 조현영
최승은 · 정지현 · 오세경 · 김창아 · 김민규 · 김기화 · 임한나
펴 낸 이 | 김기섭
편 집 인 | 이혜란
펴 낸 곳 | 창지사 www.changjisa.com
08589 서울시 금천구 가산디지털 1로 83 파트너스타워 1차 9층
전화 (02)719-2211~3
팩스 (02)701-9386
등 록 | 1977년 4월 28일 · 제1-421호

ISBN 978-89-426-2371-6 (93330)

값 25,000원

「이 도서의 국립중앙도서관 출판예정도서목록(CIP)은 서지정보유통지원시스템 홈페이지(http://seoji.nl.go.kr)와 국가자료공동목록시스템(http://www.nl.go.kr/kolisnet)에서 이용하실 수 있습니다.(CIP 제어번호 : CIP2018003614)」